大国崛起的理论准备

THEORETICAL EXPLORATION FOR THE ASCENDANCE OF GREAT POWERS

杨洁勉等 著

时事出版社

目　　录

绪 论

从概念上看，“崛起”表示在国际社会中非常重要的一个或几个大国，综合实力不断上升，与最强国家的国际地位日益接近，成为世界上少数最重要国家的过程。崛起的内在含义是指一个不断壮大的国家越来越不屈服外部压力，越来越不愿意接受其他国家领导的过程。[①] 从历史上看，大国崛起与衰落的路径多种多样，主要体现为和平与战争两种形式，为考察国际体系中大国兴衰提供了诸多值得思考的经验与教训。在这种情况下，当前许多大国在实现崛起前和崛起过程中，都需要对大国崛起的历史进行深刻反思，并根据自身国情和国际形势，以国际战略的广泛和长期视角，进行必要且充分的理论准备，为崛起实践提供可资借鉴的参考指导。作为具有悠久历史的国家，中国在历史上曾经历过多次沉浮，既有雄踞东亚地区最高地位之期，也有外强中干遭受外敌欺凌之时，因此对大国兴衰的感触更为深刻。这些都启示近年来高速发展的当代中国既需要以史为鉴，也要超越历史的樊篱，探索以最适当的方式实现中华民族伟大复兴的梦想。

① 阎学通：《中国和平崛起的国际环境与国际战略——对“和平崛起”的理解》，《教学与研究》，2004年第4期，第5页。

第一节　崛起理论准备的重要意涵

如何避免大国冲突的历史悲剧重演，如何规避国强必霸的逻辑陷阱，已经成为许多国家在推进国际形势发展过程中的重要关切。世界上许多大国崛起的历史往往伴随着冲突或战争，给人类社会造成了严重的灾难。近年来，随着新兴大国崛起并推进国际权力快速转移和国际体系持续转型，国际关系进入了新的关键时期，大国崛起的实践与理论准备逐渐成为国际议程中的核心议题之一。

一、问题溯源与历史经验

世界历史上曾出现过多次大国崛起过程，无论是古希腊的雅典和斯巴达，还是曾统治过亚非欧大陆的波斯帝国、亚历山大帝国、罗马帝国、拜占庭帝国、阿拉伯帝国和奥斯曼帝国，都各领风骚若干年，但最终都走向瓦解或灭亡。近代以来，西班牙、英国和美国都曾经或依然是世界上最具影响力的国家。德国和日本等在实现崛起的过程中遭受到夭折的命运。从崛起历程来看，无论是有意还是无奈，这些国家都未能避免落入战争的窠臼，给人类社会造成了沉痛的灾难。从中国历史上看，从大秦帝国到大清帝国的朝代更替也往往和冲突与战争相联系，这成为中华民族发展史上极为可悲可叹的镜鉴素材。因此，追溯大国兴衰史，尤其是近代以来的大国兴衰史，对当前国际关系具有重要的参考意义。

作为较早实现具有全球性意义崛起的大国，西班牙建立霸权的基础是进行海外贸易和对殖民地的直接掠夺。另外，强烈的宗教扩张和政治霸权意识，既是西班牙帝国形成与发展的动力源泉，也是其在全球不断拓展殖民利益时的精神支柱。在内在信仰和外在利益的双重驱动下，西班牙帝国注定终将从成功走向倾覆与终结。在宗教战争的极端形态下，军事胜负成为衡量和决定其最终能延续多久的重要标准。[①] 西班牙在崛起过程中，更倾向于通过战争的方式加强对殖民地和其他国家的掠夺，使其陷入无休止的崛起“魔咒”中。由于西班牙没有将海洋主导权作为对外战略的重中之重，并将之转化为对其他国家的战略优势，反而将自己存在劣势的战略资源消耗在欧洲大陆的内部纷争之中，削弱了其维护霸权地位的战略基础。因此，在与崛起中的英国进行决定性的海战失利后，西班牙帝国的辉煌顷刻间就黯淡了。

从英国的情况来看，政治制度与体制改革和促进生产力极大发展的工业革命等，共同促进了政治稳定、经济增长和国家发展，成为其称霸全球的重要国内基础。在不断扩张的殖民统治中，英国在经济、科技、文化、价值与制度等方面的相对优势，对西班牙和法国等殖民强国逐渐显现出来，大英帝国的军事力量在这一进程中也逐渐增强。在与自身具有较大利益关系的欧洲地区问题上，英国担心“欧洲巨兽最终会对英格兰构成威胁”，因此，“英国对欧洲大陆保持高度警惕，以确保没有一个单一国家能够成功主宰整个欧洲大陆。”[②] 英国通过离岸平衡战略，维持欧洲大国间的既有权力平衡关系，在欧洲大陆这一权力争夺的核心地区保持光荣孤立的对外政策，[③] 使自己成为维持欧洲体系稳定的决定性力量，并使其由多极、两极再回到由英国维系的多极体系，从而使得英国得以腾出更多的时间和战略资源在其地缘所属的区域之外进行殖民扩张。同时，英国极力追求掌握海洋主导权，集中有限资源经营海洋，逐渐构筑起

① ［美］保罗·肯尼迪：《战争与和平的大战略》，时殷弘译，北京：世界知识出版社，2005 年版，第 100 页。

② ［美］查尔斯·库普乾：《美国时代的终结：美国外交政策与 21 世纪的地缘政治》，潘忠岐译，上海：上海人民出版社，2004 年版，第 3 页。

③ 倪世雄、王义桅：《霸权均势：冷战后美国的战略选择》，《美国研究》，2000 年第 1 期，第 11 页。

以牢牢掌握制海权为核心的全球帝国霸业。[①]

从美国情况来看，其崛起的路径、目标和手段等有其独特性。首先，美国相信信仰是力量之源，在对外政策中使命意识表现得尤为突出。其次，美国的崛起基于内部领土兼并和向周边进行势力扩张。美国选择了孤立于既有国际体系之外，以周边为依托的崛起方式。[②] 当然，独立后的美国幅员辽阔、资源丰富，对于占有殖民地的兴趣并不是很强烈，仅在美西战争后将菲律宾纳入殖民范围。再次，除对外扩张市场外，美国崛起的重要动力是以文化扩张为表现形式的理想主义理念。最后，美国具有深厚的孤立主义传统，美国的力量虽然在国际社会中受到一定自我束缚，但其能量的释放可以维持在相对有限的范围之内。[③] 军事力量成为支持美国成为一个新霸权的重要因素，其逐渐从一个缺乏常备武力的内向型国家转变为向外扩张的海权大国。从软权力上看，美国的对外贸易、财政能力、科技能力与其他文化与价值逐步成熟，并逐渐掌握许多国际机制的主导权和联盟体系的领导权，促进了美国在 20 世纪成为世界的新的霸主。当然，美国的崛起，还是一个移民立契的故事，一个掠夺伤害国内少数民族和其他国家民族的故事，更是一个逐步从孤立走向开放、从地区迈向世界的故事。美国崛起过程中的地理、移民、思想与制度、扩张掠夺、世界化和全球化等因素，成为其建立霸权的关键。[④]

从德日的情况来看，二者都经历了崛起成功与失败的反复起伏。二战前，德国和日本都是崛起群体中最强势的国家，都属于企图通

① 吕庆广：《大国崛起的类型学分析——兼论中国和平崛起战略的可行性》，《江南大学学报（人文社会科学版）》，2007 年第 1 期，第 13 页。

② 高程：《工业化大国崛起模式背后的理性计算——历史透视及其对中国的启示》，《国际经济评论》，2012 年第 5 期，第 128 页。

③ 吕庆广：《大国崛起的类型学分析——兼论中国和平崛起战略的可行性》，《江南大学学报（人文社会科学版）》，2007 年第 1 期，第 14 页。

④ 沈丁立：《美国崛起的若干历史经验》，《击水谈》，2011 年 9 月刊，第 35 页。

过武力方式挑战既有国际秩序/地区秩序的崛起模式，[①] 但均遭到了严重失败。二战后，包括德国在内的欧洲实现了和平崛起，主要原因在于其较为妥善地处理了：（1）与周边国家和地区的关系，通过地区一体化的方式，将欧洲大部分国家整合为一体，促进了欧洲范围内的共同繁荣，实现了以欧盟为代表的集体崛起。（2）与霸权国家美国的关系，通过与美国结盟，在经济与安全领域搭美国的“便车”，避免了为维持地区秩序提供公共产品承担过多责任。（3）与整个外部世界，特别是发展中国家的关系，在增进南北关系中发挥了重要作用。[②] 日本在二战后的崛起道路一度相当成功，主要表现为：首先，它理顺了与西方大国，特别是与美国的关系。日本奉行对美“一边倒”的外交政策，借助与美国结盟获得支持，实现其所要达到的目标。同时，日本谨慎地处理与苏联的关系，相对超越了狭隘冷战思维的局限，主动选择对国家发展有利的政策。其次，利用东西方对峙的国际形势致力于国内经济建设。第三，在崛起过程中表现出极大的灵活性和进取精神。[③] 然而，当前日本仍不彻底认真反思并悔改曾给世界特别是亚洲国家和人民造成深重灾难的历史，影响了其在国际和地区事务中发挥应有的作用。由于综合实力体量和增长速度都相对有所下降，其发展前景和动力不确定性都明显增强。

对上述案例的比较可以看出，西班牙和英国的霸权兴衰都取决于军事能力的强大。西班牙的兴盛与衰落似乎与其习惯使用战争方式解决问题密切相关。西班牙维持了一个强大的帝国，但由于缺乏一种治理帝国的有效模式，从而陷入帝国形成时的惯性和线性思维，最终将帝国推向了难以挽回的衰落深渊。英国的崛起之路固然起始

① 高程：《工业化大国崛起模式背后的理性计算——历史透视及其对中国的启示》，《国际经济评论》，2012 年第 5 期，第 128 页。

② 宋新宁：《中国的崛起与欧洲的经验》，《教学与研究》，2004 年第 4 期，第 6 页。

③ 陈奉林：《日本的崛起及其对大国关系的利用》，《当代世界与社会主义》，2007 年第 2 期，第 14 页。

于国内政治经济社会文化体制改革与建设，但赢得与西班牙帝国的战争才是其真正崛起的标志。在维护霸权之路上，英国成为诸如拿破仑战争、第一次世界大战和第二次世界大战等残酷战争的主要策划者或参与者，尽管最终都赢得了战争，但却对欧洲地区形势和世界格局造成了极大影响，也拖垮了英国维持和建构秩序的实力与能力。与西班牙比较而言，大英帝国维持全球霸权地位的时间更长，地位相对也更为巩固，这既与其强大的综合实力相关，也与其保持海洋霸权的相对优势有关，更与其通过一系列改革为其最终崛起进行了一定准备有关。然而，英国维持霸权之路更多的还是诉诸于军事战争手段，最终损耗了帝国的战略基础，使其不得不拱手让出了全球霸权地位。

作为在19世纪末经济实力已经居世界首位的后来者，美国具有强烈的孤立主义传统，这在很大程度上使其在巩固自身及周边地区建设上，为稳健崛起奠定了更坚实的基础。参加第一次世界大战并取得胜利曾一度鼓励了美国在世界上发挥领导作用的意识，但欧洲传统势力的过于强大使美国更加认清了自己在国际体系中的地位与作用，从而实施战略回归，认真积累战略资源，最终赢得了第二次世界大战的胜利，并实现了全球领导地位的强势崛起。相比以往大国崛起历程，美国在物质和制度等方面的准备都更为充分，意识性更强。尤为值得关注的是，在美国崛起进程达到顶峰之时，也是许多大国因战争而陷入衰落谷底之期，为其建立制度霸权巩固最终崛起成果提供了较为有利的条件。尽管当时的苏联有能力对美国进行制约，但美国在规划国际机制，特别是布雷顿森林体系时，尽力避免了苏联削弱其领导力的可能性，为维持美国在国际体系中的超强地位，并为冷战期间与苏联对抗中处于不败之地奠定了基础。

作为在冷战格局下实现和平崛起的两个大国，德国和日本都是美国的盟友，在军事安全和对外关系方面都受到美国极大的影响，在相当大程度上处于美国的领导和主导之下。然而，这两个国家虽然对自己在二战中造成的罪行认识和悔改程度存在很大差别，但它们都利用了美国因对苏联的冷战需要而逐渐壮大了自己。德国在二战后得以恢复很大程度上得益于美国的马歇尔计划，日本得益于美国因朝鲜战争和越南战争的战略需要。更为重要的是，这两个国家在内部建设和外部关系发展上都极大地促进了自身的战略利益。德国在推进欧洲一体化中作出了重要贡献，而日本极力促进东亚经济格局的“雁形模式”。尽管两个国家都没有明确声称自己在地区合作中的领导地位，但地区发展都促进了两国综合实力的提升，增强了两国在地区和国际上的作用。从国际政治的角度来看，这两个国家的崛起可能是不完全的，具有相当强的相对性，其崛起进程也过于忍辱负重，尽量避免引起美国的担忧和警惕，为跻身于世界大国行列的崛起准备也更为细致。

历史上大国崛起的历程告诉我们，大国越来越有意识地对自己的崛起之路进行规划和设计。这既是为了避免崛起态势受到压制和阻碍，也是为了尽量巩固自己的崛起成果。然而，即使如美国这样在崛起过程中也曾受到过挫折、在崛起后仍对两次世界大战存在深刻历史记忆的国家，在美苏两极格局对峙期间形成的冷战思维仍深刻地影响着其在冷战后的国际战略。在国际形势正在发生巨大变化的历史新时期，美国需要思考如何与时俱进，修正其与其他大国相处和共同应对全球和地区问题的战略思维，才可能有效地维持其在国际社会上的优势地位，避免因阻止其他大国崛起而跌入“修昔底德陷阱”。对于当前的美国来说，如何与新兴崛起的大国实现和平相处，同时防止自己衰落，避免在国际社会中丧失更多的既有权利，才是最重要的战略任务。

随着经济全球化推动许多地区大国力量快速上升，以及传统大国力量发展相对停滞，新兴大国群体性崛起及其推动国际体系出现艰难转型,[①] 似乎已经成为当前国际关系中最受瞩目的重大事件。这

① 杨洁勉：《新兴大国群体在国际体系转型中的战略选择》，《世界经济与政治》，2008 年第 6 期，第 6—12 页。

意味着将出现一群国家，试图根据自己的实力和能力，重新制订游戏规则，构建以自己为主导的多边政治、经济结构及安全合作机制，将自己的利益及观念在系统内推行，[①] 摆脱外来压力和既有束缚，希望引导国际机制及其治理规范朝着更有利于自身利益的方向变革。然而，国际社会的传统国家势必不会轻易退出历史舞台，出让自己在既有国际机制中的地位，削弱自己在国际社会的作用，从而损害自己的既得利益。因此，以中国为代表的新兴大国在崛起过程中如何与守成大国协商、协调各自的立场与利益，在促进自身利益的同时实现与守成大国的和平共处，维护国际社会的稳定与繁荣，已经成为当前迫在眉睫的重要课题。

中国在新的历史时期，随着综合实力的快速增长和国际地位的日益提升，必须要以史为鉴，做好一定的理论和实践准备，避免历史悲剧重演。然而，大国崛起的历史对当前以中国为代表的新兴大国崛起的借鉴意义，既具有警示性，也存在极大限度。从阶段性上看，以中国为代表的大国在崛起前必须做好必要和充分的准备，在维护国内稳定和国家安全，维持与其他国家合作关系的同时加强国家建设，夯实实现崛起的软、硬、巧实力的基础。在崛起过程中，要更多地融入国际体系，依靠国际机制缓解守成大国的压力，尽量在体系内实现和平崛起。在崛起之后，主要利用各种可能的渠道，不仅要避免自身实力的衰落，而且要避免其他新兴大国挑战自己的核心利益。基于长周期理论对历史上大国崛起的经典总结与阐释，中国不仅需要从一些大国成功崛起中找到可资参考的历史经验，也要从一些大国崛起失败中汲取教训。然而，长周期理论对未来大国崛起的预期能够提供的更多是解释，而不是以历史为依据下断论。未来的世界是不可知的，或者说是不完全可知的，不能断定未来一

① 贺双荣：《拉美国家人均 GDP 的增长与国际地位的变化——拉美国家的经验》，第 5 页，http://ilas.cass.cn/u/heshuangrong/%7B04ABA50C-9F72-43B4-AADB-0EE38510B4AC%7D.pdf。

定会重演历史的悲剧或喜剧。另外，随着全球化日益深入，在国际关系相互依赖关系日益加强的情况下，当前国际力量转移速度加快，大国崛起与衰落都在加速，周期性显得更短，且存在强烈的扩散性，可预期性显得更为微弱，或者说预期的难度已经明显增大。

在这种情况下，中国为自己的崛起进程进行充分准备必然更加艰难。大国崛起的准备主要分为物质准备和理论准备两大部分。从根本上说，物质准备固然重要，但理论准备有助于防止大国在崛起过程中陷入“物质主义”，单纯追求发展硬实力。大国崛起的理论准备在一定程度上是一个国家软实力的具体表现，包括对以往大国崛起路径进行阐释与分析，在符合现实情况的基础上，为中国在崛起前和崛起过程中的国家建设与对外关系提供战略指导，并有可能对中国崛起提供国际合法性，让世界愿意接受或至少不阻碍中国的和平崛起。在这个意义上，中国应该有意识地，或者说自觉地为实现真正崛起做好理论准备。

二、理论价值和现实意义

国际关系和外交理论往往被认为是在总结归纳外交实践与历史事件基础之上的逻辑验证。然而，理论与实践之间虽然存在着一定的验证关系，但二者并不具有必然的先后顺序。任何历史事件背后都可能存在复杂的影响因素，并产生更为复杂的结果，难以用某一单纯理论完全解释清楚。反过来说，某一个理论可能解释多种现象，但并不是解释某一现象的唯一范式。一些具有强烈预测特性的理论，虽然对如何规范事件的发展具有一定的指导意义，但也存在着较强的不确定性。尤其值得关注的是，许多理论在逻辑上往往存在领域宽度、时效长度、趋势向度，单边主体和单一议题的局限，存在一些漏洞和误区，不同理论对同一议题甚至会出现矛盾和冲突的情况。

从现实主义理论来看，霸权稳定论虽然强调崛起大国将对霸权国构成挑战，双方关系紧张在所难免。然而，霸权稳定论只强调霸权有助于维持秩序稳定，霸权缺失将引发动荡，并没有明确崛起大国对霸权稳定一定会产生负面效应。另外，崛起大国的最终目标并不一定也要成为霸权国家。从霸权稳定论的逻辑上讲，为国际社会提供公共产品不仅是霸权国的责任，其实也是所有国家行为体的义务。崛起大国如果愿意承担维持国际秩序稳定的公共产品，必然会减轻霸权国的负担，对维护地区稳定与发展来说未必不是好事。另外，霸权稳定论只是从公共产品供需的角度来分析霸权存在的合理性[1]，并没有断言霸权国一定会阻止新兴大国崛起。相反，霸权稳定论也没有提供多极霸权能否和如何维护秩序稳定的答案，[2] 以及在当前全球治理需要所有国家共同参与的情况下，是否会出现多个霸权国集体治理的情况。

均势理论和权力转移理论具有明显矛盾的地方。均势理论认为，权力平衡有助于维护国际秩序的和平与稳定，而一旦国际权力结构失衡，极可能会引发战争，因此各国借助不同的手段试图维持权力平衡以寻求国家安全[3]，稳定国际体系，保障国家安全。[4] 然而，尽管国际体系的权力结构变化会影响国家的行为，[5] 但是体系结构的平衡和国家间实力的平衡并不是一回事，体系结构变化和国家实力变化并不完全同步，与战争或和平也并不存在必然关系。另外，在后冷战时代，对权力概念的界定已经发生较大变化。权力相对失衡是

① 牛震：《关于霸权稳定论及其评价》，《世界经济与政治》，2000 年第 10 期，第 23 页。

② 王义桅、唐小松：《从霸权稳定论到单极稳定论——冷战后新现实主义的回归》，《世界经济与政治》，2000 年第 9 期，第 14—19 页。

③ Kenneth Waltz, "Structural Realism after the Cold War", *International Security*, Vol. 25, Iss. 1, 2000, pp. 5 – 41.

④ James E. Dougherty and Robert L. Pfaltzgraff, Jr., *Contending Theories of International Relations, A Comprehensive Survey*, New York: Harper & Row Publisher, 1981, pp. 23 – 26.

⑤ William Curti Wohlforth, *The Elusive Balance: Power and Perceptions during the Cold War*, Ithaca: Cornell University Press, 1993, p. 11.

常态，绝对平衡是不可能的，制衡的手段也不再只是传统的军事手段，所谓的软制衡形式则更为常见。[①] 权力转移理论认为，权力转移促进权力平衡容易导致战争而不是促进和平。[②] 值得商榷的是，权力转移理论是以崛起大国通常会对现有国际秩序不满为假设，而守成大国努力维持现有秩序以确保既得利益为前提的，[③] 这种以权力转移必然引发竞争或冲突为导向的逻辑，具有较强的先验性。权力转移理论产生的背景与当前形势已经发生了很大的变化，也需要与时俱进，考虑到全球化时代下新兴大国与守成大国关系的复杂性，使新兴大国具有更多的空间和手段实现崛起。

从自由制度主义角度来看，相互协调的国际机制、制度和规范，相互依赖的国际市场与竞合态势并存的互动关系等，都难以阐释新兴大国在崛起的过程中是否必然会与守成大国产生冲突甚或发生战争。尽管守成大国可以依赖既有的国际机制维持在国际金融、贸易等方面的主导权，但这些国际机制并不能限制新兴大国利用现有的对守成大国有利的国际机制奠定崛起的物质基础。无论如何，即使对守成大国有利的国际机制也会不可避免地会为新兴大国发展留有制度空间。因为，在全球化日趋深入影响下，国家互动日益增多、增强、深入，相互之间必然会形成深刻的依赖关系，守成大国利用国际机制约束新兴大国的崛起并不总是会成功，新兴大国同样可以利用国际机制固有的相对公正性约束守成大国肆无忌惮地转嫁危机，同时利用国际机制发展自己。另一方面，既有的国际机制给予新兴大国的权力小，相应的责任也小，为其利用自己的相对优势灵活地

---

① 金灿荣：《美国霸权遭遇软制衡》，《世界经济与政治》，2003 年第 12 期，第 1 页。

② A. F. K. Organski, *World Politics*, New York: Alfred A. Knopf, 1958; A. F. K. Organski and Jacek Kugler, *The War Ledger*, Chicago: University of Chicago Press, 1980, pp. 59 – 61.

③ 高程：《市场扩展与崛起国对外战略》，《国际政治科学》，2011 年第 3 期，第 2 页。

处理问题提供了便利，在一定程度上也促进了国际机制进行必要的改革。

建构主义不仅强调身份决定利益、利益决定行动，而且强调主体间关系不同是造成身份不同的主要原因[①]，同时，主体间的身份会不断演变。从这个逻辑出发，新兴大国的身份是一种关系建构，可能转变为守成大国的身份认知。从历史上看，守成大国的身份也确是从新兴大国演变而来的。这说明新兴大国的崛起及身份演变，以及新兴大国与守成大国和平相处具有较大的可能性。新兴大国群体与守成大国群体有可能会存在霍布斯、洛克和康德的三重认知关系，表现新兴大国对现有国际秩序的满意程度，新兴大国与国际秩序的融合程度，以及新兴大国崛起合法性等问题，从而推进新兴大国身份认同与未来命运的演进历程。然而，问题是新兴大国并不一定会崛起为守成大国，新兴大国崛起后，（至少在短期内）不一定会与守成大国实行相似或相同的政策，身份决定利益与行动的逻辑有可能因此而发生暂时短路。

从上述国际关系经典理论来看，它们对大国崛起的解释和分析并没有给予比较充分的论证。相比之下，现实主义理论更多的是阐述了阻碍大国崛起的结构性因素。主要原因在于，现实主义的理念和逻辑形成于近现代时期，在很大程度上仍然拘泥于相对获益或零和博弈的竞争观、斗争观、甚至战争观，大大限制了大国和平崛起的可能空间。以现实主义基本逻辑为基础的权力转移理论起源于守成大国学术界，在很大程度上不愿意看到新兴大国挑战守成大国既有的国际地位，将权力转移理论的结果导向归结为大国冲突也就比较合乎逻辑了，这在很大程度上给试图通过和平途径实现崛起的国家增添较大的压力，促使它们不要挑战守成大国在国际社会上的地位与作用。从一定意义上说，权力转移理论和霸权稳定论在维持既

① ［美］亚历山大·温特：《国际政治的社会理论》，秦亚青译，上海人民出版社，2000 年版，第 318—328 页。

有霸权主导国际秩序方面具有异曲同工之效，将现有的国际秩序设定为是合理的，是不容许其他力量轻易改变的。或者说，这种秩序即使需要改变，也只有守成力量才有权力推动、推进或推倒重来，新兴力量和其他力量只能被动地参与和遵循守成力量构建的机制和规范。

然而，从新自由制度主义和建构主义的发展逻辑来看，权力转移理论似乎已经发生了较大的变化。这两个理论在很大程度上也是以权力转移为逻辑分析起点的，尽管没有能完全摒弃冲突论的论点，但基于对相互依赖、绝对获益和身份建构与规范共享的深入论证，也明显表现出，随着全球化进程深入发展，生产和社会要素相互交织，权力转移、权力泛化和权力融合是广泛存在的。国家之间虽然存在着竞争与冲突，但更愿意通过协调合作，促进互利共赢，实现共同发展和进步。也就是说，促进国际社会的持久和平与共同繁荣已经成为国际权力转移过程中需要实现的重要目标和任务。这在某种程度上体现了权力转移的内容和性质在从政治安全转向经济社会领域时，分析结果指向性发生了巨大变化。无论如何，经济合作和社会进步绝不完全是以零和博弈的方式进行的，更多的是体现了竞争、合作与融合等多种特性并存的复杂性。

从国际关系理论演进进程来看，更近期的理论为新兴大国实现崛起提供了更多的存在空间，体现了国际关系理论的与时俱进性，迎合了国际社会发展的实际情况和需要。如果我们仍然沿用既有的以现实主义为逻辑基础的权力转移理论，而忽视权力转移的性质和内容都已经发生了巨大变化，就容易陷入理论逻辑的窠臼，难以摆脱近现代大国崛起你死我活的线性思维。这也反映了现有的国际关系理论对大国崛起论证的准备严重不足的内外原因。当前新兴大国崛起不仅需要既有的国际关系理论铺垫，而且需要在新形势下批判性继承后，不断演绎或创造出一些新的国际关系理论，以阐释和证明新兴大国和平崛起的必要性与可能性。在这一过程中，新型国际关系理论既要传承既有国际关系的逻辑起点，也需要进行创新性改造，以适应新形势的实际需要，同时既要考虑到守成大国和新兴大国的利益与感受，也要照顾到其他国际力量的可能反应，从而适应并尽量满足各方面的实际诉求。

因此，从国际关系理论上来探讨中国崛起的理论限度本身就存在局限性。国际关系理论从本质上是对历史和国际现象的总结和解释，预测性并不是其本身必然带有的性质，而是国际关系理论孜孜不倦寻求的目标。因此，无论是现实主义的霸权稳定论、权力平衡论、权力转移论，自由制度主义和建构主义都不能圆满地解释新兴大国与守成大国之间的复杂关系。另外，许多国际关系理论产生的时代背景和国家背景具有强烈的独特性质，总是为某个时代或某些国家利益服务的，这种偏向性会侵蚀其普遍意义，使其成为不完全的理论。如果单纯从经济总体规模、国家安全以及对外政策上看，中国和平崛起已经成为难以辩驳的事实，这是许多国际关系理论都需要面对的现象。从这个角度上讲，中国崛起不仅要从既有的国际关系理论中寻找答案，而且要立足自身国情和国际环境的现实，阐释和发现新兴大国和平崛起的理论逻辑。

纵观世界历史，我们可以发现，许多国家拥有在崛起过程中成功和失败的经验，更有许多国家从崛起走向衰落，以及从不断失败中奋发最终再次成功的国家。大国在崛起前和崛起过程中进行了哪些方面的理论准备，为其最终走向成功奠定坚实的基础，是每个崛起中的大国都必须考虑的问题。历史上大国成败的经验与教训对当前的中国都具有深刻的战略意义，促使中国不得不选择最恰当的国内和外交政策，探寻实现在与其他国家和平共处中实现崛起的发展道路，发现促进国家富强、民族振兴和国际和平、共同发展的最佳途径。当然，不仅如此，厘清大国崛起的理论准备对当前以中国为代表的新兴大国群体性崛起也具有深刻的现实意义。

当前，以中国为代表的新兴大国被推到聚光灯之下，受到国际社会的密切关注，守成大国更是持以警惕之心。因此，中国非常有必要对真正崛起做好充分的理论和其他方面的准备。原因在于：首先，大国崛起准备是一项系统性工程，科学性与进步性的理论准备是支撑其最核心、最前沿的工作。中国崛起绝不能仅仅是经济总量的增加，而应是综合实力在数量上和质量上产生的叠加效应。这就要求崛起国在进行理论准备的时候，充分考虑政治、经济、社会、文化等方面的综合因素，将这些因素提升到国际最先进的水平上，并将本国元素与世界元素紧密结合起来，才能得到国际社会的普遍认可。其次，大国崛起存在着历史性难题与困局，破解的路径需要得到方法论和历史论方面的指导。中国崛起绝不是也不能重复历史上大国冲突甚至战争的老路，而应该结合自身国情和当前国际新形势，走出一条与其他国家共同和平发展之路，通过国际协作与非零和博弈的途径为自己赢得崛起的机遇。再次，国际体系转型是一种常态，近年来在新技术推动下速度明显增快，为新兴大国崛起提供了机会，如果没有做好准备反而会造成相对衰落。中国需要主动迎头赶上，而不是被动接受恩惠，要勇于促进国际体系转型朝着对自己有利的方向发展，成为这一进程中的得益者，而不是失意者。最后，研究大国崛起理论有助于增强对我理论、制度和道路的理性自信，避免急躁冒进和退缩保守的情绪。

中国崛起的外交理论应该包括大国的外交理论与崛起的外交理论两部分。从进程上看，大国往往是一个相对静态的身份概念，意味着这个国家必须具有较为丰富和巨大的自然禀赋，在国际社会上具有相当大的影响和作用。从中国近年来的外交定位来说，尽管一直自认为是一个大国，在国际舞台上也一直这样宣示，但并没有明确自己在国际社会上具体的地位和角色。中国的地区性和全球性大国不同定位意味着，中国不仅要对地区和全球承担不同的责任与义务，也需要享有能够履行这些责任与义务的权力与空间。中国的大国定位存在着自我、地区和全球三重认知的递进关系，还有发展中国家与发达国家，其他周边国家和其他地区国家对中国认知变化的发展历程。然而，大国外交并不意味着强国外交，从大国发展到强国的过程才意味着中国在真正崛起，大国外交与强国外交之间的崛起外交则需要体现这两种外交实践之间的过渡特征，具有明显的动态性质。大国外交是崛起外交的基础。关于大国崛起的外交理论是对中国发展为强国的外交进行预测、解释、总结与升华。为了保障中国崛起进程的和平性质，和平外交或保障和平的外交应是崛起外交理论的应有之义。

中国崛起既是中华民族的伟大复兴，也是当前国际社会最受关注、最值得探讨的议题之一。因此，中国不仅要从自己历史中寻找答案，更要探析世界历史上大国兴衰的根本原因，找出大国崛起的基本特征，为崛起提供可以参考的经验和教训。原因在于：第一，守成大国不会轻易放弃自己的权力，都会不同程度地对新兴大国崛起产生激烈的反应。[①] 二战前的大国崛起更多试图使用暴力挑战现有秩序，崛起大国和守成大国之间爆发战争的可能性较大。如果崛起大国在挑战既有秩序前已经拥有了超过守成大国的实力，并通过规范共享和机制共处的方式缓解相互间的矛盾与问题，崛起大国与守成大国之间爆发战争的可能性就会减小。同时，守成大国也需要认清时代发展的主流，采取非胁迫性措施处理与崛起大国因实力、能力与权力变化而产生的矛盾，避免崛起大国被迫挑战守成大国的权威与利益边界。第二，大国崛起具有相对性与绝对性。崛起中的大国一般都是所在地区拥有绝对优势实力，发挥较大作用的国家。然而，要成为全球性大国，这些国家不仅需要在地区事务的地位不会受到挑战，而且要能够独自或与其他大国一道维护或重塑国际体系的治理规范。第三，崛起大国不是单独依赖安全军事力量，而是依靠包括经济实力和社会文化与信仰的综合实力。也只有这样，守成大国才会顾及和考虑崛起大国的利益和诉求。第四，崛起大国更多源于内部力量的增长，同时与国际社会保持着紧密联系，形成复合性相互依赖的关系。如果增强中的能量可以得到释放，崛起大国颠

---

① 吕庆广：《大国崛起的类型学分析——兼论中国和平崛起战略的可行性》，《江南大学学报（人文社会科学版）》，2007 年第 1 期，第 14 页。

覆现有国际秩序的意愿就会大大降低。毕竟，尽管当今世界上还经常存在违反《联合国宪章》的现象，但要通过违反《联合国宪章》崛起为新的世界大国，则几乎没有可能了。[①]

与历史上许多新兴大国都非常相似的是，对中国而言，崛起理论的准备实际上是要解决以下几方面的困境：第一，安全困境和集体安全困境。安全困境并不会因中国发展壮大而有所缓解，相反，随着中国受到更多国家的关注和期待，受到的压力和得到的动力都会增加。尽管安全困境的意识会随着不同问题而有所差异，但总体态势趋向复杂化。集体安全困境更多地体现在崛起大国如何与其他国家合作共处，如何公正合理地履行提供国际安全公共产品，维护国际社会和平与稳定。第二，权力转移必然导致战争的思维困境。历史上大国崛起的进程大多与战争联系在一起，中国崛起需要突破定向思维的桎梏与窠臼，寻求以非战争的形式实现崛起。大国崛起的进程往往被认为是霸权国为维持自身地位限制或遏制新兴大国的过程。西方国际关系理论对大国崛起的负面影响提出了经典解释，中国需要从实践上和理论上有所突破。第三，国际体系转型的结构性困境，以及国际机制的约束性困境，限制了大国崛起理论的体系建构。要让国际社会理解并接受中国崛起理论，中国就必须在国际体系转型和国际机制改革的过程中增强话语权，对不同对象采用有针对性的，但又体现统一逻辑和一贯主题的话语体系，实现与国际社会的有机衔接。第四，传统大国与新兴大国互动的范式困境。西方国家关于国际体系守成大国与新兴大国关系互动的理论范式主要有两种，即遏制与融合。[②] 中国崛起的外交理论需要考虑在谨慎应对或预防缓解守成大国遏制的过程中，增加中国与国际社会融合的因素，并以融合趋势消蚀遏制态势，实现与守成大国之间的良性互动。

① 沈丁立：《美国崛起的若干历史经验》，《击水谈》，2011 年 9 月刊，第 37 页。

② 江西元：《国际体系结构变化趋势及对新兴大国的容纳》，《太平洋学报》，2005 年第 12 期，第 3 页。

另一方面，中国在崛起之后，也要摈弃遏制思维，为与其他国家合理发展留有政策空间。

当前影响中国崛起的因素主要有以下几个方面：第一，制度道路。这包括中国在国际上是否与大多数国家存在差异性，在国内和国际上是否具有充足的合法性，以及如何缓解因差异而产生的制度张力问题等。第二，国家力量。这包括中国在国际力量结构中所占的份额，与大多数国家存在相互依赖性还是相互冲突性的关系，在国际秩序运转过程中发挥了建设性还是破坏性的作用等。第三，经济发展水平与产业结构。中国与守成大国之间在这两方面存在互补性还是竞争性的关系，既可能是中国与其他国家增强互利合作的基础，也可能是与许多国家产生冲突的根源。毕竟，经济实力改变了中国在国际关系格局中的地位，扩大了中国的对外影响力，也使中国能够将更多的经济资源转变为包括军事力量在内的综合实力，从而改变国家的安全环境、并扩大国际竞争优势。第四，军事安全能力。这包括中国军事实力的保障与威慑能力，以及发挥新安全观的作用，加强与国际社会建立安全信任的能力。第五，地缘战略。这包括中国所处的地缘位置，中国与霸权国及其盟友的位置关系，以及与霸权国在地缘战略上是否存在冲突性等。

国际体系的和平转型会为中国崛起提供平台。经济全球化和世界格局多极化趋势为中国崛起创造了有利的国际条件。中国正朝着新型超级大国的方向发展，其令人惊叹的国有资产、新建基础设施、巨大的国内市场、人力资源优势，都为“中国乐观论”提供了实证支持。[①] 因此，中国崛起的外交理论应具有以下特征：首先，需要符合时代发展的主流。在全球化的时代背景下，全球民族国家之间经济、政治、文化交往日益密切，客观上造就了全球性和平的大趋势与大环境。其次，要具有开创性和可行性。中国强力崛起的成本与

① 李成：《“中国前景乐观论”和“中国崛起例外论”——对胡鞍钢〈2020 年的中国：一个新型超级大国〉的评论》，《学术界》，2011 年第 4 期，第 9 页。

风险都很大，不仅自己难以承受，国际社会也不愿接受。再次，重视全球性文明的共通性。中国传统文化尚德崇仁，提倡以和为贵。中国与西方的文明史具有不同逻辑、轨迹、经验的独特性。在现实国际背景下，中国的和平思想需要为崛起提供更具广泛性的话语基础，成为中国崛起外交理论中的内核，同时挖掘与其他文明和平思想的共同精髓。最后，强调中国崛起外交理论的普遍性意义。中国仅是当前崛起大国群体中最受瞩目的一个，印度、巴西和俄罗斯也是国际社会比较认可的快速发展的国家。中国崛起的外交理论需要符合当今世界和平发展的时代精神，[①] 具有一定的普遍性，符合大多数新兴大国崛起的实际情况。

因此，中国在崛起过程中，需要根据国际和国内新形势的现实需要，有意识地为崛起进行更为细致的各种物质和理论准备，制定切实可行的战略目标、战略任务与实施措施，满足在崛起历程中与国际社会互动的战略需求。中国崛起可能具有独特性，但作为群体性崛起中新兴大国中的一员，也必然具有一定的普遍性，中国崛起的理论准备需要在两者之间找到适当的契合点。在这种情况下，中国更需要自觉地规划在综合实力不断增长，国际影响力不断上升的情况下，如何为自己的最终真正崛起做好充分的理论准备。

第二节　崛起理论准备的战略自觉

任何大国的崛起之路都不可能是一帆风顺的，必然受到各种力量和思想的干扰和牵制。中国发展自己的外交理论为国家崛起创造

① 吕庆广：《大国崛起的类型学分析——兼论中国和平崛起战略的可行性》，《江南大学学报（人文社会科学版）》，2007 年第 1 期，第 14 页。

条件，必须要考虑内外环境变化可能引发的各种挑战，才能让中国更充分地为未来做好必要的和基础性的准备。中国崛起的外交理论准备在实践中要转化为具有前瞻性和稳健性的崛起外交战略，指导对外政策实施的方向与节奏。因此，中国崛起的外交理论准备要根据实际外交战略目标和任务而定。

一、研究现状及主要问题

从国内情况来看，关于大国崛起和中国崛起的研究已经相当多，题材相当广泛，也有一定的深度，既有大量的学术专著，也有多种视角下的研究论文。仅从2004年以来的论文和2009年以来的专著来看，有的从大国关系，尤其是中美关系的视角来分析中国崛起基本态势，国际环境和国际政治影响，以及中国崛起过程中的大国关系，中国崛起战略的外交影响；[①] 有的从国际战略、合法性的视角，说明崛起大国的战略诉求和目标对行为的影响，及其面临的困境和产生的矛盾，以中国为案例，分析中国崛起面临的诸多问题，并评估中国崛起战略的成败得失，以此为基础探索未来中国缓解崛起困境的理论基础，提供大国崛起的中国经验；[②] 有的从哲学视角、地缘战略和其他国际政治理论分析，中国和平崛起的内在动力、内涵、

---

① 丁松泉：《中国崛起与中美关系》，中国社会科学出版社，2005年版；郑永年：《中国崛起：和谐世界与大国竞争》，新加坡：八方文化创作室，2007年版。

② 阎学通、孙学峰等：《中国崛起及其战略》，北京：北京大学出版社，2005年版；孙学峰：《国际合法性与大国崛起：中国视角》，北京：社会科学文献出版社，2012年版；孙学峰：《中国崛起困境：理论思考与战略选择》，北京：社会科学文献出版社，2011年版；林跃勤、周文：《金砖国家发展报告（2012）：合作与崛起》，北京：社会科学文献出版社，2012年版；李形、林宏宇：《中国崛起与资本主义世界秩序》，北京：世界知识出版社，2012年版；王耀东：《大国崛起》，上海：上海人民出版社，2011年版。

必要性、可能性、方式步骤、路径和外在条件；[①] 有的从文明、文化和发展模式的角度，通过横向与纵向分析，阐述和分析促进中国崛起的各种因素；[②] 有的从中国崛起的政治、经济、社会基础、外部环境以及战略构想等方面进行综合分析和论述；[③] 有的对世界性大国的崛起历程进行深入地介绍，力图客观准确地比较分析各大国的成功经验和失败教训，为中国崛起寻找借鉴，以期有利于中华民族复兴这一宏伟目标；[④] 有的从国际体系转型的宏观视角，分析中国参与地区、国际和全球性问题解决的机制性过程，与中国崛起的关系；[⑤] 有的比较分析中国过去、当前与未来的国家战略，与中国发展理念相结合，探析中国崛起的根本性质与特点；[⑥] 有的从国际政治经济学的

---

① 仲计水：《哲学视野中的和平崛起论》，北京：中国社会科学出版社，2009 年版；卢兵彦：《和平崛起：中国迈向世界大国的地缘战略》，北京：人民出版社，2011 年版；马杀鹰：《新海权论：中国崛起的海洋之路》，北京：电子工业出版社，2012 年版。

② 张维为：《中国震撼：一个“文明型国家”的崛起》，上海人民出版社，2011 年版；丁刚：《中国方向：中国崛起必须摆脱美国模式》，长沙：湖南人民出版社，2010 年版。

③ 胡鞍钢：《中国崛起之路》，北京：北京大学出版社，2007 年版。

④ 唐晋：《大国崛起》，北京：人民出版社，2007 年版；徐牧：《中国模式的崛起与西方模式的衰落》，九州出版社，2010 年版；宋玉华、江振林：《新兴大国：历史性崛起的博弈与前景》，北京：人民出版社，2004 年版；孙哲：《崛起与扩张：美国政治与中美关系》，北京：法律出版社，2004 年版；熊志勇：《美国的崛起与问鼎之路：美国应对挑战的分析》，北京：时事出版社，2013 年版；胡宗山：《中国的和平崛起：理论、历史与战略》，北京：世界知识出版社，2006 年版。

⑤ 刘杰：《机制化生存：中国和平崛起的战略决策》，北京：时事出版社，2004 年版；陶坚、林宏宇：《中国崛起与国际体系》，北京：世界知识出版社，2012 年版；宋立刚：《崛起的中国：全球机遇与挑战》，北京：社会科学文献出版社，2012 年版；陈琪：《中国崛起与世界秩序》，北京：社会科学文献出版社，2011 年版。

⑥ 相蓝欣：《2025，中国梦：中国不是“崛起”而是“东山再起”》，长沙：湖南人民出版社，2010 年版；姚晓宏：《中国梦：未来国家战略与中国崛起》，北京：当代中国出版社，2013 年版；谢德华：《中国的逻辑：为什么中国的崛起不会威胁西方》，北京：中信出版社，2011 年版；姜明星：《2600 年前的大国崛起：齐桓公称霸天下》，济南：济南出版社，2010 年版。

路径，阐述中国崛起之路的挑战，探析成功赶超的理论框架；[①] 有的阐述中国和平崛起与建设和谐世界的理论逻辑和道路实践；[②] 有的阐述中国崛起应进行各种物质、价值观甚至心理的充分准备；[③] 有的阐述中国外交形式与崛起的内在关系和外在联系；[④] 有的通过学术辩论的方式，阐述和分析围绕中国崛起的各项问题；[⑤] 还有的从其他国家和民众认知与反应的角度，阐述中国崛起面临的重大问题。[⑥]

从内容上看，关于中国崛起的许多专著和论文涵盖的知识和领域都比较广泛，很难归纳到某一个具体的方面。另外，许多论文与专著相互印证，实际上形成了关于中国崛起理论与实践、历史与现实、国内与国际、体系与单元、规范与物质、宏观与微观等各种角度的综合分析方法。在这些论著中，甚至有一些着重讨论国际上其他国家兴盛与衰落的历史与现实[⑦]，对中国崛起也具有相当强的借鉴意义。归纳来看，中国学者对中国崛起的战略意义、基本特征、途径手段、影响因素和具体目标等已经进行了相当深入的理论与政策

① 林毅夫、张建华：《繁荣的求索：发展中经济如何崛起》，北京：北京大学出版社，2012 年版；刘力：《经济全球化与中国和平崛起》，北京：中共中央党校出版社，2004 年版。

② 宋秀琚、明庭权：《和平崛起：中国推动建设和谐世界》，北京：中国社会科学出版社，2012 年版。

③ 查继宏：《中国崛起需要大国心态》，北京：中国三峡出版社，2011 年版。

④ 陈昊苏：《民间外交与大国崛起》，南京：凤凰出版社，2011 年版。

⑤ 文正仁：《中国崛起大战略：与中国知识精英的深层对话》，北京：世界知识出版社，2011 年版；王辉耀：《中国模式——海外看中国崛起》，南京：凤凰出版社，2010 年版；高全喜：《国家决断：中国崛起进程中的战略抉择》，北京：中国友谊出版公司，2010 年版。

⑥ 曹洪洋：《美国智库眼中的中国崛起》，北京：中国发展出版社，2011 年版；钱洪良：《中国和平崛起与周边国家的认知和反应》，北京：军事谊文出版社，2010 年版。

⑦ 高民政：《国家兴衰与军政关系纵论：大国崛起中的军事与政治》，北京：时事出版社，2011 年版；孙健：《金融霸权与大国崛起》，北京：新世界出版社，2008 年版。

分析。总的来说，中国学者对中国崛起的内外挑战与机遇、不利与有利条件等都已经具有比较清醒的认识[①]，对中国崛起方式提出了多种路径选择[②]，也指出了利弊所在和发展前景。尽管有些理论分析和经验总结具有一定的倾向性与选择性，但总体上还是比较客观理性的。从发展的角度来看，随着中国综合实力的增长和国际地位的提升，关于中国崛起的阐述也逐步从相对不自信，更多地阐述和分析困境和限度，战略应对和政策选择，到更多地从理论、机制、规范等多角度来叙述中国崛起的可能性与战略调整的必要性。

国外关于中国崛起理论准备的研究也相当多，但更多是在阐述大国崛起历史进程和理论分析时，对中国崛起的意义和中国需要做哪些方面的准备进行分析。首先值得重视的仍是保罗·肯尼迪的《大国的兴衰：1500～2000 年的经济变迁与军事冲突》，他在描述东方帝国的中央集权下稳定的政治体制和欧洲大陆诸国之间不断征战的过程中，指出欧洲社会在不断冲突中推进了军事变革和经济发展，并进而促进了科技进步。军事扩张对大国兴衰具有巨大影响，军费开支给国家经济产生巨大压力，刺激对外扩张，从而引发国家间为争夺资源展开的残酷竞争。[③] 该著作对中国在如何汲取历史教训、借鉴前人经验、在崛起过程中如何平衡和把握经济与军事力量的关系，特别是妥善处理大国关系等具有较强的警示意义。

---

① 时殷弘：《中国崛起的条件：从对外关系角度的讨论》，《世界经济与政治论坛》，2006 年第 1 期；全圣兴：《“中国的崛起”与国际秩序的变化》，《现代国际关系》，2005 年第 11 期；丁松泉：《试论中国崛起时代的国际环境》，《教学与研究》，2004 年第 3 期。

② 徐坚：《和平崛起是中国的战略抉择》，《国际问题研究》，2004 年第 2 期；门洪华：《中国崛起及其战略应对》，《国际观察》，2004 年第 3 期；刘建飞：《和平崛起是中国的战略选择》，《世界经济与政治》，2006 年第 2 期；门洪华：《中国和平崛起的国际战略框架》，《世界经济与政治》，2004 年第 6 期；阎学通：《和平崛起与保障和平——简论中国崛起的战略与策略》，《国际问题研究》，2004 年第 3 期。

③ ［美］保罗·肯尼迪：《大国的兴衰：1500～2000 年的经济变迁与军事冲突》，陈景彪译，北京：国际文化出版公司，2006 年版。

外国学者对当前大国崛起的研究很多是在研究美国崛起的历史经验与教训，美国维持霸权的战略途径和未来如何在新形势下保持发展繁荣的政策选择。弗雷德里克·L. 艾伦阐述了美国在20世纪前50年期间进行的一系列深刻而广泛的改革。美国满怀崛起的梦想、平等与民主的希望，虽然经历过动荡与挫折，但在历经并取得两次世界大战胜利后，终于从一个偏离世界权力中心的国家走向全球权力顶峰与核心，成为国际格局的重要一极。[①] 尼娜·哈奇格恩对美国发展至今存在的诸多问题和面临的严重威胁进行了深度梳理，并从思想意识与体制层面深刻探寻这些问题的根源。她认为，美国当前所面临的最为紧迫的威胁并非来自他国意识形态挑战和关键大国的军事威胁，而是失业、医疗保障、民众对政府缺乏信心、企业创新能力下降和美国对于关键大国崛起后新型国际格局的不适应，这一切都源于美国"唯我独尊、号令天下"行事模式以及不合时宜的国内体制。因此，美国必须从整理内务入手，确保美国更具竞争力、工人更具适应力、并保持军事力量上的优势和外交政策上的吸引力。美国要恢复世界领导责任，就应该欢迎"关键大国"加入国际秩序之中，共同应对和平、气候、卫生和发展等紧迫性问题。[②]

当然，对于中国的快速发展，许多西方学者怀着一种相当复杂的心态，往往将之置于中国崛起与西方衰落相比较的基础之上，对中国治理世界的能力与方式提出了很多疑问，并希望从中给西方以警示。马丁·雅克在讨论全球现代发展模式主题的基础上，探讨了欧洲的崛起，考察了日本和中国的发展模式，指出了亚洲现代化发展模式的特征及其不同于西方世界的内在原因。他认为，东亚不可能遵从西方的发展模式，将保持自己的特色来发展经济，而其中最

---

① [美] 弗雷德里克·L. 艾伦：《美国的崛起：沸腾50年》，高国伟译，北京：京华出版社，2011年版。

② [美] 尼娜·哈奇格恩、莫娜·萨特芬：《美国的下个世纪：美国如何在其他大国崛起的时代里保持繁荣》，张燕、单波译，北京：社会科学文献出版社，2011年版。

重要的国家就是中国。“中国只会选择一条不同于西方世界的发展模式”，中国的崛起主要体现在经济方面，其与西方国家政治体制也存在根本不同。中国文明的特征在现代中国经济发展过程中充分体现出来，也影响了中国与周边国家和其他大陆国家之间的关系。①

威廉·W. 凯勒、托马斯·G. 罗斯基认为，中国快速而出乎意料地成为一个经济、政治和军事大国，在地区和全球事务中存在着巨大的、且日益扩展的存在，对整个亚洲都产生了广泛影响。乐观者认为，西方可以通过平稳、和平的调整过程来接受中国作为一个地区大国和全球经济、政治事务的主要参与者，适应中国在经济和政治上崛起的可能性。历史表明，大规模武装冲突是大国崛起更为常见的形态。大国和平崛起仅具有可能性，并不是必然的。然而，当今时代由于核威慑的存在和全球经济的相互依赖，有效缓解了军事冲突的危险，限制了大规模武装冲突的爆发。中国崛起的事实需要美国重新评估其亚洲政策，明确符合美国利益的商业和军事目标，制定一个长期的、一致的、全面的和建设性的综合战略。②

法里德·扎卡里亚认为，当前国际社会正经历着现代历史上的第三次权力大转移，可以称之为“他者的崛起”（并不局限于“亚洲的崛起”）。这就造就了一个全新的国际体系：世界上所有的国家都不再是客体和旁观者，而是自己掌握命运的博弈方了。世界正逐渐脱离美国的经济支配，迈进一个多元势力共同支撑的后美国世界。他认为，中国面临的最大问题不是文化的独特性，而是影响力的普遍性。中国致力于和平崛起，坚持谦卑精神和不干涉原则，希望与所有国家都建立友好合作关系，但并不一定能抗拒颠覆既有国际体系的诱惑。他认为，与中美关系相比，中国同世界上其他任何国家的关系都相形见绌，中国对美国的影响也远远超过对其他任何国家

① ［英］马丁·雅克：《当中国统治世界：中国的崛起和西方世界的衰落》，张莉、刘曲译，北京：中信出版社，2010 年版。

② ［美］威廉·W. 凯勒、托马斯·G. 罗斯基：《中国的崛起与亚洲的势力均衡》，刘江译，上海：上海人民出版社，2010 年版。

的影响。尽管美国深谙应对传统的军事—政治崛起之道，但中国却是一种全球的挑战，美国不仅从未遇到过，而且尚未做好准备。[①]

结合国内外学术研究的文献来看，无论是中国学者还是国外学者对中国崛起的前景总体上都有比较清醒的认识，但对中国崛起路径的确定性都表现出一定程度的担忧和疑虑。这既是对历史上守成大国与崛起大国之间关系惯性思维的一种自然反应，也是对当前以美国为代表的西方世界在相对衰落过程中可能也会采取非和平手段的疑虑。毕竟，守成大国与崛起大国之间的竞争或冲突关系往往并非崛起大国的主动选择，而是守成大国压缩崛起大国在国际社会拓展利益空间造成的。守成大国所宣称的和平往往是根据自身利益界定的，具有较强的线性思维，而崛起大国所宣称的和平路径也往往是希望在崛起之路上受到的阻碍更小一些，从本质上也是为自己着想的。因此，两者如何相处，必然是国际关系的重大议题，也是众多学者关心的重要话题。

另一方面，现有的学术文献也反映了当前学术界对中国崛起尚缺乏系统性的理论准备。理论准备不仅是单纯的外交理论或国际关系理论的准备，往往还有为外交理论和国际关系理论做准备的基础理论、学术队伍和机制建设等。仅仅从理论准备而言，国内学术界更多的是利用现有的国际关系理论，更确切地说是西方国际关系理论或者西方政治学的逻辑来对中国崛起进行理论分析，这在一定程度上局限了中国对自身崛起特殊性和大国崛起普遍性关系的认知。中国历史上一直是东亚地区的大国，具有较多与周边小国打交道的经验与教训，但当前中国崛起不仅要解决与小国之间的问题，还有众多中等国家，以及守成大国和其他新兴大国的关系。中国的崛起理论不可能是单领域的、单层次的，而是一种体系上的、结构性的建构，必然也会引发国际学术界产生一种体系上的、结构性的反应。

① ［美］法里德·扎卡里亚：《后美国世界：大国崛起的经济新秩序时代》，赵广成、林民旺译，北京：中信出版社，2009 年版。

这就需要国内外学术界对中国崛起和国际互动在理论准备上进行相当复杂的研究工作。

诚如扎卡里亚所言，美国尚未做好应对中国崛起挑战的准备。这在很大程度上不仅是实践性的，而且体现在理论建构方面。传统的以现实主义为基础的权力转移理论限制了西方应对以中国为代表的新兴大国群体性崛起的思维与观念，逼迫它们必须认识到现实情况和可能趋势，采取更切合实际的政策措施，否则将会逐渐陷入战略被动。当然，对于中国和其他新兴大国来说，也要科学规划好未来崛起的方向与实现路径，设计好与守成大国相处之道，避免双方正面冲突，冲击国际秩序，给世界未来发展带来不可预知的风险。这就要求守成大国和新兴大国，尤其是中美两国学术界对中国崛起进行系统性的、科学的理论准备，提出中美关系和平发展的可能路径和最佳选择，这不仅符合中美两国人民的利益，而且符合世界人民的利益。

二、中国外交理论准备与战略自觉

关于中国崛起的外交理论准备并不是单纯的理论阐释和体系建构，而是围绕理论准备的一系列政策与机制建设，并将与中国崛起相关的理论自觉地转化为外交战略，提升中国应对崛起过程中不断出现新问题的能力。也就是说，中国为崛起而进行的外交理论准备在实践中要为中国崛起外交做一些必要的基础性工作，其最终目标是为了提高中国崛起的外交战略效率。这些基础性工作只有建立在相当系统性的研究框架之下，才能对中国崛起的外交战略发挥更大的促进作用。外交战略一般具有相当高的要求，因此理论基础的铺垫与支持往往能增强其预测的可靠性与实施的可操作性。总体上看，当前中国外交理论相对落后于外交实践，中国外交理论更多的还是在发挥解释性的作用，为中国外交新实践提供正当性支持，要发挥真正的指导性作用仍需要做相当艰难的探索工作。可以说，尽管崛起外交实践在某种程度上已在进行之中，但指导中国崛起的外交理论仍处于论证和思考阶段，尚难称作真正意义上的理论建设。

将中国崛起的外交理论自觉转化为战略自觉实际上反映了中国崛起战略建设进程的曲折性与艰巨性。从根本上说，理论自觉和战略自觉并不存在必然的先后论证与逻辑关系，但二者如果能够相互印证，尤其是能在理论自觉中形成一种思维惯性，在得到国际社会广泛认同的情况下，战略自觉就容易成为一种必然，也更容易被国际社会所接受。从当前来看，要形成中国崛起外交的理论自觉需要关注以下几方面：首先，利用西方国际关系理论的话语体系论证中国崛起的正当性，让国际社会更容易了解或理解。西方国际关系理论并不总是不利于新兴大国崛起，中国崛起的外交理论可以借鉴西方国际关系中的许多概念、理念和逻辑，有选择地为中国崛起提供理论建构基础；其次，利用中国传统战略文化和理念为中国崛起提供道义性。中国崛起的外交理论建设不能是无本之木，否则难以被国内社会认同和国际社会接受。中国的战略文化虽然具有多样性特征，但强调和平与和谐仍是主流，可以让国际社会认识到中国更倾向于走和平的道路。再次，利用中外学者关于中国崛起的客观分析阐述中国崛起是一种理性选择。中国崛起的外交理论不仅要论证中国崛起是历史结合现实的必然选择，而且要论证中国将选择一种创新性的超越历史宿命论的道路。中国对崛起道路是充满自信的，这种自信是建立在对中国国情和国际形势的综合理解基础之上的。最后，利用国际社会对中国崛起的各种反应和论调为中国崛起的外交理论提供政策借鉴。中国崛起的外交理论不可能一蹴而就，必然是在国际社会的质疑声或反对声中不断发展和完善的。中国崛起的外交理论要经受得起考验，就必须考虑到许多负面的影响因素，从而能够为崛起道路提供更为有力的支持。

中国崛起的外交理论与外交战略结合或转化为外交战略，需要考虑包括国家利益界定、战略目标设定、战略形势评估、战略思维创新、战略决策决断、国家实力比较等方面的内容。[1] 从战略进程上来看，这主要包括战略目标与战略手段及其中间环节，还有影响这些环节的智力因素。其中，战略思维被认为战略研究中最具统领作用的关键要素。[2] 从战略目标设定上看，中国崛起的外交理论首先必须服务和服从于“两个一百年”目标，即实现中华民族伟大复兴的中国梦的国家发展总体目标。从战略的综合性、长期性和政治安全性来看，中国崛起的外交理论不仅要关注涉及国家生存与安全的高政治问题，确定战略目标并有资源和能力实施相关政策，[3] 更要超越战略现实主义，[4] 从经济整合、社会选择、公共政策和身份认同等视角来界定中国崛起的外交理论新趋向。中国崛起的外交战略自觉体现了中国对充分发挥软硬巧实力的协调作用，实现和平崛起的国际战略具有坚定的信心，也反映了中国日益增长的综合实力和不断上升的国际地位。

中国崛起的外交理论在向战略转化时需要注意以下几点原则：第一，义利兼顾。这主要表现在三个方面：一是中国要做好承担领导责任的准备；二是中国要重视软硬实力的协调运用；三是中国要着眼于战略利益而不是眼前利益。中国崛起不仅是为了维护和保障自身的利益，而且是为了促进国际社会的整体利益。中国在崛起过程中要履行与自己能力相称，甚至在一定程度上超越自身能力的国际责任。这是中国为崛起而增强国际话语权、提升国际形象、占据

---

① 李景治、罗天虹等著：《国际战略学》，北京：中国人民大学出版社，2003 年版，第 5—7 页。

② B. H. Liddell Hart, *Strategy*, London: Faber and Faber Ltd., 1967, p. 321; John M. Collins, *Grand Strategy: Principles and Practices*, Annapolis, Md.: U. S. Naval Institute Press, 1973, p. 273.

③ Fareed Zakaria, *From Wealth to Power*, Princeton: Princeton University Press, 1998, pp. 38 – 39.

④ 宋德星：《战略现实主义——中国大战略的一种选择》，《世界经济与政治》，2012 年第 9 期，第 4—17 页。Richard Rosecrance and Arthur A. Stein, *The Domestic Bases of Grand Strategy*, New York: Cornell University Press, 1993, pp. 11 – 13.

国际道义高地的战略需要。第二，内外平衡。中国崛起在外交上不仅要缓解国外的战略压力，更要重视和处理来自国内的各种压力，实现二者的相互平衡与协调。中国既不能被内部压力干扰外交政策的制定与实施，也要避免外部压力影响外交政策的效用。第三，多维综合。外交理论不仅要重视政治经济社会文化各领域的协调性，而且要关注国家、地区、全球和非政府组织的地位和作用，更要关注在全球公域和“高/新边疆”等发展的新动向，为中国崛起提供更全面和前瞻的视角。第四，协商合作。中国崛起绝不是与其他国家，特别是守成大国进行恶性竞争甚至冲突的问题，而是与其他国家协商合作的问题。协商也是合作的重要组成部分，有助于摆脱无原则的国际合作难题。合作并不是为了回避竞争，而是为了在协商的基础上实现良性竞争。

从目前形势来看，中国崛起的外交理论需要特别注意处理以下几方面的议题：

第一，发展与时俱进的大国关系。中国崛起的过程也是与守成大国和其他新兴大国关系不断演进的过程。新型大国关系的实质是为了避免旧的大国关系对国际社会产生的负面影响，希望新兴大国与守成大国能够避免恶性竞争、冲突甚至战争。从这方面来看，新型大国关系是新兴大国和守成大国都希望实现的一种结果，是相互间的利益交汇点。因此，中国需要重视与守成大国基于共同利益、共同责任为基础的多边合作，增进相互信任，遵循在国际法和国际上普遍通用的国际规范进行协调、沟通，妥善解决分歧与问题。同时，中国与新兴大国以及发展中国家的关系将会积极地本着互惠互利、求同化异的原则，妥善处理因差异而产生的问题。中国与发展中国家的合作需要一如既往地注重为双方带来经济效益，允许他国在政治理念等方面存在不同看法和意见。[①]

第二，重视共同协商治理全球性问题。中国参与全球性问题的

① 赵可金：《中国新一代领导集体》，思想库，http：//think. sifl. org/？p =4560。

治理有助于自己增强与其他国家协调应对非传统安全挑战的能力，增进中国与其他国家的共同利益。中国可以通过更多地提供国际公共产品，减轻守成大国承担的治理全球性问题的重担和压力，培养、建立并夯实相互合作的习惯，为在更多领域中和更多问题上进行协调奠定基础。全球治理的软机制和规范更具开放性，为中国与其他国家进行协调合作提供更大的政策和行动空间。中国可以强调国际治理机制的公平性，而不仅仅是平等性，为自己的政策和行为提供合法性。中国不会要求欠发达国家和贫困国家承担与强国、富国同样的责任，而且大国也理应援助小国。中国除了更多地参与全球治理之外，还需要更明确提出将重视联合国、二十国集团、上海合作组织和金砖国家等多边平台的作用，展示中国在全球治理机制中更加负责的正面形象。①

第三，维护和促进国际和平与安全。中国崛起与国际和平与安全应该存在相辅相成的关系。国际和平与安全有助于为中国经济快速健康发展提供良好的国际环境，为中国崛起提供战略机遇期。另一方面，国际和平与安全离不开中国积极、广泛而深度的参与，并为其健康发展作出应有的贡献。同时，中国崛起的进程应不损害国际和平与安全。这体现为两个方面：一是中国需要努力克制自己，不要在保护不断外延的利益时迷失自己；二是其他国家需要为中国的和平发展提供有利的空间。这是国际和平与安全能够在新兴大国崛起时得以维持的基础。守成大国需要将大国崛起视为全球化推进国际体系持续转型的必然现象，在政治安全上采取适当的措施适应这种新情况，而不是一味地压制、遏制新兴大国的国际空间。作为国际发展的公共产品和基础保障，维护国际和平与安全是大国之间的共同使命，而不是新兴大国单方面的责任。

第四，促进互利共赢的命运共同体。中国本身就是一个命运共同体。中国和平发展的许多成功经验值得整理、总结、升华并推广。

① 赵可金：《中国新一代领导集体》，思想库，http：//think. sifl. org/？ p =4560。

中国崛起并不是为了在国际社会中谋求霸权，更不是以牺牲其他国家为代价。中国崛起是与其他新兴大国不断发展同步进行的，相互之间不是零和博弈的关系，共同目标是通过共同发展建立人类命运共同体。在全球化日益深刻影响各国互动方式的过程中，许多国家都在寻求通过双边和多边贸易与投资关系便利化实现互利共赢。互利共赢不仅有助于增强国家自主发展能力，缩小彼此间的发展差距，而且有利于新兴大国利用自身的相对优势，通过生产工业化、贸易自由化和投资便利化等途径，缩小与守成大国的差距。各国共同发展是促进人类命运共同体的基础，而人类命运共同体意识也有助于各国平衡本国利益与他国关切，在共同发展中建立更加平衡均衡的新型全球发展伙伴关系。①

因此，中国崛起的外交理论准备需要从以下几个方面进行创新和突破：②

第一，以前瞻性的外交任务确定理论建设任务的导向。在总体思想方面，中国作为崛起中的大国，要从理论上总结、提炼和证明和平发展道路不仅是中国，而且也是世界的必由之路，即在全球化和信息化时代，上升的新兴大国和守成的传统大国能够和平共处与共同发展。在战略思想方面，中国要超越现有的传统战略思维，并形成新型战略思维。在政策思想方面，中国外交政策需要增加其对解决具体问题的应用性指导，如在解决世界热点和难点问题上能够作出建设性的贡献，在处理中国和世界大国及周边国家问题时能够实现双赢和共赢的目标。

第二，从马克思主义中国化进程中进行的创新发展。马克思主义是一般性理论，涵盖的内容相当广泛和深邃，在实践中仍需要与具体国家的国情相结合，寻找出最佳的契合点，才能发挥更好的作

① 胡锦涛：《坚定不移沿着中国特色社会主义道路前进为全面建成小康社会而奋斗》，北京：人民出版社，2012 年版，第 47 页。

② 杨洁勉：《中国走向全球大国和强国的国际关系理论准备》，《世界经济与政治》，2012 年第 8 期，第 154—155 页。

用。因此，马克思主义可以分为内核性的马克思主义和发展导向的进步理论。马克思主义的中国化可以从时空的不同角度进行观察。从空间上看，它可以视为一个国家从贫穷落后走向繁荣富裕的进程，即发展中国家化，包括了世界上大多数国家发展的主要历程，中国和印度、巴西等都是其中非常典型的代表，当然，美欧等许多发达国家在生产力方面整体上已经超越了这一阶段。从马克思主义中国化的时间上看，认真总结毛泽东外交思想、邓小平外交思想、江泽民外交思想、胡锦涛外交思想等对中国崛起的理论准备都具有相当重要的借鉴作用。

第三，对中国和世界优秀文化传统进行的借鉴与吸收。在中国文化传统方面，有天下观、辩证观、中庸观，但缺乏制度和法制意识。在国际关系研究方面，中国学界缺乏现代专业意识，很多论文定性分析远远超过量化分析，类似于中国画的肖像画和石雕，大而化之。世界文明和文化的多样性，是在人类社会发展过程中逐渐生成的结果，并不必然会相互冲突与竞争，相反在全球化的影响下，却逐渐呈现出在加强互动的过程中相互学习、理解和适应的过程。中国崛起的理论准备需要寻求中国思维和世界多样性思维中的共性意识。在这一过程中，中国理念需要逐渐上升到中国理论的高度，无论是内核还是外延都适应性地增加国际元素，增强中国理论的弹性空间。

第四，确立与国际兼容的核心指导思想。中国要实现崛起理论的自觉准备是一项永久性的命题，它需要全体国民提升对外交重要性的认识和加强理论建设的重要性。中国特色外交理论体系建设争取取得两大平行进步：一是形成与国家核心价值观相匹配的国家外交主导思想，并以此主导外交的总体思想、战略思想和政策思想；二是增加中国特色外交理论和国际主流外交理论的交汇面，其重点应当是对世界现状的共同理解和对世界前途的共同追求。中国特色外交理论和国际主流外交理论的互动应当是多向性和建设性的，并尽可能地为继续提升为具有普遍意义的外交新理论而努力。

这就为中国特色外交理论建设提出了前进性要求，即凝聚中国特色、强化指导作用和增加世界意义的三重历史使命。为此，中国应加强外交“理论自觉”，增强外交“理论自信”，提高外交理论指导作用，同时要将中国外交理论的要素同各国外交理论互相借鉴和融合，不断增加世界“共性”，从而达到“中国特色”和“世界意义”的整体性，使国际主流外交理论更多地体现多元化、多样性和公正取向。[①] 中国崛起的普遍性同样源于自身的特殊性，需要中国特色外交理论给予基础性支撑。中国特色外交理论不仅是关于中国崛起的理论，也是支持中国经济可持续发展和促进外部有利环境的理论，对其他国家也需具有一定的借鉴性和参考性。同时，它基于中国特殊的国情与政策实践，很难被其他国家所照抄照搬，成为放之四海而皆准的理论体系。然而，正如世界文化、文明多样性一样，中国特色外交理论的核心价值观一定具有其长期存在的国际正当性、合理性与合法性，能够经受得住其他任何国家的批评。

中国的崛起进程也是通过内部改革增强国家的综合实力，日益巩固和增强理论、制度和道路自信的过程。中国崛起的外交理论首先关注的是国家的软实力建设，如构建既具有中国特色又可以让国际普遍接受的核心价值观体系，并在不断完善中逐渐对外推广，使之成为中国在国际社会上发挥更大作用的基础。中国需要发扬和促进内在的制度优势，在外交实践中勇于创新和转型，实现在与国际社会合作共赢中的融入式崛起。中国崛起绝不能是体系外的自我实现和膨胀，而应是自觉融入国际体系，促进国际体系成功转型的过程。同时，国际体系也不能脱离中国而单独存在，否则将是不健全的，也难以妥善解决全球治理问题，保障国际和平与安全，建设利益共享的人类命运共同体。

作为新兴大国的代表，中国在促进实现人类命运共同体过程中实现和平崛起就是要完成从大国到强国、从地区大国到全球大国、

---

① 杨洁勉：《中国外交理论创新的三重历史使命》，《国际展望》，2013 年第 1 期，第 1 页。

从国际规范被动接受者到国际秩序积极塑造者、从世界体系的边缘、半边缘进入核心位置的多重艰巨任务。中国的外交理论与实践必须为中国和平崛起做好各方面的准备。中国和其他新兴大国如何在崛起过程中与传统大国协商协调立场与利益，在促进自身利益的同时实现与传统大国的和平共处与共同利益，维护和平稳定的国际秩序，促进共同发展与繁荣，成为当前中国外交理论建设迫在眉睫的课题。中国崛起的外交理论建构主要表现在历史与理论动因、必要条件以及主要内容等三方面。中国和世界主要大国兴衰的历史经验和教训告诉我们，当前的中国已经到了一个重要的历史关口，必须建设好务实科学的理论、制度和道路体系，为妥善应对和管理因崛起而可能引发的国内外各种反应做好充分和必要的准备。中国既要在推进国际体系顺利转型过程中维护国际秩序的总体稳定，保障自身的利益，又要彰显国际责任和义务，尽力为治理全球性问题提供国际公共产品，在进一步增强自身实力过程中与其他国家一道增进共担风险、共享利益的共同体意识，在促进各国共同发展的过程中实现中国的和平崛起。

第三节 研究方法和内容架构

本书试图通过梳理历史上许多大国在崛起过程中进行理论准备的基本情况，阐述中国在崛起过程中如何进行外交理论准备，促进中国为崛起形成理论自觉与战略自觉，从而为中国当前和今后的外交实践提供可资借鉴的参考。

一、研究路径和方法

本书的研究路径主要表现为：

首先，对各大国崛起的战略环境进行体系性和结构性分析，探析这些大国崛起的可能性、必要性与影响它们崛起的内外因素，并在此基础上判定这些大国需要为崛起做哪些方面的理论准备，从而验证这些大国在崛起前和崛起过程中是否做了这些方面的理论准备，为评判这些大国崛起进程与最终结果提供一种较为符合实际的标准，推断这些大国最终崛起与其理论准备是否存在必然联系。这一部分主要是为大国崛起的理论准备进行铺垫，为后文提供一种指向性的思考。具体而言，各大国崛起的战略环境都存在着一定的差异性，但却试图走向实现崛起的同一方向，因此，在差异中如何找出一些共同性？差异性与共同性的关系如何协调？到底是差异性还是共同性发挥着更为重要的作用？以及这些差异性与共同性是这些大国无意形成还是自觉塑造的结果？等等，都将是后文在细化过程中的具体任务。

其次，阐述各大国崛起的基础理论准备和人才准备。从追溯者的角度来看，这些基础理论也许是随着大国实力增长的一种自发的学术思考，也许是这些大国有意推动学术界对崛起进行理论建构，为最终崛起提供政策支持和理论支撑。人才准备主要介绍大国在崛起前和崛起过程中对崛起产生影响的思想家或战略家。人才准备的标准主要有三个：一是这些人才的思想和战略与大国崛起具有相当大的关联性。如果他们的思想与大国崛起没有关系，即使当时出现了许多大师级的人才，也只能说国家在发展过程中也促进了人才的发展，但也很难算得上是大国崛起在人才方面进行的准备。二是这些人才的理论和战略思想是在大国崛起前或进程中就已经开始发挥作用，而不是在大国崛起之后才发挥作用。在大国崛起之后的理论和战略思想虽然也非常重要，但其更多是对大国崛起提供合理性阐释，或为大国如何维持崛起态势或保障崛起成果提供智力支持，很难说是对大国崛起的一种准备。也就是说，人才必须在大国崛起准备阶段就发挥作用。三是人才的思想和战略被决策者所采纳。这虽然与第一点存在很大关系，但却有较大区别。尽管大国最终实现了崛起，人才的思想和战略也与大国崛起有关，但如果他们的思想和战略并没有对大国崛起的战略产生较为直接的影响，或者说大国崛起的战略与这些人才无关，则很难说是这些人才为大国崛起而进行的智力准备。当然，如果这些人才不是崛起大国国内的，但与这些大国崛起存在密切联系，并为这些大国提供智力服务的，在一定程度上也可算得上人才准备。

再次，大国崛起的外交思想准备。前面的基础理论准备涉及政治学、社会学、经济学等各领域的内容，也有以第三者的视角提出关于大国崛起的国际关系理论。然而，要将这些基础理论转变为外交思想，或者说这些基础性理论中存在多少或哪些外交思想可以用来规范大国崛起，并在大国崛起过程中发挥了作用，尚需要进行认真细致的梳理和思考。大国崛起的外交思想要更具有针对性和可操作性，才更容易被决策者所理解、接受及采用。外交思想往往与外交战略具有更为直接的关系，体现了这些国家在崛起过程中如何进行战略思维，从更长远和全面的视角理性分析大国崛起所面临的机遇、挑战及可能的政策选择。从这个意义上说，外交思想准备更接近于大国崛起的实践，通常情况下，是大国在崛起前和崛起过程中必须思考的问题。

最后，大国崛起的机制建设。大国崛起的机制建设不是强调大国在崛起过程中关于国际机制的建设，而是主要体现在国家为基础理论、人才和外交思想做准备而进行的机制建设，这既表现为各国国内的高等院校、科研院所和各种与上述几个方面有关的智库建设，也表现为国家为这些机制提供服务的相应管理和服务机制。从当前来看，许多大国在机制建设方面都具有较大的规模，但这些机制有多少为大国崛起作出了贡献，或它们的政策建议有多少被决策者所采纳，既是评估这些机制建设发挥效率的重要标准，也是为今后大国崛起如何发挥机制作用提供可资借鉴的重要参考。当然，为大国崛起提供有益政策建议的其他国家内机构，是否算得上这一类别非常值得深入探讨。

鉴于本书涉及面较广，因此不可避免地采取了多种研究途径和方法。主要有：

第一，概念分析方法。本书对涉及大国崛起与外交理论准备的概念进行综合性分析，提出许多判断概念的标准。例如，本书对美国的孤立主义、俄罗斯双头鹰战略、德国的宪法爱国主义、印度的战略自主性思想、日本的周期理论等重要思想和战略都进行了深入阐述与分析。概念分析方法是综合研究的基石和出发点，有助于我们了解大国崛起的逻辑起点和基本思路，从而抓住大国崛起的基本内涵和发展脉络，对中国崛起理论准备的战略思维具有较大的启示意义。

第二，个案研究方法。本书分别对美国、苏联（俄罗斯）、德国、印度、日本等国崛起的理论准备进行了研究。对这些国家的个案研究可以更深入地从战略环境、理论和思想形成、机制与人才建设等方面，分析这些国家进行崛起理论准备的特殊性，判断这些国家进行崛起理论准备的程度，以及准备的崛起理论与这些国家在崛起过程中的相关程度。在这些个案分析过程中，根据各国的不同情况，在选材和分析上会有所侧重，但总体上会阐述该国崛起的理论、思想、机制和人才等方面的准备，发现它们在准备过程中遇到的机遇和障碍，以及它们是如何利用机遇战胜障碍和化障碍为机遇的。当然，最后，本书以上述国家为参考，对中国为将来崛起如何进行理论准备也进行了阐述和分析。

第三，历史研究方法。本书的现实意义更多的是建立在对历史上各大国崛起理论准备研究基础之上的。美国在 19 世纪末 20 世纪初就打下了牢固的崛起基础，到第二次世界大战结束才真正实现了崛起，因此进行较细致的历史研究是非常必要的。同样，尽管苏联已经解体，但其实现崛起可以追溯到第二次世界大战结束。另外，俄罗斯、德国、印度、日本等国的崛起之路虽然与当前的形势具有紧密的联系，但要阐述其崛起的外交理论准备还需阐述其在过去相当长时期内在各方面进行的研究与活动。这些都属于对这些国家的不同领域进行历史研究。

第四，比较分析研究方法。本书分别阐述美国、苏联（俄罗斯）、德国、印度、日本等国崛起的理论准备，不仅强调这些国家崛起的独特性与普遍性，而且更重视这些国家崛起之路对中国的启示。这就要求本书必须比较分析这些国家在准备崛起的外交理论方面具体做了哪些工作，并相应地分析这些工作在崛起过程中所发挥的作用，从而发现这些准备工作在这些国家崛起过程中的效用。比较分析研究是在对具体不同国家研究的基础之上。各国之间由于存在着历史与现实的落差、发展模式不同、发展水平不同、成功与失败的结果不同，因此对总结归纳大国崛起理论准备经验与教训的要求更高。如果将这些国家的路径选择与中国外交战略需要和选择进行比较分析，并结合当前国际形势和国情现实，可能会得出更适应中国崛起的外交理论。

第五，跨学科研究方法。大国崛起的理论准备将涉及这些国家在许多领域的发展与崛起结果之间的关系，可能会涉及政治学、历史学、经济学、社会学以及其他学科方面的知识。许多大国的崛起往往都是综合性的，理论准备通常是大国在实现崛起前或崛起过程中的表现，但却反映了大国崛起在许多领域的具体发展，构成促进大国崛起的重要影响因素。跨学科研究方法有助于我们更综合性地分析大国崛起的复杂性，以更体系性的方式展现这些大国的崛起历程，从而避免在分析过程中陷入狭隘的研究路径，为中国崛起的理论准备提供宏观与微观兼容的研究视野。

二、篇章结构和主要内容

出于篇幅和撰写素材的考虑，本书选取了当前世界上的几个主要大国，着重阐述他们为崛起而进行的理论准备。根据每个国家的实际情况，在撰写过程中，对理论选择、阐述、论证和评估各不相同，对理论准备中的理念与物质、人才储备与机制建设等也有详有略，既体现各国对崛起理论准备情况的差异，也反映了各国对崛起理论的重视程度和实际运用效果。具体来看，本书第一章的对象是美国，第二章是德国，第三章是苏联/俄罗斯，第四章是日本，第五章是印度。除了各章节之外，还有前面的绪论和最后的结语两大部分。

绪论主要阐述大国崛起进行理论准备的必要性。从历史上看，大国在崛起前和过程中，越来越重视进行理论准备，也更多地借助国际机制维护和巩固自己在国际体系中领导地位的基础。从经典国际关系理论上看，大国在崛起过程中越来越重视与其他国家的紧密联系，也更加重视国际关系社会化的作用，强调国家间身份与认同的利益和安全属性。近年来，中国呈现出综合实力和能力都快速增长的态势，成为国际体系中崛起中的新兴力量，已经引起了国际社会的普遍和高度关注。因此，中国有必要增强战略自觉，为当前及未来持续稳健发展进行理论准备，并在实践上迎合与时俱进的国际形势的需要。

第一章考察美国崛起的理论准备。在美国崛起的未必精心但绝对长期的理论准备中，三个要素的相互配合值得借鉴：首先，对美国自身崛起时所处的整体国际环境及背后所隐含的更为宏大的世界历史发展潮流的充分论证，进而得出相对符合实际的判断，而这是此后半个多世纪甚至更长时间内美国战略和政策未犯根本性错误的重要保证。其次，美国学术界和思想界基于对时代潮流、国际环境和理论需求的判断与试验，对美国崛起所需的基础理论进行了深入探讨，特别是如何有机结合美国的理想与国际生活的现实，结合美国的新教思想和欧洲的政治现实主义。最后，大国崛起的过程既是缓慢的又是复杂的，需要脚踏实地的外交折冲，而这需要在基础理论之外的应用理论准备，这一方面需要将基础理论转化成为操作性强的外交思想或理论，另一方面需要大量从事这一转换努力的研究机构即智库来完成这一使命。

第二章主要对德国崛起所涉及的理论、思想、战略和政策进行考察，主要关注德国两段时期的崛起问题，第一段时期是德意志统一时期，第二段时期是二战之后。德国崛起主要与其现代化进程相联系，同时也伴随着德国统一的艰难道路，因此，德国崛起的理论准备涉及德国现代化进程中的经济战略、政治认同、外交战略等，主要包括李斯特的经济民族主义、社会市场经济制度的理论来源——弗莱堡学派、德意志时期的文化民族主义、二战后的宪法爱国主义、俾斯麦时期的大战略思想和二战后的联邦德国外交战略思想。主要从政治、经济、外交等方面，对德国崛起的理论准备提供一个较为全面的考察视角。

第三章主要指出苏联/俄罗斯的崛起是现代世界地缘政治的独特现象。它经历了世界大战与国内战争的艰巨考验，经历了国家内乱、国家建构、国家解体和国家重创的复杂过程，仍然以大国的姿态崛起于当今世界的国际舞台，其中有许多历史经验教训值得学习借鉴，尤其是它们在大国崛起的道路上所做的充分理论准备。这些理论准备包括对国家战略环境的分析、适合国情的战略方针的制定、维护国家安全而从事的战略运筹。更为重要的是，斯大林和普京这两位政治人物高度重视理论的指导作用，他们对苏联/俄罗斯的发展道路都有明确的规划，并为此精心制定了实现国家发展目标的具体行动路径。同时，他们又将国家战略理论运用于对外关系，使外交政策服务于国家战略总目标，因而在外交实践中取得了很大成效，使得国家能够从发展的低谷中克服各种困难而迅速崛起，长期立足于世界大国的行列中。

第四章阐明的主要是日本。日本是个四面环海的岛国，自然环境所带来的种种限制和优势是其探求国家战略选择理论的前提条件，也是其提出崛起的行动性理论的重要来源。与行动性理论一直存在相对应的“大日本主义”与“小日本主义”类似，指导性理论层面也一直存在着“大陆国家”与“海洋国家”的理论之争，途径依赖上所体现的则是“陆主海从”还是“海主陆从”的道路之争。日本因受国力所限，又是现代世界的后来者，因此无法像英美及苏联等国那样或能够对国际秩序进行建章立制，或可以左右国际秩序的走向。其外交政策和国内政治经济体制都很容易受到国际体系变化的巨大影响，特征是针对国际局势作机会主义式的调整，一次次地随外部环境的重大变化而见风使舵。概言之，日本是一个积极的被动国家。明治维新以来基本不变的是，日本竭力与国际体系中的最强者结盟，借以找寻那些损失最小收益最大的方案，并在不断的调整中进行灵活的决断。

第五章阐述的是印度。印度的崛起与中国相似，在一定程度上也是文明古国的复兴，但印度的大国崛起战略有其与中国不同的特点。本章对印度的大国崛起理论进行了研究，探讨了印度大国意识的由来及其崛起的国际环境，分析了印度大国崛起理论的特点，及印度崛起对中国和平发展的影响。印度的大国崛起理论既来源于其本身的古老思想传统，也有英国殖民主义所遗留的地缘战略思维，还来源于当代西方政治和国际关系思想，这些不同思想相互影响、相互交织，共同构成了印度大国崛起的基础理论。印度 21 世纪的对外战略就是建立在这一基础之上：首先是主导南亚；其次在亚洲次体系内力图形成对华均势；而在全球层面上则追求多极化，努力维持其在美国、中国、俄罗斯等大国间的“战略自主”地位，以广泛获取各种利益。经济崛起、军事崛起和民主价值观是印度实现大国崛起的主要途径。中国是印度实现大国崛起的一面镜子，是印度在大国崛起方面的追赶对象，印度许多战略举措都有意无意地以中国为目标。作为亚洲的两大文明古国，中国与印度在重新崛起的过程中如何适当照顾对方的利益、实现共同崛起和亚洲文明的复兴是一个值得探讨的话题。

基于上述讨论，结语部分指出，大国正逐渐越来越有意识地对自己的崛起之路进行规划和设计，既是为了防止自己的崛起态势受到压制和阻碍，也是为了尽量让自己的崛起成果更为巩固。作为新兴大国的代表，中国在促进构建人类命运共同体的过程中实现和平崛起就是要完成从大国到强国、从地区大国到全球大国、从国际规范被动接受者到国际秩序积极塑造者，最终实现进入世界体系核心位置的多重艰巨任务。中国和其他新兴大国如何在崛起过程中与传统大国协调立场与利益，在促进自身利益的同时实现与传统大国的和平共处与共同利益，维护安全稳定的国际秩序，促进共同发展与繁荣，成为当前中国外交理论建设迫在眉睫的课题。因此，中国必须借鉴历史上大国崛起的理论准备的经验与教训，进而发展出中国崛起的新型理论，并推动崛起大国与守成大国的新型大国关系建构。

第一章

美国崛起的理论准备

1950年4月，哈里·杜鲁门总统的顾问告诉他，美国“已独步天下”。如果说从统计数据上看美国早在1898年就已成为世界头号经济大国，那么到1950年时或更为准确的第二次世界大战结束时(1945年)，美国独步天下这一“事实”已经非常明显。美国现在占据着一种异乎寻常的、空前绝后的世界优势地位——常常被时尚的概念描述为一个霸权或帝国。① 很显然的是，从1898年成为世界头号经济大国到真正成为世界霸权，美国花费了半个世纪之久，直到第二次世界大战结束才顺利从英国手中接过世界霸权的权杖。如果将前一时间节点界定为美国内战结束、实现国家统一后（1865年），那么美国真正获得世界霸权花费了将近一个世纪（90年）。这充分说明，一个国家拥有的强大甚至是世界第一的经济实力，并不能自动地转化成为其战略优势地位或为其赢得世界性霸权。在经济基础与世界霸权之间，明显存在诸多隐而不露的重要转换机制和环节，而这就需要一项足够明智、足够长远和足够宏大的工程来实现从经济力量向世界霸权的转变。其中，思想理论的准备尤为重要，因为思想理论乃是一切行动的指南和出发点。回顾美国在长达半个多世纪的从世界头号经济大国转变为世界性霸权的历程，美国始终在全

① ［美］韩德：《美利坚独步天下：美国是如何获得和动用它的世界优势的》，马荣久等译，牛军校，上海：上海人民出版社，2011年版，第1页。

方位地为“由富变强”作准备。

作为一项未必精心但绝对长期的努力，美国崛起的理论准备主要包括三大方面。首先是对美国自身崛起时所处的整体国际环境及背后所隐含的更为宏大的世界历史发展潮流的充分论证，进而得出相对符合实际的判断，而这是此后半个多世纪甚至更长时间内美国战略和政策未犯根本性错误的重要保证。以此为基础，美国学术界、政策界对自身需要何种理论也展开了充分的辩论，需要特别指出的是三任政府——即西奥多·罗斯福（老罗斯福）总统、伍德罗·威尔逊总统和富兰克林·罗斯福（罗斯福）总统——对这一需求进行了实际的测验，并最终为美国的物质性霸权增添了道德支撑，后者逐渐转化成为美国的道德霸权。其次，基于对时代潮流、国际环境和理论需求的判断与试验，美国学术界和思想界对美国崛起所需的基础理论进行了深入探讨，特别是如何有机结合美国的理想与国际生活的现实，结合美国的新教思想和欧洲的政治现实主义。由此而来的，美国崛起的基础理论既充满了道德关怀（理想主义），同时又以其国家利益关切（现实主义）闻名。与此同时，充分利用美国特有的精英—大众沟通机制，上述基础理论得以普及进而塑造出普通公众对美国崛起的合理预期。最后，大国崛起的过程既是缓慢的又是复杂的，需要脚踏实地的外交折冲，而这就需要在基础理论之外的应用理论准备，这一方面需要将基础理论转化成为操作性强的外交思想或理论，另一方面需要大量从事这一转换努力的研究机构即智库来完成这一使命。

尽管美国崛起的理论准备有着诸多独特性和创造性，但这一准备的核心逻辑仍在于，“美国从来不试图创建一种全新的制度，我们只是在原来的基础上一点点地改良、修缮和改造既有的古老制度，从而让它更适合这个时代”，“这辆车经过了无数次修理，身上装满了不同的零件，到最后，谁也说不清我们开的车是一辆别克，还是卡迪拉克，或者是一辆福特”。[①] 无论是在国内政治还是外交政策方

① ［美］弗雷德里·L. 艾伦：《美国的崛起：沸腾50年》，高国伟译，北京：京华出版社，2011年版，第259页。

面，美国都用了相当长时间实现渐进而非突然的崛起，在这一过程中建立了一套从根本战略目标到系统理论再到操作技术的完整的理论体系，可为中国崛起提供重要的参考。也需指出的是，正是这种“滴水穿石”的效应，使得美国最终成为世界事务中的一个“革命国家”：在追求重新安排国际关系体制使之符合自身的理想和利益方面，尽管其信条或言辞表现得不那么激进，但其意愿最为强烈、行动最为坚决。[①] 这在当前美国对国际体系的渐进式革命中再一次得到明显体现，特别是如试图通过“跨太平洋贸易伙伴”关系（TPP）和“跨大西洋贸易与投资伙伴关系”（TTIP）的谈判来取代既有的世界贸易组织下的国际贸易规则。

第一节　崛起环境和理论需求

美国从建国之初甚至更早时期便显示出其与众不同，那就是：它从内心里认定自身是完全不同于古旧的欧洲大陆的。因此，作为一个脱离欧洲君主制、建立了共和制的国家，在对其自身崛起的历史潮流和国际环境作基本判断时，美国对自己国家的优越性充满自信，认为美国是新兴的、有前途的，而欧洲则是腐朽的、没落的。欧洲人的智慧与创造力已经枯竭，未来的世界应该由美国来安排。[②] 所幸的是，美国人的这一基本假设很大程度上与其物质性崛起相吻合，这就导致了美国对世界历史潮流的崭新判断，并尝试利用各种国际危机推行自身的理想主义目标。但现实显然是残酷的，仅凭巨

① Michael H. Hunt, *Ideology and U. S. Foreign Policy*, New Haven: Yale University Press, 1987, Chaps. 1, 2, 5; David Armstrong, *Revolution and World Order: The Revolutionary State in International Society*, Oxford: Oxford University Press, 1993, Chap. 4.

② Seymour Martin Lipset, *American Exceptionalism: A Double-Edged Sword*, New York: W. W. Norton, 1996, pp. 18 – 31.

大的实力和满腔的激情未必能征服现实世界，美国对世界历史潮流的新判断得到国际社会普遍接受所经历的时间远超出美国人的预期，这便是老罗斯福和威尔逊总统之所以失败，而罗斯福总统之所以成功的深层原因之一。[①] 可以认为，尽管美国拥有了强大的物质能力，并自认为代表着世界历史潮流发展方向，但仅依靠威尔逊总统为美国寻找到的道德霸权基础并不足够，美国还需要继承传统的现实主义政治特别是均势战略，才能完全建立其霸权。

一、美国崛起的国际环境

从美国内战结束到第二次世界大战结束，美国从实现国内稳定并全面致力于发展国力，到完全从英国手中接过霸权权杖，经历了90年时间。尽管这一时期发生了诸多的重大变化，但就美国崛起而言，需要强调的是三个方面的变化。

首先是美国自身国力的快速上升，特别是美国作为崛起国与当时的霸权国——英国的实力对比发生了快速而重大的变化或权势转移。

尽管在内战爆发前国力已经有了很大增长，但美国的真正崛起是在内战结束之后。基于所谓“新教伦理”，美国成为资本主义的先行者并成为世界上“最进步的国家”。各种计量标准均表明，1820到1913年是一个贸易和投资增长显著的时代，美国经济在这个时间段超越了世界其他地区。按照国内生产总值（GDP）计算，美国取得了超常的持续性增长，到20世纪初，美国的GDP是一个世纪前的40倍。到1919年，美国已经稳居世界第一大经济体，占据了全球近1/5的GDP产值。同时，美国的人均GDP在1820年至1913年间增长了4倍，美利坚成为世界上最富有的民族。[②] 在世界工业强国

① ［美］亨利·基辛格：《大外交》，顾淑馨、林添贵译，海口：海南出版社，1998年版，第二章、第十五章。

② ［美］韩德：《美利坚独步天下：美国是如何获得和动用它的世界优势的》，马荣久等译，牛军校，上海：上海人民出版社，2011年版，第23页。

排名中，美国从1840年的第五位上升到1860年的第四位，1870年跃居第二位，并于1895年占据首位。著名美国作家马克·吐温将从美国内战结束到19世纪末这一时期称作“镀金年代”，美国的钢、煤、设备、工业制成品、木材和黄金产量增幅巨大，使其经济结构发生了重大变化。①

高水平的经济表现让美国超过了当时的世界第一经济强国——英国。早在1870年，美国的总产值就超过了英国，1913年超过了英国的两倍。到1913年，美国人均收入也超过了英国，当时英国的人均GDP是欧洲第一。德国和法国的人均收入大约只是美国的2/3。在当时，制造业是先进经济的决定性特征，在这个领域美国取得了显著成功。1860年，美国的制造业落后于英国和法国。到了1913年，美国的制造业产量大幅增长，超过当时的工业强国德国和英国的总和，占世界总产量的1/3。②

有多种方法可以衡量从美国内战结束至第一次世界大战期间英美国力的重大变化。一种方法是相对更为简单的直接可见的国民生产总值（GDP）的增长比较方法。根据著名历史学家安古斯·麦迪逊（Angus Maddison）以1990年国际元（吉尔里—哈米斯元，Geary-Khamis dollar）为基准，对自公元1年至2008年的全世界各国国民生产总值加以统计，美国在1830年达到英国GDP的43%，1872年起超过英国，到一战前（1913年）已达到英国的230%左右（图1）。而根据战争相关性指数（correlates of war）为代表的综合性指数来衡量的结果同样明显。该指数综合了一国的国民生产总值（GDP）、总人口、城市人口、钢铁使用量、能源消耗量和军队人数等6个指标，依据一定的定量原则计算出一国的总体国力指数。根

① 有关美国经济在这一时期的发展，可参见［英］安格斯·麦迪森：《世界经济千年统计》，伍晓鹰、施发启译，北京：北京大学出版社，2009年版，第2章。

② Paul Bairoch, “International Industrialization Levels from 1750 to 1980,” *Journal of European Economic History*, Vol. 11, 1982, pp. 275, 284；另可参见有关美国经济在这一时期的发展，可参见［英］安格斯·麦迪森：《世界经济千年统计》，伍晓鹰、施发启译，北京：北京大学出版社，2009年版，第1—2章。

据这一指数，美国在内战结束时仅为英国国力的40%，但到1898年便超过了英国，到1913年更达到英国的近2倍（图2）。

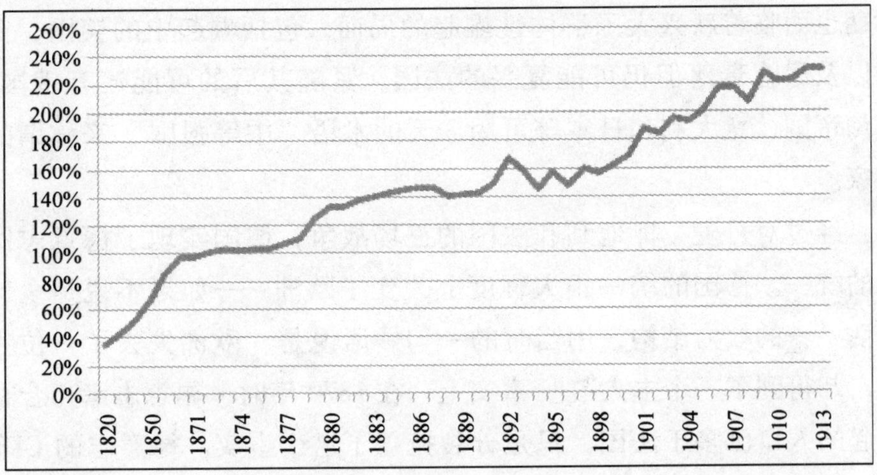

图1　美国占英国GDP比重，1820—1913年（以1990年国际元为基准）

作者自制。资料来源：Angus Maddison, *Statistics on World Population*, *GDP and Per Capita GDP*, 1－2008 *AD*, http：//www. ggdc. net/MADDISON/oriindex. htm。

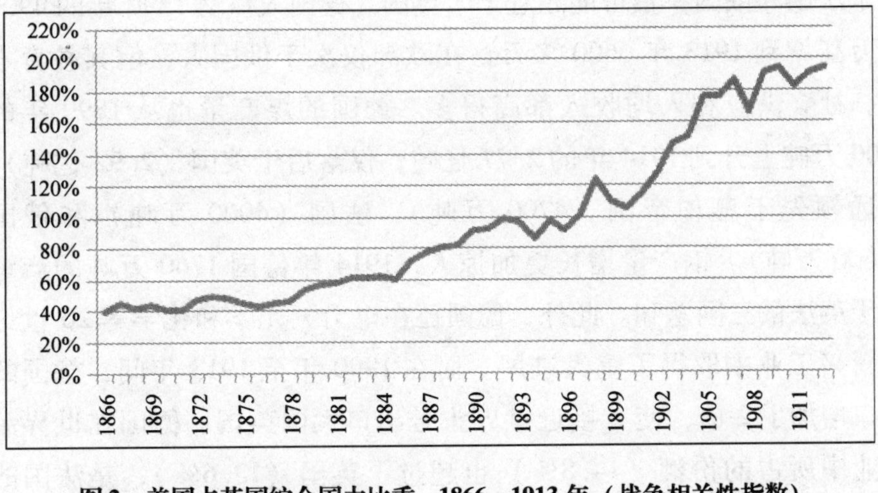

图2　美国占英国综合国力比重，1866—1913年（战争相关性指数）

作者自制。资料来源：Correlates of War，“National Material Capabilities（v3. 02），”2005，http：//hdl. handle. net/1902. 1/10170。

其次，与前一点相关，美国的崛起在当时并非单个现象，而是处于一种类似当今的新兴大国群体性崛起的时代。

与今天美国所面临的局势略有相似，英国在19世纪末霸权衰落时期也面临着新兴大国群体性崛起的局面，包括崛起中的美国、德国以及尽管衰落但仍可能复兴的法国，紧随其后的可能还有俄国、奥匈帝国、意大利和日本等可用今天的术语“中等强国”来称谓的国家。

经过对丹麦、奥地利和法国的三场战争，德国实现了德意志民族的统一。德国的统一很大程度上改变了欧洲——如果不说是全球的话——的权力结构，用当时的一句妙语说是“欧洲失去了一位主妇，却得到了一个主人”。[①] 事实上，在1870年时，德意志诸邦合在一起的人口已多于法国，只是分裂掩盖了这个事实。德意志的GDP和钢铁产量也已赶上了法国。它的煤产量是法国的两倍半，它消耗的现代能源比法国多50%。统一后，德国在工业、商业和陆海军等方面进一步发展的绝对速度和程度惊人。到第一次世界大战前夕（1913年），德国的国力不仅是意大利和日本的3—4倍，而且还超过了法国和俄国，很可能还赶上了英国。德国人口从1890年的4900多万猛增到1913年6600多万，在欧洲仅次于俄国人，但其教育水平、社会供应和人均收入都高得多。德国的煤产量也从1890年的8900万吨上升到1914年的2.77亿吨，仅落后于英国（2.92亿吨），远远领先于奥匈帝国（4700万吨）、法国（4000万吨）和俄国（3600万吨）。钢产量增长更加惊人，1914年德国1760万吨的产量高于英法俄三国总和。此外，德国还在电力、光学和化学等20世纪的新兴工业中取得了重大进展。而在1890年至1913年间，德国的出口增加了2倍，使其接近世界头号出口大国英国。德国在世界制造业中所占的份额（14.8%）也超过了英国（13.6%），是法国的

---

① ［美］保罗·肯尼迪：《大国的兴衰——1500—2000年的经济变迁与军事冲突》，王保存等译，朱贵生审校，北京：求实出版社，1988年版，第228页。

1.5 倍（6.1%）。所有这些，都使“德国问题”成为1890年后半个多世纪里国际事务的核心问题。[①]

同一时期，尽管很大程度上仍明显比英国、美国和德国虚弱，但作为一个已与英国在世界各地纠缠了百余年之久的帝国，法国随时有复兴并追赶英国的可能。尽管总体处于劣势，但法国在1871到1900年间殖民地领土又增加了350万平方英里，无可争辩地成为仅次于英国的最大殖民帝国。这一时期，法国的铁路、农业、银行业等都有了重要进展。而且，法国还拥有丰富的流动性资本。到1914年，法国的对外投资总额为90亿美元，仅次于英国。下图3、4分别利用1990年国际元标准和战争相关性指数，对英美德法的GDP进行对比，可以看出当时英国所面临的严峻挑战（图3、4）。

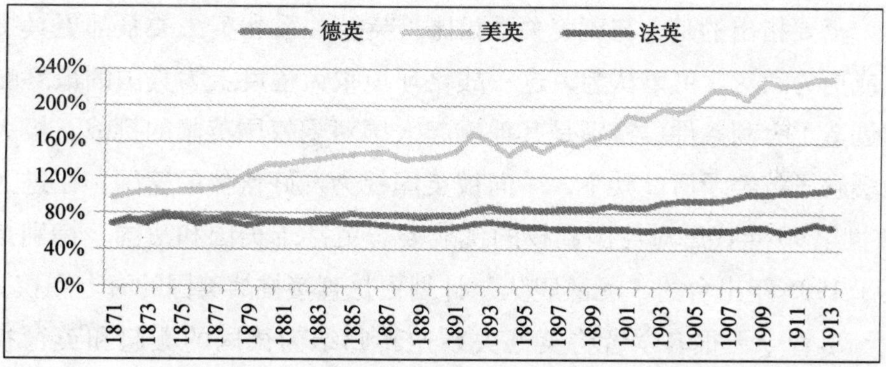

图3　德国、美国和法国占英国GDP比重，1871—1913年

（以1990年国际元为基准）

作者自制。资料来源：Angus Maddison，*Statistics on World Population*，*GDP and Per Capita GDP*，1－2008 *AD*，http：//www.ggdc.net/MADDISON/oriindex.htm。

① ［美］保罗·肯尼迪：《大国的兴衰——1500—2000年的经济变迁与军事冲突》，王保存等译，朱贵生审校，北京：求实出版社，1988年版，第254—256页。

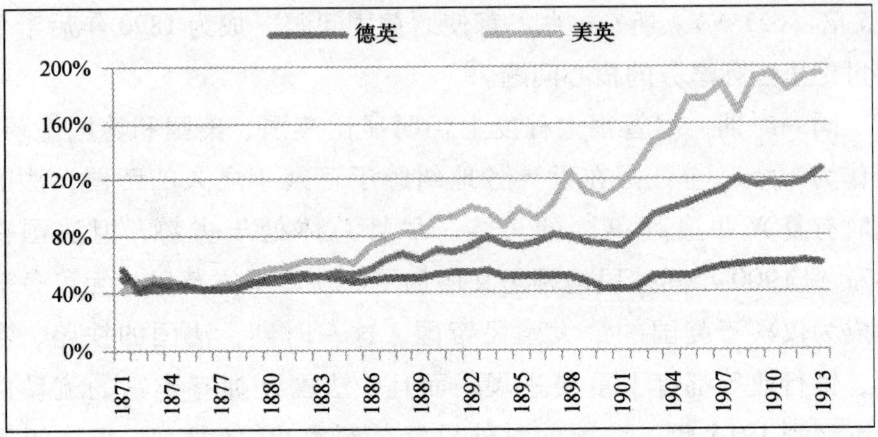

图4　德国、美国和法国占英国综合国力比重，1871—1913（战争相关性指数）

作者自制。资料来源：Correlates of War，“National Material Capabilities（v3.02），”2005，http：//hdl.handle.net/1902.1/10170。

需要指出的是，与英美关系相比，英德关系和英法关系都更具挑战或更为敌对。可以认为，这一战略环境很大程度上为美国的最终崛起创造了有利条件，特别是其他崛起大国对霸权国英国的挑战，极大地缓解了英美矛盾。其中，一向被英国视为友好伙伴的德国，在进入19世纪90年代后对英国霸权的挑战姿态更甚于美国和法国，特别是其于1905年出台的“无敌舰队”计划更是直接挑战英国的海上霸权。

尽管今天很多学者将英德关系逆转归结为德国的崛起和英德权势转移，但事实上这种关系逆转远落后于权势转移的实际发生。1870年德国统一后的20余年里，英德关系仍保持着友好；而1890年后英德关系的逐渐变坏也并不是因为在那之后德国实力的突然壮大。在这里，俾斯麦及其所追求的大战略有着重要影响。俾斯麦战略的最大美德便是他的耐心和能使其他欧洲国家确信德国事实上是一个无意于进一步侵略的国家。[①] 这一战略促进了德国的长期崛起，

① Henry A. Kissinger，“The White Revolutionary：Reflections on Bismarck，” *Daedalus*，Vol. 97，No. 3，Summer 1968，pp. 888－924.

同时又满足了其他国家的短期利益追求，即缓解其不安全担忧。如同一位学者所总结的，俾斯麦外交可能是在德国统一后20年里确保欧洲大国和平的决定性因素。[①] 相比之下，俾斯麦继任者的重大失败是没有认识到，其他欧洲国家需要被劝说不关注德国所带来的威胁。[②] 耐心对于崛起大国来说是种美德，俾斯麦的继任者缺乏他取得成功的最大倚仗，即战略耐心。如同有学者指出的，“如果德国没有犯下拒绝延长《再保证条约》并明确地与英国结好从而激怒俄罗斯人的重大错误，本来是不可能有法俄同盟的。”[③]

但德国的战略错误还不仅限于此，尽管俾斯麦时期德意志帝国实施了某种自制战略，尽管英国一开始更多关注美国威胁而看重英德联姻，但德皇威廉二世的“世界政策”仍迅速改变了英德关系及德国的其余对外关系，其中最为重要的是1898年之后德国迅速建设海军并直接威胁到英国的海上霸主地位。[④] 1898年，德国国会通过了第一个扩建海军法案，此后又先后在1906、1907和1908年通过进一步扩建海军的提案，大大加快了海军建设的步伐。1888年，德国年度海军预算经费为6500万马克，1898年达到1亿马克，到1908年增加到4.2亿马克。1888年，德国只有1.5万名海军官兵，到1898年增加到2.3万名，1908年更超过了5万人。1898年德国只有9艘铁甲战舰，1900年的扩军计划提出，到1920年德国将有38艘战列舰和14艘大型巡洋舰。而1906年和1908年的补充法令则大幅

① Otto Pflanze, *Bismarck and the Development of Germany*, *vol.* 3: *The Period of Fortification*, 1880 – 1898, Princeton: Princeton University Press, 1990, p. 436.

② Alden J. Nichols, *Germany after Bismarck*: *The Caprivi Era*, 1890 – 1894, Cambridge, Mass.: Harvard University Press, 1958; J. C. G. Rohl, *Germany without Bismarck*: *The Crisis of Government in the Second Reich*, 1890 – 1900, Berkeley, Ca.: University of California Press, 1967.

③ William L. Langer, *The Diplomacy of Imperialism*, 1890 – 1902, New York: Alfred Knopf, 1956, p. 57.

④ Michael Howard, *The Causes of Wars and Other Essays*, Harvard: Harvard University Press, 1962, pp. 185 – 202.

度增加了预算，将使德国在1920年时至少拥有80艘最新式的战舰。

英法关系在1882年英国占领埃及后迅速恶化并复杂起来。从1884年起，英法两国暗地里进行着逐渐升级的海军军备竞赛。但更持久的、更具威胁性的是英法关于殖民地的不断冲突。在1884年和1885年，英法两国争夺刚果河流域殖民地；在整个19世纪80年代和90年代，两国为争夺西非闹得不可开交；1893年为争夺泰国又几乎处于战争边缘。最大的危机出现在1898年，当双方为争夺尼罗河流域的控制权进行了长达16年之久的对抗后，英法的殖民小分队在法绍达的冲突对抗险些引发了两国的直接开战，尽管最终法国人选择了退让。

第三，尽管拥有相对有利的物质环境和战略环境，但美国崛起仍面临着重大的思想环境压力。

作为一个新独立的共和制国家，美国一向认为自身优于其他国家，注定要超越旧世界。[①] 这种美国例外论主要来源于启蒙运动的观念。[②] 美国在许多方面代表了启蒙运动所要求的与过去的决裂，其的存在使那些没有耐心期望人类全新开始的人感到振奋。对这些大西洋两岸的乐观主义者来说，美国承诺成为实现人类最高希望的手段。因为它既没有封建传统，也没有金字塔形的宗教制度，它可以平静地、无需重大动乱地建立一个民主政府和社会的模范。[③] 美国的地理和建国时机使得启蒙运动思想中的这一认识得以明确，即这个国家展示了将新时代的价值观付诸实践的理想机会。历史的“一致性原

① 有关美国例外论的论述，可参见关中：《意识形态与美国外交政策》，台北：台湾商务印书馆，2005年版，第1章第3节。

② 目前关于启蒙运动对美国政治的影响的最经典的论述仍是，［美］路易斯·哈茨：《美国的自由主义传统》，张敏谦译、金灿荣校，北京：中国社会科学出版社，2003年版。另可参见［美］卡尔·贝克尔：《论〈独立宣言〉——政治思想史研究》，彭刚译，南京：江苏教育出版社，2005年版。

③ 参见［美］路易斯·哈茨：《美国的自由主义传统》，张敏谦译、金灿荣校，北京：中国社会科学出版社，2003年版，第一章。

则注定是进步的，这是上帝安排的。自由、正义、博爱，所有这些美德都在美国历史上得到特别的展现，天意将其专门赐予合适的人民和合适的体制……可将美国历史视为一切历史的完成”。[1]

尽管如此，美国崛起仍面临着严峻的思想压力，在工业革命和资本主义贪欲刺激下，帝国主义和殖民主义思潮当时仍如日中天。换句话说，当时的美国与今天的中国一样，尽管可能的确代表着时代潮流前进的方向，但却严重地缺乏话语权。随着19世纪工业革命的到来，西方世界突然拥有了空前的实力，使得非西方世界一下处于极度的羸弱地位。不仅如此，欧洲人“瞭望欧洲之外，变得越来越确信……他们的体制和道德价值之优越。欧洲人和亚洲人一样，长期以来认为尚无文字的民族是原始民族，但若加以开化便还有救；现在，许多欧洲人开始认为开化的亚洲人是衰败腐朽的。在他们眼里，现代文明就是欧洲方式和欧洲标准，他们的责任和利益就在于使其布之四海，以便使世界变得更好更安全”。[2] 19世纪的前四分之三时间里，主要由于利欲、使命感和实力共同驱动的欧洲海外扩张导致世界政治地图大变。随着殖民主义和帝国主义的发展，到19世纪末20世纪初，寻求并控制具有重要战略意义的海陆据点、运输通道、物资产地和缓冲地带，普遍被奉为至高无上的国策。在这样的背景下，美国所代表的并在美洲逐渐推广的价值体系明显格格不入。尽管如此，美国人始终坚信自身代表着人类前进的方向，是“上帝的选民”，进而拥有着超凡的道路自信、理论自信和制度自信，在实力尚不具备时宁愿采取孤立主义政策以确保自身的“纯洁”，[3] 一旦

① 转引自［美］萨缪尔·亨廷顿：《失衡的承诺》，周端译，北京：东方出版社，2005年版，第13页。

② Thomas Naff, “The Ottoman Empire and the European States System,” in Hedley Bull and Adam Watson eds., *The Expansion of International Society*, Oxford: Oxford University Press, 1984, p. 27.

③ 汪涛：《“使命观”与美国外交的孤立主义和扩张主义》，《理论导刊》，2001年第7期，第5页。

有机会便毫不犹豫地站出来尝试将其理念、道路和制度在全球推广，如同下文所阐述的。

二、美国对理论需求的判断

美国的立国之本是对欧洲旧式权势政治的抛弃，旨在建立“山巅之城”的美国自认为代表了世界历史发展的潮流。但同期欧洲传统权势政治的发展很大程度上对这一认知产生了冲击，美国内部也因此存在认识分歧。限于自身实力，直到老罗斯福总统之前，美国基本沿用建国以来的孤立主义，对美国崛起所需要的思想、理论和战略的准备并不充分。如同基辛格所说，这一时期“美国的外交政策就是不要有外交政策”。[①] 随着美国的崛起，又一个既有实力、又有意志且有知识和道德动力的希图根据其本身的价值观来塑造整个国际体系的国家出现了。诚如基辛格所说，20 世纪最能左右国际关系的，作风却也最矛盾的国家非美国莫属。再没有其他社会像美国一样，既绝对坚持绝不容许外国干预美国内政，又如此一厢情愿地认定美国的价值观是放诸四海皆准行的。在日常外交活动中没有比美国更务实的，但在追求其历史传承的道德信念上，也没有比美国更具理想主义的国家。没有任何国家比美国更不愿意介入海外事务，即使美国在海外的结盟与承诺均达到空前的范围与规模，这个立场仍不改变。[②] 回顾美国战略思想史，美国事实上经历了三个时期的探索才最终实现这一对矛盾的有机糅合，并为更为系统的国际关系理论建构奠定了基础。

第一位探索者是老罗斯福总统。随着美国国力日渐强大和以欧洲为重心的国际秩序逐渐瓦解，老罗斯福总统基于欧洲传统均势逻

① ［美］亨利·基辛格：《大外交》，顾淑馨、林添贵译，海口：海南出版社，1998 年版，第 19 页。

② 同上书，第 2 页。

辑，坚持美国参与国际事务是基于国家利益需要，而且没有美国参与的全球均势对他而言简直无法想象。到19世纪末，随着美国变成一个大陆性国家，孤立主义在美国政治领袖眼中便失去了存在的意义，他们追求更大的飞跃并被美国的神授使命所鼓舞。这样，美国理想主义昂扬迸发，但同时更为现实主义的政策也横空出世了，尤其是在奉行帝国主义政策、倡导美国在国际舞台上发挥更加积极作用的老罗斯福执政时期。①

老罗斯福是首位坚持美国有义务让全世界感受其影响力，且应基于国家利益让美国与世界产生关联的总统。他跟以往的美国总统一样，都对美国应造福世界的观念深信不疑。但他与前人不同的是，他认为除去不介入的利益之外，美国还有真正的外交政策利益存在。老罗斯福的前提是，美国跟其他强国没有两样，她不是独一无二的道德化身。若美国的利益与他国相抵触，她有义务凭借本身的实力取得优势。美国在国际关系的做法上，老罗斯福居于特殊的历史地位。没有其他总统能如此完整地依国家利益界定美国的世界角色，或把国家利益与国际均势结合得如此天衣无缝。他同意全国人民的看法，即美国是全世界最理想的期望。但他与大多数美国人不同的是，他不相信仅靠实践公民道德，美国便能够维护和平或实现其命运。他对世界秩序本质的认识，更接近于帕默斯顿或迪斯累里，而非杰斐逊。② 如果说老罗斯福的理念代表美国外交政策思想的极致，则可说它是由欧洲传统政治原则配合美国本身情形演变而来。正如美国《时代》杂志在1958年纪念老罗斯福百岁寿辰的封面文章中所说，他运用“一种新型的力量——威慑”在“世界秩序中……失去

---

① ［美］夏尔—菲利普·戴维、路易·巴尔塔扎、于斯丹·瓦伊斯：《美国对外政策：基础、主体与形成》，钟震宇译，北京：社会科学文献出版社，2011年版，第57页。

② ［美］亨利·基辛格：《大外交》，顾淑馨、林添贵译，海口：海南出版社，1998年版，第22—23页。

美国自身的利益”。[①]

但显然，老罗斯福注定得不到美国人民的理解。尽管试图通过参与一个革命频仍、战火纷飞的世界中缔造出一个均势体系，借以维持健康的、循序渐进的国际体制，但由于他对美国历史的理解以及他目光短浅的民族主义，老罗斯福的均势战略总体失败了，特别是在亚洲的“门户开放”政策更遭到了彻底的失败。[②] 美国后来是实现了老罗斯福期待她扮演的领导者角色，而且是在他有生之年，但却是根据他所嘲笑的原则，而且是在为他所看不起的总统——伍德罗·威尔逊的领导之下达成的。

美国参与第一次世界大战有着重要的世界历史意义，不仅在于它反映了国际物质力量分布的既有重大变化，更在于它涉及国际关系组织原则和国际政治基本规范的重大革新，尽管其最终显现是一个相当长的过程。[③] 美国的参战很大程度上改变了整场战争的性质，使其不再是野心勃勃的列强相互争夺权势的传统争霸战，而成为一场十字军的东征、一场“确保民主在全世界通行无阻的战争”。美国不应当对帮助欧洲恢复战前现状感兴趣，它不是为了这种旧日的过时目标而战，更迫切在于为重塑未来世界贡献自己的力量并为之带来真正的变革。[④] 在 1918 年 1 月的“十四点”演说中，威尔逊总统指出，美国参战的目的是“在世界生活中确认正义与和平的原则，反对自私和专制的强权，是在世界真正自由和自治的民族中间确立目的和行动的一种协调，它将从此确保这些原则得到遵守”。[⑤] 而

---

① 转引自孔华润主编：《剑桥美国对外关系史》（上），北京：新华出版社，2004 年版，第 466 页。

② 孔华润主编：《剑桥美国对外关系史》（上），北京：新华出版社，2004 年版，第 468、494 页。

③ Geoffrey Barraclough, *An Introduction to Contemporary History*, London: Penguin, 1967, p. 120.

④ 孔华润主编：《剑桥美国对外关系史》（下），北京：新华出版社，2004 年版，第 40—41 页。

⑤ John A. Vasquez ed., *Classics of International Relations*, New Jersey: 1986, p. 15.

“十四点”也列举了诸多后来引领国际关系道德关切的具体原则，如公开外交（反对秘密条约与同盟）、“门户开放”、军备控制、民族自决以及确保未来和平的全新国家联盟，等等。

基于美国强大的军事和经济资源，威尔逊总统的意识形态攻势得以“成为指导交战国各方追求与制定和平的官方原则”。[①] 这样，在权势政治仍占据主导甚至在当时被认为仍如日中天之际，威尔逊的理想主义轻易地为美国抢占了未来国际关系的道德高地。威尔逊把这些美国道德高人一等的想法赋予了世界性涵义：“我们无惧于任何其他国家的力量。我们在商业领域或其他和平领域的成就上不会妒忌对手。我们矢志照自己的意愿走自己的路；但也尊重他国的生存权。我们确实是世上所有国家真正的盟友，因为我们不威胁任何一国，不垂涎任何一国的财产，也不打算推翻任何一国。”从未有其他国家是为了别国的利益而想领导世界。其他国家所在意的都是本国利益是否能与他国利益相配合。但自威尔逊以降到老布什（George Bush），美国历任总统均以美国的大公无私为美国领导世界的主要号召。[②] 可以认为，基于对道德与霸权的辩证关系的前瞻理解，特别是“每一个国家，尤其是每一个强国，有时候必须留意被仓促推到与己无关的困局中，除非是以极富想象力的方式。阻止自己放任这样一种倾向不仅是种智慧，而且是我们……对这个世界应尽的责任”，威尔逊总统的“不求胜利只求和平”的大战目标和战后和平的“十四点计划”，都直指此后一个多世纪的国际关系发展的趋势性问题，如公开外交、海洋自由、全面裁军、消除贸易障碍、公正处理殖民地争议、集体安全等。

威尔逊总统是美国独树一帜的传统代表人物，他开创了美国外交政策思想的主流学派，而这一派的主张在老罗斯福看来，最多只

---

① 王超：《统一俄罗斯党与“主权民主”》，《西伯利亚研究》，2007 年第 2 期，第 52 页。

② ［美］亨利·基辛格：《大外交》，顾淑馨、林添贵译，海口：海南出版社，1998 年版，第 28—29 页。

能说是无关紧要，弄得不好反而有损于美国的长期利益。根据所有公认的外交原则来评断，这两位美国最伟大的总统当中，老罗斯福的主张要高明不少，然而占优势的却是威尔逊；在一百年后老罗斯福总统的成就固然受到肯定，但左右美国思潮的仍是威尔逊。老罗斯福了解在当年主导世界局势的国家之间，国际政治是如何运作的；对国际体系运作最有见地的美国总统非他莫属。但威尔逊真正掌握住了美国外交动机的主要脉络，其中最根本的一点便是，美国完全不把自己当一般的国家看待。美国既缺乏欧式外交的理论基础，也欠缺实务经验。欧式外交旨在使变动不已的各国势力保持均衡，就为了这个日标必须在道德上采取中立，并根据权力的微妙变化不断进行调整。不论权力政治的理论及教训为何，美国人民始终不变的信念是，实践及发扬民主自由是美国与众不同的根源。只有以符合这种美国不同凡响的观念为号召，才能促使美国人采取伟大的行动。无论老罗斯福的主张在理智上如何吻合强国之间实际的外交往来，他的理念并未能说服美国人投入第一次世界大战。反而是威尔逊用充满道德意味的言论感动了美国大众，虽然这在外国领袖看来相当令人费解。① 很显然，威尔逊执政时期美国成为世界事务的要角，他所宣扬的原则虽反映出美国思想中的真理，但对旧世界外交官来说却代表着革命性的转变。这些原则认为，和平有赖于民主的传播，国家应以与个人相同的伦理标准来评断，国家利益包括遵守一套普遍的法律。

尽管如此，但威尔逊的失败更是明显的——尽管如果他活得够长的话或许能看到自己的长远成功。因此，真正为美国崛起奠定合理的理论需求观的是富兰克林·罗斯福。通过将其祖父的均势外交与威尔逊的理想主义相结合，罗斯福完成了美国成为全球强国的思想和战略准备。正如基辛格所指出的，“罗斯福的手法不一而足，在

① ［美］亨利·基辛格：《大外交》，顾淑馨、林添贵译，海口：海南出版社，1998 年版，第 26—27 页。

谈到目标时十分崇高，在战术上却迂回曲折，在提出问题时相当明确，对个别事件间错综复杂的关系就比较含混其词。他的许多举动都走在宪法的边缘。当代总统当中没有人能用他的方法而仍能保住职位的。但罗斯福清楚地看到美国的安全空间在缩减中，而轴心国若获胜，美国将无安全可言。最重要的是，他发现美国历来所拥护的价值观都被希特勒恨之入骨。”① 而在罗斯福 1941 年 5 月 27 日提出“四大自由”的演说中，他更是敏锐而且透彻地掌握了美国的心理状况。他了解：唯有美国自身安全受到威胁，美国人民才会支持军事备战；但要让美国人走上战场，又必须诉诸大众的理想主义，就如同威尔逊当年的做法。在罗斯福看来，就美国的安全需要而言，能控制大西洋即已足够，但要参战，参战的目的就要包含对新世界秩序有某种远景。因此“均势”这个名词从不见于罗斯福的公开言论中，只有在批评均势时是例外。② 这样，首先通过战前的一系列准备措施成功地使美国人走出孤立主义，然后又结合均势原则与道德关切，罗斯福成功塑造了以联合国和布雷顿森林体系等为核心的全球政治和经济体系。这使美国在拥有道德霸权之后，又拥有了制度霸权，再加上其早期拥有、两次大战中强化的物质霸权，美国的全球强国地位得以正式确立。

第二节 基础理论和应用理论的准备

尽管未必是有意识的努力，但美国对崛起的国际环境、世界潮流及相应的理论需求的判断总体上与整个国际社会发展的基本趋势

① ［美］亨利·基辛格：《大外交》，顾淑馨、林添贵译，海口：海南出版社，1998 年版，第 342 页。

② 同上书，第 344—345 页。

是相吻合的。也正是因为这样，美国在此后相当长一段时间内的大战略没有犯根本性错误，从而一方面确保了其真正崛起，另一方面也确保了其霸权的较长时期延续。很大程度上，与美国对自身崛起的理论需求的判断的历程大体一致的是，美国国内学术界和舆论界对美国崛起的基础理论准备也主要由两个部分组成，即理想主义与现实主义。更为具体地，美国人的理想主义更多是基于其特有的宗教意识形态的基督教现实主义，而其现实主义则是纯粹的欧洲强权政治式的现实主义。显然的是，对于美国社会而言，要接受将基督教理想与权势现实主义相结合的理念，必须经过一个相当复杂的公众教育过程，这又不可避免地需要一批知名的意见领袖和外交宣讲家，或者说是公众教育大师的支持。

具体到美国崛起的更为现实性的理论准备，主要涉及外交思想准备和理论转换机制的准备。前者包含如何落实美国对世界历史潮流及理论需求、战略运筹的根本判断，而后者则更多是如何将基础性理论转化成为实际可操作的政策建议和措施。

一、基督教现实主义

伴随着美国日益崛起为世界性强国和老罗斯福与威尔逊总统的失败而来的是，美国对自身的宗教理想主义与现实世界权势政治的关系的认识日益深入，这非常具体地体现在基督教现实主义的诞生上，特别是其代表人物卡尔·保罗·莱因霍尔德·尼布尔（Karl Paul Reinhold Niebuhr，1892—1971）的思想转型方面。尼布尔被认为是基督教现实主义的代表人物，强调审慎居于政治美德之首，反对自由主义和激进主义。但事实上，尼布尔在20世纪20年代奉行保守的自由主义，到了30年代时却转而认为马克思主义更适合美国社会；经过两次迷失后，又于30年代开始寻求建立一种自认为更加切实可行的政治理论。在此过程中，他保留了自由主义和马克思主义中内在的、永恒性的某些真理。可以认为，在美国崛起的基础理论准备中，尼布尔推动实现了对国际关系基础理论的宗教转向，进而成为美国基督教现实主义的先驱。[①]

以尼布尔为代表的基督教现实主义严重依赖于对人性的悲观观念，认为人都是追求阴谋与剥削的权势动物。首先，基督教现实主义认为，战争的根本原因植根于人性的脆弱性、恐惧和焦虑等。尽管将人与上帝相联系，但尼布尔知道这并不能被当作一个普世真理，而更低层次的公正才是能沟通各文化并组织国际关系的唯一观念。[②]正由于这些内在的脆弱性和恐惧，尼布尔相信人都是追求权势的，而且往往是以他人为代价而追求权势的。其次，导致这样的权势追求的，恰好是这个世界所存在的不公正。最后，要解决这些不公正和权势的不当运用，各国政客和其他领导人需要在社会各层次——包括国际社会和国内社会——建立均势，因为均势是建立公正的最佳渠道。

尽管有某种类似性，但与经典现实主义相信人性本恶不同，基督教现实主义并不如此认为，相反却认为人都有牺牲他人而保全自身的倾向。[③] 尼布尔作出这一断言的时机是很重要的。他的《道德的人与不道德的社会》写于1932年，当时日益明显的是，自由国际主义政策正变得日益不管用，不能处理来自德国和日本的日益上升的威胁。此外，尼布尔对于自由主义导致人与社会完善的声称持高度怀疑态度。[④] 自由主义对理性的承诺不过是为了摆脱内在于人类生活

① Robin W. Lovin, *Reinhold Niebuhr and Christian Realism*, New York: Cambridge University Press, 1995.

② Robin W. Lovin, *Reinhold Niebuhr and Christian Realism*, New York: Cambridge University Press, 1995, pp. 25 – 26, 70 – 71; Reinhold Niebuhr, *Moral Man and Immoral Society*, New York: Charles Scribner's Sons, 1932.

③ Reinhold Niebuhr, *The Nature and Destiny of Man*, Volume 1, New York: Charles Scribner's Sons, 1964, pp. 124, 164 – 165; see also Robin W. Lovin, *Reinhold Niebuhr and Christian Realism*, New York: Cambridge University Press, 1995, p. 132.

④ Robin W. Lovin, *Reinhold Niebuhr and Christian Realism*, New York: Cambridge University Press, 1995, p. 121.

的焦虑感的自欺欺人罢了。[①] 就世界政治而言，尼布尔认为，各国追求权力、影响和威望的斗争为日益明显的集体忠诚（民族主义）所强化，所有国家都声称要寻求安全，要依其国家利益行事。但同时，尼布尔更愿意承认，总体上说国家并非特别有雅量，英明的自私自利通常就是它们道德造化的界限。然而，自私自利和国家自我保全的要求却常常造成对公认道义的侵犯。在20世纪50年代早期，制造氢弹的决策触怒了许多敏感的人，但是尼布尔却响应道，不管其抵御征服、寻求自保的道路有多么危险，任何国家都不会坐视其自身安全受到威胁而不管。当然，核扩散的景象也令他感到恐怖和震惊。[②]

尼布尔承认，人和国家在追求其私利时，总是声称他们遵循了某种总体价值规范。这一信念促使他问道：第一，是否可以说，经常和不加怀疑地强调国家利益对一国而言并不像对个人生活那样会弄巧成拙？换句话说，一个只顾自身利益的国家是不是就不把其利益界定得太窄，以免会牺牲其基于国际社会中共同热爱的正义原则和既有的相互依存关系之上的安全呢？美国的对外政策过于强调以慈悲为怀，因而加深了那些嫉妒其财富和权力的人们的怨恨。国家利益一方面受到道德上玩世不恭的危害，另一方面又受到道德上的自命不凡、虚伪造作和意识形态诡辩的危害。尼布尔在其更早些的著作里，曾强烈谴责过道德上的玩世不恭，但后来他更关心的是虚伪造作和意识形态诡辩。他总结说，玩世不恭和自命不凡是一个问题的两个方面——它是一种对国家责任的依旧相互冲突着的情感，时而认为除了自身利益外对国家不负义务，时而又忘我地投身于高尚的正义运动。[③] 这样，尼布尔事实上在基础理论方面实现了富兰克

① Reinhold Niebuhr, *The Nature and Destiny of Man*, Volume 1, New York: Charles Scribner's Sons, 1964, pp. 125 – 164.

② ［美］肯尼思·W. 汤普森：《国际思想大师——20世纪主要理论家与世界危机》，耿协峰译，北京：北京大学出版社，2003年版，第33页。

③ 同上书，第34页。

林·罗斯福在政治思想领域的相同成就，即把美国人特有的理想主义与权势政治的现实主义有机地结合了起来。

当然，尼布尔的成就远不止于将这二者有机地结合起来，还在于他为美国当时所处的两极世界提供了颇类似于肯尼思·沃尔兹式的解释，进而实现了由不同出发点而来的最终理论大同。由于人类生活的现实事关自由，即免于在人性局限（包括知识和完美度）中选择的自由，人可选择从善，但多数人都选择从恶。尼布尔认为，在这些局限下的自由将导致权势依赖的焦虑感。[①] 由于这一人性缺陷而来的焦虑，所有追求都成“不足”但自豪着，而这使得“和谐”的理念受挫。[②] 总共有五种自豪可用于缓解焦虑：权势、知识、美德、自我正确、集体。[③] 尽管这五类都与国际安全相关，但权势的自豪肯定与国际关系是最相关的。这样，尼布尔见证了“人类情势的真正恶魔”，它便是人类“追逐权势与安全的倾向”。[④] 这样，基督教现实主义便高度依赖于人如何使用权势以高于他人。尼布尔认为，自豪有双重性质：一方面使人想象自身是安全的，另一方面由于担心不安全而追求权势。[⑤] 但以他人为代价追求权势本身是不道德的。因此，与现实主义不同，基督教现实主义关注创建国际规范，特别是有关社会正义的国际规范，同时仍关切政治权势的现实。[⑥] 根据尼

---

① Reinhold Niebuhr, *The Nature and Destiny of Man*, Volume 1, New York: Charles Scribner's Sons, 1964, pp. 124, 164 – 165, & 185; Robin W. Lovin, *Reinhold Niebuhr and Christian Realism*, New York: Cambridge University Press, 1995, p. 123.

② Reinhold Niebuhr, *The Nature and Destiny of Man*, Volume 1, New York: Charles Scribner's Sons, 1964, p. 178.

③ Ibid., pp. 188 – 203.

④ Ibid., p. 137.

⑤ Ibid., p. 189.

⑥ Eric Patterson, "Niebuhr and His Contemporaries: Introduction to Christian Realism," in Eric Patterson ed., *Reinhold Niebuhr and His Critics: Reassessing the Contributions of Niebuhr and His Contemporaries*, Lanham, MD: University Press of America, 2003, pp. 8 – 10.

布尔的观点，应对权势现实的唯一方法便是找到制衡权力的方法。任何对权势的垄断都是“最大的不公”，这便是为什么需要民主制度的原因。[①] 而国际体系内部的均势本身也是一种制衡体系，进而培育了自身的公正，[②] 因为解决分歧的新安排是在持续寻找着的。[③] 尽管更倾向于多极体系，但尼布尔非常清醒，这一体系在冷战时期是不可能实现的。因此，尽管冷战体系高度紧张甚至不时爆发危机，但尼布尔仍相信美国的遏制和威慑政策可产生一种公正。遏制之所以能发挥效用，是因为无论美国还是苏联都如此地不安全，进而不会滥用权力。[④] 的确，尼布尔相信，两极斗争对其余世界是有好处的，因为作为民主国家的美国可为其他国家提供外援，帮助其对抗共产主义。[⑤]

尽管远不如尼布尔来得系统，但约翰·考特尼·默里（John Courtney Murray，1904—1967 年）对于正义战争的强调，则某种程度上类似于威尔逊总统，为美国的物质霸权和军事霸权增添了道德支撑。默里对正义战争的强调，特别是“谴责战争为恶、限制战争引起之恶和尽可能地使战争行为人道化”，对人道主义干涉理论有重要影响。默里是从罗马天主教传统出发就国际关系道义问题发表著述的最重要的一位美国理论家。默里也是一位特立独行的神学家，他曾表示，基督教思想家个人有责任就国际政治问题发表有力的言论。他坚持认为，道义必须决定权力的使用。就权力的性质和难题，默里写道：“权力唯有用道义原则才能加以指导。命令、禁止和限制

---

① Reinhold Niebuhr, “American Hegemony and the Prospects for Peace,” *Annals of the American Academy of Political and Social Sciences*, Vol. 342, July 1962, p. 156.

② Ibid., p. 158.

③ Robin W. Lovin, *Reinhold Niebuhr and Christian Realism*, New York: Cambridge University Press, 1995, p. 29.

④ Reinhold Niebuhr, “American Hegemony and the Prospects for Peace,” *Annals of the American Academy of Political and Social Sciences*, Vol. 342, July 1962, p. 156.

⑤ Ibid., p. 157.

权力的使用，或者更笼统地说，规定权力应当或必须为之而行使的目的，这些都是道义的功能。”道德法则内在于理性的传统之中，尤其在天主教自然法学家们看来是如此。他反复强调正义战争观念、实力均衡思想和审慎的政治品德之重要意义。这种道义观让默里能够去评价时事，并为他评断别人的道德逻辑提供了标准。比如，他警告人们不要冒险相信那种“过分简单化的说法”，即“行使权力是傲慢虚荣，因而是错误的，但不使用权力却是不负责任的，因而更加错误”。[①]

二、经典现实主义

正是基于宗教现实主义对美国的宗教理想与权势政治的中和，为更为世俗化的国际关系现实主义的出台奠定了观念和舆论基础。很大程度上，美国的国际关系基础理论准备工作事实上都是由移民完成的，其中最为主要的便是具备哲学思考传统的德国移民汉斯·摩根索（Hans Morgenthau，1904—1980 年）。

二战爆发之前（1937 年），摩根索移居美国，随后为美国从英国手中接过世界霸权的权杖并行使霸权职责提供了重要的理论支撑。他不仅通过《国际纵横策论——争强权，求和平》（1948 年）、《国际政治的原则和问题》（1951 年）、《捍卫国家利益》（1951 年）、《美国政治的目标》（1962 年）等为美国的经典现实主义学派的确立贡献了重大力量，还通过长期兼任美国国务院和国防部顾问而为美国外交政策的制定和实施提供了重要参考。摩根索的思想还影响了美国的一大批理论家和外交家，特别是乔治·凯南、亨利·基辛格和兹比格纽·布热津斯基等，从而使得现实主义对美国对外政策有着长期而深刻的影响。

---

① John Courtney Murray, *We Hold These Truths*, New York: Sheed & Ward, 1960, pp. 273, 288.

作为经典现实主义的奠基人，摩根索的主要贡献首先在于提出了现实主义视角下的国际关系六原则。他的传世之作《国际纵横策论——争强权，求和平》被视为西方国际关系理论最重要的经典。该书初版于1948年，摩根索生前再版过4次，摩根索谢世后，他的学生兼助手肯尼思·汤普森根据他生前的重要论述修订增补，在1984年出版了第6版。该书全面系统地论述了古希腊以来国际关系的事态发展和理论演绎，揭示了国际体系的权力结构以及权力与国家利益的关系，强调国际政治就是权力之争，应以权力来界定国家利益。摩根索在书中提出了著名的现实主义六原则：第一，政治受到客观规律的支配，而这种规律的根源存在于人性之中。第二，国际政治领域的特殊之处在于以权力界定利益概念，这一概念提供了理解国际政治理性与客观事实之间的关系。第三，权力界定的利益概念具有普遍性，但利益概念的含义并非一成不变。第四，政治现实主义意识到政治行动的道德重要性，但不能把一般的道德原则以抽象的、普遍的形式应用于国家行动。第五，政治现实主义认为，决不能把某个特定国家的道德抱负等同于支配整个世界的道德律令。第六，政治现实主义认为，人性是复杂的，但为了在理论上理解其中一个方面，需要将其他方面剔除，才能形成一门独立且不同于其他学科的理论。[①] 这样，摩根索把现实主义的权力政治理论推向一个新的高度，从而确立了经典现实主义学派在西方国际关系学领域里的统治地位以及他本人作为经典现实主义学派的旗手的地位。

摩根索的经典现实主义的核心是“权力”概念。他认为，所有政治问题都可以归结为权力问题。国际政治权力是指一国对他国意志和行动的控制。国际政治同所有政治一样，都是一场争夺权力的斗争，尽管政治家的动机、偏好、思想和政治品质各不相同，但殊途同归，他们所追求的直接目标都是权力。摩根索的国家权力要素

① ［美］汉斯·摩根索：《国际纵横策论——争强权，求和平》，卢明华、时殷弘译，上海：上海译文出版社，1995年版，第一章。

包括三类、共十个要素：物的要素，包括地理位置和自然资源；人的要素，包括人口、民族性格、国家道义、外交质量和政府质量等；人与物结合的要素：工业能力和军事能力。[①] 需要指出的是，摩根索对国家权力要素的细分对于思考国家间权力竞争有着重要的意义，尽管一开始并没有被充分认识到。摩根索相对较早地指出了国家权力的内部要素及其差异，但事实上直到冷战结束前，国际社会思考国家权力仍是单维度的、简单化的，权力被视作一个“暗箱”。直到冷战结束前后的一波有关“美国衰落论”的争论中，约瑟夫·奈才提出“软权力”的概念。[②] 尽管难以识别约瑟夫·奈在提出“软权力”概念时多大程度上受到摩根索的影响，但可以肯定的是，软权力概念更多强调的是摩根索所讨论的权力中的人的要素。[③] 随着美国在2001年“9·11”事件后启动全球反恐战争，约瑟夫·奈等进一步提出了“巧实力”等概念，很大程度上仍与摩根索对国家权力的内部细分是密切相联系的。

国家争夺权力的最终目的是为了捍卫国家利益。在摩根索看来，国家生存是国家利益之根本，国家权力（尤其是工业和军事权力）是国家生存和发展的保证，权力弱小的国家在国际上必然受制于人。他呼吁美国的外交应抛弃道德幻想，关注权力建设，因为“没有权力作为后盾的外交是软弱无力的”。当然，摩根索不是彻底抛弃道德，而是认为道德应建立在政治现实之上。摩根索关于国家利益的主张包含三方面内容。第一，摩根索认为国家利益作为政治实质这

---

① ［美］汉斯·摩根索：《国际纵横策论——争强权，求和平》，卢明华、时殷弘译，上海：上海译文出版社，1995年版，第九章。

② Joseph S. Nye, Jr., “Soft Power,” *Foreign Policy*, Vol. 80, Autumn 1990, pp. 159－160; Joseph S. Nye, Jr., “Soft Power and American Foreign Policy,” *Political Science Quarterly*, Vol. 119, 2004, p. 256; Joseph S. Nye, Jr., *Soft Power: The Means to Success in World Politics*, New York: Public Affairs, 2004.

③ 张春：《当前全球安全需求的增生与变异》，《国际论坛》，2011年第6期，第19页。

一原则不受时间和空间的限制。但国家利益内涵并非亘古不变，国家利益如同国家权力一样存在消长的历史进程。一国权力增长，必然要求与之相应的国家利益；当一国权力式微时，也定然需要调整国家利益诉求。如果国家权力和国家利益出现不一致，要么出现权力过剩，要么出现权力不足的情形，前者不利于国家成长，后者危害国家生存。第二，权力是实现国家利益的手段，也是国家追求的直接目标。国家权力作为实现国家利益的手段，但手段也可以成为目标。第三，摩根索论述的国家利益可以简约化为国家安全利益。对于国家而言，最重要的利益就是国家的生存，在这一利益的驱动下，国家会不断地寻求权力以确保生存无虞。于是，我们可以看到摩根索论著中的丛林法则，在一个许多主权国家为了争夺权力而竞争和对抗的世界里，任何一国的对外政策都必须把自己的生存看成最低限度的要求。

摩根索指出，国家利益是评判对外政策的唯一标准。他认为，对于相互竞争的两国而言，为了保持和改善它们的相对权力地位，通常有三种选择：增强本身实力，借助他国实力以加强其本身实力，阻止其他国家成为敌对力量。第一种选择是进行军备竞赛，后两种选择则推行联盟政策。为此，摩根索强调，美国的首要任务是增强自身军备力量。为了对抗苏联，需要将苏联的实力限制在大陆地区，军备是美国力图维持或重建欧洲均势而随时可用的主要手段。对于二战之后方兴未艾的殖民地国家的革命运动，摩根索指出，在多极体系灵活性已经消逝和两个超级大国盟国泾渭分明的情况下，两个超级大国只有把这些国家拉入自己轨道，才能够提高自己威信，扩大自己版图，丰富自己的自然资源从而壮大自己的力量。概而言之，实现美国战略利益的途径在于“内修武功、外结联盟”。

具体到美国在二战之后的战略利益，摩根索认为，首当其冲的是，自建国之初美国便已确立的在西半球优势地位；其次是维持欧洲均势；再次是推动亚洲均势。美国维持在西半球的霸权地位事关国家安全，但是，随着实力增长，美国很快意识到，其在西半球的主导地位不会在内部受到挑战。因此，这一霸权维持取决于地区之外的境况。如果欧洲大陆出现一个强大的超级大国，如希特勒的德国或二战后的苏联，仅凭欧洲内部显然无法与这样的国家相匹敌，这也是美国一直反对欧洲国家帝国主义的原因。二战后美国成为超级大国，美国第三个战略利益随之浮现，即亚洲均势。然而，美国将中国从其盟友推向了苏联，这是美国亚洲政策的灾难。摩根索对美国战略利益的判断，基于美国实力的不断增长推动其战略利益的扩散，从维持西半球霸权，到欧洲均势的维持，再到推动亚洲的均势，这是美国建构世界霸权的逻辑。

同样来自德国的约翰·赫兹（1908—2005 年）则对现实主义理论中的“安全两难”逻辑作了经典研究，这对美国在冷战时期和后冷战时期利用其独特的权势地位逼迫其对手率先让步有着重要的政策意义。安全两难概念根源于霍布斯对自然状态的论述，即在自然状态或国际无政府状态下，每个人出于对于自身生命被他人伤害和毁灭的巨大猜疑和恐惧，连同由此而来的对自身安全的竭力追求，是导致这一状态成为普遍和绝对的战争状态的最为根本的原因。基于这一理念，赫兹认为，凡是“个体间共处但未结成较高的统一”的场合，总是存在着“安全两难”问题，即每个个体始终担心被对方侵害、统治甚或消灭，因而为求得安全势必多多益善地追求实力或权势，而这又会使对方感到不安全，从而也多多益善地追求实力或权势，以防不测，这就进一步加剧了原来的安全担忧。这样一种对每一方来说都是自招失败性质的反复的作用—反作用过程，根源于无政府（连同无有效行为标准）状态中必有的相互猜疑和相互恐惧，而它所表征的安全两难包含敌意和紧张滋生的逻辑必然性，并且在没有制约因素的情况下显然难免要升级为对抗或冲突。① 安全两

---

① John H. Herz, “The Security Dilemma in The Atomic Age,” in Phil Williams et al. eds., *Classical Readings of International Relations*, Belmont, California: Wadsworth Publishing Co., 1994, pp. 192 – 195; John H. Herz, “Idealist Internationalism and the Security Dilemma,” in John H. Herz, *The Nation-State and the Crisis of World Politics*, New York: David Mokay Company, Inc., 1976, pp. 72 – 73.

难的由来显然在于无政府亦即无共同规范状态而非人性的好坏。在无政府状态下，单位与单位（如在国际政治中是国家）之间共处，缺乏一个能对所有单元施加行为规则和保护他们免遭彼此间的伤害的权威，在这种条件下源于相互猜疑、相互恐惧的不安全感驱使这些单元追求更大的权势以期求得更大的安全，这种努力证明是一种自招失败性质的，因为绝对的安全最终是无法获得的。正是这种安全两难，而非人性中的攻击性、物欲或普遍堕落，构成了对“权势的渴望”及其所导致的“权势政治”的基本原因。[①] 这样，赫兹便令人信服的取消了人性本恶前提对于现实主义理论的必要性。

安全两难的首要特征是无政府状态即无共同规范状态下普遍而绝对的相互疑惧——这被称为“霍布斯式的疑惧”（Hobbesian fear）。赫兹曾以赫伯特·巴特菲尔德的被锁在同一个房间里的两名持枪对手间的心理状态的譬喻作为对安全两难的形象展示：两人虽然都宁愿把枪抛到窗外，以避免致命的冲突，却因互相疑惧而无法想出共同做到这一点的办法；在国际关系中，正是这种互相疑惧“挫败了一切人类才智”。巴特菲尔德认为最关键的就是无法进行真正置身处地式的理解：“你无法心领神会别人对你的恐惧……你绝无可能完全认识或证明这一点，即他无法透视你的心灵，因而他对你的意图就绝不可能像你对这意图一样放心。”[②] 这种相互疑惧是一种反复的作用—反作用（疑惧—反疑惧）的恶性循环。[③] 这一现象在国际关系中体现为在无政府状态下，一国采取的安全战略往往取决于他

① John H. Herz, “The Security Dilemma in The Atomic Age,” in Phil Williams et al. eds., *Classical Readings of International Relations*, Belmont, California: Wadsworth Publishing Co., 1994, pp. 192 - 193.

② Hertbert Butterfield, *Christianity and History*, London: G. Bell, 1949, p. 96; Herbert Butterfield, *History and Human Relations*, London: Collins, 1951, p. 21.

③ 同样的疑惧—反疑惧作用可参见著名战略学家托马斯·谢林“主人与小偷”譬喻：“小偷认为主人想他将先开枪；所以小偷认为我们将先开枪；所以小偷将先开枪；所以主人必须先开枪。”见 Thomas C. Schelling, *The Strategy of Conflict*, Cambridge, Massachusetts: Harvard University Press, 1960, p. 207.

国采取何种安全战略，一国无法相信他国能为其提供安全保证，从而必将作最坏的准备——不断追求权势与安全，导致对抗与紧张冲突不可避免的发生。只要国家作为各自分立、自助自在的单元共存于一个缺乏共同权威的国际无政府状态下，权势的竞争与安全两难的恶性循环就将持续下去。在这里，赫兹分辨出国际政治中作用重大且较为持久的因素——国际无政府状态，有助于现实主义理论进一步发展。

来自荷兰的尼古拉斯·斯拜克曼（1893—1943）对地缘政治理论进行了发展，强调半新月形地带对核心地带的“包围功能”，奠定了美国以海权包围陆权的地缘战略思想，对美国确立其全球霸权后的外交政策制定和全球战略部署产生了重要影响。斯拜克曼的地缘政治思想首先是基于马汉的海权论和麦金德的陆权论。为帮助美国快速获得“世界统治地位”，斯拜克曼批评麦金德夸大了“心脏地带”的地缘政治意义。他认为，控制世界的关键并非“心脏地带”，而是欧亚大陆的海岸地带或称“边缘新月地带”，包括欧洲海洋国家、中东、印度、东南亚和中国。斯拜克曼称这些地区为“大陆边缘”，而在麦金德的理论中，这相对于“内新月地带”。实际上，他把世界划分为两大部分——心脏地带和边缘地带。斯拜克曼得出的结论是，和大陆边缘地带相比，心脏地带的重要性越来越小，谁控制了边缘地带，谁就控制了欧亚大陆。谁控制了欧亚大陆，谁就控制了世界。斯拜克曼对麦金德的理论做出的这一重大修正不仅具有重要的理论价值（即它揭示了边缘地区在人类历史上的重要作用），同时也具有非常深刻的现实意义。①

斯拜克曼的观点对美国在二战期间采取“先欧后亚”及与英国结盟的政策产生了重要影响。冷战时期，美国的地缘战略基本上遵循了斯拜克曼的“边缘地带论”。在苏联基本控制欧亚大陆“心脏

① 有关斯拜克曼的地缘政治思想，可参见［美］詹姆斯·多尔蒂、小罗伯特·普法尔茨格拉夫：《争论中的国际关系理论》（第五版），阎学通、陈寒溪等译，北京：世界知识出版社，2003 年版，第 170—174 页。

地区”的情况下，美国借助北约、美英同盟、美日同盟及其他一些欧亚大陆沿海联盟，在欧亚大陆沿海构筑起漫长的“遏制”线，与苏联对峙。美国由此相继卷入了朝战、越战及台湾海峡、东南亚、克什米尔、中东、伊朗、土耳其及柏林的冲突。[1]

三、外交行动性理论

从美国拥有物质性霸权到拥有道德霸权再到拥有制度霸权，直至美国建立全面霸权，美国为崛起所做的外交行动性准备主要包括以下方面。

首先是呼吁建立开放的国际体系，抢占国际道德高地。作为一个新崛起的国家，总是面临着既有国际体系、特别是现存霸权国的某种敌视，进而现有国际体系很大程度上对新崛起国家而言是封闭的。突破这一封闭的措施往往有两种：一是通过霸权战争打破该体系；二是通过循序渐进的侵蚀战略进而逐渐融入并改造该体系。美国显然采取的是第二种战略。美国并不试图以武力打破英国所主导的霸权体系，而是尝试以所谓开放国际体系的建立来逐渐改变这一体系。在成为经济上的全球大国后，美国国内的扩张主义思潮迅速膨胀，最典型的体现是“门户开放”政策的提出。该政策是美国旨在建立海外商业殖民帝国的世界性“大政策”，是美国进行海外扩张的外交总原则和战略总方针。尽管对威尔逊总统而言，“门户开放”政策当做一种总体上仍追求已显现出落后于时代潮流的外交指导方针，进而被视为不恰当的。但威尔逊有关美国的战时总方针和战后世界秩序的总构想，即“十四点计划”，仍反映出一种建立开放性国际体系的观念。根据这一有关战后世界安排和美国大国责任的外交指导方针，美国更多倡导如公开外交、自由贸易、航海自由、民族

① 刘从德、孔小惠：《美国遏制战略的地缘政治思维》，《江汉论坛》，2003 年第 12 期。

自决等开放性原则。很大程度上，上述原则在今天仍被美国所使用。这一开放体系的外交思想，很大程度上有利于美国确立其道德霸权。基于威尔逊的失败经验，罗斯福总统逐渐发展出结合传统均势原则与威尔逊理想主义的世界主义外交指导原则。在1941年1月6日的国情咨文中，他明确强调反对孤立，并首次完整阐述了“四大自由”思想，即言论自由、信仰自由、免于匮乏的自由和免于恐惧的自由。尽管仅在国际合作的意义上强调世界主义，但由此而来的反对旧殖民主义和势力范围、建立集体安全机制和自由市场经济体系等，其影响直到今天依然明显。

其次是坚持韬光养晦和积极有所作为，实现战略目标与手段的最佳配合。美国拥有物质性霸权地位之后并没有急于尝试将其转化成为战略优势，相反仍继续坚持孤立主义。事实上，威尔逊主义的失败很大程度上也证明，物质性优势并不等同于战略性优势，二者的转化需要相当长的时间。美国（在一战后巴黎和会上的）外交失败的主要原因在于，一战结束时美国的政治、军事力量尚未对英法形成绝对且全面的优势。美国虽然已是一个经济大国，但是实现称霸世界的梦想单凭经济实力还远远不够。与英、法相比，美国在军事力量和政治影响力方面还处于劣势。如在海军方面，一战后美国只拥有16艘重型军舰，英国则有42艘。而就世界的影响力论，美国的政治势力范围仍然局限在西半球。即使单单考量经济实力，美国也并不具备绝对优势。尽管美国成为了债权国，威尔逊也打算以此为压力，但过高的债务额使其成为双面剑，美国无法挥舞它。同时，英镑仍是世界经济中的硬通货，伦敦依然担当世界金融中心的角色。……可以这样说，一战后美国对英国等国日益形成挑战，但还不足以直接取而代之。[①]

在整个崛起时期，美国都相当小心地处理与英国的关系。因为美国独立战争和1812年的第二次英美战争，英美之间的相互敌视在

① 熊志勇等：《美国的崛起和问鼎之路：美国应对挑战的分析》，北京：时事出版社，2013年版，第121页。

当时看来是根深蒂固的。就在第二次英美战争结束后的第二年，即1816年，约翰·亚当斯曾预言说："英国永远不会成为我们的朋友，直到我们成为它的主人为止。"而英国人也同样讨厌美国人，嘲笑其自命不凡，有人指出"美国在科学、艺术、文学领域，甚至在国务活动家之类的政治学和政治经济学领域，绝对是一无所成"。在1837年金融恐慌中，美国人拖欠大量外国人持有的债券，使得英国人认为，美国人"再也无权同诚实人一起就餐了，正如麻风病患者不能与正常人同桌吃饭那样"。[①] 尽管争端似乎持续不断，但美国在这一时期的确有意地克制了自身因物质性增长而来的各种冲动。如同一位美国外交史学家所指出的，进入19世纪20年代后，美国人毅然决然地与欧洲分道扬镳，"除了极个别的例外，美国与欧洲国家之间的纷争，只是集中在一些眼前得益上，集中在邻近地区的领土和势力上，或集中在内战这场民族考验时期所产生的问题上"。[②] 尽管奥利沙文在1845年提出了"天定命运论"，[③] 但幸运的是美国从不曾有过征服加拿大的想法。的确有人认为，加拿大将会摆脱帝国主义的桎梏，但当1837年加拿大爆发一场很不成功的叛乱时，华盛顿方面仍小心翼翼地避免卷入其中；相反，美国人期望在经济上实现与加拿大的相互依赖，建立一种非正式的、不完全的联盟。[④] 更为重要的是，美国乐得享受英国所带来的"免费安全"，进而可集中精力发展自身。进入19世纪90年代，伴随着美国国力的全面上升——无论是从纯粹的GDP指标还是从战争相关性指数的综合指标看，美

① 转引自孔华润主编：《剑桥美国对外关系史》（上），北京：新华出版社，2004年版，第211—212页。

② 孔华润主编：《剑桥美国对外关系史》（上），北京：新华出版社，2004年版，第206页。

③ 有关美国"天定命运论"思潮的论述，可参见王玮、戴超武：《美国外交思想史，1775—2005年》，北京：人民出版社，2007年版，第159—163页。

④ 孔华润主编：《剑桥美国对外关系史》（上），北京：新华出版社，2004年版，第214—215页。

国对外扩张的激情大为上升，并采取了实际措施。1893 年，年轻的历史学家弗雷德里克·杰克逊·特纳提出了“边疆论”，认为美国需要不断扩张。同期，美国历史上著名的扩张主义军事战略家艾尔弗雷德·马汉也提出了著名的“海权论”，以海军、商船队、殖民地和海军基地来实现美国的制海权，从而建立美国霸权。作为这一系列扩张主义思潮的实践，美国政府、特别是麦金莱政府大力践行海外扩张，其标志是 1898 年的美西战争。在这一过程中，美国与英国在 1894—1896 年间爆发了三次严重的危机，分别是在巴西、尼加拉瓜和委内瑞拉。如果用权势转移理论来诠释的话，这三次危机都极可能触发权势转移的霸权战争。由于英国很大程度上采取了退让政策，特别是在第三次危机后，美国的强权事实上得到了英国的承认。①

三是美国实现了外交政策的体系性，使得外交政策的各要素之间实现了有效的相互配合。在处理与霸权国的关系之外，美国还有效利用了当时多强并存挑战英国霸权的战略环境。具体包括，从威慑周边转变为睦邻政策稳固后院、有效瓦解英日同盟化解战略包围、本着宽容精神应对同期崛起的德国、坚持在意识形态和道德上的原则性处理和苏联关系等。②

第三节　理论的应用与推广

美国的崛起之所以能总体上较为和平地实现，原因很大程度上在于美国实际上保证了衰落国家——英国与自身的合作而非竞争甚或冲突。从权势转移理论的角度看这似乎是难以理解的，因为该理

① 有关英美这三次危机的详细讨论可参见孔华润主编：《剑桥美国对外关系史》(上)，北京：新华出版社，2004 年版，第 399—404 页。

② 参见熊志勇等：《美国的崛起和问鼎之路：美国应对挑战的分析》，北京：时事出版社，2013 年版。

论根本上认为崛起国家与霸权国家之间必然会发生霸权战争。是什么导致英美权势转移的和平实现，是什么保证了美国崛起的最终成功？原因或许很多，但不可否认的是，在较为充分的战略思想和基础理论准备之外，美国外交实践中对上述战略思想和基础理论的坚决贯彻对确保这一成功相当重要。这一成功和坚决贯彻源于两个根本性保证，一是少数外交大师的个体努力，二是大量外交智库对于外交理论的宣传和监督。这二者相结合，可确保政治家不至于迷失于纷繁复杂的现实政治，从而保持相对清醒和长远的战略思维，使得美国的崛起最终呈现出一种步步为营、稳打稳扎的特征，或者说美国的崛起是“战略耐心”的产物。

一、个体努力

在美国崛起的过程中，产生了大量的政策性的理论应用大师和普及性的公众教育大师，他们对于确保美国崛起的战略耐心而非战略冒进起到了至关重要的作用。前者的代表是乔治·凯南（George Kennan，1904—2005 年），而后者的代表则是沃尔特·李普曼（Walter Lippmann，1889—1974 年）。

乔治·凯南是美国著名的外交家和历史学家，曾任美国驻苏代办、大使，后在美国普林斯顿大学任教，出版过 17 本著作，其中两部获得普利策奖。凯南的一生跨越了整个 20 世纪，经历了两次世界大战以及美苏冷战，其一生的主要时间和精力都被耗在处理美国对苏联的外交事务以及对苏联的研究上。1946 年 2 月 22 日，任驻苏联代办的乔治·凯南向美国国务院发了一封长达 8000 字的电文，此后又在《外交事务》杂志上以 X 先生名义发表文章《苏联行为的根源》[1]，对苏

① X, “The Sources of Soviet Conduct,” *Foreign Affairs*, Vol. 25, 1947, pp. 566 - 582; U. S. Department of State, *Foreign Relations of the United States* (*FRUS*), 1946, *Eastern Europe*: *The Soviet Union*, Washington D. C.: Government Printing Office, 1969, pp. 699 - 701, 706 - 707.

联的内部社会和对外政策进行了深入分析，提出并最终被美国政府所采纳的对付苏联的长期战略，即遏制政策。该政策对 20 世纪后半叶的世界政治产生了重大影响。

如果说凯南对美国崛起的贡献只是奠定了遏制战略基础的话，那就远远低估了他的真正贡献。具体而言，凯南对美国崛起的外交实践的重大贡献主要有两个方面：一是始终呼吁美国外交保持战略耐心、关注战略环境，而不能陷入战略冒进和日常政治。乔治·凯南曾正确地指出，有效的国家领导人必须是“园丁而非技工”，要真正地塑造其自身所处的环境。① 在凯南的遏制战略得到政府接受并全面落实之际，凯南便开始对该战略加以反思，特别是在依据其长电报和 X 先生文章制定的国家安全战略 68 号文件（NSC－68）出台之后。NSC－68 发展出独一无二的战略观，认为苏联是一个尚无法被消灭的对美国的现实威胁，其目标是美国的生存和最终在长期的意识形态斗争中的胜利。该文件所奠定的美国对外战略的全面程度和激烈程度，是事实上相对中庸和节制的凯南所不能接受的。必须指出的是，长电报和 X 先生文章中所表述的遏制概念既没有区分遏制是军事为主，还是政治和经济性质为主，也没有明确指出是不加选择地在苏联势力扩展所及的所有地方进行遏制，还是有选择地在其中对西方特别重要的地方进行遏制。② 当然，凯南自己是清楚的，即他的遏制战略只是政治层面的遏制，而非军事遏制；他认为美国的外交政策应尽量“谦虚谨慎”，不能全球输出“民主自由”，更不能充当世界警察。可以认为，凯南所设想的遏制战略是一种“现实主义遏制”，其首要出发点是美国力量有限，必须集中使用。尤其是鉴于战后初期在国内普遍要求恢复到“正常状态”的情绪影响下，行政当局削减了绝大部分军队并急剧压缩政府开通，因而依照能力来

① George F. Kennan, *Realities of American Foreign Policy*, Princeton, N. J: Princeton University Press, 1954, p. 93. Quoted in John Lewis Gaddis, *George F. Kennan: An American Life*, New York: Penguin, 2011, p. 495.

② 时殷弘：《新趋势·新格局·新规范》，法律出版社 2000 年版，第 203 页。

确定目标的意识特别明确。“现实主义遏制”的第二个出发点是，苏联威胁的性质根本上是政治和心理的，而非军事的，因此美国的反应也应更多是政治和经济性质的，而非撤军备战、军事威慑和军事干涉。[①] 但后者似乎恰好是 NSC-68 号文件所反映出来的美国战略，这引起了凯南的严重不安。这种不满逐渐发展，并使凯南成为国务院内对美国外交批评最严厉的声音，进而逐渐使他成为美国国务院中的“圈外人”。[②] 正是在这样的背景下，凯南最终回到了普林斯顿大学，潜心反思美国外交的错误并充当着美国外交的监督者的角色。

凯南对美国崛起外交的第二项重要贡献是始终提醒美国外交保持一种“现实主义”态度，对美国外交中的法制主义和道德主义持强烈的批判态度。在凯南看来，作为一个大体上对现存国际体系及其制度法则感到满意的国家，美国想不到别的国家会试图通过武力去颠覆现存秩序。美国不仅用法制主义为其安守现状作掩饰，而且还辅以道德主义说教，更增加了麻烦。美国不接受国家利益冲突难以应对的现实，也不去寻找最低程度扰乱国际生活的解决办法，而指望以正式的法律准则去解决争端。然而，在半无政府状态下的国际社会中法律过于抽象和僵硬，不如外交手段更适于调解相互冲突的利益。美国过高估计了国际制裁的可能性以及国家联合采取军事行动的希望。[③] 应当指出的是，凯南对美国的法制主义的批评并不完全恰当。很大程度上，正是法制主义为美国的物质霸权、道德霸权和军事霸权添加了制度霸权维度，使美国崛起后的霸权地位拥有了

---

① 时殷弘：《敌对与冲突的由来——美国对新中国的政策和中美关系（1949—1950）》，南京大学出版社，1995 年版，第 183—184 页。

② John Lewis Gaddis, *Strategies of Containment: A Critical Appraisal of American National Security Policy during the Cold War*, Oxford: Oxford University Press, 1982, pp. 51-52.

③ ［美］肯尼思·W. 汤普森：《国际思想大师：20 世纪主要理论家与世界危机》，耿协峰译，北京大学出版社 2003 年版，第 176 页。

更为长期的保证,[1] 而这或许是凯南所没有想过的。也应承认，凯南对美国的道德主义的批评很大程度上是正确的。凯南曾正确地指出了美国的道德主义倾向，“这确实是民主制度的一个非常古怪的特点：它具有这样一种惊人的能力，一夜之间就可以改变思想观点，……前天，为了我们和另一国之间的那些利害攸关的争端，即使牺牲一个美国人的生命也是不值得的，而今天，其他一切都可以不顾；我们的事业是神圣的；任何牺牲在所不惜；除非对方无条件投降，否则必须无限制地使用暴力。”[2] 换句话说，美国人喜欢将绝对的对与错的概念运用到国家事务中去。凯南认为，政府机构本质上没有道德属性，而以道德名义发动的战争往往加剧暴力冲突，而且往往比基于国家利益的战争更具破坏性。因此，美国需要的并不是以道德主义指导的，而应是以国家利益指导的外交政策。[3]

与凯南从一位政策策划者到一位政策评论家的转变不同，李普曼几乎一直是美国外交最负盛名的评论家，尽管在早期他也曾参与过一些政策制定。他从 24 岁参加创办美国自由派刊物《新共和》到 85 岁逝世为止，写作活动延续了 60 余年，一生写了总数 1000 万字的上万篇时政文章，发表了 30 多本著作。他发表在纽约《先驱论坛报》以及后来在《新闻周刊》上的“今日与明日”专栏持续了 36 年（1931—1967 年），是 20 世纪美国报刊史上历时最久、内容最广、影响最大的专栏。如同凯南一样，李普曼一生也见证了美国从崛起到霸权的整个过程，对美国崛起的外交实践和理念推广作出了

① 有关美国制度霸权的讨论，可参见秦亚青：《权势霸权、制度霸权与美国的地位》,《现代国际关系》, 2004 年第 3 期。

② ［美］乔治·凯南：《美国外交》，葵阳等译，北京：世界知识出版社，1989 年版，第 53 页。

③ ［美］肯尼思·W. 汤普森：《国际思想大师：20 世纪主要理论家与世界危机》，耿协峰译，北京：北京大学出版社，2003 年版，第 177 页；［美］肯尼思·W. 汤普森：《国际关系中的思想流派》，梅仁、王羽译，北京：北京大学出版社，2003 年版，第 62—63 页。

重要的贡献。

一方面，李普曼尽管也曾亲自参与美国外交决策过程，但始终保持作为一名评论家应有的距离。早在一战期间，李普曼便与威尔逊总统的副官爱德华·豪斯及艾赛亚·鲍曼共同起草了十四点计划，并撰写了其中的八点。从20世纪40年代开始，李普曼每年都有一段时间在外旅行，同各国元首交谈。李普曼对公众舆论的影响力使他具有进一步影响总统和政治家等决策人物的可能。美国总统约翰·肯尼迪便是典型。他把阅读李普曼的文章当做工作中的重要课题，并且对李普曼本人非常钦佩。在1960年当选总统之后一个月，肯尼迪便登门拜访李普曼，征求他对政府班底重要任命的意见。但对于李普曼来说，尽管有人将他称作“美国未来的总统”，但他更愿意对权力进行分析，而不是身体力行；他清楚地认识到“权势人物是消息的主要来源”，但新闻也拥有对于政治的独立性。因此，李普曼对待政治是一种“若即若离”的态度。一方面，应当与政治保持着一定程度的亲密接触，才能了解政治家对待事件的真实看法和将要采取的措施，确知事态的发展及走向，以便使自己以独特的信息优势更具前瞻性地评说政府行为。另一方面，不能成为政治的附属，因为只有保持距离，才可能尽量靠近客观与真实。①

另一方面，李普曼的政治评论始终保持着对美国外交的理性主义，强调承诺与资源的现实主义平衡。李普曼很早就被视为美国新闻界和政界的一位举足轻重的人物。李普曼的思想根本上是保守主义的，偏爱秩序，并深信理性；他认为，外交政策的本质是保持一国承诺与权力的平衡，并保有充分的权力以做到游刃有余。在凯南的遏制战略提出之初，李普曼便敏锐地指出，凯南所推崇的遏制战略追求的目标是要破坏苏联社会，为此美国需要付出高昂的代价，必然会导致美国心理上和地缘政治上的过度负担，消耗美国自身巨

---

① ［美］罗纳德·斯蒂尔：《李普曼传》，于滨、陈小平、谈锋译，北京：中信出版社，2008年版，第7页。

大的财力。于是，李普曼针对凯南的 X 先生文章，前后在“今日与明日”专栏上发表了 12 篇评论，在当时社会引起广泛热议。这些文章后来集结成《冷战》一书出版。[①] 李普曼还对美国崛起过程中的外交政策作出了重要的反思。他认为，美国外交政策缺少现实考虑。从门罗主义的发布到美西战争的结束，美国人民不曾有任何发展外交政策的紧迫感。有一条重要原则被忽视了，即必须保持承诺与权力的平衡。在对外政策中，目标与手段必须是平衡的，各国必须为它们所想达到的目标付出代价，并且只能期望得到它们愿意为之付出代价的东西。由此，李普曼提出了美国外交政策应遵循的基本原则。他认为，外交政策的本质是保持承诺与权力的平衡并保有充足的实力以做到游刃有余：在权衡应当在国外维护的理想、利益和抱负时，决策者对他们合法性的衡量尺度应该是他在国内能够集聚到的力量，加上他在盟国中能够寻求到的支持。由此达到的有效平衡可能程度不等，但是若要避免祸患就必须承认和遵守这项原则。[②]

尽管很大程度上是针对凯南遏制战略所提出的上述批评，但必须指出的是，事实上李普曼与凯南有着相似的观点，即美国必须依据其国家利益行事，而不能走极端。在 1944 年出版的《美国战争的目的》（U. S. War Aims）一书中，李普曼写道：“我们所能拥有的唯一和平是……通过目前的战争洗礼而获得的和平。如果我们认为可以不在乎这种和平而能够缔造出另外一种不同的和平的话，那我们就太自以为是了。”和平靠的是建立同盟国之间牢固的关系，并承认正在出现的两大力量集团——大西洋共同体和俄罗斯势力圈。他强调，俄国在其大陆板块中固若金汤，正如美国处于大西洋共同体的核心而坚不可摧一样。关于战争的目的，李普曼认为美国应当：第一，巩固大西洋共同体现有的战略和外交联系；第二，承认俄国势

---

① ［美］肯尼思·W. 汤普森：《国际思想大师：20 世纪主要理论家与世界危机》，耿协峰译，北京：北京大学出版社，2003 年版，第 160—161 页。

② Walter Lippmann, *U. S. Foreign Policy*: *Shield of the Republic*, Boston: Little Brown, 1943, p. 6.

力范围内的战略体系，包括位于德国东部和苏联西部的国家；第三，承认中国为第三个战略体系的中心等。① 第二次世界大战后，李普曼坚持主张，世界和平必须具体而有针对性地加以建立，一如其原来的样子。

应当承认的是，在凯南和李普曼之外，还有诸多个人对美国外交的实际应用和推广作出过重要贡献，如小路易斯·哈利（Louis J. Halle, Jr.）、多罗利·福斯迪克（Dorothy Fosdick）、查尔斯·波伦（Charles Bohlen）、乔治·鲍尔（George Ball），以及曾担任过美国国务卿的艾奇逊、基辛格、腊斯克等。他们共同的特征都是强调美国外交政策的国家利益指向，尽管有的从评论家角度宣传和推广外交政策理念同时也监督美国外交的具体执行，有的则从实践家的角度贯彻指导美国外交的战略思想和基础理论，使之转化成为具有高度可操作性的政策理论。

二、智库建设

随着美国快速崛起而来的一个日益凸显的压力是，美国现在已经无法继续孤立主义的外交战略，相反是需要以积极的态势介入国际事务。鉴于长期的孤立主义传统导致的对国际事务缺乏了解，美国发现自身正面临着重大的政策决策参考缺口，因此自伍德罗·威尔逊于 1913 年进入白宫以来，美国总统、总统候选人往往都要向政策专家——他们许多来自有声望的智库——咨询，以打造一个美国未来的蓝图。② 美国智库的发展史是一个从更关注学术可信性到更关注接近权力核心的演变过程，大致上可以划分为三个阶段：20 世纪

① Walter Lippmann, *U. S. War Aims*, Boston: Little Brown, 1945, pp. 6, 162 - 163.

② James A. Smith, *The Idea Brokers: Think-Tanks and the Rise of the New Policy Elite*, New York: The Free Press, 1991; Donald E. Abelson, *Do Think Tanks Matter? Assessing the Impact of Public Policy Institutes*, Ithaca, N. Y.: McGill-Queen's University Press, 2002.

30 年代以前是美国智库的初创时期，学术型智库占据主导地位；20 世纪 40 年代至 60 年代是美国智库的转型时期，出现了较多的合同型智库；20 世纪 70 年代以后，美国智库发展进入第三阶段，即游说型智库逐渐占据主导地位，而学术型和合同型智库的增长明显放缓。[①] 在美国崛起的时代，智库的发展主要是以学术型和合同型为主，其核心任务或功能主要是两个方面，即为政府提供政策咨询建议和教育公众、宣传政府外交政策理念。这一时期最为重要的智库包括卡内基国际和平基金会（Carnegie Endowment for International Peace）、美国对外关系委员会（Council On Foreign Relations）、布鲁金斯学会（The Brookings Institution）、兰德公司（RAND）、海军分析中心（Center for Naval Analyses）和美国企业研究所（American Enterprise Institute for Public Policy Research）。

卡内基国际和平基金会成立于 1910 年，是美国第一批建立的智库之一，因此也是美国历史最为悠久的智库、知名的外交与国际事务政策研究所。卡内基基金会是非营利的民间组织，以促进各国间的合作并致力于推动美国积极参与国际事务为宗旨。基金会主要研究国际事务和美国外交政策，偏向于国际主义和多边主义，主张进行裁军、军备控制、接触谈判和国际合作，在党派政治中相对超脱。基金会创建之初设立了三个部门：一个部门专门研究战争的起因和后果；另一个部门促进国际间的相互理解和合作；第三个部门协助制定国际法和解决国际争端。在冷战开始前，基金会曾重大地推动了美国外交的实践和公众宣传。例如，尽管第一次世界大战粉碎了人们对和平的热切期望，基金会仍然在 20 世纪二三十年代坚持国际调解努力。整个 20 世纪 50 年代中，基金会开展了多项课题的研究和公众教育计划，尤其着重与联合国和战后国际法有关的问题。1960 年，基金会在成立五十周年之际发表的正式声明中传达了未来

① 张春：《美国思想库与一个中国政策》，上海：上海人民出版社，2007 年版，第 8—12 页。

工作方向的指导思想，宣称自由与正义和避免战争同样重要；此后，基金会的研究范围逐渐拓展，特别是随着游说型智库的出现，其功能也逐渐进行了调整。今天，基金会的研究范围遍及全球各个地区，包括政府部门、商业机构、国际组织和民间团体之间的关系，尤其注重分析促成全球性变化的经济、政治和技术力量。基金会出版的《外交政策》是世界上最有影响力的国际政治经济期刊之一，以数种语言发行，读者遍布150多个国家。

美国对外关系委员会成立于1921年，源于第一次世界大战结束后英美建立其所主导的国际社会体系的设想。根据这一设想，英美分别成立了“国际事务学会”英美分会，在英国名为“皇家国际事务协会”，而在美国即对外关系委员会。对外关系委员会的主要任务是广泛宣传美国的外交政策，并根据权势集团的意图，对重大国际问题组织公众进行讨论，搜集“民意”，发表研究报告，以影响政策的制定。委员会与美国东部权势集团的对外关系委员会关系十分密切，因此逐渐成为美国最知名的智库之一，在外交方面的影响力无与伦比，曾经为美国制定了许多对外政策方针并且仍然是这方面的权威，有人甚至称其为美国的“影子政府”。它的成员包括政府、工商界、教育界和新闻界中一批最有影响的人物。美国前总统尼克松、布什，前国务卿基辛格、布热津斯基和万斯都曾是美国对外关系委员会的成员。

布鲁金斯学会是美国规模最大的且最有影响力的智库，成立于1927年，由1916年成立的政治研究所、1921年成立的经济研究所和1924年成立的罗伯特·布鲁金斯经济政治研究学院合并而成。布鲁金斯学会颇具规模、历史悠久，以持自由派观点著称，常被称为“开明的智库”。历史上看，它对政府，尤其对民主党政府影响巨大，同时在国会进行院外活动，向国会施加影响。早在20世纪20年代哈定总统时期，学会就帮助联邦政府拟定预算草案，制订战争中的债务政策和改革税务制度的方案等。学会许多重要成员系民主党人，为民主党政府出谋划策，储备和提供人才，从杜鲁门总统以来的历届民主党政府都起用该学会人员充任要职，故又有“民主党流亡政府”之称。布鲁金斯学会同时也是美国著名的公众政策研究机构，自称遵循“独立、非党派、尊重事实”的研究精神，提供“不带任何意识形态色彩”的思想，也因此成为美国从事公共政策研究机构中最有可信度的研究机构之一。

兰德公司是美国最重要的以军事为主的综合性战略研究机构，也是合同型智库的典型。该公司正式成立于1948年11月，源起于第二次世界大战期间美国的一批科学家和工程师将运筹学运用于作战方面所取得的重大成功。二战结束后，为了继续这项工作，1944年11月，当时陆军航空队司令亨利·阿诺德上将提出一项关于《战后和下次大战时美国研究与发展计划》的备忘录，要求利用这批人员，成立一个“独立的、介于官民之间的客观分析的研究机构”，“以避免未来的国家灾祸，并赢得下次大战的胜利”。根据这项建议，美国陆军航空队与道格拉斯飞机公司于1945年底签订一项1000万美元的“研究与发展”计划的合同，这就是有名的“兰德计划”，此为兰德公司名称来源。兰德的长处是进行战略研究，开展过不少预测性、长远性研究，提出的不少想法和预测是当事人根本就没有想到的，而后经过很长时间才被证实了的。兰德正是通过这些准确的预测，在全世界咨询业中建立了自己的信誉。成立之后，兰德公司先以研究军事尖端科学技术和重大军事战略而著称于世，继而又扩展到内外政策各方面，逐渐发展成为一个研究政治、军事、经济、科技、社会等各方面的综合性智库，被誉为现代智囊的“大脑集中营”、“超级军事学院”，可以说是当今美国乃至世界最负盛名的决策咨询机构。

类似于兰德公司，海军分析中心是美国海军的重要智库，有“海军的兰德公司”之称，也是合同型智库的重要代表。尽管正式成立于1962年，但海军分析中心的历史渊源可追溯到第二次世界大战期间。它是由那时的反潜作战研究小组发展起来的。这个小组作为国家作战研究机构创建于1942年，首要任务是帮助海军出谋划策击毁德国潜艇，它提出的一系列反德国潜艇的战术理论和作战方案，成为把作战技术应用到海军方面的典范，从而获得高度的评价。在于 1962 年与海军研究所联合成立海军分析中心后，它又得到防务分析研究所的赞助，于 1967 年划归罗彻斯特大学领导和管理，同时成为华盛顿作战研究委员会的成员。该中心全部研究活动几乎都是通过与国防部订立合同进行的，主要从事海军战略、战术方面的研究，诸如战略战术情报的估价、新武器研究、应用技术、海空电子通讯系统、海军工业设施、后勤补给、资源分配、兵力和人事组织、对海军有影响的政治、经济问题等，尤以研究反潜技术、战术而著称。

美国企业研究所是美国保守派的重要政策研究机构，是游说型智库的代表。企业研究所与共和党渊源较深，共和党尼克松、福特政府下台后，许多重要官员纷纷加入该所，故舆论界又称它为共和党的“流亡政府”、“影子内阁”。企业研究所成立于 1943 年，在成立后的头 20 多年里，它实际上是资助其附属机构，因此并不为人们所重视。直到 20 世纪 70 年代后，企业研究所的重要性因其游说能力或政策影响力而为人注意。它自称目的是“为政策制定者、企业家、学者、新闻界和公众提供对国内、国际问题的客观分析”，主要从事经济问题的研究，向国会兜售维护企业界利益的言论，宣扬自由市场思想。到 20 世纪 70 年代后，企业研究所开始扩大研究的范围，包括政治、经济、外交、防务、能源和社会等各个方面，大量出版、发行其研究成果，广泛宣传其主张，竭力扩大其影响。

正是在从威尔逊总统直至二战结束期间建立的大批学术型和合同型智库的智力支持下，美国崛起时期的外交很大程度上避免了政治家和外交官深陷于日常政治的短视，同时也避免了因其忙于事务而缺乏时间向公众做政策宣传和解释而带来的公众基础缺乏的风险。这与前述诸多政策实践者和评论家的努力相结合，使得美国在崛起时期对世界潮流的判断及据此而来的战略思想和基础理论建设，能够得到有效的推广或贯彻，并形成了美国举国上下一致的外交努力，再加上其他国家所犯下的战略错误及其相互斗争为美国提供的战略机遇，最终确保了美国的全面崛起。更为重要的是，这种优势或良好做法在美国取得霸权地位后仍得以保持甚至有所创新，使得美国崛起后的霸权维持至少在过去几十年里很大程度上都是有效的。

第四节 小结

本章回顾了美国崛起过程中的理论准备，重点从美国对崛起时期的战略环境及更大的世界潮流的判断出发，考察美国相应的战略思想、基础理论和应用理论等的准备情况。美国崛起及其理论准备有其根本的特殊性，那就是美国的立国理念与欧洲旧式权势政治格格不入。这决定了美国从一开始就抱有一种区别于欧洲大陆的世界观。但在美国全面崛起之际，欧洲旧式权势政治非但没有被抛弃，相反却通过殖民主义扩张到全球。就在美国上升为全球头号经济大国之前，欧洲列强刚通过柏林和会对非洲进行了殖民地划分，并准备在古老的中华帝国重复这一努力。美国面临着严峻的观念挑战：在权势政治似乎达到顶峰之际，如何判断其未来走向？换句话说，权势政治会否长期持续下去，抑或在其达到顶峰的表象之后正孕育着新的历史潮流？美国在孤立中崛起，是否代表着一种新的世界历史潮流？如果是，其内涵是什么？如何实现新世界潮流与旧历史潮流之间的更替？正是出于对这些根本性问题的思考，或者说基于对世界历史潮流和美国崛起所需理论与战略的思考，在反复试错和不断引进权势思维冲击美国的道德和宗教信仰的过程中，美国逐渐实现了两个极端——宗教理想主义与权势现实主义——的平衡，找到了与衰落霸权共存之道、崛起多强并存之道、权势与权威结合之道，逐渐为美国的物质霸权添加上道德霸权、军事霸权和制度霸权，并最终实现与英国的权势和平转移，成为世界性霸主。

第二章

德国崛起的理论准备

大国崛起过程往往也是一国现代化过程，大国崛起是政治、经济和文化等多种因素综合作用的产物，所涉及的纬度是多方面的，包括经济战略、政治认同、外交战略、军事战略等。一国崛起承受着该国现代化的动力、张力和压力，相互之间存在着互为因果的关系，是一种密切相连、相互作用、相互促进的关系。因此，研究大国崛起不能仅仅放在权力政治的纬度，而更多的应该放在一国现代化进程中考察，对德国尤其如此。德国作为大国崛起，也与德国现代化进程密切相关，而这一切又放在德国统一和重新统一的背景和框架内进行，这是德国历史特殊性的一面。因此，对于德国来说，大国崛起、现代化进程、国家统一是同一命题的三个不同视角。考察德国崛起和再崛起，必须考虑德国现代化进程中的动因与压力，以及围绕这些问题所展开的思想、理论和战略。本章主要讨论德国崛起过程中所涉及的经济战略、政治认同、外交战略的思想、理论和政策主张。大致分两个阶段，第一阶段是德意志统一时期，主要包括德意志统一前后涌现出来的、对德意志统一和崛起有重要影响的经济、政治、外交理论与思想，主要包括李斯特经济民族主义思想、德意志的文化民族主义思想、俾斯麦的合纵连横的外交战略思想；第二阶段主要围绕二战后对德国重新统一和再次崛起有重要影响的理论和思想，其中包括弗莱堡学派的经济学说、宪法爱国主义、欧洲一体化政策和新东方政策以及德国重新统一后关于外交战略的辩论等。这些理论、思想、战略和政策，其根本点在于为德国的现代化进程提供统一和广阔的经济发展空间、政治认同空间和安全战略空间，这些空间也是大国崛起所必须拥有的生存和发展空间，这些空间越广阔、越稳定、越统一，该国的现代化进程才能越顺利、大国崛起之路才能越顺畅，反之，一国的现代化进程和大国崛起之路便会曲折、受挫甚至中断。因此，大国崛起必须对这些空间进行主动塑造和扩展，其理论准备和战略思考也应该围绕这些因素展开。

第一节 德国崛起的经济战略理论

一、德意志统一时期的经济民族主义

在1871年之前，德国还处于四分五裂的状态，但到19世纪末，迅速崛起成为欧洲最强大的工业国家。德国何以能迅速后来居上？弗里德里希·李斯特（1789—1846）的经济民族主义思想的影响无疑是其中重要原因之一。李斯特的经济民族主义思想对近代德国的统一和崛起产生了积极影响。弗里德里希·李斯特认为，1815年后德意志民族面临着沦为“替英国挑水伐木的苦力”的危机，而消除危机的办法是实现民族统一，通过国家干预来加快国家工业化，提升民族的政治自由度、智力水平和道德水平。李斯特对德意志崛起的经济理论贡献如下：

第一，李斯特提出了后发国家的经济赶超理论——保护制度。

李斯特首先提出了国家经济发展的阶段，为后发国家的赶超战略提出了理论依据。他认为，在经济方面，国家必须经历以下几个发展阶段：原始落后状态、畜牧业状态、农业状态、农业—制造业状态、农业—制造业—商业状态。各国国家的工业发展史，尤其是英国的工业发展史清楚地证明，由原始落后状态转入畜牧业状态，

再由畜牧业状态转入农业状态，再然后由农业状态转入制造业和海运业的早期发展状态，受到了先进城市和国家之间自由贸易的及时而有利的影响，但是要扩展到发达健全的制造业，拥有重要的商船和大规模的对外贸易，必须依靠国家力量的干预。李斯特认为，后发国家不能采取自然主义的经济发展模式，也不能一味通过发展农产品，与其他工业国家交换工业品，这种途径只会沦为其他大国的附庸，成为经济殖民地。而应该通过国家力量，利用贸易保护政策，发展制造业，强行实施工业化。

李斯特提出，保护制度因此成为使那些文明程度远远落后的国家达到和先进国家同等文明程度的唯一手段，从这个角度来看，可以把保护制度当作促进国家最终联盟、推动真正贸易自由的最有效率的手段。国民经济学应该正确地评价各个国家当前的利益和特有的环境，教导各个不同的国家能够上升到一个工业发展的阶段，通过和其他国家结盟实现国家之间的平等发展，随后自由贸易才成为可能并变得有用。①

李斯特通过生产能力理论来分析一国发展制造业的重要性和必要性。李斯特首先分析了生产能力理论和价值理论，一个国家的繁荣不在于它拥有更多的财富（即交换价值），而在于它的生产能力能得到更大的发展，必须全面系统地考虑国家的现在及将来的生存、繁荣和力量所依赖的条件。② 关于如何建立国家长期生产能力，李斯特认为就是要发展制造业。李斯特还从正反两个例子说明制造业的重要性。他指出，英国之所以占有如此众多的殖民地，完全是因为它那超强的制造能力。而波兰数次遭到瓜分，是因为该国只有农业，没有制造业。那么如何发展制造业，李斯特认为要通过建立保护性关税政策，逐渐从保护到不保护，从保护贸易向自由贸易过渡。李

① ［德］弗里德里希·李斯特：《政治经济学的国民体系》，邱伟立译，北京：华夏出版社，2009年版，第94—95页。

② 同上书，第107页。

斯特认为，国家必须牺牲和放弃某些物质财富以获取文化、技术及协同生产的能力，它必须牺牲某些现在的利益以确保将来的利益。保护性关税的确在开始之初会提高制成品的价格，但经过一段时间之后，如果一个国家能够建立起自己的全面发达的制造业能力，那么那些商品在国内生产就比从国外购买更便宜。因此，即使保护性关税会牺牲一些价值，但它却有利于获得生产能力，这不仅能保证国家有无限量的物质产品，而且还能在战争时期确保工业的独立性。李斯特还提出了保护的范围。他指出，并不是所有工业产业都需要获得同样的保护，只有重要的工业产业才需要特殊的保护。这里的重要工业产业是指，建立和经营时需要大量资本、大规模机器设备、高科技知识、丰富经验以及为数众多的劳动力的工业产业，它们生产的是第一生活必需品，因此，无论从它的总价值还是从国家独立方面讲，都具有最重要意义。如果主要工业产业在适度保护下获得发展，那么其他次要工业产业就可以在保护较低的情况下围绕着它成长起来。①

第二，提出重视国家精神的经济民族主义学说。

李斯特提出了民族主义与国家经济的联系，对于唯利是图的自由主义和乌托邦的世界主义经济学都进行了抨击。李斯特提出了当时的流行学派理论体系存在着三个主要缺陷：（1）漫无边际的世界主义既不承认国家原则，也不考虑如何满足国家的利益；（2）死气沉沉的唯物主义处处主要考虑事物的可交换价值，而不考虑国家的精神利益与政治利益、眼前利益和未来利益以及国家的生产能力；（3）形单影只的单一主义和个人主义忽视了社会劳动的本质和特征以及国家联盟发挥的重要作用，它们想象在同社会（即同整个人类）进行自由交换的状态下，个人勤奋可以获得很好的发展，好像人类社会没有被分成许多独立的国家和社会那样。然而，在个人与整个

① ［德］弗里德里希·李斯特：《政治经济学的国民体系》，邱伟立译，北京：华夏出版社，2009 年版，第 131 页。

人类之间还是存在着国家的、而每个国家都有着各自独特的语言文学、特有的起源和历史、特有的风俗习惯、特有的法律制度，人们需要这些东西而使国家独立存在、逐步完善、长盛不衰，国家有自己的疆土；由各种复杂的精神关系以及利害关系组成的社会把自己独立成为一个整体，它承认自己的和本身范围以内的权利法则，这种独立的特性使得它与别的同类社会在国家自由上仍然处于对立状态，因此，在目前这种世界形势下，只能依靠它自己的力量和资源来保持独立。李斯特提出了个人与国家之间的关系，认为个人的成功有赖于国家的成功。他指出，只有在国家的范围内个人主要依靠国家并在国家范围内获得文化、生产能力、安全以及繁荣；同样地，只有各个国家的文明和发展才能设想人类文明成为可能。政治的任务是使国家从野蛮走向文明，由弱小变得强大，但是最重要的任务是使国家长盛不衰。而国民经济的任务便是完成国家经济的发展，为其将来进入国际社会做好准备。[①]

第三，提出建立关税同盟的思想，为德意志经济统一提供理论基础。

李斯特认为，除了实施贸易保护外，还需要同相关国家建立关税同盟，才能使后发的弱小国家受到更好的保护，从而得到充分的经济成长空间。这里，李斯特提出了一国发展的“经济成长空间”的概念。李斯特指出，处于不同工业发展阶段的两个国家，为了交换各自的制成品，可以通过订立互利条约而实现互惠。如果各缔约国的工业发展水平大体想当，它们之间的竞争处于均势，没有破坏性或抑制性，又不至于出现一方垄断一切的局面，那么它们订立这类条约更加合理、更加有利。比如，法国、奥地利和德国关税同盟可能仅仅期望通过相互之间实行低保护性关税，取得非常繁荣的效果。这些国家也可以与俄国订立互惠条约以实现各方互利。这样，

① ［德］弗里德里希·李斯特：《政治经济学的国民体系》，邱伟立译，北京：华夏出版社，2009 年版，第 129 页。

所有大陆国家一致担心的就只有占优势的英国的竞争了。[①]

李斯特不仅在理论上提出关税同盟，而且在实践上积极推动包括整个中欧在内的关税同盟。1819 年，他以德国所有地区五千多名商人和工厂主的名义起草了《致德意志联邦议会请愿书》，在请愿书中要求“在德国内部废除各种关税”，并“对邻近国家实行建立在报复原则基础上的全德关税制度”。这位关税同盟思想的早期宣传家在由他本人创办的《德意志商工界机关报》中还这样写道：“不在德意志各邦国人民之间实行自由往来，便不可能有统一的德国，不建立共同的重商制度，便不可能有独立的德国。”[②] 在李斯特的倡议下，普鲁士着手废除德意志联邦内部关税。1834 年，在普鲁士领导下，德国关税同盟宣告成立。同盟的宗旨是在德意志联邦内部实行完全自由的贸易，对外国进口品实行单一关税。到 1867 年，除汉堡与不来梅外，德意志各邦都加入了关税同盟。关税同盟的建立成为德意志统一的重要步骤，也为德意志的崛起注入了强大的经济动力。[③] 毫无疑问，关税同盟的建立突破了 1815 年维也纳会议创立的德意志同盟体系。正如当时奥地利首相梅特涅所担忧的那样：“这个关税同盟是一个诸国中的国家，它使普鲁士的‘预备性优势地位’成为了可能，并得到了巩固；它动摇了德意志的均势，促进了德意志统一的最危险的理论。”[④] 从某种程度上讲，关税同盟使民族的组合与普鲁士的霸权联系了起来，它是以后的“小德意志民族国家”的一场预演，而且从客观发展的长远影响上讲，也必然促进这样一

① ［德］弗里德里希·李斯特：《政治经济学的国民体系》，邱伟立译，北京：华夏出版社，2009 年版，第 236 页。

② 李工真：《德意志道路——现代化进程研究》，武汉：武汉大学出版社，2005 年版，第 71 页。

③ 李肇忠：《弗里德里希·李斯特的民族主义思想述评》，《学术论坛》，2004 年第 6 期，第 135 页。

④ 李工真：《德意志道路——现代化进程研究》，武汉：武汉大学出版社，2005 年版，第 73 页。

种民族国家的形成。[①]

第四，提出建立欧洲联盟的思想。

李斯特在关税同盟理论的基础上，提出了建立欧洲联盟体系，并指出了建立该联盟的基本原则是自由联合和平等互利。李斯特指出："如果我们仅仅考虑同英国的海上优势相比，欧洲大陆各国之间的利益休戚相关，那么我们就会深信，对大陆各国而言，没有什么比团结更加迫切了，也没有什么比大陆爆发战争更具破坏性的了。近一个世纪的历史还告诉我们，大陆各国之间每每相互残杀爆发战争的时候，都一定会使这个岛国的工业、财富、海运和殖民地占领等方面获得增长。"这里，李斯特提出了欧洲大陆与英国的利益冲突和对立，英国永远希望欧洲大陆充满战争。同时，李斯特还指出了何种联合方式的问题。李斯特指出，拿破仑的大陆制度是其他建立法国的大陆优势以取代英国的海上优势，因此，为了法国的利益，它对其他大陆国家进行羞辱、破坏甚至解体，而不是建立在共同提高彼此势力均衡的基础之上。一个有效的大陆制度只能起源于大陆国家的自由联合，只有当这个制度的目标是平等地分享由此带来的利益时，这个制度才能取得成功。李斯特提出了大陆联合政策，以抗衡英国。他指出，这些欧洲大陆国家通过建立联盟，通过互惠的商业政策和订立条约，它们的制造业能力均将得到很大程度的增强，它们的海运业和海军力量也将得到大力加强。李斯特还预见到美国的崛起，以及英国与美国的利益冲突，并预见到，英国必然会与欧洲国家相联合。他指出，现在法国和德国有必要建立大陆联盟，以对抗英国的优势地位；在不久的将来，这种必然性将落在英国人的肩上，建立欧洲联盟，以对抗美国的优势地位。到那时，英国将被迫在其领导下的欧洲联盟中寻求保护、安全和对抗美国优势的均衡力量，寻求与它已失去的优势同等的位置。李斯特倡导并预见了未

① 李工真：《德意志道路——现代化进程研究》，武汉：武汉大学出版社，2005年版，第73页。

来欧洲的联合，但是有一点他弄错了，欧洲联合是在法国和德国共同推动下实现的，而不是由英国推动和领导的。但是，欧洲联合的目的是清楚的，就是实现力量均势，不管是欧洲联合对抗英国还是对抗美国。[①]

李斯特的经济民族主义思想在他生前备受冷落，但在1846年去世后，却逐渐风靡德国。到1878年，他的代表作《政治经济学的国民体系》成为德国“最流行的手册”。李斯特的许多设想都已经成为现实，包括关税同盟、德国工业化、德国统一、欧洲联盟等，他的关于后发国家的经济理论，包括建立民族工业体系、强调国家作用、贸易保护等思想已经成为许多后发国家的经济政策信条。李斯特的经济民族主义思想对德意志的统一和崛起产生了导向性的影响，他和俾斯麦一起，被认为是影响和决定德意志统一和崛起的两位重量级人物。某种程度上讲，他对德意志统一和崛起起到了更为奠基性的作用。可以不夸张地说，没有李斯特，就没有德意志关税同盟，就没有德意志统一和崛起，也就没有当今发达富庶的德国。

二、二战后的经济自由主义

20世纪30年代以后，当西方大多数资本主义国家走向国家干预道路的时候，联邦德国却走向了另一条道路，并创造了战后联邦德国经济发展的“奇迹”。这一切，都是与弗莱堡学派的社会市场经济理论分不开的。弗莱堡学派是当代西方经济学中一个具有较大影响的新自由主义流派，它产生于20世纪30—40年代的德国，盛行于第二次世界大战结束后的联邦德国，因其主要代表人物集中于弗莱堡大学而得名。弗莱堡学派的社会市场经济理论成为二战后联邦德国政府制订经济政策的理论依据。弗莱堡学派注重从秩序角度研究

① ［德］弗里德里希·李斯特：《政治经济学的国民体系》，邱伟立译，北京：华夏出版社，2009年版，第307—309页。

和制定经济政策，并提出了“社会市场经济”这一概念，通过联邦德国经济部长路德维希·艾哈德的积极推进，“社会市场经济”成为二战后联邦德国的基本经济制度，为联邦德国实现经济奇迹和重新统一起到了根本性的作用。弗莱堡学派成为二战后德国经济制度的理论奠基性学派，为联邦德国的战后经济制度提供理论指导，其主要代表人物为欧肯、路德维希·艾哈德等。弗莱堡学派的主要政策主张包括以下方面：

第一，自由竞争：社会市场经济的基础。

弗莱堡学派把自由竞争看作是社会市场经济的主要支柱和经济繁荣、社会进步的最好手段。弗莱堡学派重要代表人物、“社会市场经济”模式的实践者、先后担任过联邦德国经济部长和总理的艾哈德指出：“竞争是获致繁荣和保证繁荣最有效的手段。只有竞争才能使作为消费的人们从经济发展中受到实惠。它保证随着生产力的提高而俱来的种种利益，终于归人们享受。循着竞争的道路，经济发展与企业利润的社会化才能完全实现。此外，为提高生产力的个人刺激将能保持。”① 而个人才智的充分发挥，完全依赖于人的独立、自由与竞争。“只有自由竞争才会把人的力量解放出来，使经济上的进步与工作条件的改善都有保证。”② 反之，在一个中央统治经济的社会里，人们普遍缺乏独立与自由，无法对自己的命运负责，而只是力求安全与稳定，并避免承担责任，其结果使得整个社会缺乏生机和创业精神，国民也就会萎缩下去。因此：“凡没有竞争的地方，就没有进步，久而久之就会陷于呆滞状态。”③ 艾哈德的结论是：“为了促进普遍的繁荣，经济竞争是达到这个目标的唯一可能的

① ［德］路德维希·艾哈德：《来自竞争的繁荣》，祝世康译，北京：商务印书馆，1983年版，第11页。

② 同上书，第121页。

③ 同上书，第153页。

途径。”①

第二，经济秩序：社会市场经济的保障。

弗莱堡学派又称为“奥尔多自由主义学派”，“奥尔多”在德语中就是“秩序”的意思，因此这个学派的中心思想是“秩序”，该学派研究的是如何安排一个运行的市场经济的制度结构问题。弗莱堡学派属于新自由主义，奉行自由竞争。新自由主义是指20世纪30年代以后形成的自由主义思潮。它继承了十七世纪以来自由主义哲学家、经济学家关于个人主义与自由的解释。但是新自由主义者又要面临着以往不同的形势：市场机制失灵，垄断不断增长，竞争日益受到限制，国家对经济生活的干预正在加强，凯恩斯主义、社会主义、计划经济的出现等。新自由主义者所要解决的正是在自由主义受到严重威胁的情况下，如何仍能使之行之有效？作为新自由主义的弗莱堡学派，在对自由主义的理解与坚信市场机制的完善性等基本问题上与其他新自由主义流派是相同的。但在保证自由主义实现的各种条件中，弗莱堡学派强调的是市场经济的制度结构，即作为这一派学说中心的秩序问题。对保证市场经济正常运行的社会秩序的重视，是弗莱堡学派不同于其他新自由主义流派的一个特征。弗莱堡学派特别强调，秩序的实现依靠国家的法律，没有法律所维护的正常秩序，就没有市场经济的正常运行，也谈不上自由主义。他们并不一概反对国家干预，只要国家的作用限于维护正常秩序之内，那就不仅是可以的，而且是必要的。国家的作用与自由主义并不矛盾，相反，国家正是实现自由主义的必要条件之一。只不过国家的作用不是像计划经济下那样直接从事经济活动，配置资源，也不是像凯恩斯主义所主张的那样调节经济活动、干预市场机制本身，国家应实行“秩序政策”，即国家不干预经济过程本身，只以法律手

① ［德］路德维希·艾哈德：《来自竞争的繁荣》，祝世康译，北京：商务印书馆，1983年版，第15页。

段保障竞争秩序的实现。[①]

第三，竞争秩序：社会市场经济的原则。

欧肯进一步从理论上论证了社会市场经济的必要性。他认为，一战以来的各种经济政策是一系列的“试验”，但并没有解决如何把工业化经济有效而人道地组织起来的问题。技术发展并不必然导致生产集中和经济的集中管理，工业化社会的人仍然可以享受个人自由。自由放任政策的错误在于，把经济秩序问题交给私人处理，引起各种垄断的出现。集中管理的政策则不仅由国家规定了经济秩序，而且国家还错误地干预了经济过程本身。[②]

欧肯依据计划体制来划分他的秩序形式。他划分了两种最基本的经济秩序的纯粹形式：“集中领导的经济”和“交换经济”。这两种经济形式的基本区别在于计划体制的不同。“集中领导的经济”由一个中央计划控制着整个社会的经济过程，这种计划包括了整个经济，因此是“完全的”。“交换经济”则由多个个别经济各自制定的计划来共同控制社会的经济过程，这些个别经济互相依赖，每个只控制社会经济过程的一部分，只能制定不完全的计划。[③] 那么，在现实中应该建立一种什么样的经济秩序呢？欧肯提出了“竞争秩序论”。欧肯认为，从经济过程的控制机制来看，完全竞争与其他经济秩序形式的根本区别在于：它不像集中管理的经济那样由国家的中央机构领导经济过程，也不像各种垄断那样由卡特尔或辛迪加统治经济生活，而是由竞争来领导经济过程，完全竞争就是一种普遍存在的市场形式。欧肯认为，只有简单集中领导的经济，即家族经济和完全竞争的经济，具有内在稳定性，这两种经济秩序组成了欧肯的竞争秩序。但完全竞争的经济中，必须包含一种稳定的货币体系才是稳定的。所以弗莱堡学派所说的竞争秩序，实际是完全竞争的

---

① 梁小民：《弗莱堡学派》，武汉：武汉出版社，1996 年版，第 4—6 页。

② 同上书，第 37 页。

③ 同上书，第 107 页。

市场形态、简单集中的领导经济和一种稳定的货币体系的混合。[1]

欧肯用法治来比喻他的经济秩序。他也提出了竞争秩序和民主、法治一样，能够使经济和社会自动实现均衡。他认为，竞争秩序就像法治国家那样创造了一种框架，在这个框架内，个人的自由活动受到他人自由领域的限制，由此使人们各自的自由领域彼此达到均衡。在这种竞争秩序下，经济和社会均衡的自然规律能够约束经济上利己力量，使之有利于整体福利，均衡倾向于使经济自由不会引起社会混乱，而使每个个别经济自主的计划和行动彼此有序地衔接、协调起来。[2]

第四，欧洲经济一体化：社会市场经济在国际上的运用。

弗莱堡学派不仅主张国内自由竞争，而且主张国际自由竞争。欧肯提出，"经济秩序必须在国际经济关系中建立一种秩序，使各国的对外贸易都自动达到均衡。"[3] 艾哈德的经济一体化思想就是这一学派在国际经济领域的延伸和运用。艾哈德认为，国内自由竞争与国际自由竞争是不可分割的，国际自由竞争是整个经济自由政策的重要组成部分，为实现各国的自由竞争和自由贸易，他主张实现欧洲经济一体化，作为世界范围的自由贸易的第一步，他认为欧洲经济一体化，不是各个国家在数量上的机械组合，而是立足于广泛的自由和竞争基础上的较高水平的经济合作。因此，首先要把重点放在自由的区域经济秩序的建立上，而不应忙于建立国家的行政规章或办事机构。为做到这一点，就必须坚持经济先于政治的原则，让经济一体化走在政治一体化的前面。他极力反对国际贸易政策从属于外交政策，认为在国际经济政策中，政治成分越少越好。他认为一个自由的区域经济秩序应包括：（1）商品和劳务交换自由；（2）资本流动自由；（3）人员从业自由；（4）废除一切保护主义政策和

---

① 梁小民：《弗莱堡学派》，武汉：武汉出版社，1996 年版，第 135 页。

② 同上书，第 137 页。

③ 同上书，第 135 页。

关税壁垒；（5）废除外汇管制，货币兑换自由。[1] 在欧洲一体化的实践中，我们可以看到，艾哈德所提到的这些自由流动和货币政策，都得到了实现，甚至还出现了统一货币。欧洲一体化的基本经济理念和制度设计，基本上按照德国理念和模式，而欧洲一体化又是二战后德国得以重新统一和崛起的基础，这也是弗莱堡学派对德国重新统一和再次崛起的重要贡献。

第二节　德国崛起的政治认同理论

一、德意志统一时期的文化民族主义

在 18 世纪的启蒙运动推动下，在朝代更迭和殖民战争的发酵中，欧洲出现了民族主义理论。18 世纪的民族主义理论主要有三大流派：一是以英国的博林布鲁克子爵（Viscount Bolingbroke）为代表的贵族民族主义理论，强调贵族在政治生活中的重要作用，以替代教会在国家认同方面的作用，强调君主立宪政体对英国民族认同的作用。二是以法国卢梭为代表的人民民族主义，强调本民族语言文化对民族认同的决定作用，其代表人物是德国人赫尔德和施莱格尔。三是文化民族主义，与贵族民族主义和人民民族主义显然不同。后两者强调的政体对民族认同的作用，属于政治民族主义。

赫尔德（Johann Gottfried von Herder，1744—1803 年）是在东普鲁士的一个贫苦家庭出身，本身不是贵族。他在歌尼斯堡大学学习期间，受到两种重要思想的影响，一是康德的学说，另一是日耳曼敬虔主义，他把当时的基督教新教思想与唯理主义协调起来，同时

① 王永玲：《弗莱堡学派的社会市场经济理论及其借鉴意义》，《聊城师范学院学报（哲学社会科学版）》，1999 年第 4 期，第 89 页。

崇拜卢梭的政治理论和教育理论。他由日耳曼敬虔主义得到一种确信，以为宗教大部分不是智能定理的问题，而是内心体验的感觉和一种对平民在文化与政治上的重要性的体会，一种对民间语言、文学、风俗的重要性的体会。赫尔德的兴趣主要在文化，而不在政治，他的最大贡献是他的文化民族主义观念以及他关于各民族最根本异点的解释。博林布鲁克和卢梭都没有对民族进行解释，而赫尔德在其《人类历史哲学观念》一书中，创造了关于民族与民族差异的整个理论。他分析了各民族，包括欧洲的现代民族以及非洲和美洲的原始民族后，提出了民族是人类种族最自然的分野，是不变的定律分配的结果；这些定律已经由自然与理智之神的好意培植在人类的心灵深处了。根据赫尔德的见解，特殊地说来，两群人类起初因地理与气候上的特质而分别起来；后来各有其特殊的历史传统——一种适当的语言、文学、教育、习尚、风俗，因此它们便各自成为一个完备的民族，具有一种“民族性格”，一种“民族魂”和一种真实的民族文化后，个人便以他们民族的“性格”为特征，这种性格是很永久的，所以在他们迁居他国数代之后，还没有被消灭。①

民族性格既然是自然而合理的东西，所以赫尔德要大家都珍重它，努力求其完全的实现。赫尔德特别把他的原理应用于日耳曼民族。他主张一切民族都需要自尊心，尤其是当时的日耳曼民族。教育的改造和宗教的改造能够增高日耳曼人的自尊心，前者就是以日耳曼语的教授替代拉丁语与法语的教授；后者就是为日耳曼人恢复国教，这个国教是古日耳曼偶像崇拜的仪式，日耳曼基督教新教的自由与启蒙运动的人道主义的奇特混合物。②

---

① ［美］卡尔顿·海斯：《现代民族主义演进史》，帕米尔等译，上海：华东师范大学出版社，2005 年版，第 22—23 页。

② 同上书，第 24 页。

施莱格尔（Friedrich von Schlegel，1772—1829 年）出生于汉诺威一个牧师家庭，他受赫尔德著作的影响，沉浸于文学、语言学与哲学研究，同时他受到十八世纪著名德国哲学家费希特的影响，成为当时德国新文艺运动的领袖，并成为浪漫主义民族主义的代表人物。他援引其他民族创造特殊神话的重大利益，劝日耳曼人也走同一条路。如果日耳曼人重造了一种民族神话，那么他们就可以“在那时代的伟大幻想——理想主义——里，找到各民族所追求的一切东西。”① 施莱格尔的浪漫主义民族主义十分关注日耳曼的历史，尤其是中古史。他强调，各民族必须怀抱着传统文化民族主义，各政府必须促进传统文化民族主义。② 他强调：“保护一国的语言是社会上流阶级的任务；国家应当严格限制一切外国语言的实际应用，到万不得已的时候才使用它们。如果一个民族在原有成语被剥夺破坏时漠不关心，它便无异放弃其独立的自尊，它的文化地位降低了。”③ 施莱格尔对民族优越性、血液的纯正、语言的纯正和民族魂等观念的普遍化具有很大的贡献。他提倡一种理论：“种族”由语言而区别，一种语言越古旧越纯正，那个使用它的种族与民族便也越古旧越纯正。④

赫尔德和施莱格尔的文化民族主义对德意志民族精神的发展起到了积极作用，但是在俾斯麦的推动下，德意志的文化民族主义演变成具有攻击性和侵略性的“普鲁士精神”。19 世纪末普鲁士凭借着强大的政治军事实力统一了德国，普鲁士的民族主义——专制主义的“普鲁士精神”也就由此成为德意志的主流价值观念。德国不是通过自下而上的资产阶级革命，而是通过自上而下的王朝战争得到统一的事实，极大地刺激了德国人的民族主义思想。“普鲁士精

① ［美］卡尔顿·海斯：《现代民族主义演进史》，帕米尔等译，上海：华东师范大学出版社，2005 年版，第 80 页。

② 同上书，第 83 页。

③ 同上书，第 85 页。

④ 同上书，第 84—85 页。

神”是德意志民族主义的体现，包含着军国主义思想、“国家利益至上”思想和民众的“臣仆精神”这三个方面。军国主义是第二帝国的立国之本，军国主义使普鲁士不再是一个“有军队的国家”，而成为一个“带军队的国家”，国家生活的方方面面都围绕着军队运转。军国主义和国家利益至上思想是一个硬币的两面。最高的国家利益就是积攒军事实力，争夺德意志联邦的霸主地位。普鲁士古典主义认为，国家是一个自主存在的有机体，并非是社会契约的产物，离开了国家，个人也就不再拥有价值。因此个人的生活要遵从国家的安排，即使是国王也不过是国家的第一公仆而已。①

以“普鲁士精神”为核心的德意志民族主义对于德意志的统一和崛起起到了重要的推动作用，凝聚和强化了德意志民族，德意志浪漫主义的民族主义最终在德国演变成一种侵略性极强、整合性极高的民族主义，这与这种民族主义在思想发展史上的根源、它在特定政治和社会环境中的演变过程以及它与现代化进程的压力相关。②

德意志文化民族主义之所以会蜕变为种族主义，与德帝国自身现代化发展的快速进程以及由此产生出来的巨大压力分不开。在传统社会里，人们生活在一种分散化的社会结构中，生活在小集团之中，生活在地方、区域、等级的社会之中。与统治的联系、忠诚的要求，首先是建立在人事上直观形象的基础上。人们受着传统的引导，行为准则在传统中被保留下来，并传递给下一代。人们传统的行为模式，是与农业社会结构中那种占统治地位的组织类型——如封建庄园、行会等——狭窄的“共同体”相适应。德意志的现代化进程使所有这些关系趋于瓦解。在这个新的社会大集体中，绝大多数成员之间又彼此并不认识，每个人都得依赖许多陌生人，个体因

① 武正弯：《德国外交战略（1989—2009）》，北京：中国青年出版社，2010 年版，第 205—206 页。

② 李工真：《德意志现代化进程与德意志知识界》，北京：商务印书馆，2010 年版，第 24 页。

此被“孤立化”了。换言之，传统瓦解的结果之一就是造成了个体的无保障性和无归宿性。由于对传统的赞同变得只具有相对性了，与别人的共同性就必须重新确定。于是，一种新的社会整合化作出了回答：“民族!”这个根植于共同的语言和文化的民族，这个具有大得多的非人格化特征的象征物，成为个体与集体感情联系的纽带，它甚至不需要作任何事实上的解释，就能成为这种新社会整合化的形式。①

德意志统一之后，没有建立其民主政体，而是建立了德意志帝国，这样，德意志的民族主义一开始就没有与自由主义相结合，而是与保守主义结合在一起，强烈地反对“天赋人权”、反对个人自由的政治传统，并开始成为一种为现存国家统治服务的意识形态。于是，德国用“责任、秩序、公正”的“1914 年”理念来与以“自由、平等、博爱”为核心的“1789 年”理念相对抗。

总之，德意志文化民族主义是一种处于现代性与反现代性之间的意识形态。它首先是现代化推动力的产物，它在政治上的登场，本身也推动了现代化的继续前进，因为它所具有的集中化和动员化特点，它提供了一种新社会整合化的框架和工具，克服了地方分裂化，造就了一个民族的社会。但是，这种以纯正血统、纯正语言为基础的文化民族主义，在内外因素的压力下，它固有的种族主义成分，势必汇集到现代法西斯主义运动的潮流中，为德国和世界带来了灾难。

二、二战后的宪法爱国主义

二战后，德国被四大国占领，西部地区被美、英、法三个西方大国所占领，并建立西占区。三大国对西占区进行了较为彻底的非

① 李工真：《德意志现代化进程与德意志知识界》，北京：商务印书馆，2010 年版，第 29—30 页。

纳粹化和民主化改造，拉开了联邦德国的民主化进程，为联邦德国的政治认同逐渐从民族主义转向民主价值观提供了思想和制度保证。与此同时，联邦德国的知识界也对德国的民族主义的传统政治认同进行了反思，同时，面对东西德国分裂的事实，哈贝马斯的“宪法爱国主义”提出了以民主价值观为基础、兼顾德意志民族的政治认同理论，为战后联邦德国的政治认同作出了重要的理论贡献。

政治认同是现代政治的一个重要概念。美国政治学家威尔特·A. 罗森堡姆在1976年出版的《政治文化》一书中认为：“政治认同，是指一个人感觉他属于什么政治单位（国家、民族、城镇、区域）、地理区域和团体，在某些重要的主观意识上，是他自己的社会认同的一部分，特别地，这些认同包括那些他感觉要强烈效忠、尽义务或责任的单位和团体。”政治认同也常指一种政治文化现象：“人们在社会政治生活中产生的一种感情和意识上的归属感。它与人们的心理活动有密切的关系。人们在一定社会中生活，总要在一定的社会联系中确定自己的身份，如把自己看作某一政党的党员，某一阶级的成员、某一政治过程的参与者或某一政治信念的追求者等，并自觉地以组织及过程的规范来规范自己的政治行为。”[①] 政治认同也被认为是人们对政治系统或权力的认同，“即公民对某种政治权力的承认、赞同和同意，并且自觉地以该政治权力的要求来规范自己的政治行为。”[②] 政治认同也是构成“政治合法性”的重要来源。

从第二次世界大战以来，德国议会、政府和执政党始终将德意志民族、政治体系和民主价值作为公民政治认同教育的主要对象。但鉴于德意志民族主义在德国历史中扮演的不光彩的作用，因此如何处理民族与民主的关系，成为战后德国思想界的重要课题。在这方面，“宪法爱国主义”成为战后德国政治认同的重要理论，主要代

① 傅安洲等著：《德国政治教育研究》，北京：人民出版社，2010年版，第213页。

② 同上。

表人物为多尔夫·施特恩贝格尔和哈贝马斯，而且尤以哈贝马斯为代表。

最早提出宪法爱国主义的是政治学家多尔夫·施特恩贝格尔，西德战后民主社会理论家，在联邦共和国三十周年诞生之际引入了“宪法爱国主义”这个概念。他对国家的理解较少依据成文宪法，而更多地被理解为黑格尔式的公共伦理生活规范，其生命和精神是以孟德斯鸠的“法的精神”来理解的，而不是理解为任何实际制度。为了赋予它们以历史合法性，施特恩贝格尔发掘了一条回溯到亚里士多德的同民族无关的爱国主义传统。他认为最迟到十八世纪末，所有的爱国主义都是“宪法爱国主义”，其意义是对法律和公共自由的热爱。①

尽管施特恩贝格尔很想超越民族—国家，他却远没有那么怀疑民族—国家。他的概念本质上仍然依赖于德国的国家主义传统。施特恩贝格尔生于1907年，因此留有对魏玛共和国失败的体验的烙印。因此毫不奇怪他最关心对国家和法治的忠诚，而不是宪法所应保护的公民自由和社会权利。然而，宪法民主的一个核心意义已经建立起来了：由于连接着一些抽象价值，宪法爱国主义可以是一种能够超越十九世纪民族国家的忠诚品质，同时又不排斥同民主德国公民的民族团结。简言之，宪法爱国主义意味着对联邦共和国的民主制度的一种效忠，一种为西德政治体的权利和自由成就而骄傲的共和意识。但对于施特恩贝格尔来说，这种爱国主义是同分裂造成的德国民族“创伤”感共存的，而不是取代它们的。②

哈贝马斯进一步发展了宪法爱国主义理论，一方面把它通俗化，同时也改变了它的含义。同施特恩贝格尔一致的是，他仍然认定宪法爱国主义是对政治原则的一种有意识的肯定，而且正如施特恩贝

① ［德］扬·维尔纳·米勒：《另一个国度——德国知识分子、两德统一及民族认同》，马俊、谢青译，北京：新星出版社，2008年版，第119页。

② 同上书，第120页。

格尔所认为的，宪法爱国主义同联邦共和国的关系是一种友谊而不是爱。但哈贝马斯更进一步，认定宪法爱国者应当发展“后传统认同”。这意味着公民必须批判地反思，然后超越它们的特定传统和群体认同，转向普世价值，而不是屈从于传统的社会预期。后传统的、反思性的认同最有可能出现在民族传统受到质疑、历史的不连续性和矛盾性被清楚地感受到、而普世价值日益受到拥护的时候。上述全部三个条件成熟的典范当然就是联邦共和国，至少在哈贝马斯看来，联邦德国已经发展出一种不太聚焦于历史认同、而是聚焦于权利和民主程序的爱国主义。简言之，西德人有能力发展出一种更抽象的爱国主义，一种超出自身而指向甚至更抽象的、包容性的、而且日益普世主义的政治从属形式。①

哈贝马斯的宪法爱国主义更多强调的是民主的普世价值观，而不是对“国家的友善”的国家主义。哈贝马斯的爱国主义聚焦于为“不受主宰的话语”和公民之间的公共论理提供空间的公共领域。地域、组织与合法暴力的垄断，这些传统的韦伯式的国家指标，让位于一种无尽的交往过程，后者在形式上的支持是由法治国家所保障的权利，而在物质上的基础是由福利国家所提供的福利。能够参与这一自由而平等的公民间的交往进程，而不是被动的、继承得来的民族归属，便构成公民身份。施特恩贝格尔的公民友谊是对国家的，而哈贝马斯把公民友谊描绘成无拘无束的话语所导致的公民相互承认的结果。在这种构思里，民族主义和其他形式的特殊主义可以被看作是一种政治—道德退步。哈贝马斯主要肯定了联邦共和国公民的共和政治认同。由于历史原因，德国不能发展一种“正常的”民族意识，而必须有意创造一种以普世主义为基础、以法西斯体验为鉴的认同来，必须从“民族浩劫”中学到一些特别的东西。哈贝马斯认为，其他国家也被社会—经济力量、超民族的机构和国际交往

---

① ［德］扬·维尔纳·米勒：《另一个国度——德国知识分子、两德统一及民族认同》，马俊、谢青译，北京：新星出版社，2008 年版，第 120 页。

的变化，推出普世主义方向。然而，恰恰是德国，以有些辩证的方式经由大屠杀而得到政治净化的德国，最有可能作为第一个后民族的、多文化的“国家—民族”而出现。哈贝马斯的宪法爱国主义试图找到一种自由效忠的形式，去处理一个受民族主义暴行困扰的分裂民族的爱国主义和认同的难题。哈贝马斯认为，只有这样一种形式的爱国主义，才不会让德国落在西方之外。①

“宪法爱国主义”解决了德国民族主义认同中的历史问题，但又没有彻底抛弃民族认同，因为德国需要解决两德统一的问题，而两德统一需要建立在民族认同基础上。两个德国在政治上属于不同制度，但在民族上属于同一民族。因此，宪法爱国主义实质上是以普世价值观为壳的民族主义，既不强调共同语言文化，也不强调政体，而是强调价值观，因此既不同于德意志历史上的文化民族主义理论，这是建立在语言文化基础上的前现代政治认同理论，也不同于卢梭的政治民族主义理论，这是以实际政体为基础的现代政治认同理论，宪法爱国主义是建立在价值观基础上的后现代政治认同理论，相比较而言，联邦德国、民主德国和其他欧洲国家都能够接受。

第三节　德国崛起的外交战略思想

一、德意志统一时期的外交战略思想

在普鲁士统一德国之前，德国一直处于分裂状态，德意志民族国家的建立要远远晚于欧洲其他民族国家。而德国想通过打破国际体系的束缚成为世界霸主的梦想，来源于德国近代是一个“迟到

① ［德］扬·维尔纳·米勒：《另一个国度——德国知识分子、两德统一及民族认同》，马俊、谢青译，北京：新星出版社，2008年版，第121、124、125页。

者”、“被束缚者”的特殊国情。德意志作为一个后起之秀和中欧国家，其外交战略需要遵循三个基本原则：第一，作为后起之秀，德国的总体外交战略目标是打破国际体系束缚，成为欧洲霸主乃至世界霸主；第二，作为中欧国家，德国必须选择左右逢源、在东西方之间辗转腾挪的外交策略；第三，处理双边关系时，首先要减少法国对德国的威胁，防止法俄联盟，防止德国的两线作战。德国的外交战略选择，一方面是由德国的地理位置所决定，另一方面也是由当时的欧洲国家关系所决定的。从地理因素来看，德国位于欧洲中部，是欧洲邻国最多的国家。另一方面，自以民族国家为基本单位的“威斯特伐利亚体系”建立以来，欧洲一直处于列强争霸的局面。德国四周强国环伺，为了维持欧洲的均势，使国际格局朝着有利于德国的方向发展，德国必须要在各国之间纵横捭阖，通过不断变换阵营，调整盟友关系来确保自身的战略利益。德国的崛起主要应该追溯到俾斯麦时期，俾斯麦通过复杂的联盟体系，构建了有利于德意志统一的外部空间，对德意志的统一和崛起起到了积极作用。[①] 俾斯麦的外交战略思想主要体现在以下三个阶段。

（一）第一阶段：德意志统一时期的“合纵连横”战略思想

俾斯麦考虑外交的思路远非“分清敌我友”那么简单，因为对地处欧陆中心的普鲁士而言，每个国家都可能是敌人，同时每个国家又都可能是潜在的朋友。如果普鲁士为某些僵硬的原则所左右，一厢情愿地寻找盟国的话，它很难获得真诚的支持，倒是肯定会引起敌意和觊觎之心。如果按意识形态来讲，王室和贵族希望与俄国和奥地利结盟，而议会中的自由派希望与英国结盟。俾斯麦对这些外交预设一概嗤之以鼻。俾斯麦追求的是全方位地与各国结盟，但

① 方连庆等主编：《国际关系史（近代卷）上册》，北京：北京大学出版社，2006年版，第323页。

一定要使普鲁士同各国的关系比那些国家彼此之间的关系更密切。[①] 只要普鲁士坚持自由行事，尽量保持各个外交渠道的畅通，它就可以处于最有利的地位。列强之间的猜忌和敌意是永不休止的，左右逢源的普鲁士自然会成为各方求助的对象，于是就可以不断地从中选择出价最高者，利用每一次冲突最大限度地扩张国家利益，逐步接近统一的目标。这就是俾斯麦的外交战略思想。因此，俾斯麦在追求德意志统一的过程中，手里并没有事先确定的路线图。他的准则是尽可能地保持行动自由，使政策具备最大的弹性，不到最后一刻绝不以对他国的承诺束缚自己。[②] 对俾斯麦而言，没有永远的敌人，也没有永远的朋友，俾斯麦充分利用列强之间的矛盾和猜疑，通过合纵连横，不断分化瓦解变化联盟，主动创造有利于普鲁士的外部环境，并通过三次王朝战争（1864 年的普丹战争、1866 年的普奥战争、1870—1871 年的普法战争），于 1871 年 1 月建立德意志帝国，完成了德国统一，实现了德国历史上的首次崛起。

（二）第二阶段：德意志帝国成立后俾斯麦的“大陆政策”战略思想

德意志第二帝国的建立宣告了维也纳体系的覆灭，欧洲各大国对这一重大国际格局的反应是“世界崩溃了”。德国的统一根本上改变了欧洲的力量结构，而且这种改变是以在战场上打败欧洲五大国中两个大国（法国和奥匈帝国）的激烈方式来实现的，必然引起其他大国的强烈反弹。这种由强大带来的压力突出表现在英俄这两个大国对德国的态度上。在统一前，当普鲁士陷于与法国或奥地利较量时，英国和俄国会或多会少地加以援手，属于普鲁士的“天然盟友”。但是在统一后，德国一跃成为中欧最强大的国家，而法国与奥

① 方连庆等主编：《国际关系史（近代卷）上册》，北京：北京大学出版社，2006 年版，第 324 页。

② 同上书，第 325 页。

地利反而处于需要保护的状态。对于这种革命性的变化，英国与俄国的立场基本一致，那就是德国的相对优势不能再进一步扩大，法国不能受到进一步削弱，反而应给予支持以便平衡法国。[①] 对法国而言，从欧洲霸主宝座上跌落下来，更是对德国怀恨在心，伺机报仇雪恨。俾斯麦对第二帝国所处的国际环境的严峻性的认识是非常清晰的，虽然俾斯麦的长期战略目标是让德国成为世界霸主，但从短期来看，维护德国外部环境的和平与稳定，消除欧洲各国对德国的敌意才是当务之急。因此。俾斯麦外交战略的主要目标是要在欧洲大陆重塑均势，维护德国的优势地位。这种结盟政策因为其主要着眼点是要调整欧洲大陆内各强国之间的关系，所以被称之为“大陆政策”，俾斯麦之所以敢在欧洲列强之间纵横捭阖，就是因为他看到了欧洲当时各列强之间的利害冲突可以为德国所用。俾斯麦的大战略思想集中体现在一份被称为“基辛根备忘录”的文件中。这份文件完成于1877年6月15日，是俾斯麦在德国的疗养胜地基辛根口述的一份备忘录，其中对德国的对外政策的总体构想进行了粗线条的勾勒，体现了一种宏大深邃的战略思考。其主要战略思考如下：

第一，要确保在英国和俄国之间保持平衡。俾斯麦提到：“我希望，如果英国人对埃及有企图的话，我们可以自然地鼓励他们。我相信，使英国和俄国之间保持平衡是符合我们利益的，在未来也是有用的。这种平衡将促使这两个国家都与德国保持就像本世纪初那样的良好关系，还可能与这两个国家同时发展友谊。”俾斯麦还提出了如何让这两个侧翼大国之间达到平衡，就是让英国占领埃及，让俄国占领黑海，这样，这两个大国就对现状感到满意，并处于相互竞争状态，这样国际总体格局就保持相对平衡。俾斯麦指出：“如果英国和俄国能够同意，一个占领埃及，一个占有黑海，那么两个国

① 徐弃郁：《脆弱的崛起——大战略与德意志帝国的命运》，北京：新华出版社，2011年版，第10页。

家将长时间对现状满意，但同时也处于相互竞争的状态，从而使它们不可能加入任何反对我们的联盟。当然，英国内部的问题反正使英国不可能这么做。”

第二，无论如何不能出现法俄奥同盟。俾斯麦指出：“一份法国报纸谈到我有‘联盟的噩梦’，反对我们的联盟可能由两个西方大国和奥地利组成，而俄国—奥地利—法国的联盟则更加危险。两个大国关系过于密切都会使我们随时面临第三个大国非常令人不安的压力。”这意味着，只要欧洲任何两个大国的关系过于密切，再加上任何一个第三国加入，就会对德国造成致命的压力。俾斯麦也提出如何瓦解这种三国联盟的可能，就是要鼓动俄国和奥地利战略东移，这样俄国与奥地利处于对立状态，这样俄国需要保卫其海岸线而同德国结盟；同时鼓励英国获取埃及和地中海，从而造成英国与法国对立，造成法国孤立；以土耳其为代价，造成英国和俄国在达达尼尔海峡和博斯普鲁斯海峡问题上的对立，这样，两大国都需要同德国的联盟。①

俾斯麦在这份文件中非常清晰地表明了对当时欧洲大国格局的总体把握，并对其可能的发展趋势做出了明确判断。其核心观点是要主动地对当时欧洲大国间的互动施加影响，使各大国彼此之间的关系都要弱于它们与德国的关系。这种在各大国之间当“中间人”的思路使德国在每一次国际危机中都扮演了‘中枢’的角色。俾斯麦用结盟这种精确计算的实力来实现他对外部环境的“主动塑造”。②

俾斯麦维护德国在欧洲优势地位的主要方式是通过建立一系列的结盟关系，联俄、友奥、拉英、反法，通过这张精心编制的联盟网保护德国、孤立法国，特别是防止出现法国与俄国结盟的可能，

① 徐弃郁：《脆弱的崛起——大战略与德意志帝国的命运》，北京：新华出版社，2011年版，第43页。

② 同上。

避免未来德国陷入东西两线作战的境地。为此，德国于1879年与奥匈、1882年与奥地利、1883年与罗马尼亚、1887年与俄国缔结了同盟关系。通过10年的苦心经营，俾斯麦建立起了一个以德国为中心的德奥俄、德奥意、德奥罗三个同盟体系，左右了当时的欧洲局势。[①]

（三）第三阶段：俾斯麦晚期的“殖民政策”战略思想

虽然俾斯麦构建了一个以德国为中心的联盟体系，但是德国的资本主义在俾斯麦时期有了飞速的发展，兴盛起来的资本主义经济模式迫切需要寻找海外的原料产地和大市场，大资产阶级和大工业主都热衷于殖民主义。在德帝国的政治—经济战略上，只存在着两种明朗的选择：第一种选择是经济上自由、领土上满足的德国，但它得指望自由贸易为它的工业提供所需的原料并出售它的产品；第二种选择是一个重商主义和帝国主义的德国，为了寻求经济上的“自给自足”，因而需要一个与它不断增长的工业品和人口相应的空间上的霸权。俾斯麦开始于第一种选择。他认为，根据老牌殖民国家的经验，由国家来建立殖民地，经济上的投入往往超过收益，在欧洲以外争取土地，对于德国而言，并不是强盛的源泉，而是软弱的源头。但在他执政后期，已越来越感受到通向第二种选择的运动所带来的压抑了。[②] 海外殖民成为一种促进经济、促进社会，甚至促进整个民族上升的灵丹妙药，整个德国社会似乎都充满了对海外殖民地的渴望和狂热，这对于俾斯麦的大陆政策具有严重挑战。但是，俾斯麦面对国内压力，仍然实施了克制的殖民政策。

首先，他对殖民地的总体评价不高。他认为，殖民对德国来说

---

① 武正弯：《德国外交战略1989—2009》，北京：中国青年出版社，2010年版，第26—27页。

② 李工真：《德意志道路——现代化进程研究》，武汉：武汉大学出版社，2005年版，第207页。

不仅没有用，而且还是个累赘。获取殖民地要在政治上和经济上付出成本，而且管理殖民地也需要德国投入精力和资本，但回报和收益却很成问题，所以总体上属于“得不偿失”；其次，俾斯麦认为德国不适宜追求海外殖民地。他认为，德国统一完成时间不长，统一的民族意识尚未完全树立起来，而获取殖民地、建立殖民地—宗主国关系则要求母国的民族情感足以克服民族分离主义；第三，德国的地理位置不适合追求殖民政策。他认为，获取殖民地实际上增加了德国的弱点。殖民地只能由强大的舰队来保护，而德国的地理位置不适合发展成一个一流海军强国；[①] 第四，俾斯麦的殖民政策是其大战略的一部分，它服从并服务于国家总体对外政策，特别是欧洲大陆政策。

对于俾斯麦来说，德国对外政策的中心任务始终要防止出现一个反德的同盟，而万一防范措施失败，则需要保证德国在大国力量的组合中处于优势一边。因此，俾斯麦的殖民政策也必须遵循其大战略思想，殖民政策不能与欧洲政策相冲突。为此，俾斯麦的海外拓展非常注重目标的选择：在西南非洲他可以与英国争吵，在刚果可以和法国联合起来向英国施压，但在涉及英国核心利益的埃及问题上，德国始终躲在二线，而让法国打头阵。从实际结果来看，俾斯麦执政时期德国迅速的殖民扩张没有恶化与英国的关系，而其中的一些麻烦和争吵还有助于英德之间形成一种相互牵制、相互倚重的态势，对俾斯麦来说颇有利用价值。[②] 在1882年英国占领埃及后，英法关系严重恶化，这就给了俾斯麦争取与法国和解的机会，从而在缔结三皇同盟后再进一步降低法俄同盟的危险。1885年中法战争后，法军战败，德法通过殖民事务来实现“和解”的希望更加渺茫，此时俾斯麦停止殖民扩张，服务于总体对外政策。俾斯麦的殖民政

① 徐弃郁：《脆弱的崛起——大战略与德意志帝国的命运》，北京：新华出版社，2011年版，第88页。

② 徐弃郁：“德国崛起的战略空间拓展及其启示”，《当代世界》，2011年12月，第58页。

策存在一个明确的底线，那就是不能危害德国的安全。俾斯麦希望通过有限度的殖民地争夺与英国保持一种相互牵制、相互依赖的关系，因此在殖民地问题上从英国那里获得的让步不能超过英国所能忍受的限度，从而使英德之间暂时的、有利用价值的麻烦不至于发展为持久的对立。从总体上说，俾斯麦的海外殖民政策仍然为其大陆政策服务，目的是继续保持德国的外交的空间和余地，以争取在大国关系中的主动。[①]

二、二战后联邦德国的外交战略思想

二战后德国遭到肢解，分为东西两个德国。当时的联邦德国生活在东西方冷战的阴影中，冷战阵营互相对峙，阵线泾渭分明。德国被分成联邦德国和民主德国之后，联邦德国的政治家们一直在努力实现德国的重新统一，为此，走上了曲折和艰难的寻求统一之路。战后德国的外交政策就其实质而言就是选择与谁结盟的问题，这将对德国的未来带来巨大的影响。二战后联邦德国外交战略思想对德国重新统一有重大影响的是阿登纳时期的“向西方一边倒政策”以及维利·勃兰特的“新东方政策”。

（一）阿登纳时期的“向西方一边倒政策”

在西占区的政治生活中有三大代表性政治力量，代表人物分别是：康拉德·阿登纳、库特·舒马赫和雅各布·凯泽尔。阿登纳是德国基督教民主联盟的主席，舒马赫是德国社会民主党的主席，凯泽尔是德国著名政治活动家，曾参与苏占区的德国基督教民主联盟，代表着该党派左翼人士的观点。三大政治力量各有自己不同的对外政策，这决定着德国未来的发展方向。舒马赫领导下的社会民主党

① 徐弃郁：《脆弱的崛起——大战略与德意志帝国的命运》，新华出版社，2011年6月，北京，第92—93页。

获得工人阶级的支持，希望利用战后德国反资本主义的理想在德国实行计划经济和社会改革。在外交上，舒马赫既反美又反苏，强调通过民族复兴来实现德国统一，属于“民族主义”统一思想。战后初期，社会主义运动在西欧风靡一时，美国出于全球战略考虑不允许欧洲有这种发展趋势。舒马赫一再坚持改革德国的社会结构也与西方国家造成意识形态的冲突，招致西方阵营的恶感，其统一政策也得不到西方国家的支持，发展前景黯淡。[①] 以凯泽尔为代表的人士要求中立化主张，所谓中立化主张就是要求德国成为沟通东西方之间的“桥梁”，使德国成为东西方之间的“平衡器”。凯泽尔竭力反对阻碍德国统一的法国，认为欧洲一体化毫无意义，鼓吹欧洲可以在东西方之间发挥“第三种力量”的作用，凯泽尔的思想属于“中立主义”统一思想。美苏出于争霸的全球考虑，是不会容许德国充当“第三种力量的角色”，再说，战后德国的衰败和分裂，根本不具备担当这种角色的实力。

当时德国的总体目标应该是恢复德国在国际社会中的正常地位，并实现德国的复兴和统一。因此，无论舒马赫的民族主义还是凯泽尔的中立主义都不符合德国的总体利益和现实情况。冷战是阿登纳面对的国际大背景，而德国分裂和贫困是他面临的现实，为此，阿登纳提出了向西方一边倒的外交战略，其近期主要外交目标是使德国重新能够获得国家安全和赢得主权，在国际社会中能够得到广泛的承认，最终目标是实现德国重新统一。他是从两个方面来考虑德国统一的问题的：“其一，美国和苏联掌管着德国统一的钥匙；其二，随着时间的推移，冷战双方的力量平衡将向有利于西方转移，因此在实力基础上谈判，会使苏联按照西方的要求来解决德国问题。”[②] 依靠美国，皈依西方的外交政策，德国近期可以获得三大外

① 张才圣：《德国与欧洲一体化》，北京：人民出版社，2011 年版，第 31—32 页。

② 同上书，第 33 页。

交目标：第一，复兴德国。面对欧洲贫困，德国想要依靠自己的力量重新复兴毫无希望，只有美国具有强大的经济实力，能够帮助德国的经济复兴，1947 年美国推行的“马歇尔计划”就是例证。第二，保护德国安全。苏联实力的增长以及在东欧的扩张给德国国家安全造成了严重威胁，只有依靠美国的保护才能保证德国的安全。第三，可以迫使英法改变过分惩罚德国的政策，特别是法国的对德政策。德国利用美国对英法两国施加压力，使它们不得不服从美国冷战的需要而做出有利于德国的妥协。①

虽然阿登纳向西方一边倒的外交政策初期主要是依靠美国，但其外交政策最终目标是欧洲一体化和德国重新统一，并不希望永远求助美国，并且还对美国抱着戒备的心理。所以，阿登纳向西方一边倒的外交政策的出发点是依靠美国的帮助，落脚点却是欧洲的联合，即欧洲一体化政策。阿登纳的欧洲政策是德国经济、政治成功复兴的最基本的前提条件。具体来说，阿登纳的欧洲一体化政策可以概括为四大内容：1. 解决德国问题只能以欧洲一体化的方式。阿登纳认为，暂时放弃德国不能马上获得的统一先促成欧洲统一，然后再在一个统一的欧洲中实现德国重新统一。他知道，德国统一没有苏联的让步是不可能的，只有建立一个统一的强大的欧洲才可能迫使苏联对德国统一做出让步。因此，解决德国问题必须建立一个欧洲合众国，阿登纳认为，解决德国问题只能以欧洲一体化的方式来解决，而不能通过严惩和肢解德国，不但影响欧洲经济的复兴，而且还会使德国再次成为欧洲动乱的根源。2. 美国的支持是欧洲一体化的重要依靠力量。欧洲的最大威胁是苏联，美国巨大的经济和军事力量是保护欧洲安全的重要保证。3. 欧洲的未来在于欧洲的联合。苏联不仅仅只想获得德国，而是要控制整个欧洲，欧洲要摆脱衰落的局面，只有联合起来。“来自东方的经常不断的威胁，是欧洲

① 张才圣：《德国与欧洲一体化》，北京：人民出版社，2011 年版，北京，第 34 页。

一体化的最急迫的原因。”[①] 4. 德法和解是欧洲一体化的基石。德法在历史上的争斗是欧洲动乱的主要原因之一，欧洲要想复兴，德法之间和睦相处是至关重要的。另外，战后美国虽然是德国安全的重要保证，但从长远来看，美国与欧洲的利益是不相一致的。如果未来美苏实现缓和，美国还会撤出欧洲，但德法等欧洲国家还得一起生活下去，所以，德法和解是欧洲一体化的关键。为了获得与法国的和解，阿登纳不惜对法国作出巨大的让步和妥协，在处理德法之间的矛盾焦点——萨尔问题时，表现得尤为突出，对欧洲一体化进程产生了深远的影响。

（二）勃兰特时期的“新东方政策”

在50年代联盟党执政时期，阿登纳政府对外推行追随美国、向西方一边倒的政策，联邦德国与苏联和东欧国家的关系在“冷战”的背景下处于严重的对立状态。为了孤立民主德国，使整个德国统一于联邦德国加入西方集团，阿登纳政府在1955年与苏联建交后，实行了“哈尔斯坦主义”，即除苏联外，不与任何与民主德国建立或保持外交关系的国家建立或保持外交关系。这一政策的实施虽然有利于联邦德国在美国和西方的帮助下复兴民族经济，提高联邦德国作为战败国的政治地位，但却恶化了与苏联和东欧国家的关系，使联邦德国的东方政策走进了死胡同，从而也违背了统一德国的初衷。[②] 社民党上台后，维利·勃兰特对于阿登纳的统一政策进行了修正，提出了著名的“新东方政策”，该政策的提出不仅是对阿登纳的统一政策的修正，也是建立在社民党国际政策和统一政策的调整的基础上。

在20世纪50年代，不仅阿登纳提出了僵硬的东方政策，而且

① 张才圣：《德国与欧洲一体化》，北京：人民出版社，2011年版，第36页。

② 赵永清：《德国民主社会主义模式研究》，北京：北京大学出版社，2005年版，第181页。

社民党也曾推出僵硬的、过于理想化的两德统一政策。战后初期，1945 年 10 月，当时德国还无人敢违逆四大战胜国的意愿，唯有舒马赫公然主张“德国将永远也不会承认四个战胜国在波茨坦确定的奥德—尼斯河为德国的边界。”① 为了维护德国在 1937 年以前的疆界内的统一，社民党不仅不承认奥德—尼斯河边界，而且从一开始就激烈反对美英法三国策划在西占区建立一个国家，认为这将造成德国分裂的既成事实，有碍德国统一。战后初期德国社民党急切要求德国统一，特别是要求恢复 1937 年以前边疆的僵硬的民主社会主义的国际政策为四大战胜国任何一国所不容，这就决定了在战后很长一段时间内，德国民主社会主义的国际政策使党自身在国际上陷入一种孤立的境地，这也是社民党战后迟迟未能上台执政的重要原因。

20 世纪 50 年代末，社民党又提出一个“德国计划”。该计划规定，建立一个脱离北约和华约的中欧军事缓冲地带，分阶段地将德国的两个部分在政治和经济上合为一体，为全德国的自由选举做准备，但是，由于这一政策倾向于联邦德国保持中立，在当时的冷战环境背景下极不合时宜，东西方国家的政府和国内舆论都不予支持，“德国计划”很快夭折在所难免。在这种情况下，社民党重新调整其国际政策成势所必然。② 社民党对国际政策的调整在其 1959 年通过的《哥德斯堡纲领》中有所体现。《纲领》明确指出：赞成建立国防；为缓和国际紧张局势裁军和禁止大规模毁灭性武器；努力争取使整个德国加入一个欧洲和有监督的限制军备的地带；同一切国家保持正常的外交和贸易关系。《哥德斯堡纲领》通过之后，社民党反对政府的声调也明显降低。此后，社民党逐渐从 20 世纪 50 年代中期激烈抨击阿登纳政府在德国问题上的政策变为赞成联邦德国站在西方一边，对北约联盟履行自己的义务。③

---

① 赵永清：《德国民主社会主义模式研究》，北京：北京大学出版社，2005 年版，第 181 页。

② 同上书，第 181—182 页。

③ 同上书，第 182 页。

20世纪60年代，欧洲局势发生了重大变化：戴高乐上台后的法国与苏东搞缓和与合作在西欧产生相当大的影响；苏联在欧洲的力量逐渐与美国达到均势；民主德国的实力日益增强，在国际上承认民主德国成不可阻挡之势；特别是在1961年8月的“柏林墙”事件中，西方态度暧昧，不准备就柏林危机采取强硬措施。这些状况，使时任柏林市长的勃兰特受到很大震动。勃兰特认为，德国的分裂是东西方分裂造成的，因此，德国的重新统一只有同东西方关系的改变相联系才有现实性。在柏林墙问题上西方的妥协清楚地表明，为了从战后冷战的局面中走出来，美苏都决心把德国的分裂状态心照不宣地保持下去。在这种情况下，位于东西之交、分裂的德国的统一在短期内是无望的。德国特殊的处境使勃兰特深深认识到，“德国民族分裂的克服，最终需依赖欧洲分裂的克服”，这道“用世界政治水泥砌起来的墙”在欧洲一分为二的条件下是拆除不了的，德国要想成为一个整体首先取决于东西方和欧洲各个部分的未来发展，所以，联邦德国必须实行新的东方政策，“尽可能地使欧洲各国相互接近、共处和友好”，社民党一直坚持的把重新统一放在首位的立场应当加以修改，同时，也应重新确定同东方国家的关系。在这种思想认识指导下，以勃兰特为首的德国民主社会主义者加重了与东方缓和的分量，一方面，亲西方，另一方面，与东方搞缓和，走上了现实主义的“新东方政策”之路，不再指望一夜之间解决德国问题，而是通过渐变，一步步走向统一。具体说来就是，在东西方关系和两个德国关系问题上，通过相互接触、交往、对话和增进了解，使紧张的关系得到缓和；由于双方的僵硬状态已非常严重，所以要从具体的事情做起，一步一步地推动缓和进程。勃兰特基于对国际局势的分析和民主社会主义确认各国共处的正当性和合乎道德标准的基本价值观念，坚持走上了与东方和解之路。①

---

① 赵永清：《德国民主社会主义模式研究》，北京：北京大学出版社，2005年版，第183页。

“新东方政策”最主要的目的是实现两德和解，为未来德国重新统一奠定基础。在西方，勃兰特的“新东方政策”引起了盟友的忧虑，担心德国也许会通过中立的途径来实现它的重新统一。如果德国中立，脱离西方阵营势必会削弱西方的实力，无论对美国还是对西欧各国政治和经济等都是极其不利的。再者，政治上，“新东方政策”可以为德国提供更广阔的外交空间，经济上通过与东方集团合作，将会更加壮大德国的力量，也会打破共同体内部的力量平衡，这引起了共同体成员国的担心，这种担心尤以法国为重。“两个德国和解的可能性重新点燃了对德国强权的恐惧，所以，可以部分地视为法国的行动目的是在欧洲共同体内寻求力量，为了把西德锁进一个更紧密的西方义务体系之中。”① 对德国来说，如果没有西方盟友的谅解和支持，“新东方政策”既缺少必要的实力基础，还给西方阵营留下从中渔利的机会。因此，德国只有坚定地立足西方阵营，加紧推进欧洲一体化进程来消弭盟友对“新东方政策”的疑虑。在“新东方政策”处于酝酿阶段时，勃兰特就已经将自己的东方计划告诉了蓬皮杜，勃兰特此举取得了良好的效果，确保了蓬皮杜对“新东方政策”保持中立态度。② 勃兰特始终把推进欧洲联合与实施“新东方政策”问题紧紧地联系在一起。在联邦德国的支持和协调下，1970 年 5 月，委员会提出了欧洲政治合作的“达维农报告”(Davignon Report)，实现了欧洲的政治合作，并按法国所设想的政府间主义的方式来实现。

联邦德国认为，只有在欧洲联合的氛围下，联邦德国才能获得与苏东集团讨价还价的砝码。在欧洲政治合作的气氛和背景下，1970 年 8 月，德苏共同签署了《莫斯科条约》。条约规定，两国一致同意互相放弃使用武力并承担义务，只用和平方式解决争端。承

---

① 赵永清：《德国民主社会主义模式研究》，北京：北京大学出版社，2005 年版，第 184 页。

② 张才圣：《德国与欧洲一体化》，北京：人民出版社，2011 年版，第 184 页。

认欧洲现存边界，承认民主德国是主权国家（但不是国际法意义上的承认）。《莫斯科条约》开创了德国与苏联关系的新局面，构成了勃兰特“新东方政策”的基础，为在欧洲实现缓和以及使欧洲局势正常化铺平了道路。1970 年 12 月，勃兰特与波兰总理签订了《关于两国关系正常化基础的协定》。双方确认，“两国现有的边界，在现在和将来，都是不可侵犯的，并保证无条件地尊重彼此的领土完整”，宣布“彼此对对方没有任何领土要求，今后也不提这类要求”。[①] 这就意味着勃兰特突破了阿登纳所不能突破的边界问题。

联邦德国与东方集团签订的一系列协议意味着德国暂时放弃了一些重要的权利，如德国放弃原有的东方领土；放弃了完整的国家主权。虽然德国暂时放弃了一些并不能获得的权利，可是德国却打开了通往东方的大门，获得了在东西方行动自由的机会。政治上，提高了德国在国际社会中的地位，缓和了欧洲冷战局势，降低了对美国的依附程度。经济上，扩大了东西间贸易，为德国提供了更为广阔的产品销售市场和原料产地。外交上，摆脱了孤立地位，为德国在东西方开辟出了广阔的政治舞台。

在勃兰特的“新东方政策”基础上，继任者施密特继续推行有利于两德统一的政策。首先他提出了“低水平均势”，确保美苏两大超级大国能保持低水平均势，不至于剑拔弩张而殃及联邦德国，确保联邦德国有一个稳定的外部环境。其次，关于与民主德国的关系时，他提出了“命运共同体”，希望加强两个德国在文化、历史、民族上的认同感，超越了两大社会制度和军事集团的分野。在联邦德国的积极推动下和民主德国的积极回应下，两个德国开始加强经济和文化的交流，为德国的最终统一奠定了坚实的基础。[②]

虽然二战后联邦德国内部关于两德统一的路径有不同的主张，

---

① 张才圣：《德国与欧洲一体化》，北京：人民出版社，2011 年版，第 190 页。

② 武正弯：《德国外交战略：1989—2009》，北京：中国青年出版社，2010 年版，第 34 页。

但是每一个时期的执政者都能够审时度势，按照当时的实际情况，制定切合实际的外交政策和统一政策。阿登纳的向西方一边倒的政策，是联邦德国原属于西占区的必然结果，联邦德国的主权当时仍掌握在西方大国手中，除了依靠西方之外，别无他法。阿登纳的英明之处在于能立足西方阵营，在欧洲一体化的框架下，为联邦德国争取到了西部的战略空间。特别是阿登纳力推法德和解，为法德世仇划下了句号。在欧洲一体化的框架下，法德成为一体化的双引擎，法德合作霸权共创了战后西欧长久的和平稳定和经济奇迹。而正是依托欧洲一体化和西方阵营，为勃兰特的"新东方政策"的实施奠定了基础，否则，联邦德国没有实力与苏东集团讨价还价，也没有能力吸引东德民众。而勃兰特的"新东方政策"为联邦德国赢得了东部的战略空间，使联邦德国又重新回到左右逢源、东西腾挪的有利时机，争取到了宝贵的中欧范围的战略空间，为联邦德国的发展提供了稳定的后院，也为德国统一打下了良好的基础，到了科尔政府时期，随着苏联解体，两德统一已经水到渠成、大势已然。

三、德国重新统一后的外交战略思想

1990年10月3日，两德实现统一。德国根据《最终解决德国问题的条约》、《德意志联邦共和国和苏联之间建立睦邻、伙伴和合作关系的条约》、《德意志联邦共和国和波兰共和国关于确认它们之间现有边界的条约》，德国现在和将来都不对任何国家提出领土要求，对统一后的德国边界进行最终确认，意味着德国彻底失去其1937年12月31日时期德国领土版图的1/4左右。但是，即便如此，德国统一还是彻底打破了欧洲大陆几十年来保持的力量均势，德国周边国家特别是法国仍然对统一后德国未来走向表示担忧，德国问题又重新显现："德国的欧洲"还是"欧洲的德国"？由此，德国内部也引发了统一后德国外交政策走向的大讨论。在辩论过程中，他们为外交政策提供的总体选择方案，可以分为两大派别："正常化观念"和

“后民族国家”。

第一派：“正常化观念”。随着德国统一，很多德国的知名政治评论家、历史学家和国际政治学者提出德国应该实现外交政策的“正常化”。这些人中包括2002年德国大选的联盟党总理候选人施托伊贝尔（Edmund Stoiber）、联盟党政治家朔伊布勒（Wolfgang Schöubler）等人。在他们的推动下，德国的主流政治话语中涌现出一股强大的“正常化”观念的潮流。所谓“正常化”是相对冷战结束前的“非正常化”而言，“正常化”论者认为联邦德国的外交政策在冷战时期是不正常的，因为：第一，外部的力量对德国的国家主权构成了限制；第二，两个德国分裂的现实使德国的民族认同和民族国家形式非正常化；第三，冷战的安全环境使得两个德国都成为冷战的前线。① 随着德国的统一，以及两德与四大国于1990年9月12日签署的《最后解决德国问题的条约》，在国际法地位上，统一后的德国重新获得了内政和外交事务的完全主权。在外部，德国获得了完全的国家主权，与邻国的边界问题也一劳永逸地得到了解决。德国成为一个正常的欧洲国家，德国应该在这个基础上建立“正常的”民族国家认同。德国应该和英国、法国等国一样在世界政治舞台上发挥大国的国际角色作用，德国应该承担它在欧洲和世界应负的责任。②

“正常论”观念的意识形态渊源是政治保守主义。他们共同的外交观念继承着从马基雅维利、霍布斯、黎塞留、梅尼克等人一直延续下来的国家理性思想的传统。他们的共同外在特点是：强调国家的作用为解决政治问题的手段，主张自由放任的经济，主张精英治国，强调霍布斯主义的国家主权等观念。他们的外交观点认为，统一以后的德国外交政策需要根本的转变，以适应新的框架条件。国

① 熊炜：《统一以后的德国外交政策（1990—2004）》，北京：世界知识出版社，2008年版，第71页。

② 同上。

际体系变化和国家统一带来的直接后果是德国在欧洲乃至世界政治中的地位上升，德国必须以此为基准重新定位自己的国际角色和国家利益，并且按照正常的国家利益的要求来推行外交政策。“正常化”论实际上是20世纪80—90年代西欧新保守主义思潮在德国的反映。两德统一使得德国新保守主义势力一时剧增。[①]

第二派：“后民族国家”观念。在右翼新保守主义者鼓吹“正常化”的同时，许多中左派知识分子却认为，德国虽然取得合法的民族国家主权，但是德国却不应寻求实现所谓“正常化”的民族国家外交政策，而应该寻求“后民族国家”外交政策，其主要代表人物为绿党政治家、曾任德国外交部长菲舍尔、哲学家哈贝马斯以及和平问题专家岑皮儿等。菲舍尔说过：“历史的嘲讽却是，尽管我们现在终于建立了我们的民族国家，但是古典的欧洲民族国家却不再具有足够强大的力量，不再能塑造欧洲各民族的命运。如果我们期望欧洲在21世纪发挥强大的作用，那么我们就必须改变和完善一体化的原则。”[②] 时任德国联邦总统的罗曼·赫尔佐格于1996年的慕尼黑历史学家大会中，发表演说：“19世纪民族国家赖以兴起的划界原则，同时也曾与民族国家相联系的扩张原则一样，今天都不适用了。在本世纪末，我们要超越民族国家的形式，该形式在其意识形态过度张扬时期，曾将欧洲大陆拖入深渊。”[③]

在这种背景下，德国著名哲学家哈贝马斯提出了“后民族国家”的概念。哈贝马斯考察了传统民族国家的古典特征和现实前提，并以此联系了全球化时代的进程。他认为，以德国为代表的社会福利国家政治制度和经济体制虽然曾经在第二次世界发展后的时代里取得过巨大成就，但在经济全球化的大潮中面临着严峻的挑战甚至威胁。在全球化的冲击下，整个世界已经自觉或不自觉地形成一个风

① 熊炜：《统一以后的德国外交政策（1990—2004）》，北京：世界知识出版社，2008年版，第74页。

② 同上书，第75页。

③ 同上。

险共同体。为了能够应对全球化带来的政治冲击，就必须建立跨越民族国家的管理体制，把各国自身的利益从一种竞争状态引入合作过程当中。这种“后民族主义”观念的趋向在联邦德国比在其他西方国家表现得更加突出，因为联邦德国的主权过去几乎被剥夺无疑。①

和平问题专家、左派政党的外交智囊人士岑皮儿（Ernst-Otto Cempiel）认为，冷战结束之后的国际政治议题发生了变化，决定一个国家安全的越来越是该国在经济和统治领域里的效率分配。传统的以民族国家为中心的国际政治分析模式已经过时，世界已经告别了“国家世界”模式。他把世界上国家分为不同的层次，在经合组织中，一种相互依存关系已经为社会行动者的互动行为打通了国与国之间的界限；在欧盟内部，这种界限更是已经消失；在发展中国家，这种界限依旧大大地发挥作用。世界正处于各个不同的发展阶段，组成了一副非对称的、折射的行为关联网络。但是，岑皮儿也认为，世界还不是世界社会，但也不再是国家社会，它依然还是一个由国家所安排的世界，只是其中社会的政治分量在增长，在整个世界社会，它渴求参与政权组织的决策过程。由此他认为，统一以后的德国外交政策需要考虑社会的利益，奉行一种被他称之为是“聪明的大国外交政策”，即推行现代的、民主化战略。他把这种战略同古典的干预战略和美国传教方略区别开来，认为其目标更多的是帮助社会将其权利与要求贯彻到各自的政治体制之中。在国际上使用“软权力”以防止武力与冲突、促进民主化和运用非武力干预的战略。②

“后民族国家”外交观念的意识形态渊源来自于西方的自由主义和世界主义传统。他们确信存在着一种超越国家和民族的普世价值，

① 熊炜：《统一以后的德国外交政策（1990—2004）》，北京：世界知识出版社，2008年版，第75页。

② 同上书，第76页。

这种普世价值奠定了全人类趋向一体化的世界社会和世界模式的现实基础。“后民族国家”的根本特征是它已放弃或失去了自主行动能力而要受到国际机制和欧洲超国家机构的制约，而在一个网络中行动。这一观念显然带有很大的理想主义外交传统的印记，虽然它并不为世界上大多数国家所接受，但是德国保持其“后民族国家”外交特性却有利于它取得邻国的信任。[①]

对重新统一后的德国，欧洲国家既不能无视它在重建欧洲秩序中的主导作用，同时又不愿容忍它重新坐大欧洲，这种矛盾心理迫使德国外交政策必须继续注意在国际多边机制中自我约束，以避免历史导致的“恐德症”蔓延；同时又不能放弃参与承担领导责任。因此，德国统一以后，德国的外交政策总体上继承了以往的坚持多边主义、欧洲一体化、和平主义的总路线；在多边主义的框架内，关切德国的利益，发挥德国的作用。如何处理德国与欧洲的关系，成为施罗德执政时期需要重点关注的内容。

在施罗德联合政府时期有关欧洲政策文件《对欧洲承担的责任》(2001 年) 则明显地表现出德国政府对如何平衡自己的国家利益与欧洲利益有了新的理解。该文件指出：目前，欧盟在推进欧洲一体化方面已经没有选择。新世纪初期，欧盟发展又处于一个历史性转折时期，确保欧盟东扩和经货联盟成功对于各成员国都是一个巨大挑战。因此，德国社民党支持施罗德的欧洲政策，支持他领导的政府在推进欧洲一体化进程中确保德国的利益。欧洲社会发展模式应当奠基在社会民主党主张的人道主义基础之上。为了更好地利用全球化发展机遇，确保欧盟有效发展，推进欧盟改革和扩大，使德国成为“欧洲发展的大脑和心脏”。[②] 这份纲领性文件清楚地表明，通过欧盟或欧洲一体化进程所要实现的德国国家的政治利益和经济

① 熊炜：《统一以后的德国外交政策（1990—2004）》，北京：世界知识出版社，2008 年版，第 76 页。

② SPD—Verantwortung für Europa, Entwurf, 2001 - 04 ~ 30. 转引自孙恪勤：《施罗德政府的欧盟政策》，《现代国际关系》，2001 年第 12 期，第 13—14 页。

利益，显露出德国要在欧盟中扮演更重要的领导角色，甚至充当“欧洲发展的大脑和心脏”的愿望，更为积极地争取在欧盟中的主导权。

2005 年年底安格拉·默克尔当选为德国总理后，在其“施政声明”中提出“德国的外交与欧洲政策”的提法，默克尔明确提出“德国的外交与欧洲政策”是利益政策，进而开启了“正常化”国家奉行以国家利益为导向的“正常化”外交政策的新阶段。在默克尔看来，德国已经具备为法国、美国等盟国所认可和接受的客观环境与条件，关键是必须注意各方面关系的协调与平衡，特别是致力于在欧盟内部各种不同利益之间、法国和英国之间、大国和小国之间、穷国与富国之间、新老成员国之间进行平衡与协调。[①]

总之，德国始终是欧洲联合的忠实拥护者，欧洲一体化进程深化的坚定支持者，这是德国欧洲政策延续性的一面。但是，由于国际结构、欧洲安全环境的变化和德国国家利益的调整，历届德国政府在不同时期对欧洲一体化支持的内在动因、具体目标和实际政策是不同的，这是德国欧洲政策的变化性一面。尤其是在统一后的德国欧洲政策中，德国越来越对自己在欧盟的利益据理力争，也不再受战败国身份的束缚，在“自我限制”和“自我保护”中更加明显地倾向于后者。

第四节　小结

德国大国首次崛起道路起始于关税同盟，成就于 1871 年 1 月德意志第二帝国成立，终结于 1914 年第一次世界大战爆发。重新崛起

① 吴志成、常婧：《德国统一后的对欧政策评析》，《德国研究》，2008 年第 3 期，第 23 卷，总第 87 期，第 30 页。

的道路起始于1945年二战结束后，成功于1990年10月德国重新统一之日。德国崛起的道路在大国崛起的各种版本中最为惊心动魄、充满悬念、大起大落，是后发国家崛起的典型，对当代正在崛起中的大国仍具有重要的警示和启示意义，也成为当今西方学者观察中国崛起时最常用的历史类比。虽然时代不同了，但是德国崛起的成败意义，仍能揭示其中规律性的东西，对今天的中国具有重要的启示意义。

一、德国崛起的外部环境的局限性

第一，德国两次崛起都是在成型的国际体系中进行的，是一种反体系式的崛起。俾斯麦时期是在维也纳体系中进行的，二战后重新崛起是在雅尔塔体系中进行的，德国当时都是受到体系束缚，都是反体系式的崛起，而且一旦崛起成功，都颠覆了原来的体系。德意志统一是对维也纳体系的颠覆，两德统一是对雅尔塔体系的瓦解。在两次国际体系中，德国都是处于被大国严格“看管”和“束缚”在中欧范围内，德国在国际体系中的“被束缚型”地位，成为德国崛起的困境。

第二，德国地处欧洲心脏位置，大国环伺，处于“被包围”状态。与其他大国的崛起相比，从外部环境来看，德国的处境相对不利。一方面，德国处于欧洲中部这样一个比较独特的地理位置，统一后的德意志在东、南、西三个方向分别与俄罗斯、奥匈帝国和法国接壤，北部则面临着英国的海上霸权，实际处于被大国包围的状态，很容易成为矛盾的焦点，德国的每一次向外拓展，都意味着对欧洲地缘政治格局的一次重大改变，因此很容易引起外部强大的反作用。“德国问题”的实质是：作为一个普通国家，德国显得太大；作为一个世界大国，德国又显得太小；德国把其他国家当作威胁，而其他国家都把德国当作威胁。德国地理位置的“被锁定型”和“被包围型”特征，成为德国崛起的难点。

第三，德国的地理环境具有“陆海双重地缘特征”，具有战略上的“两难选择性”。德国有着漫长的陆地边界线，与欧洲大陆上其他所有大国接壤，同时其北部海岸线也比较长，汉堡、不来梅等港口对德国对外贸易乃至整个国民经济的发展都起着重要作用。在这种情况下，德国很容易面临一个“海上优先”还是“陆上优先”的战略选择：一方面，陆地上的威胁关系到国家的生死存亡，始终是国家安全的首要考虑。“陆上优先”符合普鲁士/德国的传统，现实中也便于实施；另一方面，随着对外贸易的发展，海外利益对德国的重要性也迅速上升，“海上优先”对于希望成为世界大国的德国同样有吸引力。然而问题在于，德国不可能简单地在两者中“二选一”，因为任何选择都可能带来另一方面的风险和损失，而如果同时关注陆海两个方向，“两头都要”那么则可能造成国力透支，甚至导致一种“两头不着”的结局。所以，德国的“双重性”地缘特征加剧了德国崛起的难度。[①]

二、德国扩展外部战略空间的经验与教训

第一，注重崛起战略与现代化战略之间的“匹配性”和“均衡性”。德国崛起过程与其现代化进程相一致，崛起的过程也是现代化过程，因此，承受着现代化进程的动力、张力和压力，德国的崛起战略包括了政治、经济、外交、安全、文化、军事等领域，实现配套发展和均衡发展。德意志由于在发展初期，选择了经济民族主义，在短短的数十年时间内，从欧洲的弱国和农业国，一跃成为欧洲的工业国和强国，建立了以重化工业为重点的近代工业体系，为德意志的崛起奠定了重要的物质和经济基础。第二阶段，联邦德国实行了弗莱堡学派的经济自由主义，这也符合当时联邦德国的经济发展

---

① 徐弃郁：《德国崛起的战略空间拓展及其启示》，《当代世界》，2011 年第 12 期，第 56 页。

阶段。二战后，虽然联邦德国遭受了战争的摧毁，战争摧毁的只是机器和工厂，联邦德国的工业生产能力仍然是世界顶级水平，因此，二战后联邦德国没有实行保护主义，而是实行了经济自由主义，强化竞争秩序，推行贸易立国，建立了社会市场经济体制，为德国的重新统一奠定了坚实的物质和制度基础。在政治认同方面，德意志时期采取的是文化民族主义，这与德意志长期分裂、缺少统一的政治实体相关。文化民族主义为德意志民族提供了强大的政治认同、凝聚力和政治动员，是崛起战略在思想、文化和意识形态的保障，但是，德意志文化民族主义由于其内在的缺陷，最终蜕变为法西斯主义，造成深重灾难。二战后，联邦德国吸取了狂热民族主义的教训，在政治认同方面推行西方式民主观念和体制，将民族主义锁定在西方民主价值观的框架中，构建了以“民主”为核心的政治认同，为战后联邦德国的长期和平稳定发展提供了思想保障。

第二，在体系内崛起，德国采取了“克制型”和“平衡型”的崛起方式。对于德国来说，拓展战略空间必须同时处理好一些相互矛盾的事项：既要扩大自身的优势，又要防止这种优势导致其他大国的激烈反弹；既要努力扩展在海外的利益和势力范围，又要防止海外竞争恶化自己在欧洲的处境。所以，德国不可能像英、美、俄这些外部环境相对简单的大国，只要选择好了一个战略方向就可以放手拓展。它必须采取一种辩证的、能够兼顾矛盾两面的战略，谨慎地拓展自身的战略空间。从历史上看，每当德国遵循这种思路时，战略空间的拓展就比较成功，而一旦其只专注于矛盾的某一面，采取“单骑突进”式的努力时，各种手段之间往往就彼此抵消，甚至造成外部环境的全面恶化。

第三，在国际格局中，德国扮演了“协调者”的角色，而不是“领导者”的角色。德国在欧洲的战略空间拓展并非传统的获取领土和扩大势力范围，而是要在复杂的大国关系中创造一种“政治上的总体态势”，使各大国彼此之间的关系都要弱于它们与德国的关系，每一个大国都需要德国的支持，而德国则成为它们之间的“协调人”。如何成为“协调人”，俾斯麦通过结盟的方式，不断变换结盟阵营，使德国获得了左右逢源、东西腾挪的外交主动，俾斯麦的结盟体系不是进攻性的，而是防御性的，目的是防止形成反德同盟。二战后，阿登纳主动塑造了联邦德国的外部环境，通过一体化建设，使联邦德国获得了西部欧洲的战略空间。之后，勃兰特通过新东方政策，使联邦德国赢得了东部欧洲的战略空间，使当时的联邦德国成为东西两大阵营的桥梁。俾斯麦时期和二战后德国的外交战略都显示，本来德国应该被其他大国“束缚住”的，通过扮演欧洲的协调人和中间人角色，实现了外交的主动权。

第四，在双边关系中，德国必须处理好与侧邻大国的关系。德国在地理位置不仅拥有众多的邻国，而且还有法国这样一个与其实力旗鼓相当的侧邻大国，因此，如何处理与侧邻大国的关系成为考验德国外交战略的试金石。俾斯麦复杂的联盟体系之所以失败，与后来德国的扩张有关，但是还是需要追溯到俾斯麦初期的政策。俾斯麦在普法战争后对法国的严惩政策，特别是吞并阿尔萨斯—洛林地区，为俾斯麦的欧洲“联盟体系”埋下了定时炸弹，即这个 1871 年建立起来的帝国秩序具有太强烈的反法情绪。吞并阿尔萨斯—洛林就属于这种错误，这场吞并使法国无可挽回地成为了德国的天敌，并一直以灾难性的方式束缚了 1914 年以前德帝国对外政策上的活动空间。而二战后，联邦德国寻求与法国和解的政策，使法德都卸掉了历史包袱，由敌人变成盟友，并共同开启了欧洲一体化的道路，为法德两个大国的重新崛起和发展提供了市场空间和战略空间。由于侧邻大国与崛起大国的利害关系更为直接，历史恩怨更为复杂，矛盾冲突更为尖锐，因此，对崛起中的大国而言，既要处理好与霸权国的关系，更要处理好与侧邻大国的关系。

三、德国经验对中国的启示意义

第一，中国的崛起战略必须符合其现代化战略，注重崛起与现代化之间的“匹配性”和“均衡性”。与德意志崛起之路相似，中国的崛起与其现代化也是同步进行，因此同样承受着现代化进程的动力、张力和压力。中国的大战略首先要服务于现代化建设，在政治、经济、外交、安全、文化、军事等领域，实现配套发展和均衡发展。在现代化发展过程中，首先要重视经济战略的选择。中国仍然是发展中国家，生产力水平总体仍然较低，因此，党的十八大三中全会提出“全面深化改革”，在新的一轮开放过程中，要特别注意改革战略、开放战略与构建民族经济战略之间的关系。这一点上，李斯特的经济民族主义思想需要我们给予高度重视。没有民族经济，就难以屹立在世界民族之林，更何况大国崛起。同时，在经济发展的同时，需要重视政治认同。大国崛起必然需要构建强有力的政治认同体系，以实现团结力、凝聚力和动员力。在政治认同方面也要吸取德国的经验教训，注意对民族主义的辩证考虑，要注重党的十八大所提出的社会主义主义核心价值观体系的构建和发展，避免被狂热和狭隘的民族主义和民粹主义所绑架。中国的崛起战略必须与现代化的内在要求相一致，不能超前也不能延迟。一方面中国仍然是发展中国家，具有艰巨的发展任务，但同时，中国作为一个大国，其发展之路不是简单意义上的发展，必然是带有崛起性质的发展，因此，中国必须在崛起与发展之间寻求平衡。

第二，中国的崛起战略必须遵循当前国际体系的框架，注重战略的“协调性”和“纽带性”。当前以联合国为标志的国际体系是二战的胜利成果，中国是联合国五大常任理事国之一，是战后国际体系的主要塑造国之一，同时也是世界贸易组织的成员国，因此，当前国际体系对中国而言具有一定的有利因素和条件，中国的崛起应该仍在当前国际体系的框架内实现内生性、和平式崛起，而不是外生性、挑战式地崛起。中国应利用当前国际体系中对中国的有利因素，利用中国与许多国家建立的传统友谊以及现实关系，利用中国作为联合国常任理事国的地位，发挥中国作为大国与小国之间、西方和东方国家之间、发达国家和发展中国家之间、传统国家与新兴国家之间、社会主义国家和资本主义国家之间的桥梁作用，充分发挥“丝绸之路经济带”、“21 世纪海上丝绸之路”等战略的纽带作用，把中国塑造成当前国际体系中的“协调者”的角色。

第三，中国的崛起战略应把构建亚太地区安全秩序相联系，特别处理好与周边国家的关系，注重崛起战略的“安全性”和“周边性”。中国地处亚洲东方，与诸多国家拥有海上和陆上边界，是世界上邻国最多的国家，同时，中国也拥有海陆双重地缘特征，中国的西面有喜马拉雅山作为屏障，东面海域被朝鲜半岛、日本列岛、台湾岛等一系列岛屿所锁定。中国还与俄罗斯、日本、印度等大国接壤，处于复杂的地理环境，在地缘上属于较为典型的“被锁定型”和“被包围型”国家。因此，中国崛起的外部环境高度复杂，战略空间的拓展需要一种均衡的大战略设计，应妥善处理好发展与安全的关系、周边与海外的关系。对于中国来说，俾斯麦时期德国那种首先看重安全、看重周边的战略空间拓展比较值得借鉴，俾斯麦把德国的大战略放在构建欧洲安全的战略中。亚洲目前的安全环境仍相当复杂，阿富汗等周边安全热点尚未解决，亚太安全秩序尚未构建，美国战略东移给亚太地区造成新的外部安全压力，中国崛起的安全困境已经出现。在这种情况下，中国应该把自身的外交战略与构建亚太地区安全联系在一起，使中国有一个稳定的周边环境。中国不仅要与周边小国保持传统友谊和良好关系，还要注意妥善处理与侧邻大国的关系。侧邻大国往往因历史问题和现实利益，并在霸权国的怂恿下，对中国的崛起心存疑惧并频频施压，拖住中国并消耗中国的能量，中国应该以高瞻远瞩的战略眼光看待并妥善处理中国与侧邻大国的关系，使侧邻大国不致成为中国崛起道路上的绊脚石。

第三章

苏联/俄罗斯崛起的理论准备

现代历史上，苏联/俄罗斯的崛起是值得关注的历史现象。苏联/俄罗斯崛起的道路都是这个雄踞欧亚大陆腹部的国家所特有的。除了自己，其他国家是难以复制的。通过分析苏联/俄罗斯的崛起，我们得以观察这两个先后邻近的大国所走过的艰辛路程。学习苏联/俄罗斯如何在极其困难的国内外环境下勇于应付挑战并两度跻身于世界大国的成功经验，尤其需要探究苏联/俄罗斯为了再度崛起所做的理论准备以及实践过程中又是如何贯彻落实的？本章从崛起的战略环境、基础理论准备以及应用理论准备三个角度，抓住斯大林与普京这两位关键人物，通过对他们的理论思想及其战略实践的阐述，详细分析苏联/俄罗斯在战略环境认识、战略运筹、基础理论、人才准备、外交思想以及制度建设等方面的具体表现，了解苏联/俄罗斯在崛起过程中的理论准备及其具体实践，进而为人们展示一条独特的大国崛起之路。

第一节　崛起环境与战略运筹

苏联/俄罗斯崛起的战略环境及其战略运筹是我们分析苏联/俄罗斯崛起理论准备的前提。正是苏联/俄罗斯具有与其他大国全然不同的社会历史背景，所以，它们在应付眼前的战略环境挑战时会有自己独特的战略考虑。在如此复杂的战略环境中，苏联/俄罗斯的领袖没有照搬照抄国外经验，没有陷入理论上的教条主义，而是从实际出发，在实践中逐步产生符合苏联/俄罗斯国情的理论思想，并用这些理论思想指导苏联/俄罗斯的民族振兴道路。

一、苏联/俄罗斯崛起的战略环境

无论冷战前还是冷战后，苏联/俄罗斯都是世界国土面积最大的国家，其幅员之辽阔让任何其他大国黯然失色。在苏联时代，它的面积相当于中美印三国的总和。即使苏联解体后，俄罗斯边境线收缩了一千多公里，几乎退至沙俄时代，但仍有1710万平方公里，约占世界陆地总面积11%，相当于中国巴西面积的总和。现在，俄罗斯的地理位置跨度为东经30°至西经170°；北纬50°—75°。由于俄罗斯大部分地区所处纬度较高，冬天漫长、干燥而寒冷，温暖的夏季短暂即逝。传统上，俄罗斯东部楚科奇到西部的加里宁格勒之间有10个小时的时差。从全球视角看，俄罗斯占据了欧亚大陆的大部分地区，与欧洲、亚洲、美洲都有交集，而且与北冰洋和太平洋连接。同时，俄罗斯的地理位置比较偏北，远离世界发展中心，其海岸线虽长达3.4万公里，但大部分处于冰冻地带，这使得俄罗斯缺乏天然良港，严重妨碍了俄罗斯的对外交往。然而，在俄罗斯辽阔的国土下蕴藏着极为丰饶的自然资源，首先令人想到的是它的油气资源。俄罗斯的天然气已探明蕴藏量为48万亿立方米，占世界探明储量的1/3强，居世界第一位；其石油探明储量65亿吨，占世界探明储量的12%—13%。另外，俄罗斯的森林资源、水力资源和矿产资源之富裕，令其他大国难以望其项背。如以货币计算，这些资源价值300万亿美元。与俄罗斯相比，美国已经探明的自然资源储量价值为10万亿美元，中国为5万亿美元，西欧为2.5万亿美元。[①]

因此幅员辽阔与资源丰富成为俄罗斯的基本国情，也是两度跻身于世界大国的雄厚资本。任何俄罗斯战略理论都会把这个基本国情当成是理论思考的支点，而空间则是俄罗斯战略理论中最重要的元素，相比之下，时间则在中国战略理论中占有重要地位。支撑一个大国的基础除了幅员与资源外，另一个就是人口规模及其构成。如果前者是俄罗斯的骄傲，后者将是俄罗斯的软肋，可能是从大国位置上跌落的致命因素。据2012年7月统计，俄罗斯人口为1.43亿，只比日本多1700万，排在世界第八位。俄罗斯平均每平方公里只有9人，是世界人口密度最低的国家之一。比较一下，日本人口密度每平方公里为33人；美国为28人；中国为133人。俄罗斯的问题不止于人口基数小，还在于人口出生率下降。苏联解体后，十四个加盟共和国分离出去，整个国家总人口从2.87亿削减了一半。更为担忧的是俄人口死亡率一度高于出生率五个百分点，导致人口呈现负增长。[②]

人口增长率的低迷必然导致兵员的不足和劳动力的欠缺，从而制约了俄罗斯崛起的步伐。弥补俄罗斯人口亏欠的直接办法就是实行移民政策。俄罗斯在苏联解体后就鼓励独联体国家的俄罗斯族人回俄定居，也采取优惠移民政策吸引前苏联其地民族到俄工作定居，甚至允许来自中国、越南或印度欧洲国家的公民移居俄罗斯。据俄罗斯移民局局长康·罗莫达诺夫斯基透露，在俄罗斯，有近500万名来自独联体国家的劳动移民，其中，“乌克兰人占20%，来自乌兹别克斯坦的劳动移民占15.6%，来自哈萨克斯坦的劳动移民占

① 冯玉军：《经济持续增长2020年世界将迎来俄罗斯奇迹》，《中国经营报》，2006年3月18日，http://intl.ce.cn/sjjj/yth/200603/18/t20060318_6517987.shtml。另参见王高峰：《20世纪末期以来的俄罗斯能源外交》，上海国际问题研究院硕士学位论文，2007年，第9页。

② 程亦军：《从最新普查看俄罗斯人口发展状况》，《西伯利亚研究》，2013年第3期，第70页。

11%……。”[①] 但移民与俄罗斯族出生率下降的现象会引发另一个严重问题就是会改变俄罗斯联邦的民族构成。俄罗斯全国有130多个民族，主要民族有俄罗斯族、乌克兰族、鞑靼族，其中俄罗斯族有1.19亿，占80%。

“俄罗斯是一个多民族和多宗教的国家。这里生活着135个民族，其中俄罗斯族占全国人口的4/5强。较大的少数民族有鞑靼人550万、乌克兰人440万、楚瓦什人180万、白俄罗斯人120万、车臣人90万和德意志人80万。”[②] 如果不改变俄人口出生率趋势，仅仅依靠移民维持人口基数，那么六十年后俄罗斯族成为这个国家的少数民族。[③] 与民族相关联的宗教信仰问题。俄罗斯国教是东正教，是基督教三大分支之一。全国约7000万人信奉正教。第二大宗教是伊斯兰教，近来增长势头很快，从十年前1000万增至2000多万。照此势头下去，伊斯兰教可能成为俄罗斯第一大宗教，或与东正教伯仲之间。这将会极大地影响俄罗斯崛起的战略环境。东正教之所以被定为国教，是与俄罗斯的建国历史联系在一起的。早在988年，东斯拉夫人刚建立基辅罗斯时拜占庭的正教就传入进来。后来基辅罗斯被蒙古人打败，开始了长达近300年的异族统治。16世纪中叶，俄罗斯人建立了莫斯科大公国，开始了独立国家的进程。1613年，俄罗斯建立了罗曼诺夫王朝。这个王朝经历了18个沙皇，统治俄罗斯长达300年。在这些岁月里，俄罗斯人不断征服周边民族，扩张本国版图，从一个龟缩在欧亚大陆偏远的小公国成为世界上领土最多的大国。在彼得一世的统治下，俄罗斯学习欧洲文化，致力于融入欧洲历史。在欧洲近代历史中处处可见沙俄的身影。一方面俄罗

① 朱冬传：《俄罗斯拟定2025年前移民政策新构想》，《法制日报》，2013年11月3日。

② 戴桂菊：《俄罗斯的宗教与现代化》，《东欧中亚研究》，2002年第3期，第14页。

③ 王冠宇：《俄罗斯民族宗教结构的变化诱发新的社会政治危机》，《俄罗斯中亚东欧研究》，2011年第6期，第18—24页。

斯多次遭受欧洲列强的入侵，从瑞典人、法国人、奥匈人一直到德国人，但它自己也多次在欧洲舞台上炫耀武力，扮演了一个镇压革命、维护正统王权的帝国角色。

一战期间，俄罗斯先后爆发了二月革命和十月革命，推翻了罗曼诺夫王朝，建立了布尔什维克政权。1922 年，经过斯大林的谋划和列宁的批准，俄罗斯、南高加索联邦、乌克兰、白俄罗斯共同建立了苏联。由于是在帝国主义链条中最薄弱的环节处爆发了革命；由于是第一个社会主义国家，苏联从诞生起就陷入了西方资本主义国家的包围中。但后来西方资本主义国家之间发生了矛盾。以德意日为一方与英美法为另一方之间爆发了第二次世界大战。斯大林被迫选择英美为盟友，抗击法西斯轴心国集团。在付出了惨痛的代价后，苏联终于赢得了战争的胜利。此时苏联的声望达到顶峰，成为仅次于美国的世界大国。战后四十多年的世界历史差不多是美苏两家书写的。它们互为对手，激烈博弈，把双方的盟友拖入了一场持久的冷战，直到二十世纪末叶，世界历史进程发生戏剧性转折，苏联解体了，欧亚大陆地缘政治版图中心突然出现了“黑洞”。[①] 不过“黑洞”很快被填补了。经过普京长达十年的治理，一个新俄罗斯重新出现在欧亚大陆的地平线上，俄罗斯再次进入了大国的俱乐部。

客观上看来，俄罗斯现在也算进入世界六强，但在综合国力上与中美相差一大截，与苏联时期更是不可同日而语。目前的国际环境对俄罗斯是非常具有挑战性的。首先，美欧等西方列强不愿意看到在国际竞技场上重新出现一个苏联式的国家挑战现存的国际体系。尽管俄罗斯在理论上也是资本主义国家，但其文化传统、民族个性始终与西方国家不搭调，其拥有的庞大核武库是它们的梦魇。因此美欧联手，推行“北约东扩”的对俄战略，最大限度地挤压后苏联战略空间，把俄罗斯逼成没有威胁的顺从国家。其次，俄罗斯在国

① ［美］布热津斯基：《大棋局》，上海：上海人民出版社，1998 年版，第 115 页。

际经济体系中处于价值链的低端，是工业原材料的输出国，加上本身游离于国际经济体系之外，缺乏话语权，在八国俱乐部中仅仅是个陪衬。[①] 第三，俄罗斯在发展中国家也缺乏影响力。传统上，若要在发展中国家中拥有影响力，一需要意识形态感召力，可以输出革命；二需要雄厚的经济实力，可对外援助。在斯大林时代，苏联有这份感召力和财力，但俄罗斯缺乏这个底气，反而是一些新兴大国取代了俄罗斯的传统影响。[②] 第四，俄罗斯完成了向西方制度的社会转型，这意味着俄罗斯与西方国家之间不可能再树立一道“铁幕”。它与西方社会之间的价值流与资金流每天都在发生。[③] 随着苏联解体后出生的人群成为俄罗斯人口主体，在西方文化的熏陶下，民主与人权等西方价值观终将成为俄罗斯社会的主流价值观。每次俄罗斯大选都成为西方国家插手俄事务、改变俄发展方向的良好时机。俄罗斯与美国等西方国家之间的影响手段是不对称的。俄罗斯真正的王牌就是油气资源和战略导弹，而美国等国的手段则变化多端，层出不穷。这就是俄罗斯面临的国际战略环境。

沙俄为俄罗斯开拓了广袤的地理空间，获取了丰富的国土资源，这是极为宝贵的帝国遗产。斯大林巩固了这笔遗产，使其治下的苏联面积仍然维持沙俄时期的规模，达到2240万平方公里，超过中美印三国面积总和。苏联解体后，继承国统的俄罗斯面积大幅度缩水，西部边界后退一千多公里，回到了沙俄时代。尽管普京治下的俄罗斯比苏联和沙俄减少了500万平方公里，相当于整个西欧地区的面

① 张艺：《G8与俄罗斯谁抛弃了谁?》，新华网，3月22日，http：//news. xinhuanet. com/world/2014 -03/22/c_ 126297252. htm。

② 笔者认为，中亚是俄罗斯的战略资源储备后院。这些国家独立后实行开放政策，允许其他国家带资金技术帮助经济发展。中国和印度利用地缘亲近性捷足先登，在中亚地区投资能源项目。其他新兴国家如韩国、伊朗和沙特阿拉伯利用文化宗教的亲近性在中亚地区谋求发展。这样使得中亚国家有更多的选择性，俄罗斯的传统影响力有所抵消。

③ 马蔚云：《俄罗斯改革与西方经济援助的关系问题》，《西伯利亚研究》，2005年第3期，第24—26页。

积，但它仍然是世界幅员最辽阔的国家。地理空间的特大形态是苏联与俄罗斯战略环境的基本特征，任何战略运筹都离不开这个基本特征。由于苏联/俄罗斯人口密度很低，与国土面积比例失调，边疆跨度很大，边界线漫长，防守任务非常艰巨。这个严峻现实常让斯大林与普京寝食难安。对国家疆土的那份不安全心理在斯大林那里可能更为强烈。一方面，苏联是第一个社会主义国家，面临资本主义世界的敌视。另一方面，苏联西部与中西欧接壤，沙俄时期经常借助地缘的亲近性直接参与欧洲权力的争夺。但是俄罗斯西部地区处于东欧平原地带，平均海拔只有 170 米。没有天然屏障的西部边界数次成为欧洲列强入侵俄罗斯“绿色通道”。[①] 二战结束后，东欧地区并入苏联势力范围，与老对手德法两国相距不远，遥遥相望。而苏东剧变后，俄罗斯面临着严酷的地缘政治现实。原为盟友的东欧国家倒入北约阵营；原为国胞的苏联加盟共和国自立门户。尤其是乌克兰的独立，使俄罗斯西部边界线退回到十七世纪的水平，战略空间大幅度被压缩。俄罗斯对南部地区的控制力也急速下降，不仅失去了对外扩张的前沿基地，而且随着中亚与外高加索国家的独立，对于西亚地区伊斯兰势力的渗透，俄罗斯也有点力不从心。唯有安心的是远东地区的地缘格局丝毫未变，反而有所斩获。俄罗斯与中国签订了和平友好条约，一举解决长期困扰苏联的中俄边界争议问题，使得沙俄从中国割让的150 万平方公里领土具有了国际合法性。

与地理环境密切相关的另一个战略环境特征就是俄罗斯文明具有欧洲文明与亚洲文明的双重特性，因为在地理上俄罗斯本身处于欧亚文明的结合部，使俄罗斯文明在其形成过程中深受东西方文明的影响。然而俄罗斯毕竟远离西方文明的中心，它在历史上曾几番学习西方文化，吸取欧洲文明的养分，出现了一批也被西方主流社

---

① 历史上，俄罗斯多次遭受欧洲列强的入侵，其中突出的是拿破仑和希特勒的入侵。他们先后从沙俄/苏联西部长驱直入，企图征服俄罗斯民族，但最后都失败了。

会认同并享誉世界的文化名流，如普希金、托尔斯泰、陀斯妥耶也夫斯基、门捷列夫、柴可夫斯基、拉赫马尼诺夫、肖斯塔科维奇、列宾等。但它也几度被排除在欧洲文明的现代进程之外。在西方精英阶层眼中，俄罗斯属于来自东方的帝国，像一头闯进瓷器店的公牛。十月革命前后，俄罗斯接受了西方文化的左翼思潮，马克思主义成为国家主导的意识形态度。以列宁、托洛茨基为代表的欧洲主义派，试图把俄罗斯革命推向欧洲全境，进而完成世界革命的进程。[①] 在西方资本主义国家的强力狙击与围攻下，斯大林改变了布尔什维克的总体战略，放弃了世界革命的幻想，转向“一国建成社会主义”的内敛战略。这时候，苏联文化与西方文化基本是属于两种对立的文明形态。苏联更多从本国内部传统文化与欧亚主义吸收养分。苏联垮台后，重演了历史的一幕。当时欧洲主义派主导俄罗斯政局，提出“向西方一边倒”的外交战略，但很快受到挫折。西方社会无法接纳一个破落、动乱、粗鲁、冲动并对西方社会仍有威慑力的俄罗斯。不久，俄罗斯精英回归现实，欧亚主义一派占据上风。他们提出兼顾东西方的“双头鹰外交”战略，开始在欧亚文明之间保持特立独行的姿态，以谋求俄罗斯利益的最大化。[②]

虽然处于不同的时代背景，处于不同的国际体系，苏联与俄罗斯面临的战略环境具有共同的特点，就是在崛起的过程中始终以大国的身份参与国际事务竞争，并长期与当时的霸权国家形成挑战关系。比较有意思的是，在苏联与俄罗斯的国际战略环境中，美国扮演了特殊的角色。在美国尚未成为霸权国时，在苏俄尚处于崛起前阶段，美国与它们一度形成了战略伙伴关系。二战前夕，苏联面临的主要对手是德意日。德国侵苏后，斯大林接受了丘吉尔伸来的橄

① 参见郑异凡：《托洛茨基的两个预言》，《东方日报》，2013年6月9日。

② 参见张海鹰：《欧亚主义的三个思想来源》，《西伯利亚研究》，2009年第10期，第55—57页。鲍世奋：《欧亚主义：俄罗斯外交政策的思想支柱》，《国际展望》，1996年9月，第18页。

榄枝，与英美结成了战时同盟，这种关系一直保持到战后初期。① 俄罗斯之后也与美国结成了反恐联盟。普京与小布什私交也很好。② 可是苏俄与美国的这种友好合作关系是短暂的，而对抗竞争则是长期的，因为它们天然具备霸权国与挑战国关系的特性。美国在战后不到两年抛出了"杜鲁门主义"与"马歇尔计划"，对苏联采取遏制战略。斯大林随即部署反击，封锁柏林，并说动中国，在朝鲜半岛以热战策应美国的冷战。③ 小布什政府在赢得了反恐战争胜利后，对俄罗斯采取强硬姿态，继续推进北约东扩，部署反导系统；挑动格鲁吉亚闹事，在独联体国家制造"颜色革命"，对普京政权的合法性提出质疑；高调驱逐俄罗斯驻美外交官。普京必然出手回击。当然由于俄罗斯实力与苏联实力无法相比，因此普京的拳头主要砸在身边的这些"近邻外国"。在其有限的势力范围外，俄罗斯主要利用外交手段，拉拢中印等新兴大国与美国周旋，改变美国一家独大的国际格局。

翻开俄罗斯历史，这个民族国家的发展进程经常会出现戏剧性场景，一方面快速崛起，从蜷曲在欧亚大陆偏远的地方，在内部资本主义生产方式尚未成熟时，通过不断地四周征服，迅速发展为一

---

① 据丘吉尔回忆，他在二战期间与斯大林划分了在东欧的势力范围：在罗马尼亚，苏联 90%，英美 10%；在希腊，英美 90%，苏联 10%；在南斯拉夫和匈牙利，各占 50%；在保加利亚，苏联 75%，英美其他国家 25%，参见 Winston. S. Churchill, *The Second World War*: *Triumph and Tragedy*, Houghton Mifflin, 1953, pp. 227 – 228.

② 据媒体报道媒体，2001 年的 6 月，当两位领导人在斯洛文尼亚首都卢布尔雅那初次邂逅时，布什和普京"一见钟情"。布什在两个小时的会谈中认定，普京是一个可以信赖的人。布什说，"我正视着他（普京）的眼睛，看到了他的灵魂。"普京对布什的第一印象也很好，他说，"布什是一个非常有学问，很坦诚的人。人们称他'小布什'，在我眼里他一点也不小。"参见大公报网（香港），2013 年 8 月 9 日。

③ 牛军在《剑桥冷战史第一卷起源》有关中华人民共和国诞生与同向朝鲜战争之路的章节中对朝鲜战争的起源有所描述。参见 Melvynp L. Leffler and Odd Arne Westad eds. , *The Cambridge of the Cold war Volume I Origins*, Cambridge: Cambridge University Press, 2009。另参见参见沈志华：《毛泽东、斯大林与朝鲜战争》，广州：广东人民出版社，2003 年版。

个引人注目的大国，成为欧洲舞台的主角；另一方面突然衰落，从一个欧洲列强变成了一个孤独贫穷的欧亚内陆国家，其原因是沙俄陷入了一战，整个国家的财富精英消耗殆尽，期间发生了十月革命，马克思主义在东方传播，开辟了世界上第一个社会主义国家的历史进程。但斯大林领导的苏联被整个资本主义世界视为洪水猛兽，被彻底孤立，在国际舞台鲜见其身影。可是二战给了机会，苏联一跃成为仅次于美国的超级大国。苏联内部的发展进程也从农业社会转向工业社会，在世界现代化进程中与美国你追我赶，差距不大。可就在苏联的国际影响力达到一个顶峰时，其社会发展进程戛然而止，整个国家宣告解体。在以后的十年里，俄罗斯步入了从社会主义制度转向资本主义制度的逆向历史进程。这一过程中俄罗斯社会一度陷入了动荡不安、危机不断的境地，从一个一流的超级大国沦落为三流的国家。这就是普京执政初期面临的社会大环境，与斯大林执政初期后战略环境极为相似。苏联与俄罗斯所呈现的这种社会发展进程跳跃性在其他国家中也是罕见的。相比之下，斯大林面临的战略环境更加险恶与困难。因为社会主义在一个国家中变为现实，是人类历史上前所未有的，所以很多方面需要理论上的探索，实践上的创新。在外部，苏联又面临了整个资本主义世界的敌视，世界大战的阴影密布。在东方，苏联没有盟友牵制日本，中朝越印等国仍是西方的殖民地。而普京尽管也在俄罗斯低潮期登顶，可他遇到的战略环境明显改善多了。首先，俄罗斯在普世价值上与西方没有根本分歧，美欧等国对俄罗斯的社会形态与生活方式还是接纳的。其次，现在是和平与发展的时代，世界大战或者侵俄战争的概率很低。相反，全球化与技术的进步以及对自然资源的需求剧增，给俄罗斯崛起带来更多的机会。第三，东部战略环境空前改善。尽管俄日宿怨依旧，但日本的牙齿被拔掉了。更重要的是，对俄友好的中印两个新兴大国为俄罗斯的东部与南部的防卫安全提供了可靠保障。另外，朝鲜、越南与古巴这些旧盟友依然保持着友好关系，而独立出去的加盟共和国除极个别外大部分与俄的合作关系十分密切。当然，由于社会进程的跳跃性，俄罗斯还是面临着一些弱势，尤其在社会制度方面与中、朝、越、古等社会主义国家具有本质区别，这就决定了俄罗斯与中国不可能形成像在斯大林时期的战略同盟。再者，中国变得十分强大，有着自己独立的外交战略，因此中俄的国际合作包括反对美国霸权主义的战略合作是有限的与不确定的。

二、苏联/俄罗斯崛起的战略运筹

苏联/俄罗斯发展历史上的两度崛起与两位政治领袖的战略运筹是分不开的，一位是昨日的斯大林，一位是当今的普京。他们虽然生活在不同的时期，但在运用战略智谋、促使苏联/俄罗斯从孱弱走向强大方面具有同工异曲之妙，具体表现在三个方面：

首先政治上实行中央集权制，强化国家对政治生活的控制力度，在巩固国家权力的过程中设法使自己成为整个国家的领导核心。几百年的沙皇统治，使得皇权思想在俄罗斯的土地上根深蒂固。政治强权人物只要以振兴俄罗斯为战略目标，无论采取何种手段都会获得俄罗斯人的拥戴，关键在于本人的政治意愿与政治意志，而斯大林与普京正好拥有这样的政治意愿、意志和智慧。

斯大林执政初期，苏联的国家体制面临两个严重缺陷：一是以民族划界成立联邦主体；二是双重主权国家原则，即苏联宪法赋予各联邦主体加盟共和国的主权国家地位和自由退盟的权利。各加盟共和国甚至可以与外国建交并建立军队。前者造成民族自我意识的膨胀；后者容易导致民族分离主义。斯大林意识到了这个缺陷。斯大林的谋略是，在遵守苏联宪法的基本原则情况下，设法让联邦制成为有名无实，“一切决定权实际上都集中在联盟中央，各加盟共和国的主权被限制在狭小范围，各种自治实体的自治权利受到削弱，地方的积极性始终得不到发挥”。在个人政治地位方面，斯大林遇到了党内“老同志”的挑战，如季诺维也夫、加米涅夫、托洛茨基和布哈林等。这些老同志都是列宁的战友，理论水平与革命声望很高，为此斯大林通过激烈的路线斗争和政治较量，将这些政治对手以及其他各种新老反对派全部置之于死地，由此而获得至高无上的政治地位。[①] 在大权在握的情况下，斯大林发动了农业集体化和工业化运动，[②] 又在30年代进行了政治大清洗，一统国内政局。[③] 随后斯大林开始对周边地区开始用武，目的是想在苏联周围地区形成一个安全的缓冲地带。1940年6月14日，苏联根据《苏德互不侵犯条约》军事占领了爱沙尼亚、拉脱维亚和立陶宛三个波罗的海国家。1944年，苏军重新夺回被纳粹德国占领的波罗的海三国。与此同时，苏联发动了对芬兰的战争。斯大林为了让列宁格勒获得缓冲地带，于1939年11月30日进攻芬兰。这场战争中苏军过于轻敌，遭到芬军顽强抵抗。虽然最后苏联迫使芬兰停战割地，但也付出了巨大的损失，包括苏军的伤亡率、国际舆论的谴责、被开除出国联，也暴露了大清洗后苏军作战能力的缺陷。因此，卫国战争初期，苏联红军遭受重大损失，德军兵临莫斯科城下。但是，由于斯大林在国内已经高度集权，树立了极大的威望，而本人又具有钢铁般的意志，其形象在苏联人民心目中神圣不可侵犯。这样，辽阔的国土，不可屈服的人民，顽强战斗的军队以及斯大林的巨大感召力帮助苏联战胜了纳粹德国，赢得了卫国战争的胜利，成为二战主要战胜国。凭借

---

① 参见［苏］罗伊·亚历山大罗维奇·麦德维杰夫：《让历史来审判：斯大林主义的起源及其后果》，赵洵、林英译，北京：人民出版社出版，1981年版。译者赵洵和林英长期生活在苏联，亲眼目睹了三、四十年代苏联政治的状况。

② ［苏联］B. C. 列利丘克：《苏联工业化：历史、经验、问题》，北京：商务印书馆，2004年版。30年前，笔者在做苏联农业集体化硕士论文时从英国著名历史学家爱德华·H. 卡尔所著的多卷本《苏俄史》获得很多教益。

③ 关于苏联三十年代大清洗被处决的人数学术界有争议。英国历史学家罗伯特·康奎斯特认为认为有800万左右。苏联解体后俄罗斯学者认为，如果大清洗并算上三十年代初期的大饥荒，死亡人数达2000万人。中国学者吴恩远则坚持认为，1957年苏共中央七月全会首次公布了在大清洗年代被迫害至死的人数为681692人，这个数字相对来说是正确的。参见吴恩远：《苏联“三十年代大清洗”人数考》，《历史研究》，2002年第5期。

二战中的胜利果实，至20世纪四十年代后半期，苏联雄踞于欧亚大陆，成为可以抗衡美国的超级大国。

普京是在苏联解体后不久被叶利钦仓促推上俄罗斯政治舞台的。那个时候是俄罗斯发展历史上的低潮，顷刻之间，俄罗斯从世界第二大超级大国沦落为地区性大国。因此普京上台后的第一件事就是起草纲领性文件《千年之交的俄罗斯》，表示要恢复俄罗斯过去的地位，为俄罗斯民族指明了方向。尽管国家战略目标明确了，但普京手上掌握的资源与权力却比较有限。一是国家一贫如洗，甚至无法向“国家官员们支付优厚工资”。[①] 二是那些寡头在西方势力的支持下时而挑战普京的政治地位。普京解决这个问题的办法简单而有效，叫做“剥夺剥夺者”，从寡头那里弄钱；打击最具有挑衅性的寡头。古辛斯基、别列佐夫斯基和霍多尔科夫斯基是这些富可敌国寡头们的突出代表。古辛斯基是俄罗斯媒体大王，拥有“独立电视台”等多家媒体，对俄罗斯舆论具有广泛的影响力。在古辛斯基的操控下，这些媒体不仅在选举过程中批评普京，而且在第二次车臣战争中掀起了反战浪潮。普京忍无可忍，于是俄罗斯总检察院下令拘留古辛斯基。别列佐夫斯基和霍多尔科夫斯基则是俄罗斯能源工业的巨子，他们组建反对党，公开反对普京。很快他们面临着俄罗斯总检察院的指控，别列佐夫斯基被迫流亡伦敦，霍多尔科夫斯基被捕入狱。打击寡头的策略获得一箭双雕的效果：充实了国库；打击了反对派。

然而，当时对中央政府权力更具有挑战性的是地方政府的权力。如何从制度层面做大中央权力、削弱地方权力成为普京施政的当务之急。俄罗斯实行的是联邦制，地方政府享有很大的自治权。俄罗斯联邦制也是按照三权分立的原则建立，俄罗斯联邦委员会是上院，权力虽然不如下院即国家杜马那么大，但也拥有一些重要的责权，如批准俄罗斯联邦主体间边界的改变；境外动用俄罗斯军队；国内

---

① ［俄］列昂尼德·姆列钦：《克里姆林宫的主人》，北京：百花洲文艺出版社，2004年版，第2313页。

重要人事任免，甚至可以弹劾总统等。每个联邦主体可以推选两名代表参加联邦委员会。普京认为，这些自以为是、各行其是的地方长官是“全面控制国家的障碍”。很快普京把这些地方长官赶出了联邦委员会，自己任命那些支持总统政策的精英进入联邦委员会。与之相配套的措施是建立七大联邦区，并派驻总统全权代表。[①] 这样在整个俄罗斯大地上出现了一个普京可以驾驭的垂直的国家权力体系。

进入21世纪以来，普京雄踞俄罗斯政坛的核心，其政治声望与从政经验达到历史顶峰，在战略运筹方面大有超越前辈斯大林之势头。但是，没有斯大林打下的政治基础及其积累的历史经验，就不会有普京今日的成功。政治地位巩固以后，普京将关注重点放在周边地区，防止在西部独联体国家出现与俄罗斯唱反调的国家。

苏东剧变与苏联解体，不仅让苏联失去了在东欧地区的势力范围，而且随着各加盟共和国的独立，俄罗斯的西部边界线缩回到300年前的伊凡雷帝时代，南部边界退回到19世纪。这是普京必须面对的地缘政治现实。更为严重的是，这些加盟共和国不仅脱离了俄罗斯的控制，与俄罗斯渐行渐远，而且在西方利诱下成为遏制俄罗斯崛起的棋子。为此，普京使尽浑身解数，软硬兼施，打破西方的战略布局。后苏联空间的麻烦主要来自两个国家，一个是格鲁吉亚，另一个就是乌克兰。2005年1月5日，萨卡什维利和尤先科联合发表《喀尔巴纤声明》宣称独联体地区进入“东欧解放新阶段”。“东欧解放”是冷战时期美国卷入东欧事务的一个常用词汇。于是，普京借口领土主权之争，出兵格鲁吉亚，名为争夺南奥塞梯的控制权，实则敲打格鲁吉亚亲西方总统的萨卡什维利。亲西方的尤先科通过“颜色革命”成为乌克兰总统，总理也是亲西方的季莫申科。普京也

---

① 普京在俄罗斯89个地方行政主体基础上成立七大联邦区，分别为中央区、西北区、北高加索区、伏尔加沿岸区、乌拉尔区、西伯利亚区和远东区，与俄大军区划分相似，并派驻总统全权代表。总统全权代表都是俄联邦安全会议的成员，由总统直接领导，权力十分广泛，但他们行事非常低调，很少在媒体上或者公众面前露面，甚至有不少俄罗斯人连他们的名字都不知道。参见《环球时报》，2006年4月30日。

利用乌克兰东部亲俄力量予以反击，结果实现了亲俄的亚努科维奇执掌政权的理想格局。

对于俄罗斯，乌克兰在地缘政治上的意义远远超过格鲁吉亚。乌克兰人口5200多万，与法国总人口不相上下；其矿产资源富饶，曾经是俄罗斯的粮仓。克里米亚是俄罗斯控制黑海地区及其通向地中海贸易通道关键地区，黑海舰队就驻扎在克里米亚。失去乌克兰，意味着失去这一切。布热津斯基在《大棋局》一书指出："即使失去了波罗的海诸国与波兰，一个依然控制着乌克兰的俄罗斯仍可争取充当一个自信的欧亚帝国领袖，主宰前苏联境内南部和东南部的非斯拉夫人。但丢掉了乌克兰及其5200多万斯拉夫人，莫斯科任何重建欧亚帝国的图谋均有可能使俄罗斯陷入与在民族和宗教方面觉醒的非斯拉夫人的持久冲突中。"[①] 2014年3月，乌克兰局势出现动荡，在亲西方势力的策划下，亚努科维奇被赶下台，流亡俄罗斯。普京立即出手，在亲西方势力尚未站稳脚跟之际，直接出兵克里米亚，并通过公投的形式吞并了克里米亚，这是苏联解体以来俄罗斯第一次在地缘政治博弈中获得实质性成果。

乌克兰与俄罗斯的关系十分紧密，二战前就属于苏联领土的一部分。只有西乌克兰在波兰控制中，为此斯大林十分坚持，在雅尔塔协议中一定要把西乌克兰并入苏联。经过激烈地讨价还价，罗斯福答应了斯大林的要求，同意西乌克兰划入苏联。作为补偿，波兰从德国那里获得了一块领土。因此，在苏联看来，乌克兰的领土变更是二战后的重要成果，斯大林以后的历届领导一直坚持这一点。1991年12月，乌克兰宣布民族自决，退出苏联，让很多恋旧的俄罗斯人难以释怀。普京夺回克里米亚总算让俄罗斯出了一口恶气，更重要的是控制了俄罗斯为数不多的出海口。但是，俄罗斯也付出了代价，与西方的关系进一步恶化，如此下去，俄罗斯融入西方社会

① ［美］布热津斯基：《大棋局》，上海：上海人民出版社，1998年版，第121页。

的梦想必然成为空中楼、水中月，欧美等西方国家终究将成为俄罗斯的战略对手而不是合作伙伴。

苏联解体后一段时间，俄罗斯社会上下弥漫着一种氛围，即俄罗斯即将成为西方俱乐部的重要成员，而加入G8更是坚定俄罗斯人尤其是精英们的这个信念。但在叶利钦时期，俄罗斯与西方国家的关系就开始出现裂缝。普京执政十多年间，这个裂缝变得越来越大，双方大有迎头相撞之势。首先在政治信任上，西方国家的精英根本瞧不起这个来自秘密机构的前克格勃特工，甚至认为普京不过是街头上擅长打群架的小混混。[①] 普京的每一个强国措施都令这些精英们不爽。无论在打击寡头和建立垂直权力体系上，还是在镇压车臣恐怖主义分子、出兵格鲁吉亚及乌克兰局势上，从来不会缺乏西方社会对普京政策的批评声。而俄罗斯的精英更是对欧美的战略动机疑虑重重，认为西方最终目的是削弱俄罗斯的战略能力尤其是核打击能力，甚至有可能通过肢解俄罗斯来消除其战略对手。因此当西方国家持续推进“北约东扩”和“欧盟东扩”战略，并在乌克兰和格鲁吉亚等地区策划“颜色革命”时，俄罗斯保持高度的警惕。普京采取了一系列措施，禁止西方国家利用NGO的方式在俄罗斯制造政治对手，同时也禁止俄罗斯公务员在海外拥有个人账户，这样可切断西方国家赞助普京政治对手的经济来源。另外，普京利用上海合作组织及欧亚联盟等多边工具，将独联体国家和中国紧密联系在一起，增强对抗西方国家的力量。当然，普京也是讲究策略的，在处理西方国家关系上借用了邓小平的智慧即“斗而不破”，因为普京清楚俄罗斯国家的实力尚不足以对抗整个西方联盟，只有西方国家在俄罗斯的传统势力范围内挑战其核心利益时，普京才会强力出击。他的前辈斯大林也是这么做的。

战后初期，苏联与美英等西方国家关系一度良好，毕竟大家在

---

① Angus Roxburgh:《解密普京》,《海外文摘》，2012年6月10日。Angus Roxburgh是英国知名记者。

抗击法西斯同盟中建立了友好关系。可是 1947 年后，美苏战时同盟破裂。双方在伊朗、希腊和土耳其等问题上分歧加大，美英借口斯大林的选民演说制订了对苏联的“遏制战略”，并先后出台了“杜鲁门主义”和“马歇尔计划”。斯大林的战略应对是，在自己的势力范围内，坚决清除西方的影响，以确保苏联的国家安全。为此，斯大林采取了一系列的措施：清除东欧国家联合政府中的亲西方势力；清洗那些具有独立倾向的东欧国家共产党领导人；① 封锁柏林，逼迫西方驻军撤出西柏林等。但斯大林也是有分寸的，在其非传统势力范围内，斯大林愿意与西方国家进行妥协并做交易，在各自的势力范围里井水不犯河水。如在中国，斯大林要求毛泽东与蒋介石划江而治；在朝鲜，苏军从朝鲜南部后撤，让给美军占领；在的里亚斯特城归属问题上支持意大利等。②

总之，斯大林与普京十分了解俄罗斯的战略环境，两人在战略运筹上采取了现实主义的手法，既有强权政治，也有多边合作，其主要目标是保持俄罗斯国内政局的稳定与对周边地区的战略控制。

第二节　苏联/俄罗斯崛起的基础理论准备

无论是普京抑或斯大林，在运用战略智谋推动民族振兴和国家

---

① 被清洗的东欧国家领导人有：波兰的哥穆尔卡；匈牙利的拉伊克；捷克斯洛伐克的斯兰斯基；保加利亚的科斯托夫。这些人中只有哥穆尔卡得以幸存，并在 1956 年波兹南事件后重新当选为波兰工人党第一书记。参阅国内东欧共产党研究权威姜琦、张月明的相关著述。另参阅三卷本《剑桥冷战史》有关东欧国家的章节，Melvynp L. Leffler and Odd Arne Westad，*The Cambridge of the Cold war Volume I Origins*，Cambridge：Cambridge University Press，2009。

② 铁托和南斯拉夫共产党人不满意斯大林在的里亚斯特城市归属问题上站在支持意大利一边，这成为苏南冲突的主要原因之一。

崛起方面都离不开理论指导与治国理念。一旦有了理论指导，就能确定明确的战略目标，就能规划具体的行动路线。最后为了贯彻治国理念与行动路线，必然需要一批具有信念和才能的基础性人才，以实现领袖制订的宏伟蓝图。尽管斯大林与普京处于不同的时代，其理论特色与人才机制也不尽相同，但两者始终围绕着的一个目标就是，促使俄罗斯成为世界性的大国。

一、苏联/俄罗斯崛起的基础理论准备

斯大林是一位具有较高理论修养的职业革命家。苏维埃政权本身就是根据马克思主义理论而创立的。以列宁为首包括斯大林、托洛茨基、季诺维耶夫和布哈林在内的布尔什维克领袖者们以坚定的信念、狂热的激情策划成功了十月革命，使用暴力手段推翻了临时政府，然后在俄罗斯大地上推行他们信奉的思想理论体系。随着列宁的去世以及其他领导人的被清洗，领导十月革命的核心圈子只剩下斯大林了。在漫长的岁月里，斯大林既是苏俄政权的领导人，也是主流理论的“教父”。因此，苏联的崛起及其解体的内在原因都源自于斯大林的理论体系。斯大林强国理论主要由三方面组成：世界革命、一国建成社会主义和两个平行市场。

关于世界革命。斯大林认为，十月革命是世界无产阶级革命的一部分。十月革命的胜利开创了世界无产阶级革命的第三时期即世界革命时期。世界革命的中心和策源地已经从欧洲主要发达国家转移到了苏联。这是对马克思、恩格斯理论的重大修正。根据马克思、恩格斯的论断，社会主义革命应该首先在生产力高度发达的西欧国家爆发，因为那里现存的生产关系无法容忍生产力的发展。然后的历史发展趋势应该是，由率先爆发社会主义革命的欧洲发达国家整体上带动其他地区来推进世界革命的进程。列宁修正了马克思主义的上述观点。列宁认为，社会主义革命首先在落后的欧洲国家即帝国主义的薄弱环节上爆发。十月革命的胜利证明了列宁论断的正确

性。而斯大林的贡献在于，在理论上把世界革命的中心从欧洲发达国家转向苏联，苏联成为世界革命策源地和基地。根据这一逻辑，保卫苏联，免受帝国主义侵犯成为捍卫世界革命的主要目标。这样，斯大林的世界革命理论从思想意识形态上努力转化全世界共产党人的观念，使其认识到他们所从事的革命活动必须与维护苏联的利益联系在一起，这是党性的表现，也是国际主义的体现，否则就不是革命者。因此，共产国际与各国共产党组织在开展革命活动时首先必须考虑苏联的利益，服从苏联的意志，在某种意义上它们成为"苏联推行外交政策的工具"。[①] 然而也不得不承认，斯大林关于世界革命的理论客观上为苏联获得了广泛的国际资源，体现了苏联的对外软实力，对于苏联崛起的作用不可谓不重要。

关于一国建成社会主义。解决了世界革命问题以后，下一个问题就是在一个国家内能否率先进行社会主义建设，这是斯大林迫切需要解决的理论问题。在列宁时代，布尔什维克党人的一个共识是，俄国革命的胜利仅仅是拉开了世界革命的序幕。如果没有欧洲发达国家的革命胜利，是无法保存俄国革命的成果。当时斯大林自己也是这么认为的。1924 年 4 月，斯大林在《论列宁主义基础》一文中指出："在一个国家内推翻资产阶级政权，建立无产阶级政权，还不等于保证社会主义的完全胜利。社会主义的主要任务即组织社会主义生产的任务尚待解决。没有几个先进国家中无产者的共同努力，能不能在一个国家内获得社会主义的最终胜利呢？不，不能。"[②] 但问题是，欧洲并没有出现革命的局势，苏联不可能被动地等待欧洲革命的出现而让自己陷于空转。1926 年以后，斯大林的思想有了很大的转变，他认为苏联一国能够建成社会主义。解决这一问题的关键就是要消灭苏联经济成分中的资本主义因素，通过国家的力量大

① 参见陈晓红：《论斯大林的"世界革命"观及其内在逻辑》，《当代世界与社会主义》，2012 年第 4 期，第 62 页；左凤荣：《评斯大林世界革命的理论与实践》，《当代世界与社会主义》，2002 年第 4 期，第 85 页。

② 参见《斯大林全集》，北京：人民出版社，1958 年版，第 92 页。

规模地组织社会生产，在短时间内实现工业化和农业集体化，从而建立一个完备的社会主义国民经济体系。[①]

关于“两个平行市场”理论。当苏联建成了社会主义，如何继续坚持它的世界革命理想呢？斯大林在等待一个机会，就是资本主义世界爆发总危机。二战以后，世界形成了社会主义和资本主义两大对抗阵营，因此，斯大林对世界革命形势重新做了一个评估。他认为第二次世界大战后，统一的无所不包的资本主义世界市场已经瓦解，世界出现了两个相互对立的、互不往来的平行市场。这是美英国家一手造成的，因为它们对苏联、中国和东欧等社会主义国家实行经济封锁，这样迫使社会主义国家之间建立了合作互助关系。如此发展下去，资本主义的市场不断衰败和缩小，世界销售市场的条件恶化，开工不足的现象将会增大，最终导致资本主义世界市场的瓦解，资本主义体系爆发总危机，从而为世界革命创造条件。斯大林的“两个平行市场”理论沿袭了战前关于世界革命的理论，他从政治经济的角度论证了东西方两大阵营的客观依据，从而为苏联推行“社会主义大家庭”战略提供了理论基础。[②]

普京在千年交替之际从叶利钦手中接受了总统的职务，当时俄罗斯是个烂摊子。当时叶利钦对普京说了一句话：“好好照看俄罗斯”。如何治理陷于动乱贫困中的俄罗斯，如何带领俄罗斯人民摆脱困境，走向繁荣富强，这是摆在普京面前的千年难题。普京十分了解俄罗斯的国情。普京在《千年之交的俄罗斯》一文中指出：“90

---

① 国内学术界在“一国建成社会主义”的有过争论，比较有代表性的有高放：《重评苏联“一国建成社会主义”问题的争论》，《中共天津市委党校学报》，2006 年第 3 期，第 32—38 页；林建华、孙国华：《列宁、斯大林与“一国建成社会主义”理论》，《山东社会科学》，2002 年第 2 期，第 74—77 页；王久高：《近十年来关于“一国建成社会主义”理论研究综述》，《当代社会主义》，2004 年第 3 期，第 157—160 页。

② 参见詹真荣：《斯大林的国际关系理论述评》，《社会科学战线》，2008 年第 4 期，第 202—207 页；刘勇：《论斯大林的世界历史理论及其内在缺失》，《马克思主义毛泽东思想邓小平理论研究》，2004 年第 8 期，第 27—29 页。

年代俄罗斯国内生产总值几乎下降了50%，仅相当于美国的1/10，相当于中国的1/5。在1998年危机之后人均国内生产总值降至3500美元，这仅是‘七大国’的平均水平的1/5。”这显然是叶利钦政府盲目实行激进的改革而造成的恶果，可若是回到苏联时代，普京认为也是不可取的。在普京看来，过去70年“苏维埃政权”在国家治理方面是失败的，这是一条死胡同。因此，无论是照搬西方模式，对俄罗斯经济实行“休克疗法”，还是恢复苏联时代的计划经济模式，都是不可取的，普京需要探索新的发展道路，需要新的理论框架。

普京没有现成的理论模式可用，他的理论创新源泉全部来自于实践，而理论创新的抓手就是发现问题，寻求解决问题的方法。普京不是一个理论家，没有系统性的理论阐述，但普京深知理论在俄罗斯崛起过程中的指导作用，于是普京采取了最简单而实用的方式，对时下流行的各种理论流派既没有全盘照搬，也没有一概否定，而是在实践中汲取其合理的部分，使其成为其施政纲领的理论基础。经过十二年的执政，普京逐渐从实践中提炼出相对成熟的理论架构，主要包括三方面内容：“中间道路”（包含俄罗斯新思想）；“主权民主”（包括可控民主）；“富国强民”（以“普京计划形式”提出）。

关于“中间道路”思想。普京刚接受俄罗斯这个烂摊子时情况非常严峻，一方面苏联时代的理论体系破产了，基本上被俄罗斯精英们尤其是年轻一代精英们所抛弃，另一方面从西方引进的理论学说在经济中没有获得成功，反而加深了俄罗斯的动乱与贫困。此时，在俄罗斯民间很有市场的欧亚主义以新的表现形式回归社会，受其影响，普京在执政初期提出了“俄罗斯新思想”。普京认为，俄罗斯已经无法回到苏联时代的社会主义社会。他反对恢复任何形式的国家官方意识形态，因为那是扼杀精神自由的，但俄罗斯也不能实行自由主义的激进改革。俄罗斯必须从实际出发，尊重自己的传统价值观念，将市场经济和民主的普遍原则与俄罗斯现实有机地结合起来，才有一个光明的未来。同时也是出于选举政治需要，普京必须最大限度地团结俄罗斯选民的多数，而选民渴望中间道路，渴望有一个稳定繁荣、自由民主的俄罗斯。普京的治国理念汲取了主流政党政治纲领中的合理成分，通过富于感染力的阐述，变成了全民的普遍共识，成为指导俄罗斯实践的理论基础。总体上看，普京的治国理念比较接近欧洲社会民主党的社会民主主义，类似英国工党的第三条道路，大部分与戈尔巴乔夫领导的俄罗斯社会民主党政治纲领契合。①

关于“主权民主”思想。主权民主思想是普京强国理论的重要内容，西方学者往往将其与“可控民主”联系在一起。在这些学者看来，普京执政后采取的一些威权主义做法如打击寡头、强化中央权力体系和控制舆论与非政府组织，是从叶利钦时代民主社会的一种倒退，虽然在形式上仍然保留着民主选举、议会制和多党制等，但国家的全部权力集中到总统手中。总统通过国家强力部门以及官僚体系来进行统治。对此，普京并不避讳“可控民主”的提法。经过一段时间的沉淀，2005 年 4 月普京在《国情咨文》中提出了自己的民主价值观，明确表示俄罗斯仍然是民主社会，但不同于西式民主，俄罗斯必须顾及本国的历史、现状及其地缘政治。民主仅仅是工具，其目的是团结人民、提高人民的生活水平。② 2006 年 2 月 7 日，普京通过其智囊、俄罗斯总统办公厅副主任苏尔科夫在“统一俄罗斯”党的内部会议上对“主权民主”的含义作了阐释：“俄罗斯将成为主权民主的国家。也就是说，俄罗斯将走上持续发展的道路。它将是经济繁荣、政治稳定和高度文明的国家。它将拥有对世界政治施加影响的杠杆。它作为自由国家，将与其他自由国家一起

① 李兴耕：《俄罗斯“中派主义”思潮新变化》，《东欧中亚研究》，2002 年第 2 期，第 6—10 页。

② 参见孙凌齐：《普京政治体制的特征：“可控民主”—“主权民主”》，《当代世界与社会主义》，2006 年第 1 期，第 110—114 页。

建立公正的世界秩序。"[①] 2007 年 9 月 14 日，普京又在"瓦尔代会议"上对"主权民主思想"向国际社会做了公开的回应，因为他发现国际舆论对其"主权民主"思想有误解，以为它是"可控民主"的升级版，是带有极权主义色彩的民主制度。普京告诉世人："主权和民主——这是用来评价两种不同现象的概念。主权说的是国家对外的、在世界上的立场，说的是独立地、不受外来干涉地实行内外政策的条件。民主是组织社会和国家的方法。这完全是对国内而言的。因此主权和民主是两种不同的东西。"[②] 简而言之，普京的"主权民主"思想是两个不同概念的合成，主权是指俄罗斯在复杂的地缘政治环境中独立自主地选择自己的发展道路，这个选择不是别的，就是追求一个强大而自信的俄罗斯。至于民主、自由与市场经济既是西方文明的成果，也已经成为俄罗斯传统的一部分。俄罗斯将努力实践这些全人类都认可的共同价值观，在世界上实现民主自由和公正公义。

关于"强国富民"思想。"强国富民"思想是普京理论体系中的重要部分，也是普京的大国战略理论追求的终极目标。正如郑羽所说，"建设强大的经济、实现经济总量翻番、增强国际竞争力、提高居民的社会福利水平是普京实现重振大国梦想的重要基础。"[③] 普京执政初期的主要任务是通过中央集权来稳定局势，控制局面，阻止俄罗斯形势的恶化。当这一任务完成后，普京将其精力主要放在俄罗斯的发展战略上。普京要为俄罗斯设计一个光明的未来，这就是俄罗斯凭借自然资源、工业和知识潜力，遵守民主自由和市场经济原则，以俄罗斯人民利益为根本，循序渐进地解决一系列发展过程中存在的问题。2007 年，普京的"统一俄罗斯"党以"普京计划"的形式，把普京的治国理念化为可以预见到的目标与具体的行

---

① 王超：《统一俄罗斯党与"主权民主"》，《西伯利亚研究》，2007 年第 2 期，第 51—53 页。

② 郑羽主编：《新普京时代》，北京：经济管理出版社，2012 年版，第 17 页。

③ 同上书，第 78 页。

动纲领。俄罗斯十年的发展目标是进入世界五大经济强国，人均收入达到3万美元。“普京计划”的首要任务是维护国家的主权与领土完整，在国际社会支持世界多极化，谋取大国地位；发扬俄罗斯的传统精神，争取公平公正的国际新秩序。其次是提高经济的竞争力和人民生活水平，建设自由公正的公民社会。俄罗斯发展最大的问题是过度依赖能源，因此国家将支持科技创新，加大对高新技术产业的投资，扶植中小企业，提高人民的就业机会。[①]

从理论的角度分析斯大林与普京的思想对于苏联/俄罗斯崛起的作用时就会发现，尽管两人所处的时代、国度及社会不同，但追溯其理论渊源时会发现，其他一些思潮对他们的理论形成也有一定的影响，其中比较突出的是欧亚主义思潮。欧亚主义是滋生在俄罗斯大地上的一股古老的思潮，可以追溯到20世纪20年代，其依托的学科是地缘政治学。当时，俄罗斯一批流亡知识分子主张利用横跨欧亚大陆的地理空间，使俄罗斯成为介于欧洲和亚洲之间的第三个发展空间，从而创造出符合俄罗斯自身特色的欧亚文明。苏联后期，以杜金将军为代表的地缘政治学者重拾欧亚主义，认为俄罗斯应该跳出东西方对立的模式，利用自己的地理空间优势创建横跨欧亚大陆的“俄罗斯帝国”。[②] 苏联解体后，这股思潮发展成为新欧亚主义，在俄罗斯很有市场，俨然成为俄罗斯的“准意识形态”，其代表人物有M. 季塔连科、H. 纳托夫、K. 索罗金等。欧亚主义理论的核心价值观有：追求世界大国地位；兼顾东西方地缘政治；近邻外交为首要。在欧亚主义者看来，欧亚空间是独立于东西方之外的第三度空间，是多极世界中的一极，俄罗斯处于这个欧亚帝国的核心地位，因此俄罗斯不能卷入东西方的对立中，它“既要考虑西方世界，又不能忽略东方国家”，同时又要打造自己的独立战略空间，以此扮

① 郑羽主编：《新普京时代》，北京：经济管理出版社，2012年版，第19—21页。

② 张艳杰、李翠竹：《践行新欧亚主义思想俄罗斯外交新走向》，《学术交流》，2013年第1期，第72—73页。

演东西方关系平衡器的角色。前苏联加盟共和国则是这个独立战略空间的重要组成部分，所以俄罗斯应该把发展与独联体国家的关系放在优先位置，因为“地缘高于血缘”。①

至此，不能不提到中国特色社会主义理论对普京的影响。毛泽东关于中国革命的理论与实践给予普京很大的启示。中俄都是两个大国，绝不可能成为其他大国的依附，它们必须独立自主地选择自己的发展道路。而邓小平的理论则为民族国家的振兴与发展道路提供了具体的行动路线。事实证明，以民族复兴和提高人民生活水平为战略目标，以政治上中央集权、经济上实行市场经济为战略手段，可以增强民族凝聚力，增加全民财富以及增大国际影响力。普京通过对国内国外各种理论流派和思潮的兼顾并蓄，终于形成了一套较为完整的理论体系，为俄罗斯崛起的路线方针提供了思想基础。

二、苏联/俄罗斯崛起的基础人才准备

政治路线确定后，干部就是决定的因素。一个民族若要自立于世界民族之林，崛起于世界群雄之巅，必然需要千千万万的人以极大的热情将其知识和精力投入到振兴民族的事业中去。十月革命后，俄罗斯民族经历了两次复兴，除了拥有政治领袖制订的合乎国情的思想理论之外，还有大量各行各业的基础性人才共同参与了苏联/俄罗斯的崛起过程。归根结蒂，他们才是苏联/俄罗斯成为世界大国的可靠保证。

苏维埃政权创立初期，百废待兴，国家非常需要大量具有真才实学的建设型人才。1928 年斯大林强调，“现在我们需要大批大批的、成千上万的能够在各种知识领域成为行家的布尔什维克干部，

① 李泽宇：《试析欧亚主义对普京时期俄罗斯外交政策的影响》，中国青年政治学院硕士学位论文，2012 年，第 15 页。

否则就谈不上我国社会主义建设的高速度。”[①] 斯大林主要从三个方面准备基础性人才。第一，建立人才培养制度，对工农干部进行大规模的轮训。苏联境内拥有一张庞大的党政教育网络，从中央到地方有两套干部和专家培训系统，一套是包括苏共中央高级党校和社会科学学院、各加盟共和国党中央和州际高级党校、党政干部进修学院和进修班；另一套是包括苏联国民经济学院、政府各部委设立的干部进修学校和高等学校的干部进修系、高等和中等农业管理学校。除此之外，还有其他辅助性培训机构如苏联工会和共青团的高级工会学校和高级团校，专门培训工会和共青团干部和专业人员。[②] 第二，选拔和培养知识分子干部。基于斯大林关于苏联知识分子就是社会主义知识分子的论断，二战之前，苏联就开始从知识分子中大批选拔干部，担任党政军及经济部门的各级岗位领导工作。斯大林认为通过对干部的培训和知识分子的培养，可以在较短的时间内为国家建设事业造就大批可用人才，改变外行领导内行的状况。第三，后备干部培养制度化。1937 年，斯大林要求苏共各级领导干部都要配备后备干部，规定各级党组织的一把手必须选配能够代行其职务的青年干部。此后，对后备干部的培养形成一种制度。当时有一种官职等级名录制，由苏共中央组织部拟定党的官职等级名录和国家机关的领导干部官职等级名录。党政各级领导干部的任命就从进入这个名录的后备干部中选拔。二战前夕，“这个官职等级名录的领导干部集团已经达到相当的规模：高层领导干部达 3000—4000 人，包括联共（布）中央委员、各加盟共和国中央委员、省和边疆区委会委员；中层领导干部达 3—4 万人，包括市、区级党委委员；

① 参见《斯大林全集》中文版第 11 卷，北京：人民出版社，1958 年版，第 65—66 页。

② 陈联璧：《苏联干部制度的演变》，《苏联东欧问题》，1991 年第 3 期，第 35 页。

下层领导干部多达近 10—15 万人，包括基层党组织书记、委员等等。”①

斯大林的这些人才准备措施，为苏联的崛起提供了数以百万计的忠诚于党的事业、熟悉党政工作也精通经济管理和工程技术的人才，有些人成为国家之栋梁。如人们所熟悉的葛罗米柯和多勃雷宁。两人都是斯大林时期培养和选拔的杰出外交家。葛罗米柯早期并非从事外交工作，而仅仅在苏共及共青团工作，但其杰出的才华引起中央的重视。1939 年他突然被外交部长莫洛托夫召见，被任命为美国司司长。四年之后只有 34 岁的葛罗米柯担任苏联驻美大使。多勃雷宁出生于工人家庭，毕业于莫斯科航空学院。1944 年苏联政府从工程技术人员中选拔一批外交人员，于是多勃雷宁转行进入外交部的高等外交学校学习外交。1947 年，28 岁的多勃雷宁就担任外交部副部长助理。至 38 岁，他先后担任外交部长助理、联合国副秘书长。1962 年古巴到危机之际，42 岁的多勃雷宁担任驻美大使，在解决古巴导弹危机中发挥了关键的作用。②

普京担任俄罗斯总统之际正遇上俄罗斯人才的大量流失。据统计，1991 年以来俄罗斯科学家流失约 20 万人，流失的人才主要是物理、数学、生物、化学和信息领域的科学家和专家，约占科技人才流失总数的 80%。③ 又据俄科学院工会主席卡利努什金透露，苏联解体以来，随着国家对科研投入的减少及科研人员工资的降低，已有 50 万到 80 万名科学家离开俄罗斯到国外寻求发展，流失人才以 30 岁至 50 岁的中坚力量为主。另外，约有 50 万的商人或受过高等

---

① 冯佩成：《苏联干部制度的历史变迁》，《江西师范大学学报（哲学社会科学版）》，2013 年第 10 期，第 21 页。

② 参阅安纳托利·多勃雷宁：《信赖》，北京：世界知识出版社，1997 年版。

③ 伊里旦·伊新哈科夫：《俄罗斯人才流失现象严重》，《中亚信息》，2002 年第 5 期，第 26 页【文内图片】。

教育的人移居国外。[1] 俄罗斯人才的流失给俄罗斯带来了物质和知识的双重损失。科技移民每年给俄罗斯造成的直接经济损失近400亿美元。[2] 科技移民也导致俄罗斯教学科研队伍的年龄老化。具有博士学位的教师的平均年龄已从54岁增长到62岁。科研人员平均年龄为56岁，其中副教授的平均年龄为51岁，教授平均年龄为60岁，院士的平均年龄为68岁，而35岁以下的科学家目前仅占科研人员总数的17%。[3] 对此国情，普京心知肚明。2002年普京总统说过，“过去我们只学会如何利用原料资源，却忽视了人才资源的利用，而人才本身就是一笔巨大的潜力……”，[4] 并表示将会加大对科技领域的物质刺激和社会保障力度。

为了保障人才安全，俄罗斯总统普京亲自召集国家安全委员会、国务委员会和科技与高技术委员会等部门共同研究对策，并出台了《2010年以前及未来俄联邦科技发展基本政策》，提出了一系列明确的政策措施：

第一，提高科研工作的社会地位，发掘科研活动的商业潜力，建立对人才的激励机制，改革科研机构的劳动工资制度。第二，改革国家奖励制度，重奖有杰出贡献的科研人员。提高国家科研机构和国立高等院校的教授、副教授津贴，通过各种手段增加科技人员收入。第三，加大对青年科技工作者的支持力度，将3%的联邦科技预算用于支持他们围绕优先科技发展方向开展的科研活动，扩大青年科学家住宅建设规模。第四，通过创造良好的工作条件、提高社会福利待遇吸引在境外工作的科研人员回国。第五，强化人才外流的控制制度。敏感部门重要专家出国需经上级主管部门和安全部门

---

① 资料来源：《俄罗斯精英为何纷纷远走他乡》，《国际人才交流》，2011年第11期，第6页。

② 高欣、赵伟：《俄罗斯人才流失现象分析》，《俄罗斯中亚东欧研究》，2003年第5期，第19页。

③ 同上书，第15页。

④ 同上书，第19页。

批准，重要专家团组在国外的活动需接受安全部门的监控，限制对国家具有战略意义的专家出国。第六，通过法令明确保护归国家所有的科研成果，防止军事科技和敏感的军民两用科研成果外流。①

与科技人才机制相比，俄罗斯对于人文社会科学方面的人才尤其是外交与国际关系方面的人才的培养与使用机制相对比较稳定。智库是这套制度中的重要环节。俄罗斯智库特色西方不同。在苏联时代，主要在科学院这一框架下形成了各类国际关系的研究智库，这些智库包括世界经济和国际关系研究所、非洲研究所、世界社会主义体系经济研究所、拉美研究所、远东研究所、国际工人运动研究所、美国加拿大研究所等。这些智库向中央决策部门提供决策咨询报告，某些研究机构的领导以后直接进入决策核心层，例如雅柯列夫与普里马科夫。② 但由于苏共及其强力部门垄断了国际关系的决策研究，因此除了这些部门自身的研究机构以及科学院之外，很少有那种西方通行的甚至以民间为主导的智库。在俄罗斯时代，由于苏联特色的中央集权制度解体，新的权力中心不断地形成，各种利益集团为了满足自己的决策需求，也仿效西方智库运行模式成立各种智库。而原来科学院体系下的涉外研究机构也保存了下来，在基础研究方面依然显示雄厚的实力，但也拉开了与决策核心层的距离。③ 高校所属的研究机构由于距离权力中心较远，因此主要在基础性领域从事研究与人才培养，是俄罗斯智库的辅助性力量。

斯大林和普京执政初期，都是俄罗斯民族处于动乱的革命性年代，意识形态的影响力很大，各种思潮充斥着整个社会。但是，斯大林和普京的人才观却透露着现实主义的工具理性。他们认识到，

---

① 吕岩松：《提高福利改善条件——俄罗斯努力保障人才安全》，《人民日报》，2004 年 2 月 5 日，第 7 版。

② 参见［俄］叶夫根尼·普里马科夫：《大政治年代》，北京：东方出版社，2001 年版，第 6—8 页。

③ 以季塔连科任所长的俄罗斯科学院远东研究所为例，该所在对俄罗斯对华决策方面的影响力该所日前的影响力与苏联时代不可同日而语。

大国的崛起不能仰仗那些空谈、不切实际、自己没有专门知识或科技特长以及对党和国家缺乏忠诚度的人。他们需要的是千百万忠于党国、精通业务的管理人员和技术人才。因此，党和国家各级岗位上的领导干部和技术专家都是通过自上而下的任命，并且给予高薪，予以充分信任并获得重用，以确保俄罗斯发展的连续性和稳定性。这样做的一个后果就是大批俄罗斯的基础性人才中有一部分转化成为党国精英，他们大权在握，拥有普通民众无法享受的特权，长此以往必然形成一个官僚特权阶层，这也是俄罗斯从苏联时期一直存在的特有现象。[①] 十月革命后一段时间里，布尔什维克党员在30万左右。至三十年代初期达到300万。但经过斯大林的大清洗后，早期具有理想主义的革命精英基本上被官僚精英所取代。后者追求的目标不是革命理想而是稳步升迁和享有物质特权，为此他们愿意牺牲个性，服从组织，而斯大林的干部委任制为他们提供了实现个人目标的平台。这些党国精英自上而下构成了一个权力金字塔，中央层面有政治局、中央委员会和各位部委等领导，地方层面有加盟共和国、州、市等地方高级干部。此外它还包括大型企业的最高层、贸易协会领导人和科学、教育、文化和大众媒体各主要机构的负责人。第二次世界大战之后，这一精英阶层人数约有10万人。苏联的解体与这批党国精英的躁动有关联，因为他们中的一部分人在追求物质利益方面更加青睐西方国家及其制度。这批精英尤其是那些掌握国有企业的负责人设法将国有资产转化为私有财产，苏联的解体为他们的私有财富合法化提供了机会。因此这批党国精英是促使苏联解体的主要动力之一。俄罗斯时期的那些新兴资本家、银行家、石油大亨很多来自苏联共产党、共青团和国有大企业高层。例如，谢尔盖·罗吉奥诺夫曾经担任苏联财政部部长，后来成了俄罗斯帝国银行的行长，而纳特普银行是从共青团中冒出来的最大的、最有

---

① 李秀林：《斯大林时期苏联干部制度建设的历史考察》，《辽宁教育学院学报(社会科学版)》，1988年第2期，第18页。

影响的私营企业。舍尔巴科夫曾经担任苏联第一副总理。苏联解体后他成立了一家私营企业，取名叫“私有化协会和外国投资国际基金会”，变成俄罗斯最富有的人之一。再有，苏联大型汽车制造厂AvtoVAZ厂长卡丹尼科夫，1990年开始把该企业变成他的私有财产，被公认为俄罗斯最有钱的人之一。甚至在外交部也出现许多大富翁，瓦狄姆·比尔尤科夫以前在外交部新闻局工作，后成为俄罗斯主要商业性报纸《生意人》的老板。

普京已经意识到了这个问题的严重性。一方面，普京仍然需要倚仗这些党国精英治国，但另一方面又通过制度对其进行制约。普京通过国家杜马立法，禁止官员拥有海外账户，监督官员的财政开支等。[①] 然而，对于胸怀大志的俄罗斯来说，这样做是远远不够的。在政治路线确定以后，最主要的还是要依靠并造就成千上万的基础性科技人才来完成民族复兴的伟业。

第三节　苏联/俄罗斯崛起的应用理论准备

任何大国的崛起都需要战略构思、基本理论指导及其基础人才培养，当这些基础性工作完成以后，就会转向实际应用，俄罗斯也不例外。当俄罗斯确立了主权民主、强国富民的发展模式后，就开

① 据新华社莫斯科2013年5月7日电（记者孙萍）报道，俄罗斯总统普京7日签署法案，禁止政府官员拥有国外银行账户和有价证券。除政府官员外，该禁令适用人群还包括担任现职的法官、议员、军人、检察人员、内务部工作人员、市级行政长官，以及参与竞选总统、州长、联邦和地区杜马议员、联邦委员会议员的候选人等。除了禁止在国外银行开设账户储存现金和贵重金属外，法案还规定不能拥有一切形式的外国金融产品，包括有价证券和金融衍生品。普京今年2月把该法案提交给俄罗斯国家杜马（议会下院）。4月24日，俄国家杜马以压倒性多数通过法案。普京签署法案意味其正式生效。

始把这些理论原则运用到外交思想和制度创新上来，进一步发展、丰富和改进了苏联时期的外交思想、国家制度及其决策机制。

一、苏联/俄罗斯崛起的外交思想准备

苏联/俄罗斯外交思想的逻辑起点就是建立在现实主义基础之上的，是一种以地缘政治视角观察外部世界、以实力为后盾追求地区影响力和大国地位并且以外交政策的实际效果作为衡量标准的实用主义思想体系。俄罗斯的起源与扩张深受地理因素的影响，尤其是19世纪以地理探险家名义实现的领土扩张，形成了沙俄时代的巨大版图。这笔遗产对后人造成两个后果：一是如何守住这笔遗产；二是如何在不同的地理空间认定俄罗斯的身份。斯大林和普京的外交政策始终离不开对这两个问题的思考。战后初期，美国对苏联实行的“遏制战略”也是基于地缘政治考虑，并将整个东方世界纳入到社会主义阵营。斯大林的对策简单而实用：以第三方利益作为交换筹码，迫使美国承认二战后苏联的实际边界线，并将东欧地区纳入苏联的势力范围。另一方面，以苏联作为世界革命的基地，联合东欧和中国等社会主义国家，建立与西方资本主义世界相对抗的东方集团。普京执政年代，西方资本主义世界还存在，但东方社会主义阵营早已消失。俄罗斯自己也浴火重生，寻求“俄罗斯的新思想”。它抛弃了苏联的社会主义制度，探索一种将民主自由原则和市场经济机制相结合的新型发展道路。因此俄罗斯必须跳出东西方关系的政治概念，而寻找一种新的身份认定。从文明的历史传统看，俄罗斯仍然属于大欧洲文明，与北美同属一个文明谱系，[①] 但从地理位置上看，俄罗斯横跨几个文明空间，而且其大部分领土在亚洲地区。

---

① 俄罗斯文明与北美同属于一个大欧洲文明谱系，来自俄罗斯外长的表述，参见［俄］谢尔盖·拉夫罗夫：《21世纪世界权力结构中的俄罗斯》，《现代国际关系》，2013年第2期，第58—60页。

俄罗斯远东问题研究所所长季塔连科指出："俄罗斯领土 2/3 的版图在亚洲，那里居住着 3000 多万俄罗斯公民，拥有 60%—80%具有世界意义的最重要的战略资源储备：从木材、淡水、有色和稀有金属到石油、天然气、煤炭、金刚石等等。"① 因此俄罗斯的外交政策必然具有与众不同的特点，以下分别从全球治理、对欧美关系、亚太战略以及欧亚联盟等方面分别予以阐述。

在全球治理问题上，俄罗斯明确要争当世界领袖，积极参与全球性治理。俄罗斯认为，当前世界发展的主要趋势是和平、发展与合作。虽然冷战思维依然存在，国家间的战争与地区冲突依然存在，但是，随着俄罗斯国际地位的巩固与国际合作的开展，包括核战争在内的大规模冲突的风险将降到最低。目前，对人类社会更直接的威胁是非传统安全，如"三股势力"、大规模杀伤性武器的扩散、贩毒、有组织犯罪、全球金融和经济危机、生态灾害和流行病。这些威胁穿越各国的边界正在全球范围内蔓延。为此，俄罗斯愿意与包括美欧和联合国在内国际社会积极合作，进行全球治理，采取各种预防措施阻止或消除非传统安全威胁。俄罗斯认识到其国民经济体系的脆弱性，即过分依赖能源产业，其油气资源出口占到出口总额的 70%。能源产值对 GDP 的贡献度达到 50%。普京坦言，近十年来增加的财富主要来自石油收益。② 正是意识到自己经济模式的不可持续性与对外依赖性，所以普京尽管在国家主权与国际正义方面严厉批评美国，但他没有去谋划与整个西方世界去作对，因为生活在一个相互依存的全球体系中，任何闭关锁国的政策都不可能使俄罗斯强大起来。因此，俄罗斯积极参与全球治理事务，而且主张建立全球治理体制。这个体制的决策核心是联合国，而国际货币基金组织、

① ［俄］米·季塔连科：《俄罗斯新欧亚思想及亚太政策》，《现代国际关系》，2005 年 12 期，第 39 页。

② 转引自毕洪业：《新普京时代的俄欧关系走势分析》，《东北亚论坛》，2013 年第 3 期，第 43 页。

世界银行、世界贸易组织及 G20 具有全球治理体制的执行功能。[①]

而斯大林所处的时代不一样，当时世界的相互依赖程度远远低于现在，苏联的社会主义本身就是在资本主义世界严密封锁下而建成的，国内拥有较为完备的国民经济体系，具有强大的工业制造能力。此外，二战结束后，出现了一批愿意追随苏联政策的社会主义国家，由此斯大林能够得出结论，认为世界市场一分为二，一个是资本主义市场，另一个是社会主义市场，两个平行市场互不交集。随着社会主义阵营的日益壮大，资本主义体系的市场越来越狭小，其依赖的资源状况和销售条件更加恶化，从而导致资本主义的总危机。根据这一指导思想，斯大林不仅拒绝本国参与马歇尔计划，而且勒令东欧国家也不得参与马歇尔计划，使得整个社会主义阵营的经济贸易完全在西方主导的国际经济秩序之外发展。

在与美欧关系上，俄罗斯主要关注两个焦点，一是如何制止以美国为首的北约组织挤压俄罗斯安全空间，削弱俄罗斯的战略反击能力；二是如何防范西方国家利用俄罗斯现行民主体制干涉其内政。北约东扩与欧盟东扩的双重扩张战略导致东欧国家以及波罗的海三国加入了西方集团，俄罗斯失去了传统上的安全缓冲地带。但美欧的战略步伐并没有停止，它们把独联体国家甚至俄罗斯本身继续作为“民主改造的对象”。2003 年后美国开始在独联体地区策划“颜色革命”，试图以非暴力形式帮助亲西方的领导人执掌政权。具体做法是，提供大量的资金在独联体国家培植反政府力量，利用民主选举的机会制造政局混乱，最后促成反对派夺取政权。[②] 美国的战略一时收到了效果。格鲁吉亚、乌克兰和吉尔吉斯斯坦都出现了亲西方政权。俄罗斯国内的反对派也对普京当局提出了挑战。俄罗斯的反

① 杨雷：《俄罗斯的全球治理战略》，《南开学报（哲学社会科学版）》，2012 年第 6 期，第 44 页。

② 关于这一地区“颜色革命”的较为详细的描述，可参阅大卫·雷恩：《作为一种政治现象的“颜色革命”》，《当代世界社会主义问题》，2011 年第 3 期，第 44—61 页。

击手段是，首先给北约东扩划定红线。俄罗斯警告美国，如果继续挤压俄罗斯在独联体的战略空间，俄罗斯坚决反击，甚至不惜动用核武器。[①] 针对“颜色革命”后独联体的形势，“俄罗斯应用经济手段、武力手段和大国博弈等三种重要手段和方式促成了三国局势的改变，使其局势朝着有利于俄罗斯的方向发展”。[②] 俄罗斯先是在2006 年对乌克兰发动天然气大战，后在2008 年对格鲁吉亚发动了小规模的战争，再是迫使吉尔吉斯斯坦政府驱赶美军在玛纳斯的空军基地，最后停止美国国际开发署代表处在俄罗斯的活动，加强对俄罗斯境内的外国非政府组织活动的管理和监控。

普京的这些手段让人回想起斯大林在战后初期的一些做法，两者非常相似。雅尔塔会议上，斯大林凭借苏联红军在东欧地区的压倒性优势，迫使西方在这一地区上让步，将其纳入苏联的势力范围。因此，当美国借以《被解放欧洲的宣言》施压斯大林允许东欧国家自由选举时，斯大林愤怒地回应，“这些国家中任何一个由自由选举产生的政府都将是反苏的，我们不能容许。”1947 年后，美国先后出台“杜鲁门主义”和“马歇尔计划”，斯大林坚决反击，除了禁止东欧国家参与“马歇尔计划”外，还将东欧国家联合政府里面的亲西方势力赶走，并在1948 年对柏林进行封锁，逼迫西方国家撤离柏林。总之，普京和斯大林都无法容忍俄罗斯对周边地区失去控制，从而危及俄罗斯在欧亚地缘政治中的主导地位。

然而，两人在具体策略上还是采取比较务实的手法，因为两人

---

① 据新华网消息，俄罗斯武装力量总参谋长尼古拉·马卡罗夫在2011 年11 月17 日警告，北约势力东扩使俄罗斯卷入边境冲突的风险“急剧增加”。马卡罗夫所说北约东扩是指，北约将位于东欧和中欧的一些原独联体阵营成员“收编麾下”。俄罗斯一直视北约东扩为俄罗斯安全的“关键威胁”。俄罗斯媒体报道，马卡罗夫特别提及北约接收格鲁吉亚和乌克兰为成员的计划。他认为，这一计划“潜在威胁”俄罗斯安全，马卡罗夫补充道，“某些情况下，当地和地区冲突可能发展成为一场牵扯核武器的全面战争”，他不排除战争中使用核武器的可能性，新华网，2011 年11 月20 日。

② 邢广程：《在“颜色革命”的背后》，《当代世界》，2013 年第5 期，第18 页。

明白苏联/俄罗斯崛起的国际环境完全取决于苏美和俄美关系的走向。稳定持久的苏美和俄美合作伙伴关系可以为苏联/俄罗斯的崛起提供广阔的空间。虽然有时候出于笼络民心的需要，普京会对美国说“不”，但更多的时候普京会对美国展示友好合作的姿态。例如，“9·11”事件发生后，普京支持美国打击国际恐怖主义活动；在联合国安理会关于加紧对伊朗制裁的投票中投下了赞成票，并且默许美国退出《反导条约》；同意北约利用俄罗斯境内设立中转站，为阿富汗驻军提供军用物资等。斯大林虽然在冷战初期对美国采取了激烈的反击措施，但还是预留了回旋的余地，比如对柏林的封锁仅限于空中，一年之后就解除了。斯大林默认英国军队镇压共产党人，并在的里亚斯特城归属权上不支持南斯拉夫。斯大林还劝说毛泽东在取得三大战役胜利之后不要乘胜追击国民党军队，而是与蒋介石划江而治。普京和斯大林之所以在对美政策上采取弹性政策，是因为意识到在与美欧力量对比中俄罗斯力量的局限性。

在欧亚地区和亚太战略方面，俄罗斯基的外交思想基本上采纳了欧亚主义的一些核心理念。欧亚主义者主张俄罗斯是一个特殊的地理空间，是横跨欧亚大陆、连接东西方世界的重要地带。俄罗斯不能向西方一边倒，而是充分保留自己的发展空间，成为世界多极力量格局中的平衡杠杆。从叶利钦后开始采取“近邻外交”政策以来，俄罗斯的外交一直坚持独联体地区在外交中的重要地位。2013年，俄罗斯颁布了修改过的《俄罗斯联邦外交政策构想》。在《构想》中，俄罗斯把独联体放在俄罗斯外交的优先地位。俄罗斯强调将与该地区的国家建立一种睦邻友好的战略伙伴关系，双方在政治经济文化领域开展全方位的合作，包括反对国际恐怖主义、推进区域内的多边组织合作、巩固俄白联盟、建立自由贸易区以及共同开发自然资源等。[①] 在欧亚战略方面，普京把建立“欧亚联盟”看成

① 参阅俄罗斯总统网站于2013年2月26日播发的《俄罗斯联邦外交政策构想》全文。

是最重要的内容。2011 年 10 月 4 日，普京在俄罗斯《消息报》发表题为《新的欧亚一体化方案——未来在今天诞生》的文章，提出了“欧亚联盟”的设想，并将其作为自己第三次总统竞选的主要纲领。2012 年 5 月 7 日，俄罗斯公布《关于俄罗斯联邦对外方针的实施措施》，再次重申，俄罗斯外交的主攻方向是加深欧亚一体化，争取在 2015 年 1 月 1 日前建立“欧亚经济联盟”。

亚太战略是欧亚战略的自然延伸，也是欧亚主义外交不可分割的一部分。苏联解体后，俄罗斯在西进方向遇上了很大挫折。叶利钦向西方“一边倒”的政策被证明是一厢情愿，西方害怕俄罗斯庞大核武库，所以才勉强赠送了一个 G8 成员的虚名，骨子里根本不接受俄罗斯的平等大国地位。季塔连科指出：“叶利钦向西方‘一边倒’的右倾政策导致俄罗斯国内政治动荡，经济形势复杂化，国际信誉严重受损，给俄罗斯民族带来了严重创伤。”① 在叶利钦后期，在具有欧亚主义情结的普里马科夫的主导下，俄罗斯开始实行“双头鹰”外交，重视亚太地区，发展中俄战略伙伴关系。普京时期，俄罗斯更加重视发展与亚太地区的合作关系，普京认为：“俄罗斯从来都认为自己是一个欧亚国家，它从没忘记，俄罗斯主要领土位于亚洲。”② “亚洲、亚太地区为俄罗斯提供了实现迫切、重要利益的环境。基于历史传统和经验，以及经济和文化联系，该地区在俄罗斯选择对外政治优先权方面占有越来越重要的位置。”③ 尤为重要的是，亚太地区的蓬勃发展改变了俄罗斯的传统偏见。以前，俄罗斯以欧洲国家的身份认定为荣耀，俄罗斯的发展水平远远高于亚洲国家，而亚洲国家除了日本外基本上属于发展中国家。但普京上台面临的现实让俄罗斯清醒地认识到形势的逆袭。俄罗斯除了出卖资源及少量军火产品外没有其他优势，其经济地位甚至一度排在世界前

① ［俄］米·季塔连科：《俄罗斯新欧亚思想及亚太政策》，《现代国际关系》，2005 年第 8 期，第 40 页。

② 同上书，第 39 页。

③ 同上。

十名之后。

随着中印两国的强力崛起，日本继续保持世界工业强国的水平，韩国紧随日本在工业制造和科技创新方面引领世界潮流。亚太地区成为全球经济的主发动机和财富源泉。中日印的经济总量位居世界十大经济国之列，整个亚太地区的经济总量已占全球总额的1/3。亚太地区还汇聚着世界最雄厚的金融资本，这些国家和地区的外汇储备合计接近6万亿美元。这些雄厚的资本是俄罗斯开发远东地区所需要的。远东地区的开发非常重要，已经成为俄罗斯必然的战略选择，因为开发远东地区，可以使沉睡千年的自然资源通过国际市场的交换为俄罗斯带来巨额财富，同时可以加强中央政府与远东地方政府之间的联系。由于俄罗斯长期将战略重点放在面向欧洲地区，与亚太国家的经贸关系也很脆弱，可以用三个数字来说明问题：其一是俄罗斯在亚太经合组织成员贸易总额中的占比仅为1%；其二是与所有亚太国家和地区（包括美国、加拿大和澳大利亚）的贸易仅占俄罗斯外贸总额的23.3%；其三是俄罗斯和欧洲的贸易额占俄外贸总额的51%。[①]

在很长一段时间里，俄罗斯的外交战略放在欧洲，忽略了亚太地区，造成了远东地区发展滞后的后果。这种滞后甚至有可能威胁俄罗斯的国家安全。季志业认为，“俄罗斯的东部地区主要面临着三大问题：一是地方分立倾向，二是人口缺失问题，三是体制竞争力问题，而这三大问题的根本原因是该地区的经济落后、居民生活水平低下。”[②] 因此，俄罗斯与亚太地区发展关系的意义已经上升到维护国家安全与领土完整的层面。中国现代国际关系研究院课题组经过研究得出结论，普京复任后会加大对亚太外交投入，将其视作俄罗斯经济复兴和提升大国地位的重要支点：一是积极参与东亚安全

① 柳丰华：《俄罗斯的“东进”政策：成就、问题与走势》，《俄罗斯学刊》，2013年第1期，第12—13页。

② 季志业：《俄罗斯的东北亚政策》，《东北亚论坛》，2013年第1期，第47—48页。

事务。俄通过“六方会谈”和“东亚峰会”等，推动有关各方构建“亚太集体安全体系”；二是加快东西伯利亚和远东油气开发，加速太平洋油气管道及油气加工项目建设，挺进亚太能源市场；第三是继续深化中俄关系，希望借助中国经济的发展势头带动俄罗斯经济。①

中俄关系是俄罗斯亚太政策中最重要的环节。自从俄罗斯转向“双头鹰外交”政策后，中俄关系持续发展，双方建立了稳定的战略合作框架，主要体现在：两国高层保持密切的接触；双边贸易额持续增长；金融合作进展顺利；人文合作日益增强；地区合作加强。普京重视中俄关系的原因是，从战略上，借用中国及其他大国的力量可以牵制美国的对俄战略，防止美国对俄罗斯的战略空间采取过分激烈的措施。通俗地讲就是，俄罗斯打“中国牌”，在与美国讨价还价的过程中谋取战略利益。从经济上，中国正好拥有俄罗斯所需要的资金、技术和市场，发展中俄经贸关系可以降低西方国家在俄罗斯经济发展中的重要地位。从外交上，俄罗斯通过与中国联手打造上合组织平台，利用中国的经济实力给中亚国家提供物质优惠，平衡西方国家在中亚的地区的影响力，为俄罗斯建立“欧亚联盟”赢得时间。另外，俄罗斯可以将中国作为通向亚太地区的桥梁和跳板。

斯大林没有系统的亚太战略。他的国际观与地区观是建立在意识形态分析基础上。斯大林把整个世界划分为社会主义阵营和资本主义阵营，国际关系的主轴体现东西方关系。东方既是一个地理概念，也是一个政治概念，而亚太地区或亚洲地区属于东方阵营，中国则是东方阵营中仅次于苏联的主力军。尽管斯大林不乐意见到毛泽东在中国共产党的领导地位，但毛泽东夺取政权以后，务实的斯大林立刻承认毛泽东作为大党领袖在国际共运中的合法性。斯大林

① 中国现代国际关系研究院课题组：《普京复任后的俄罗斯内外政策调整》，《俄罗斯东欧中亚研究》，2013 年第 2 期。

希望中苏携手共同推动社会主义市场的形成与发展，他把战后亚太地区后出现的新兴民族国家划在社会主义阵营的外围。然而，虽然斯大林尊重中国共产党的历史地位，承认毛泽东为新中国的政治领袖，但他仍然摆脱不了“苏联中心论”的思维。当时苏联完全以“老大哥”自居，盛气凌人，把包括中国在内的亚太国家当成是需要苏联援助的贫困“小弟”，这就为以后中苏分裂，苏联难以涉足亚太地区埋下了祸根。①

二、苏联/俄罗斯崛起的机制建设准备

大国的崛起需要有一套科学实用的运行机制予以保障。这套运行机制的基础层面是由宪法及其相关法律条例构成的，它的应用层面则由国家高层包括外交决策在内的国家决策机制所构成。苏联/俄罗斯崛起的成功经验中，其中有一条就是它们在机制层面上做了充分的准备。

十月革命后，苏联开始进入“一国建成社会主义阶段”，全国上下都卷入了各项大规模的运动，从击败党内反对派，到农业集体化、工业化和政治大清洗，苏联建立了一套中央集权机制，并以宪法的形式予以确立了下来。“宪法是国家根本大法，它主要是以法律条文的形式规定国家政权机关结构和活动的基本原则以及公民的基本权利和义务。”② 苏联一共四次制宪，斯大林时期就占了三次。③ 在苏

---

① 参见李越然：《中苏外交亲历记——李越然回忆录》，北京：世界知识出版社，2001 年版。李越然是中苏首脑会晤的俄语首席翻译，多次参与毛泽东、周恩来与苏共领导人的会晤。30 多年前，笔者有幸与李老见面，亲耳聆听他的那些传奇式故事，对于苏联的“老大哥”脾气也略知一二。

② 参见 1936 年版《苏联宪法》，来源“百度文库”，http: //wenku. baidu. com/link? url = RT4QCUZ4j1rm46 - 5jyU4sowSJDtVwG8KsTjqZlgL8UOXIS31RuORtLg8D9O7uR-Uh67t2g3GxqkR3BbKnUleDU1e34AvCf3X9NiM13k0aBIu。

③ 同上。

联的宪法中，核心是明确苏维埃政权是国家权力最高机构，为了贯彻“巴黎公社”理念，苏联宪法规定“苏维埃则是三权统一的最高国家权力机关，不仅立法，而且由苏维埃产生，监督执法、司法机关，决定国家重大决策与人事任免。”[①] 当然任何以苏维埃政权名义颁发的法令、重大决策和人事任免，事先都必须经过苏联共产党中央政治局的批准，总书记成为这个权力体系中的核心。由于“宪法、党章对党政领导人没有任期规定，为终身制留下漏洞。斯大林任总书记31年、任总理12年，赫鲁晓夫任第一书记11年、任总理6年，勃列日涅夫任总书记18年，加里宁任苏维埃主席27年。这也是西方国家攻击苏联独裁制度的重要理由。终身制当然不是马克思主义所倡导的，其消极作用也很明显。但是在特殊的战乱岁月，在国家创立的初期阶段，不明确规定领导人的任期也有一定的积极作用，即可以保证党国领导人有足够的时间制订兴国战略，并全力推行其治国方略。在对外政策上，一个大权在握、控制国家局面并具有丰富洞察力和强大博弈能力的政治领袖，可以在险恶的国际环境下与国家综合实力高出一筹的战略对手巧妙周旋，讨价还价，以最大耐心和坚忍不拔的毅力为本国博取最大的利益。正是这样的政治体制和决策机制为斯大林成为世界级领袖提供了条件。在雅尔塔会议中，斯大林在二战中积累的强大实力和国际声望，使他在与罗斯福、丘吉尔这样同样是世界级政治领袖谈判中不落下风，罗斯福和丘吉尔几乎满足了斯大林所有的谈判要求。[②]

---

① 参见1936年版《苏联宪法》，来源“百度文库”，http：//wenku. baidu. com/link？url = RT4QCUZ4j1rm46 - 5jyU4sowSJDtVwG8KsTjqZlgL8UOXIS31RuORtLg8D9O7uR-Uh67t2g3GxqkR3BbKnUleDU1e34AvCf3X9NiM13k0aBIu。

② 二战结束后，斯大林为苏联赢得了巨大的地缘政治经济利益包括：波苏边界恢复至寇松线，西乌克兰归苏联；波罗的沿海三国归苏联；比萨拉比亚归苏联；千岛群岛和库页岛归苏联；蒙古独立；租借旅顺港口；苏联在中国东北享有优惠权等。

普京当政初期，俄罗斯的局势也是相当不稳定，国民经济状况非常糟糕，各派政治势力涌现要分享政治权力。在外部环境上，俄罗斯不仅失去在东欧地区的影响力，而且十五个加盟共和国也分离出去，美国通过北约东扩尽量挤压俄罗斯的战略空间，以便让俄罗斯的战略反击能力彻底消失。俄罗斯从来没有面临过如此严峻的地缘政治形势。这个时候，俄罗斯的民众和大部分精英希望俄罗斯有一个强权人物站出来，扭转不利的地缘政治局面，带领俄罗斯人民走向繁荣富强。俄罗斯幸运的是，叶利钦选择了普京，并放手让普京行使俄罗斯总统的权力。[①] 普京也当仁不让，他要将铁血手腕与柔软身段相结合，打造一个强大的俄罗斯。

普京在政策层面稳定局势后，重点放在机制建设，要点是确保俄罗斯总统在内政外交决策中的核心作用。俄罗斯宪法规定俄罗斯是共和制的民主联邦法治国家，确立了总统和俄罗斯总理权力二元结构的政府体制。国防与外交决策权归属总统。总统可以任免总理并由国家杜马批准。总理负责行政工作，主要是经济事务。总理在总统死亡或者辞职、解职时作为第一顺位继任人担任总统职务。[②] 初出茅庐的普京，无论是资历还是声望无法与国家创始人斯大林相比，但是他熟谙权力运行的规律。他一方面充分行使宪法赋予的总统特权，另一方面进行机制建设，使自己的领导地位以政治制度的形式确立下来，从而为自己赢得20年时间，“还一个奇迹般的俄罗斯”。在制度层面，普京遇到最大的一个坎是，俄罗斯宪法规定，总统不得连任两届。[③] 2008年，普京正好任满两届总统。在其政治斐然、声望日隆的时刻，根据宪法必须交出总统职务。但是，普京认为，如果此时解甲归田，俄罗斯崛起的过程可能会延长，他无法“还俄罗斯一个奇迹”。因此，普京决意继续留在俄罗斯政坛。他筹谋利用

---

① ［俄］列昂尼德·姆列钦：《克里姆林宫的主人》，北京：百花洲文艺出版社，2004年版，第241页。

② 参见《俄罗斯联邦宪法》，俄罗斯政府网站。

③ 同上。

宪法上的“漏洞”，为自己争取第三次当选俄罗斯总统的机会。普京的策略是提携自己信得过的梅德韦杰夫为其守住四年总统职位，自己转任总理，以名义上2号人物继续留在俄罗斯政坛，这样就绕开了宪法的禁区。同时普京设法对宪法进行修改，将总统任期延长至6年、杜马议员延长至5年。[①] 2012年，普京再次竞选总统，如愿以偿，第三次成为俄罗斯总统。根据新宪法，如不出意外，普京的政治生命再次延长12年。这样，前后累计，普京拥有超过20年的时间治理俄罗斯，带领俄罗斯走向繁荣富强。同时在制度设计层面上，普京也断绝了西方国家利用俄罗斯民主选举的机会将亲西方势力扶植上台的念想。

在机制建设层面，较苏联时代而言，俄罗斯的外交决策机制比较完善和透明，民主化程度相对高一些。主导俄罗斯外交决策的是以总统及其顾问班子为顶层、官僚精英集团为中坚、社会精英为基础的金字塔形的权力架构。总统通过其办公厅和国家安全会议掌握着最终外交决策权。官僚精英则由外交部门及强力部门官员等组成，他们在向总统提供情报信息、决策建议以及执行批准的外交政策等方面发挥主干作用。俄罗斯多元化政治制度确立后，各个阶层、各种利益集团对外交政策都努力发挥自己的影响。众多知识精英集团热衷于参与外交决策，并给政府或议会提供外交咨询。这个群体对外交问题有较系统和深入的研究，因此研究成果的影响力也比较大。而俄罗斯各派政治势力作为压力集团主要在国家杜马施加影响，参与外交决策活动。[②]

① 新华网莫斯科2008年12月30日电（记者刘洋）：据俄塔社报道，俄罗斯总统梅德韦杰夫30日签署了延长总统及国家杜马（议会下院）议员任期的宪法修正案，为该修正案生效完成最后一道法律程序。根据宪法修正案，俄罗斯总统和国家杜马议员的任期由原来的4年分别延长到6年和5年，政府领导人将每年向国家杜马汇报工作，接受杜马监督。

② 参阅冯玉军：《俄罗斯外交决策机制》，北京：时事出版社，2002年版。

普京当政以来，严格管理各对外决策部门，着力消除职权划分不明确、各单位争权夺利等问题。普京还非常重视征询资深人士特别是来自智库专家学者的意见，俄对外决策制度化和规范化建设上了新台阶。

当代俄罗斯的主要智库可以分为三类：1. 官方智库。这类智库或者直属于联邦政府或者具有官方政府背景，如总统经济委员会、俄罗斯战略研究所、俄罗斯现代发展研究所、战略研究中心、世界经济和国际关系研究所、美国加拿大研究所和经济战略研究所等。2. 学术性智库。这类智库属于非商业的独立社会团体，侧重于学术研究，一般都与科学院机构、各种学会和高校有关联。智库经费多来自于机构和个人赞助，很多智库接受国外资助。学术性智库的典型代表包括外交和国防政策委员会、"IN-DEM" 中心、国家战略委员会、俄罗斯社会政治中心、盖达尔经济政策研究所、战略和技术分析中心、库尔吉尼扬中心等。另外还有莫斯科大学、圣彼得堡大学、莫斯科国际关系学院、高等经济学院、俄联邦总统国民经济和国家行政学院等著名研究型大学也都设有智库性质的分析研究机构。3. 商业性智库。俄罗斯商业性智库的客户包括政党社团、政府机构、商业机构、政界和商界精英等，主要业务包括提供竞选技术咨询、民意调研、公关服务等。这类智库的典型代表包括"政治"基金会、政治技术研究中心、俄罗斯政治行情研究中心、全俄舆论研究中心、"舆论"基金会、列瓦达中心、效率政治基金会、"齐尔孔"研究组等。①

通过既规范又灵活的外交决策机制设计，俄罗斯建设了这一批具有国际影响力的决策智库，并在这些智库中涌现出一批享有国际声望的专家学者。在全球问题研究领域有俄罗斯外交部外交学院院长亚历山大·帕诺夫、俄外交与国防政策委员会主席团主席卡拉加诺夫、俄科学院世界经济和国际关系研究所副所长丘弗林院士、莫

① 李铁军：《俄罗斯智库的发展历程和现状》，《学习时报》，2013年2月25日。

斯科国际关系学院院长阿纳托利·托尔库诺夫院士、地缘政治学家杜金将军以及全球化问题专家卢贾宁等。在欧美研究领域有俄罗斯科学院美加研究所所长谢·米·罗戈夫、美加研究所名誉所长格·阿尔巴托夫。在东方研究领域有中东问题专家和前外长 E. M. 普里马科夫、中国问题专家齐赫文斯基、远东研究所所长季塔连科院士以及中国问题专家米亚斯尼科夫和小卢金等。俄罗斯通过智库的方式为本民族培养和储备了一批经世致用的党国精英。他们是俄罗斯文化软实力的重要组成部分，他们的学说和策论为俄罗斯崛起挤入世界大国行列做出了巨大的贡献。

第四节　小结

俄罗斯是当今世界的主要大国，它在国际舞台上扮演着重要的角色。在三百多年时间里，俄罗斯从欧亚大陆偏远地区的一个小公国逐步变成世界大国，期间经历了三个时代：沙俄时代、苏联时代与俄罗斯时代。十月革命以后，布尔什维克推翻了沙皇政权，建立了社会主义的苏维埃联邦国家。在斯大林的领导下，苏联经历了国内战争、反法西斯卫国战争以及战后初期的冷战，一跃而起，成为能够抗衡美国的超级大国。1989 年苏东剧变后，苏联彻底解体。俄罗斯继承了苏联的国际法地位，成为国际关系体系中一个新的行为主体。这一时期，俄罗斯的国力急剧下降，几乎沦落为一个二流的地区大国。然而，在普京的领导下，俄罗斯致力于国家现代化，集中精力发展经济，于是俄罗斯民族再一次显示了惊人的复苏能力：它很快走出沼泽，成为一个世界大国。它是主导当今世界战略格局的三驾马车之一。苏联/俄罗斯的崛起之路尽管充满荆棘与坎坷，充满悲壮与戏剧，但却富于特色，与众不同，值得中国学者认真研究。苏联/俄罗斯在不同时期形成了不同的战略思想与理论体系，这些思想理论为苏联/俄罗斯的崛起做了充分的准备。在这些思想理论体系的指导下，苏联/俄罗斯在斯大林时代和普京时代形成了富于民族特色的外交指导思想，并在实践中不断的丰富与完善。这些理论和思想总结起来总共有八条，以下一一阐述。

1. 苏联/俄罗斯追求与维护大国地位的首要手段就是发展经济实力。它们皆以工业技术先进的西方国家为蓝本，最大限度地动员国内资源，努力实现国家现代化

彼得大帝留给俄罗斯的重要遗产就是，若要在国际地位占有一席必须学习欧洲实现现代化，并在国际政治中推行实力政策。虽然十月革命以后，宣称承担着世界革命使命的布尔什维主义成为国家的主流意识形态，但在斯大林领导下，苏联改变了发展方向，从世界革命转向“一国建成社会主义”。斯大林提出了“落后要挨打”的著名论断。他继承了沙俄丰厚的地缘政治遗产，对内实现工业化，对外推行有限的领土扩张。普京延续了这一政策。上台伊始，他就告诫人民，俄罗斯快要沦落为二流的地区大国，因此必须把发展经济放在一切首位，所有的领域包括军事与外交都必须服务于这一战略目标。

2. 优先考虑国家经济发展，把外交看成是服务于这一国家战略目标的手段之一。因此在这一总目标之下，俄罗斯实行了颇具特色的能源外交与区域合作外交，以便实现经济利益的最大化

斯大林战后初期的外交指导思想看上去似乎是重视意识形态，要向世界输出革命，要与美国为首的西方阵营进行战略决战，其实这是虚张声势的做法。斯大林本质上是现实主义者，仍然推行发展经济实力至上的外交政策，在占领东德以及中国东北后拆除了大量的德日工业设备与生活设施运回国内。同时苏联也设法让社会主义国家以及亲苏的第三世界国家成为依附于苏联主导的世界社会主义市场体系的一部分。普京治下的俄罗斯缺乏苏联时期优越的国际条件，因此他把重点放在能源生产及输出的控制上面。另外俄罗斯也

通过出售军事武器赚取外汇。俄罗斯重视中俄关系的一个实质性内容就是向中国推销油气资源及其武器装备。

3. 在经济发展的基础上优先考虑军事现代化，把追求军事优势、适度显示或使用军事实力当成是推行大国外交的有效手段，并在实践中屡屡使用。这是俄罗斯在经济实力相对落后的情况下仍然保持大国地位的成功战略

二战结束后，苏联红军成为欧洲地区最强大的军队，斯大林凭借这一优势不仅获得了大片领土，而且在东欧地区驻军，使东欧成为苏联的势力范围，其影响力扩大到西欧地区。苏联开展与美国的军备竞赛，打破了美国的核垄断。它还支持中国与美国在朝鲜半岛进行局部热战，反制美国的遏制政策。相比苏联，俄罗斯的军事实力大打折扣，但普京仍然使用军事手段，解决地区争端。俄罗斯对格鲁吉亚进行了有限的军事打击，还趁乌克兰国内局势不稳之际，重兵驻扎俄乌边界，果断收回克里米亚，并支持乌克兰东部亲俄势力造反。普京的真正用意就是要建立一个俄罗斯安全的防护地带，防止在其势力范围内出现挑战的国家。

4. 追求实地，尽可能地扩大国家的版图是苏联/俄罗斯的重要战略思想。领土构成了苏联/俄罗斯国家力量与国家利益的核心部分；不断地扩大领土范围，保持苏联/俄罗斯对已有领土的有效控制，是其战略考虑的主要基础

苏联/俄罗斯并非通过实现国家现代化成为世界大国，而是通过帝国式的领土扩张，占据着欧亚大陆的中央地带，并控制着该地区丰裕的资源与战略位置，从而形成了作为世界大国的主要架构。斯大林在二战前夕就通过发动战争，吞并了波罗地沿海三国。二战结束后，斯大林又从波兰东部割让了大块领土，并入西乌克兰。此外，在其他邻国中的领土的纠纷中苏联都获得了实利。普京开始接手的俄罗斯是一个孱弱的地区性大国，但是，他在维护国家领土的完整中采取了强硬政策：在北方四岛归属上，普京毫不妥协；他对车臣和格鲁吉亚都发动过战争，迫使它们屈服于俄罗斯的战

略意志。

5. 在周边地区构建势力范围，尤其将东欧地区及独联体地区变成自己势力范围，是苏联/俄罗斯保障国家安全、实现国家稳定发展并在世界地缘战略中心发挥关键作用的主要战略平台

苏联/俄罗斯地理位置也有天然的缺陷：一是东西两端甚至南部地区缺乏有效的天然屏障，这使得它们在历史上饱受异族的侵犯，从成吉思汗到拿破仑，从波兰到芬兰，从十四国军干涉到希特勒入侵，直到目前伊斯兰极端主义的威胁，苏联/俄罗斯多次遭受战争的创伤。因此，斯大林在二战胜利后利用红军控制东欧的战略机遇，在东欧建立了亲苏的政权，甚至让苏军元帅直接担任波兰的国防部长，使得东欧成为苏联的势力范围，并设法让美国认可。苏东剧变后，东欧国家全部倒向西方，俄罗斯失去了传统的势力范围，而原来处于同一国家架构下的原苏联各省份也成为独立的国家，尤其是乌克兰与中亚地区的独立，导致俄罗斯的领土边界倒退到沙俄时代。因此，普京竭尽全力要把独联体保持在俄罗斯的势力范围之内，将其当成是维护俄罗斯国家安全优先考虑的战略目标。

6. 苏联/俄罗斯战略理论与外交思想充分体现其作为欧亚大陆大国的地缘政治特色，在无法实现“世界革命”和融入欧洲大厦的梦想之后，苏联/俄罗斯设法把自己变成沟通欧洲文明与亚洲文明之间的桥梁，在对外政策中采取兼顾东西方的双头鹰外交

列宁曾经有“欧洲主义”倾向，但自从斯大林实行“一国建成社会主义”理论之后，苏联放弃了成为欧洲一部分的想法，而是设法让欧洲成为苏联的一部分。苏联的外交完全继承了沙俄时期的外交传统，推行欧亚特色的地缘政治外交，通过武力征服、军事结盟以及外交斡旋，在东西方较量中占据主动地位。俄罗斯继续沿袭斯大林的外交路线，在东西方外交中采取平衡政策，对欧盟与中国同时发展外交关系，但又相对保持独立，设法保持东西方两个侧翼的地缘战略安全。

7. 实行独立自主的外交政策，对世界主要霸权国家美国，苏联/俄罗斯采取不主动挑战但也不怕挑战的外交战略。它们凭借辽阔的国土面积，雄厚的自然资源以及强大的军事实力，与战略对手进行全方位的博弈，努力确保国家核心利益不受侵犯

历史上苏联/俄罗斯长期扮演“孤独大国”的角色，尽管在不同时期和不同的国际体系里与相关大国结成盟友，但从来没有放弃独行其是的行动意志。在斯大林时期，苏联索性放弃参与美国占主导地位的国际秩序建设，而是依据“两个平行市场”的理论，在现有的国际体系外打造另一个国际体系。苏联曾拉拢东欧国家拒绝参加马歇尔计划以及关税联盟，自己成立经互会和华约组织，因而形成了美苏两极对峙的冷战格局。它蔑视西方主导的现存国际秩序。联合国安理会只不过是供苏联表演的一个公共舞台。苏联代表屡屡否决西方的提案，因而葛罗米柯外长获得了“不先生”的名号。普京虽然没有实力另搞一套国际体系，但他放弃了加入西方阵营的幻想，并设法与金砖国家一起营造新的国际合作模式。

8. 娴熟地使用联盟外交手段，尽力扩大俄罗斯的战略同盟，以便在对外交往中结交更多的盟友，以弥补俄罗斯经济滞后而造成的对外战略力量的竞争劣势

俄罗斯的历史传统就是喜欢与相关国家结成战略同盟。在欧洲协调时期，沙俄曾经与普鲁士、奥匈帝国以及英国结成反拿破仑联盟。一战时期沙俄曾经与英法结成联盟。二战时期苏联曾经与美英结成同盟。冷战时期，苏联曾经与中国以及东欧国家结成同盟，并成立了华约组织。后冷战时期，俄罗斯与独联体的一些国家建立军事联盟，还与中国印度等大国建立了战略合作伙伴关系，并通过上合组织、欧亚联盟进一步巩固这种盟友关系。这样俄罗斯熟练运用联盟等外交工具来弥补自己实力上的欠缺，以增强自己在大国竞争中的地位。

苏联/俄罗斯在世界近代数百年的变迁中始终跻身于世界大国之列。特别从二战结束后到今天的68年中，俄罗斯民族经历了从世界

大国的巅峰跌落到地区大国低谷的痛苦过程，但俄罗斯民族没有放弃攀登世界大国高峰的努力。她坚守着作为世界大国的魂魄，凭借丰厚的自然资源与人文底蕴以及坚忍不拔的精神，迅速恢复世界大国的形象，让世界其他国家无法忽视它的存在。总之，俄罗斯民族在历史上几度神奇般地崛起，是与其充分的大国理论准备分不开的。正是它的民族传统、战略思想、政治领袖以及优秀人才为其成为世界大国指明了正确的战略方向，提供了可行的外交策略，使得当下的俄罗斯能够在激烈地大国竞争中脱颖而出，以此继续引领欧亚大陆地缘政治数百年之风骚。

第四章

日本崛起的理论准备

明治维新以来，日本已经历了两轮崛起周期，并可能开启了第三轮崛起周期。其间虽几度沉浮，至今仍困厄于经济长期不振的“迷失的二十年”，但作为“主导世界五大力量”之一的大国地位并未受到根本性撼动。在日本崛起的过程中，有哪些理论为其在行动上提供了学理上的支撑？这些行动性理论提出的背后又受哪些指导性理论的影响？而以第二次世界大战为分水岭，其行动性理论与指导性理论在战前、战后又呈现出怎样的延续性与变迁性，其原因何在？本章的主要目的便是对上述三个问题加以剖析，并以此为基础对日本的崛起特征进行归纳。

第一节　崛起环境和战略运筹

一、日本崛起的战略环境

一国的最根本目标是追求自身的国家安全与实现综合国力的增长，因此是否得当的国家战略与顺利实现这一目标息息相关。它包括对国家战略目标的确定、战略路径的选择及战略步骤的安排等。一国在不同时代的国家定位和综合国力往往变动不居、兴衰不定，或由弱变强，或由强转弱，呈现出螺旋式的发展。这也就需要一国应根据本国的国运循环规律，制定不同阶段的国家战略。

中国学者胡鞍钢认为，国家生命周期理论对研究国家兴衰具有较强的解释力。他在研究英国历史学家汤因比的“文明生命周期论”（指出任何文明都会经历起源、生长、衰落、解体和死亡五个发展阶段）和经济学上的“产品生命周期理论”（指出任何商品都会经历从引进、消化、成熟到下降的“四个阶段”或“五个阶段”）后，受到启示并借鉴他们的思路提出了国家生命周期的五阶段论：第一阶段是经济发展的准备期或准备成长期，其基本任务是为现代经济发展准备各类条件，如新制度建设、工业原始积累、技术引进、开发人力资本等；第二阶段是经济迅速发展期或迅速成长期，即经济增长加速期或经济起飞，一个大国的经济起飞就是迅速崛起期；第三阶段就是开始进入经济强盛期，作为一个大国就是鼎盛期，但是经济增长速度开始减缓；第四阶段就是高峰期，同时也是相对缓慢发展期；第五阶段就可能是国力衰落期。①

无独有偶，日本学者山本吉宣、神谷万丈等人在受到经济学上的“产品生命周期理论”和国际政治上的“霸权稳定理论”的启示后，也提出了“国家生命周期理论”。他们将一国的生命周期分成“初始期”、“上升期”、“稳定期”及“衰退期”四个阶段，并提出了不同阶段的战略应对要点。

他们认为，“初始期”一般指一国处于国家肇基或重大转型时期，这一时期的国家目标主要是寻求国家主权的独立和领土的完整，并在此基础上走上经济可持续发展的道路。应对的战略要点是尽量避免提供任何需要国际公共产品，专心致志谋求发展；“上升期”一般指一国处于经济持续发展，国力显著上升的时期，国家目标主要是如何在保持国力持续上升的同时能够提供一定的公共产品，以扩大自身的国际影响力。这一时期，由于该国对自身的实力与他国对

① 胡鞍钢：《中国崛起之路》，北京：北京大学出版社，2007年版，第4—6页。

该国实力的判断会出现落差，因而导致该国对国际公共产品提供的认知与国际社会其他成员的认知存在落差，后者通常认为该国未能履行与国力相符的国际责任。因此，这一时期的应对战略的要点是如何缩小这种国内外的认知落差，找准自身在国际体系中的位置；“稳定期”一般指一国实力基础夯实，能够承担与自身国力相符的国际责任时期，国家目标主要是任何对外行为均必须力求维持现行国际秩序。应对的战略要点是在维持国力与提供国际公共产品之间找到平衡点，既不能因为后者导致国力衰落，也不能对挑战现行国际秩序的行为袖手旁观；“衰退期”一般指一国实力达到阶段性巅峰后呈相对下滑的时期，原有发展动能逐步丧失，社会内部遍布各种分利集团，严重影响了政府决策。与胡鞍钢强调创新的重要性相仿，日本学者也认为在国家进入衰退期后的目标是亟待执行国家复兴战略，使得国家进入新一轮的从上升到衰退的循环周期，否则会长期衰落。因此，应对战略的要点是通过各种方式降低本国自身维持现行国际秩序的成本，避免因成本过大影响国家复兴战略的实施。①

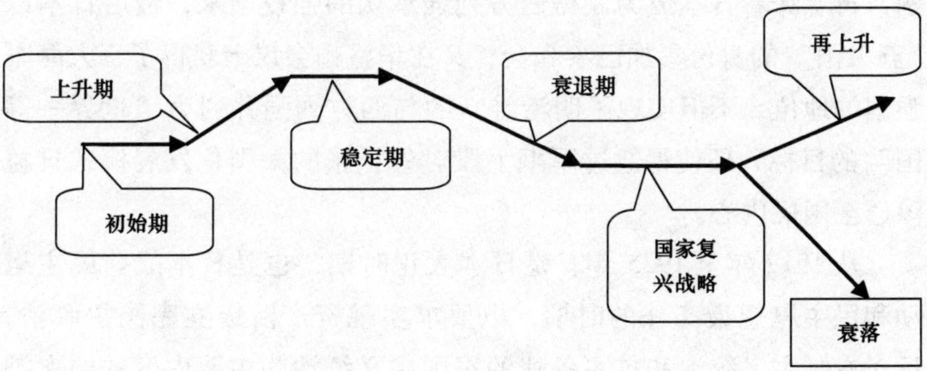

图1　国家生命周期循环阶段

① PHP「日本のグランド・ストラテジー」研究会編『日本の大戦略：歴史的パワーシフトをどう乗り切るか』、株式会社PHP研究所、29—34頁参照。

以此为基础，他们认为从明治维新以来的日本已经历了两轮循环周期：明治维新到第二次世界大战结束是第一轮循环；战后重建到日本经济陷入“迷失的20年”是第二轮循环。而无论是民主党政府时期提出的“第三次平成开国”和“国家成长战略”，还是第二次安倍内阁时期提出的“重振日本”和“安倍经济学”，实质上都是验证着日本正在推进国家复兴战略，如果成功的话，则将进入第三轮循环。

如前所述，从明治维新到二战结束是近代以来日本国家生命周期的第一轮循环。而明治政府的成立则标志着日本开始步入近代国家的轨道，是处于重大转型的初始时期。1871年12月15日—1873年9月13日，明治政府派遣以右大臣岩仓具视为首的使节团走访美欧12国，找寻日本建立近代国家的范本，最终确立以德国为主要蓝本的政治体制，制定《大日本帝国宪法》，从法律上确立天皇专制，又先后提出“富国强兵”、“殖产兴业”及“文明开化”这三大国家发展口号[①]，使日本逐渐步入国家发展的上升期。而随着甲午战争、日俄战争及第一次世界大战的不断胜利，先标志着日本成为亚洲强国，再意味着日本成为获得西方列强承认的强权国家，最后日本以“五大国”的身份参加巴黎和会，又在华盛顿会议上获得了三大海军强国的地位，不但实现了明治维新的与西方列强并列为“世界一等国”的目标，还使得通过军事手段对外扩张的大国化发展模式日益渗透至国民内心。

从1912年至1925年，是日本大正时期，也是日本战前民主运动和民主思想最高涨的时期，以要求实现资产阶级立宪民主政治，反对专制主义统治和扩军备战的军国主义统治为主要内容的两次护宪运动（1912—1913年；1924—1925年）为标志，大正时期也被称为“大正民主”时期。但以1928年“三·一五事件”对日本共产

① 田中彰『小国主義—日本の近代を読みなおす—』、岩波新書1999年、198頁。

党的镇压和1932年“五·一五事件”犬养毅首相被暗杀为嚆矢；国际上以1933年日本外相松冈洋右宣布退出国联和1935年12月日本退出华盛顿体系下的海军裁军会议为标志，一方面意味着国内的“大正民主”运动逐渐消沉，战前的政党政治走向终结，而代表军国主义的军部势力开始抬头；另一方面昭示日本在国际上选择自我孤立，并打破了东亚地区原有的国际协调机制。[①] 而随着1940年“大政翼赞会”的成立和德意日三国建立军事政治同盟，在所谓“高度国防、外交一元化”的名义下，军部不仅完全掌管国防，还掌管外交等大权，日本式法西斯统治体制最终确立。之后，日本更是一发不可收拾，于翌年12月偷袭珍珠港，发动了太平洋战争，走上了与美国全面对抗的道路，最终导致从明治维新到二战结束的第一轮循环以日本战败和明治体制的崩溃而告终。

战后日本的历史经历了新一轮的从崛起到衰退的过程。从1945—1952年，是盟军总司令部（General headquarters，GHQ）占领日本阶段。其目标是在日本推行民主化和非军事化。GHQ从1945年10月4日开始向日本政府下达了一系列民主化改革的指令，涉及赋予妇女参政权；鼓励成立工会组织，加强工人发言权；实行教育自由化；废除专制机构；促进经济制度民主化等五个方面，还陆续向日本政府发出了解除公职、制定新宪法、农地改革及劳动改革等一系列指令，这标志着天皇制国家的治安机构解体，开始迈向民主化道路。[②]

日本战败后，国内百废待举，各种生活物资奇缺，民众生活陷入极度贫困，因此如何尽快实现经济复苏既是稳定局势的当务之急，也是防止日本被苏联拉入东方阵营的重要法宝。为此，美国不但向日本提供了大量的资金援助，还制定实施了一套稳定日本经济的“道奇计划”。其核心是编制超平衡的财政预算，坚决紧缩财政和金

---

① 五百旗頭真編『日米関係史』、有斐閣2009年、122、123頁。

② 田中浩『戦後日本政治史』、講談社1996年、97頁。

融，抑制通货膨胀；制定1美元＝360日元的单一汇率。[①] 以此为背景，时任首相的吉田茂为配合“道奇计划”，还推行了产业合理化政策，这些政策为日本的经济复苏及后来的经济高速增长奠定了基础。

而随着朝鲜战争的爆发，“朝鲜景气”也成为帮助日本经济复苏的重要契机。朝鲜战争爆发后，作为美军后方基地的日本，不但把长年积压的库存滞货作为“朝鲜军事特需”很快销售一空，而且成为制造和修理武器的据点。据统计，1949年日本的贸易收支还是1.92亿美元的赤字，到1950年就出现3800万美元的顺差，另外还有6200万美元的特需收入。这一数字到1953年时更猛增至8.03亿美元，占日本出口总额的60%以上。[②] 通过上述措施，日本经济到朝鲜战争结束时已基本实现稳定。因此，这一阶段可以说是日本正处于新一轮重大转型的初始时期。

到1953年，日本的主要经济指标除了外贸总额外，都已达到或超过战前水平，而随着1955年的“五五体制”确立，自民党一党长期执政时代的来临，日本也进入到经济高速增长时期。从1955—1973年，日本国民生产总值（GNP）增长率平均每年高达10%左右。1960年7月19日，池田勇人内阁提出了“国民收入倍增计划”，计划用10年时间实现上述目标。但实际成效远好过预期，如日本1970年的GNP达到1962亿美元，是1960年449亿美元的四倍多，同时经济总量占世界比重也从1960年的3%上升至1970年的6.2%。[③] 其间，日本不但加入了经合组织（OECD），还分别于1964年和1970年举办了东京奥运会、大阪世博会。1968年，日本经济超越联邦德国跃居西方阵营第二，成为尼克松所谓的“主导世界五大力量”之一。对此，高坂正尧指出，“因战败导致的自信也因为经济的高速增长而渐渐恢复，更因为东京奥运会的举办，可以说一扫之

① 王振锁：《战后日本政党政治》，北京：人民出版社，2004年版，第76页。

② 正村公宏『戦後史』(上)、ちくま新書1990年、304頁。

③ 西川吉光『日本の外交戦略—歴史に学べ　海洋国家日本の進路と指針—』、晃洋書房2012年、106頁。

前压在每人心头的阴霾。日本终于又可以开始以一个强大国家、富裕国家的身份让世界刮目相看了。”① 因而这一时期既是战后日本的重新崛起期，又是日本新一轮国家生命的上升期。

从1970年代开始，日本进入国家生命的稳定期，在国家经济进入稳定的适度增长时期，承担与自身国力相符的国际责任是重点。这一阶段，日本先后提出福田主义和环太平洋合作构想，前者是日本对东南亚政策的总结和定调，后者是日本亚太外交的前瞻和展望。当时美国提出“尼克松主义”的在亚洲收缩战略，作为经济国家的战后日本，却以稳健的非军事手段扮演起了东亚太平洋地区斡旋者的角色，为自由市场经济的扩充以及地区的安定做出贡献，一定程度上替代美国扮演了补足经济和外交上作用的角色，使得经济主义渗透到东亚和太平洋地区。福田主义的背景和作用正在于此。

事实上，福田主义在福田赳夫内阁成立以前就由外务省开始探讨。1976年在东盟各国经过广泛地征求意见之后，1977年3月在东京召开了日本—东盟论坛。东盟方面也愈加自信，认为与日本强化关系并不意味着从属于日本。同年8月，福田第二次邀请东盟首脑召开会议。福田主义的主要内容为：1、日本不做军事大国；2、建立与东南亚各国的“心心相印的相互依赖关系”，这种关系不仅限于政治、经济，还包含社会、文化的多方面关系；3、日本作为平等的合作伙伴，积极与东南亚各国加强合作、紧密联系，与印度支那各国建立相互理解的关系，为整个东南亚地区的和平与繁荣做出贡献。换言之，美国在亚洲和太平洋进行战略收缩之后，日本弥补了这里经济和外交上的主动权。福田主义表明了克服石油危机而变强的日本经济，对东南亚地区全体开发和安定支援的意向。② 之后，日本政府对包括中国在内的亚洲地区的政府开发援助（ODA）在成倍增加。

---

① 「大国日本の世渡り学——国際摩擦を考える」、『高坂正堯著作集3』、都市出版1999年、396頁。

② 五百旗頭真編『日米関係史』、有斐閣2009年、332頁。

这样，贸易和直接投资的扩大相辅相成，日本—新兴国家工业区—东盟—中国—越南相互联系，促进了1980年代东亚经济发展链条的诞生。

1978年12月，大平正芳接替福田出任首相，提出环太平洋合作构想。从某种意义上说，这既是对福田主义的继承，又在其他方面提出了截然不同的政策。它摒弃冷战时期的权力政治思维，重视亚太地区的相互依赖关系，顺应了缓和的潮流。这一构想同时主张，政策制定与实施不应由政府主导，而应由民间负责。其背景是，大平执政后立即大规模组织由民间人士参加的各种咨询小组，叮嘱其成员广泛研究政治、经济、社会、文化等方面内容，为政府献计献策。环太平洋合作构想研究组即是其中之一，其负责人是自1960年代就开始研究太平洋合作构想的大来佐武郎。1979年11月，该小组提出中期报告后，大来被任命为外相。1980年1月，大平访问澳大利亚，与弗雷泽（Malcolm Fraser）总理签订了关于召开环太平洋合作构想研讨会的协议。在大平去世后的同年9月，来自澳、日、加、新等发达国家以及东盟、韩国及南太平洋国家的代表赴堪培拉参加了“太平洋共同体研讨会”。同时，太平洋地区的民间合作组织也派代表与会。这个会议后来发展成为“太平洋经济合作会议”（PECC），成为由政府相关人员、学者、金融界人士等三方人士组成的民间组织。以此为契机，亚太地区的非正式国际合作方式——第二轨道外交从此也愈发重要起来。可以说，它对PECC向“亚太经合组织”（APEC）的发展具有不可忽视的意义。

此外，在日本外交中如何纳入经济以外的要素也成为问题。1970年代以后，日本虽然意识到这一点，但仍没有找出答案。经济是日本的强项，但仅仅依靠经济看来又是不行的。这也是福田主义“心心相印的交流”、大平提倡“文化的时代”等，都显示出日本对经济以外要素的重视。到了1980年代，作为经济国家，战后的日本迎来了历史的顶点，其标志是日本GNP于1987年超越前苏联，人均GNP超越美国，成为名副其实的世界第二经济大国，而其外交也专注于如何加强日美关系并扩大全球性外交，从单纯的经济大国向“国际国家”转变。中曾根康弘指出这种定义不再是仅从量上的定义，而是从本质上的定义，反映出日本正在将经济实力转化为政治实力的过程。这时日本已开始从全球视点参与安全保障问题。[①] 进一步地，竹下登首相于1987年接受外务次官村田良平的建议，提出了“国际合作构想”，意图将管理内政的能力施展于外交，以提高日本在国际社会中的影响。它包括：1、向已取得实际成果的发展中国家扩大ODA；2、与以欧洲为首的国家的交往中，不应将关系仅局限于经济领域，还要全面化“推进国际文化交流”；3、为了帮助争端地区重建和平，应采取外交努力、派遣人员、支援复兴三种方式。他主张沿袭战后日本作为经济国家的传统，以民生力量全面发挥国际作用。[②]

冷战结束以后，以美国为首的西方国家极力开始推行西方式的“民主价值观”。在这个大背景下，日本首相海部俊树致函美国总统布什，指出“必须以日美欧三极为主导形成的世界新秩序”[③] 为嚆矢，日本首度表现出要与美欧平起平坐来主导国际秩序的强烈愿望，日本要实现政治大国的目标表露无遗。

当时全球经济近20万亿美元的总产值当中，美国与欧洲各约5万亿，日本则约3万亿。基于此，日本前外务省事务次官栗山尚一在《外交论坛》上撰文提出了“五五三理论”，他认为日美欧是国际格局中的三极，它们不但各自拥有强大的经济实力，且在自由、民主主义和市场经济这三大基本价值观念上也是一致的，因此三极应该依据强大的政治能量和共同的价值观念实现冷战后三极共管的

① 五百旗頭真編『戦後日本外交史』(第3版)、有斐閣2010年、177、178頁。

② 同上书、242頁。

③ 徐世刚：《九十年代日本外交政策的调整与特点》，《东北亚论坛》，1995年第1期。

世界，而日本也“必须尽快地从中小国家的外交转变为大国外交”。[①] 与此同时，日本迅速搭上了推行“西方民主价值观”的“列车”。如当时日本在向东欧国家提供经济援助之际，海部俊树首相就明确表示经济援助的目的之一是推进民主化，这意味着日本的对外经济援助政策开始与“民主”价值观挂钩。无独有偶，1991 年版的《外交蓝皮书》中在“ODA 的扩充”这部分中也指出，“实施经济合作，首先要考虑人权和军事费用大小等”。[②]

然而，随着 1991 年泡沫经济的崩溃，日本经济陷入了长期低迷状态，被称为“平成不况”、“迷失的二十年”。2010 年以日元计算的国内生产总值（GDP）竟与 1990 年相当，更被中国超越而降为世界第三。受此影响，日本的财政状况不断恶化，其国债总额超过 1000 万亿日元，公共债务达 GDP 的 214. 3%。此外，从 1990 年代开始，日本社会少子、老龄化日趋严重，目前日本已进入人口负增长状态，全国 65 岁以上老人占全国人口比重约 1/4，其恶化程度均为 OECD 国家之最。与此同时，日本政局也陷入长期动荡时期，除了小泉纯一郎内阁外，其余首相在任时间平均为 1 年左右。凡此种种，均使得日本民众产生了一种幻灭感和焦灼感，这也标志着随着泡沫经济的崩溃，日本陷入了国家生命的缓慢衰退期。对此，高坂正尧似乎早有预见，他在《现代的国际政治》一书中指出：“日本（经济衰退）只不过是回归了其应有的地位，过半数的美国人认为日本经济已经赶超了美国，历史证明，这只是一个小插曲而已。无论对于世界还是对于日本来说，或许目前的状态更为幸运。”[③]

泡沫经济崩溃后，日本经济陷入所谓的“迷失的二十年”。虽然时至今日，日本仍是世界最大债权国、第二大外汇储备国和第三大

① 栗山尚一「激動の90 年代と日本外交の新展開」、『外交フォーラム』、1990 年 5 月号。

② 外務省『外交青書』、平成三年版（第 35 号）、http://www.mofa.go.jp/mofaj/gaiko/bluebook/1991/h03-3-2.htm#a7。

③ 高坂正堯『現代の国際政治』、講談社 1989 年、247 頁。

经济强国，人均 GDP 依然稳居世界前列，但一者相比战后的最盛期其各项排名已经呈现大幅下滑趋势，二来倘若不及时变革的话，连当前的局面也将难以为继。可以说，不管从哪个角度而言，现阶段日本无疑已陷入国家生命周期的“衰退期”。因此，这一时期的目标是亟待执行国家复兴战略，使得国家进入新一轮的从上升到衰退的循环周期，否则将长期衰落。而应对战略的要点是通过各种方式降低本国自身维持现行国际秩序的成本，避免因成本过大影响国家复兴战略的实施。[①] 因此，早在桥本龙太郎出任首相期间，日本便开始摸索各项改革，以使得国家能够重新振兴。

进入 21 世纪后，延续 5 年半的小泉纯一郎内阁进行了一系列的结构性改革，旨在将日本市场转变成自由的、富有竞争力的市场，从而创造市场可以完全发挥潜力的环境。到了民主党的菅直人内阁，日本又提出第三次开国（第一次是明治维新、第二次是旧金山媾和）的“平成开国”和国家增长战略等等。2012 年 12 月和 2013 年 7 月，安倍晋三领导的自民党、公明党联盟在众议院、参议院选举中两度打出“重振日本”的标语，并在美国战略与国际关系研究中心（CSIS）发表题为“日本回来了”的演讲时强调：“日本无论是现在还是将来，都不会沦为‘二流国家’……我的任务就是放眼未来，让日本成为世界第二大经济体”。[②] 为此，安倍提出了以大胆的货币量化宽松政策、积极的财政政策及经济增长战略为“三支利箭”的“安倍经济学”，意图借此使日本经济步入新一轮增长轨道。

随着安倍政府与日本央行的共同努力，金融与财政政策的效果逐渐显现，结构改革的部分政策拟定也已进入实际操作阶段，短期内确实起到了拉高市场对未来经济向好的预期效果，一直以来难以提升的消费者支出也出现抬头的迹象。此外，2013 年 9 月 8 日，东

① PHP「日本のグランド・ストラテジー」研究会編『日本の大戦略：歴史的パワーシフトをどう乗り切るか』、株式会社 PHP 研究所、34 頁。

② 安倍晋三「日本は戻ってきました」、http：//www. kantei. go. jp/jp/96_ abe/statement/2013/0223speach. html。

京获得了2020年夏季奥运会的主办权。对此，日本经济再生相甘利明认为这将成为“安倍经济学的第四支箭”。[①] 安倍在布宜诺斯艾利斯会见记者时表示，“希望把申奥成功作为‘起爆剂’，一扫持续了15年的通货紧缩和经济收缩心理”，促进日本经济增长。[②] 据东京都的测算，自2013年至2020年的7年间，主办奥运会将给日本国内带来的直接经济效应约为3万亿日元，并可创造15万个就业机会。而日本大和证券首席分析师木野内荣治则认为经济效应可能更大，指出这7年间旅游观光产业可能实现倍增，经济效应约为95万亿日元，如果安倍内阁国土强化计划得到推进，还可产生55万亿日元的经济效应，两项总额加在一起可达150万亿日元。无论具体的经济效应如何，东京申奥成功后，经济界的确感到十分振奋。但与此同时，面对作为综合国力基础的少子·老龄化现象和经济创新力下滑在所难免，而这种结构缺陷能否弥补导致通货紧缩旷日持久的需求缺口，也不知道日本经济生产率的提高能否足以抵消劳动力的减少，还有待于时间与实践的检验，目前尚难下定论。[③] 而对于安倍而言，在推动经济改革的同时能否有效地推进战略性外交是现阶段日本维持综合国力，彰显国际影响力的当务之急。

随着美国“亚太再平衡”战略的推进，其为实现“辐辏格局”(hub-spoke structure)中同盟体系的结构拓展，正积极推动建立“美日+1”模式。对此，安倍在2013年2月访美时表示“日本回来了”，高调表达了要全面配合美国亚太战略布局的意愿。概言之，安倍国家复兴战略的主要内容是重振日本经济和增强防卫力量，变更

① 「甘利経済再生相『五輪はアベノミクス第4の矢に』」、『朝日新聞』2013年9月8日。

② 「安倍首相『東京五輪を起爆剤に、デフレ払拭したい』」、『朝日新聞』2013年9月8日。

③ Tobias Harris, “Japan's Own Worst Enemy?” *Foreign Policy*, May 23, 2013, http: //www. foreignpolicy. com/articles/2013/05/23/japan_ s_ own_ worst_ enemy_ shinzo_ abe.

宪法的解释权，使行使集体自卫权变得可能，变更纯防御性政策，在日美同盟框架内为日本谋求发挥更大的作用，增加国防预算，推进装备的现代化。[①]

最后需要提及的是，面对东亚地区普遍存在的“安全美国”、“经济中国”的二元分离现象，日本也积极参与其中。安倍国家复兴战略的路径依赖更是与此现象息息相关：一方面借助日美同盟框架最大限制地实现自我发展，维持国际影响力；另一方面在亚洲邻国尤其是中国经济快速发展的情况下，最大限度地借助邻国因素带动本国经济增长。然而，因安倍对华采取“政经分离”的立场，导致中日关系已开始陷入“政冷经凉”的尴尬僵局，为了顺利贯彻其立场，日本又开始通过一系列战略对冲[②]的活动，如在安全领域强化日美同盟，并与东盟相关国家形成东南两翼策应格局，再制造舆论形成对华外交压力，意图用“以包围迫谈判”的方式，迫使中国就范，遵守所谓的“国际规范”，放弃在钓鱼岛问题上的原则立场，只在经济领域深化双边合作与相互依存。

二、日本崛起的战略运筹

从 19 世纪中叶开始，随着西方列强从军事及文明等不同层面打破了日本紧闭的国门，也引发了其国内“攘夷”与“开国”两派的严重对立。但日本逐步认识到现代化或者说西化的潮流势不可挡，为了维护自身的独立，唯一的手段就是主动进行西化，从政治、经济乃至文化等各层面改造旧有的国家运作方式，借以实现民族独立

① 北岡伸一「2032 年の東アジアと日本の役割—揺るがぬ米国の優位」、『外交』Vol. 17. Jan. 2013、25 頁。

② 对冲（hedging）一词本意是“树篱”、“障碍物”，后引申出“妨碍”、“包围”的意思。对冲政策指用两面下注的方法，达到制约和阻碍对手的目的。参见 Nick Bisley, *Building Asia's Security*, London: International Institute for Strategic Studies, 2009, p. 94。

和国家富强，并最终使日本成为与西方列强并列的“世界一等国”。从这一意义而言，明治维新激起的是为与西方列强平起平坐而进行的一场民族斗争，要通过日本民众不懈的艰苦努力、团结和牺牲来实现国家富强这个最高目标。为此，主导明治维新的一批领袖们定下了长远目标，要加强国力，改变它在工业化国家中后生晚辈的形象，向世界证明日本是个不甘落后的民族。①

日本在国内推行“富国强兵”、“殖产兴业”及“文明开化”三大政策的同时，在国际上也开始了对东亚邻国的鲸吞蚕食。到了1906年，日本明治天皇获得了英国的最高勋位——嘉德勋位，这标志着西方列强已经认可日本加入列强俱乐部。一战结束后，日本又先后在巴黎和会和华盛顿会议上获得了“五大国”和“三大海军强国”的封号。从这些成果来看，明治维新显然获得了成功。汤因比也称赞说，这是一种希律式开放政策的辉煌胜利。②

这时候的日本内有“大正民主”运动，资产阶级立宪民主政治方兴未艾；对外方面，不但早已与英国两度缔结同盟条约，还于1917年11月与美国签订了《石井—蓝辛协定》，获得了美国在太平洋问题上对日本的支持。③ 人们很难想象，是什么原因导致到了1930年代，日本会一步步偏离上述发展轨道，而滑向法西斯式的军国主义歧途，并最终使得日本几乎陷入国家覆灭的境地？

从国际层面来看，有两点值得关注：首先是一战结束后国际体系的转变。当时由英国主导的“殖民体系”（注重用军事实力向海外拓展殖民地，扩大本国利益）已开始朝向美国倡导的“后殖民体系”（注重国内发展，形成统一市场，并通过以经济手段为主，军事

① ［美］肯尼思·B. 派尔：《日本：一味追求强权的机会主义》，载［美］罗伯特·A. 帕斯特编：《世纪之旅——世界七大国百年外交风云》，胡利平、杨韵琴译，上海：上海世纪出版集团，2001年版，第264页。

② ［英］阿诺德·汤因比：《历史研究》，刘北成、郭小凌译，上海：世纪出版集团、上海人民出版社，2005年版，第391页。

③ 五百旗頭真編『日米関係史』、有斐閣2009年、72頁。

手段为辅的形式拓展海外市场，扩大本国利益）方向转化。但日本抓住的是“殖民体系”的末尾，一方面未能像英法等国那样占领广袤的殖民地，另一方面也无法与领土辽阔的美国等量齐观，从而导致日本认为新体系是对其扩张的一种限制，因而非但未能适时顺应新体系的形成，更以美国为敌，最终导致日本军国主义走向覆亡；其次是受1929年经济危机的影响。这场经济危机对日本打击甚大，而日本既无法像英国那样可以通过海外殖民地转嫁部分危机，也不可能像美国有能力通过国内政策统筹，用新政来渡过难关的情况下，一方面意图积极开拓非洲、南美等新市场，但成效不彰①，另一方面借助在棉纺品行业的巨大竞争力，以疾风骤雨般的态势向国际社会倾销棉纺产品，却促使各国对日本的倾销加大限制力度。这意味着日本采取非军事的经济手段抓住国际机遇的行为受到了制约，“九·一八事变”的爆发也可说与之息息相关。②

然而，相比国际上的外在因素，明治体制在制度上的缺陷是导致日本覆亡的根本原因。具体而言，就是封建藩阀（后演化为军部）借助立宪、开设国会，宣扬天皇中心主义，在维护天皇权威的同时维护自身的权威，并始终躲在天皇的背后发展壮大，直到最后凌驾于内阁、国会，将内政、国防、外交等各种大权囊括一身，确立日本式法西斯统治体制。

在明治体制中，军部并非指像立法机关或行政机关那样的国家机关，而是指以陆军参谋本部、海军军令部和内阁中的以陆海军两省为中心组成的，独立于政府、议会和国民，直接对天皇负责的政治力量。所谓明治体制的缺陷指的正是这一点。③ 这股政治力量在明治维新后不久就已形成，随着日本对外侵略战争的不断展开，军部

---

① 吉田茂『日本を決定した百年』、中央公論新社1999年、53頁。

② 五百旗頭真編『日米関係史』、有斐閣2009年、145頁。

③ 吉田茂『日本を決定した百年』、中央公論新社1999年、53頁。

也逐步发展壮大，最终控制了整个日本社会。[①]

直观地看，明治体制下的日本大国化目标是通过一次次的军事扩张完成的。反对来，它又使得多数日本民众的大国意愿不断膨胀。一战爆发后，日本随即于1914年8月对德宣战。从表面上看，是出于日英同盟的关系，但实质上军部认识到由于一战的爆发，西方列强无暇东顾，远东地区势必会出现“权力”的真空。元老井上馨就认为这是千载难逢的良机，他甚至毫无顾忌地指出“这次的大战对发展日本国运而言，正是天佑大正新时代”。[②] 借此，日本不但出兵占领山东和马绍尔群岛等原先德国在远东的势力范围，还提出灭亡中国的“二十一条”，赤裸裸地暴露了想要吞并中国的企图。日本这种趁火打劫的做法，一方面使得中国国内民族主义情绪高涨，并直接导致“五四运动”的爆发，促使列强不得不调整一直以来十分露骨的帝国主义政策；另一方面也打破了远东地区帝国主义列强的平衡，尤其是通过一战迅速充实了国力的美国，更不能容忍日本在亚洲的排他性独占行为。以此为背景，在美国的主导下，列强召开了华盛顿会议，形式上尊重中国的领土主权，标榜对华机会均等，门户开放的原则，实质则是意图确保各国在华既得权益，并遏制日本吞并中国的野心。[③] 1921年12月，在美国的劝告下，英国也宣布英日同盟结束。

面对威尔逊的十四条和平主张和华盛顿会议的要求，日本国内分成两派：一派是原敬首相和内阁中负责外交工作的币原喜重郎外相，他们基本主张配合美国的要求，采取与美英两国保持合作的外交原则。另一派为奉行扩张参与和权益的积极主义派，主张应抓住东亚秩序不稳定的时机扩大日本的影响力，他们更批判前者的慎重

① 林尚立：《政党政治与现代化——日本的历史与现实》，上海：上海人民出版社，1998年版，第81—83页。

② 「大国日本の世渡り学——国際摩擦を考える」、『高坂正堯著作集3』、都市出版1999年、288頁。

③ 百瀬宏『国際関係学』、東京大学出版会1993年、248頁。

外交是“束手无策”。[①] 对军部而言，在“殖民体系”中，若一国具备了统治某地区的能力，他们就会承认该国的统治，同时他们还会要求自身在当地的权益也得到新殖民者的认可。[②] 但华盛顿体系昭示着是英美联手采取的对日封锁政策，进而认为它们是日本向大陆扩张势力的妨碍者，因而坚信必须采取对华二十一条那样的形式吞并中国。直到 1940 年日本与德意两国缔结三国同盟时，他们还认为这是为了强化日本在中国问题上的立场，并与美国达成妥协的切实可行的方法。[③] 而当时日本国内的大众情绪是“打破英美等国的国际特权”、“批判模仿欧美、以及外来文化的倾向”。民众对原敬、币原喜重郎普遍表示不满，认为这是一种对英美献媚的软弱行为，因而责难这种外交为“附属外交”。[④]

到了“九·一八事变”后，日本内阁及职业外交官的外交行为更难使国内民众信服，并直接促使军部发动“五·一五事件”，暗杀犬养毅首相。随后，日本出现了所谓“举国一致内阁”。这实际上是以陆、海军势力为主，吸收官僚、政党、贵族院议员和财界等各种势力组成的内阁。对于政党政治，军部的目标很明确，就是要将其摧毁。在军部向政党步步紧逼的过程中，虽然民政党和政友会都有人站出来反对，并在自我反思中提出改造政党，重建政党政治的设想，但由于整个形势所限，这些努力都没有形成声势，因而也没有结果。结果，在军部的紧逼中，政党不但没有与军部形成直接的冲突，相反，与军部建立了“一心同体”的关系，力求在举国一致的内阁中保住一席之地。[⑤] 以此为开端，在军部的主导下，日本制定了“帝国国防方针”，指出陆军以苏联为假想敌，海军以美国为假想敌，

① 五百旗頭真編『日米関係史』、有斐閣 2009 年、79 頁。

② 同上书、142 頁。

③ 吉田茂『日本を決定した百年』、中央公論新社 1999 年、50、54 頁。

④ 「自立への欲求と孤立化の危険——一九七〇年代の日本の課題」、『高坂正堯著作集 1』、都市出版 1998 年、563、568 頁。

⑤ 粟尾憲太郎『昭和歴史 6·昭和政党』、小学館 1983 年、287 頁。

一发不可收拾地一步步把自己逼向对美宣战的绝路上。①

战后日本在首相吉田茂的主导下走上了轻军备、重经济和以日美安保为基础的发展道路，它将国家安全置于美国的保护之下，并在自由贸易体制中开启了战后日本的复兴之路。吉田茂的这一选择后来被称为“吉田主义”或“吉田路线”，日本防卫大学前校长五百旗头真总结认为：“由吉田茂引领的路线，摒弃了战前偏重军事的国家政策，强调以产业和贸易立国的经济国家思想，特别重视将重建后的战后日本打造成通商国家。……在国际政治中，日本把自己定位于西方阵营的亲美国家，在国内采取自由民主主义的政治社会体制，使战后日本成为重视经济发展的经济国家。实现‘安全’和‘繁荣’，是这条路线的国家目标。”②

“安全”和“繁荣”是“吉田主义”的两大基本目标，实质上也是战后日本国民发自内心的普遍心愿。在它的指导下，日本顺利且快速地实现经济腾飞，并在1960年代中后期一跃成为世界经济大国，在确立了作为全球通商的经济国家而起飞的战后日本形象同时，“繁荣”目标的顺利实现也使得“吉田主义”作为战后日本的主流而得到巩固。

然而，“吉田主义”将原本矛盾的和平宪法与日美同盟糅合一处的最大代价是日本未能实现真正意义上的“独立”，而这一点恰恰是日本社会保守与革新两大阵营最为诟病的。不管是前者提出的“自主防卫”，还是后者高喊的“反对美帝国主义”，事实上在日本作为独立国家却不能自主行动的焦虑感上有其相似之处。③ 当时革新阵营主要为最大在野党的社会党和共产党，保守阵营主要为以岸信介、中曾根康弘等人为首的自民党鹰派。但有趣的是，“吉田主义”成为

① 五百旗頭真「海洋同盟としての日米同盟」、伊藤憲一監修『21世紀日本の大戦略』、フォレスト出版株式会社2000年、138頁；「大国日本の世渡り学——国際摩擦を考える」、『高坂正尭著作集3』、都市出版1999年、396頁。

② 五百旗頭真編『戦後日本外交史』（第3版）、有斐閣2010年、287頁。

③ 同上书、143、144頁。

日本社会的主流恰恰与岸信介及后继者池田勇人息息相关。

1956年，岸信介组阁后积极推行修改《日美安保条约》，其目的是实现日美关系的“平等化”，虽然客观而言日本是无法做到这一点的。但相比之前的条约，新条约删除了内乱条款，明确了美国对日防卫义务，并导入了事前协商制度，这些均是对日本主权的一种尊重，因而其本身在一定程度上提高了日本的自主性，并在一定程度上满足了日本民族主义的冲动。但与此同时，修改《日美安保条约》也使得日本对美的安全依赖进一步制度化。[①] 1960年7月，池田上台后声明自己只专注经济问题，既不会重新修改《日美安保条约》，也不会修改和平宪法，而提出国民收入倍增计划。到1970年日本举办大阪世博会时，不但GNP实现了翻两番，日本还成为了西方阵营的第二大经济大国，不但在很大程度上使日本人恢复了自尊心和自信心，还使日本进入了消费社会。[②] 消费社会的最大特征就是大众文化的兴起，这使得日本社会产生出大规模的“政治冷漠症候群”。更多人关心的是自己的生计，以及日常性的享乐。他们对于国家政治，对于世界和平，采取了隔岸观火的态度，而对于发生在身边的事件中隐含的政治性，缺少必要的敏感度。这样的社会群体最具有追认现实政治的保守性，这也正是日本内阁得以不断推行保守主义路线的社会基础。[③]

当时80%以上的日本民众认为自己属于中等收入阶层，并认可这是“吉田主义”带来的优点。因而相比社会党提出的“政治、安全保障”议题，民众更加聚焦于国家经济发展和自身收入的提高。其直接结果是使得革新阵营的影响力极度萎缩，而民众希望奉行

---

① 添谷芳秀「戦後日本外交史——自立をめぐる葛藤」、日本国際政治学会『日本の国際政治学　第4巻　歴史の中の国際政治』、有斐閣2009年、216頁。

② 添谷芳秀「日本の『ミドルパワー』外交——戦後日本の選択と構想」、ちくま新書2005年、74頁。

③ 孙歌：《我们为什么要谈东亚——状况中的政治与历史》，北京：生活·读书·新知三联书店，2011年版，第109页。

"吉田主义"的自民党政权能够长期稳定。[①] 到了佐藤内阁时期，冲绳回归和无核三原则的提出，再度使得对美自主的冲动与和平主义的主张事实上在日美安保条约框架下无意识间巩固了共存关系，因而一定程度上掩盖了上述两派的对立，终于使得"吉田主义"成为了社会的主流。[②]

吉田茂虽然早已于1954年宣布引退，但20世纪六七十年代却成为"吉田主义"开花结果的时代，这也使得日本人的生活态度逐渐变得安于"日美同盟+和平宪法"的现状，"吉田主义"也逐步发展成为"保守本流"，其保守指的正是日本人的乐于维持现状的生活态度。[③] 以此为基础，"没有吉田的吉田主义"更成为吉田茂以后历届内阁的模式，并一直维持到2009年民主党上台。[④]

"吉田主义"虽然是战后日本政治外交的主流，但日本未能实现真正意义上的"独立"这一后遗症却关乎着作为一个国家的基本问题，使得其在使用军事力量、为公共利益让市民付出牺牲与责任等问题上常常陷入进退失据状态。

从这一意义来说，相对一个国家而言，"吉田主义"的本质是日本在被迫卷入东西阵营对立的两极格局中，缺乏自主选择权的背景下，相比国家威信和权力、民族独立等"名誉价值"，更重视经济福利和国家生存的"去华求实"的追加承认，而非事关日本未来国家走向的最终选择。[⑤] 因此，在自民党长期执政的时间里，无论是鸠山一郎、岸信介，还是福田赳夫、中曾根康弘都试图从不同角度对

---

① 西川吉光『日本の外交戦略—歴史に学べ 海洋国家日本の進路と指針—』、晃洋書房2012年、106頁。

② 添谷芳秀「日本の『ミドルパワー』外交——戦後日本の選択と構想」、ちくま新書2005年、93頁；添谷芳秀「戦後日本外交史——自立をめぐる葛藤」、日本国際政治学会『日本の国際政治学 第4巻 歴史の中の国際政治』、有斐閣2009年、217頁。

③ 竹内洋『革新幻想の戦後史』、中央公論新社2011年、56頁。

④ 五百旗頭真編『戦後日本外交史』（第3版）、有斐閣2010年、16、32頁。

⑤ 永井陽之助『平和の代償』、中央公論新社2012年、182、195頁。

“吉田主义”加以修正，意图摆脱吉田茂设立的战后体制，但囿于冷战格局与自民党一党独立的“五五体制”导致的政治惯性等因素影响，实际上尽管有福田主义等一些内政外交的调整，那也仅仅是以吉田主义为基础，或将其内涵充实、扩大或顺应新的国际环境的变化而做出的框架内的一种调整或改变。[①]

但随着冷战结束和“五五体制”的崩溃，执政者在打着“摆脱战后体制”标语的背景下，“吉田主义”已开始分化为两种立场：其一是继续以和平的国际协调的经济国家为中心的立场；其二是重视日美同盟，致力于修改宪法和行使集体自卫权，与美国共同维持秩序的立场。[②]“吉田主义”的结构特征是“日美同盟＋和平宪法”，由此可见前者体现的是更加尊重和平宪法的精神，而后者则孜孜以求地在强化日美同盟这一点上做文章。总体而言，鸠山由纪夫内阁与安倍晋三内阁分别就是这两种立场的代表。

2009 年，日本民主党上台执政后，鸠山提出“友爱外交”的理念，意图在推行对美自主外交的同时，强化与亚洲，尤其是对华关系。鸠山以推进东亚共同体为目标，致力于对华友好合作，主张日美对等外交。但此举遭到美国的强烈不满，加之鸠山缺乏执政经验，在处理普天间美军基地搬迁问题上进退失据，上台仅 8 个半月便告下野。鸠山辞职后，继任的菅直人和野田佳彦改弦易辙，修正到复归自民党外交政策，在安保政策上向美国大幅倾斜。

2006 年，安倍组阁前夕曾出版一本名为《致美丽的祖国》的书，打出了“摆脱战后体制”的标语。2012 年底，安倍发表了一篇题为《迈向新的国家》文章。后者可谓为前者的“升级版”，但基本逻辑前后一致，他打着“重振日本”的标语，将修宪视为最优先课题，主旨是基于内向性的冲动渴望日本实现“独立”。[③] 安倍首次

① 添谷芳秀「戦後日本外交史——自立をめぐる葛藤」、日本国際政治学会『日本の国際政治学　第 4 巻　歴史の中の国際政治』、有斐閣 2009 年、222 頁。

② 五百旗頭真編『戦後日本外交史』（第 3 版）、有斐閣 2010 年、312 頁。

③ 安倍晋三『新しい国へ美しい国へ完全版』、文藝春秋 2013 年参照。

组阁时，因输掉2007年的参议院改选导致第一次安倍内阁仅仅维持了一年。虽然时间短暂，但安倍内阁在实现普通国家化的道路上还是动作频频，他一方面积极推动《教育基本法》的修改，强调爱国教育，另一方面正式将防卫厅升格为防卫省。而随着2013年自民党在参议院改选中大获全胜，自公（公明党）执政联盟获得了在国会众参两院的优势地位，第二次安倍内阁成为长期政权也成定局。这意味着客观上安倍既有能力，也有精力可以去对“吉田主义”加以变革。

如前所述，安倍的政治理念与其外祖父岸信介、中曾根康弘相仿，对“吉田主义”颇有微词，认为不但有损日本的自主防卫，也阻碍了对等日美关系的建构，因而主张必须建构平等的日美关系，不能使日本外交的扭曲现象固定化，更强调以建构对等的日美关系为前提，修改和平宪法，实现自主防卫和行使集体自卫权。[①] 但与此同时，安倍却仍不忘盛赞正是因为有了“吉田主义”，才能将日本建设成为“与美国拥有共同价值观与利益的共同体”。因此，以自由民主主义的价值观和国际协调主义为日美关系基础这一点上，安倍是主张承袭“吉田主义”的。而“吉田主义”的核心是“日美同盟+和平宪法”，那么安倍对“吉田主义”的变革主要体现在对和平宪法的修改上。

修改和平宪法是为了从法律层面突破军事禁区，堂堂正正地改自卫队为国防军，废弃武器出口三原则，行使集体自卫权，实现日本的“正常国家化”。从表面上看这与日美同盟关联不大，其实不然。改自卫队为国防军，行使集体自卫权等行为的目的一方面是为了强化日美同盟，增加日本在同盟框架中的责任，但另一方面也是想突破原有的美主日从的格局，使日本得以与美国成为平等的同盟关系，因而其最终目的是实现日本国家的“独立”。

---

① 添谷芳秀「日本の『ミドルパワー』外交——戦後日本の選択と構想」、ちくま新書2005年、137、138頁。

最后需要强调的是，“独立”不是意味着摆脱日美同盟，一来日本认为日美具有相同价值观，又都是海洋国家，二来如果摆脱日美同盟，付出成本难以估量，鸠山内阁的短命从很大程度上证明了这一点。因此，日本的目的是摆脱对美依赖，构筑平等的日美同盟关系，但有趣的是，从表面上看恰恰是要通过加大日本在同盟关系中的责任，达到强化日美同盟关系的目的，而通过强化这一点，给予美国信赖感和责任感，最终达到摆脱对美依赖，构筑平等的同盟关系，实现国家“独立”的终极目的。从这一意义而言，如果安倍能够完成修宪，那么就意味着日本从结构上打破了“吉田主义”的种种设定，实现“摆脱战后体制”的目的，完成变革。

第二节 日本崛起的行动性理论

一、“大日本主义”和“小日本主义”的特征

“大日本主义”、“小日本主义”的概念发端于英国的“大英主义”和“小英主义”，前者强调的是大英帝国必须依靠领土扩张、贸易保护等政策来增强英国的国力，维持并扩大国际影响力，后者则主张这一路径应依靠改善内政、增进公民个人的自由等政策来实现。[①]

如前所述，明治政府曾于1871—1873年派遣以右大臣岩仓具视为团长的使节团出访美欧等12国，探寻日本近代化发展的借鉴模式。在使节团提交给明治政府的报告中，虽然90%左右的篇幅集中于探讨美、英、德、法等大国是如何崛起的。但使节团对荷兰、比

① 田中彰『小国主義—日本の近代を読みなおす—』、岩波新書1999年、117頁。

利时及瑞士这三个“局外中立，唯公法是从”的小国同样没有忽视。他们重点关注于两个方面：在对外方面，这些小国尽管被大国环伺，不但能积极维护本国利益，还能有效防范外敌入侵；在对内方面，它们不但实现经济总量超过很多领土、人口超越自身的国家，人均生活水平相比英德法等大国也是不遑多让，甚至在国际贸易体系还占有一席之地。尽管后来明治政府以德国为蓝本，学习借鉴了德国的大国主义崛起路径，主张积极扩军备战以拓展国家利益的“大日本主义”，并逐步使之成为国家主义、专制主义和军国主义的代名词。但自明治维新伊始，日本社会中便一直有人探讨与“大日本主义”相对的近代化发展路径——“小日本主义”。

中江兆民（1847—1901 年）是明治时期提倡“小日本主义”的代表人物。1882 年，中江在“论外交”一文中首次提及主张的小国主义。文中，他首先批评了明治政府的“富国强兵”政策，指出若要富国必须重经济发展，因而不可建立庞大的军队，因为这势将耗费大量财物，两者之不可相容是显而易见的。紧接着，他强调一国重经济发展，就必须营造适合经济发展的和平环境，而为实现这一点，国家应坚持和平主义的外交政策；而为贯彻这一方针，国家应该“坚持信义，固守道义”，使国际社会能发展成为一种不离不弃的关系。最后，他提出这两点应成为近代国家处事的基本原理，而不管国家领土大小、实力强弱。只要坚持这两点，则“虽大国何足畏，虽小国亦不惧辱”。[①]

中江对“小日本主义”的种种论述在日本社会虽有一定影响力，但明治政府却一直遵循山县有朋等人提出的守护“主权线”与拓展“利益线”的施政方针，经过甲午、日俄战争，不但推进了产业革命，逐步开始了对台湾地区、朝鲜半岛及东北地区的侵略步骤。更为重要的是“大日本主义”思维也在这一过程中日益在日本各个领

① 田中彰『小国主義—日本の近代を読みなおす—』、岩波新書 1999 年、75—81 頁。

域膨胀开来。但到了大正时期，在大正民主运动高涨的背景下，日本国内再度泛起对“大日本主义”的批判之声。首先对明治时期大国主义道路提出批判的是三浦鉄太郎（1874—1972 年）。其观点可总结为如下五点：（1）东北地区的主人公应该是中国；（2）日本控制东北不能促进其经济发展，反而会成为日本经济的负担；（3）控制东北的政策无非是瓜分中国方针的一个阶段；（4）日本的这一大陆政策与日英同盟的精神从根本上而言是不相容的；（5）日本社会上的各个政党都是鼓吹“大日本主义”，却无主张“小日本主义”的。①

三浦在提出各种批判观点后，还具体指出日本的势力在中国保证日本既得各项经济权益的基础上退出东北地区的南部，只控制属于租借地的旅顺、大连，以与日本统治的朝鲜半岛形成犄角之势即可。② 而比他更为彻底，主张日本不要追求日本本土以外的领土，而应大力扩展海外贸易和专注经济发展的是在战后短暂出任首相的石桥湛山。③

石桥强烈反对日本侵略亚洲邻国和维持势力范围的方针，认为这在在经济上和人口上并无多大效果，唯一作用是会让一些国民有“憧憬国土膨胀的兴奋”，因此主张“大日本主义无价值论”。进一步地，石桥认为未来的世界潮流必将是各殖民地的民族解放运动高涨，因此坚持日本应将领土限定在固有的主要四岛及周围诸小岛。他指出，如果日本率先放弃所有的殖民地，不但会让美英等国刮目相看，给他们造成压力，还会使亚洲各国及殖民地向往日本，奉日本为他们的领袖。这样对日本国家利益的好处远大于“大日本主义”。④ 在对华关系上，石桥也主张日本应放弃侵华政策，而推进对

---

① 田中彰『小国主義—日本の近代を読みなおす—』、岩波新書 1999 年、116、117 頁。

② 同上书、125 頁。

③ 五百旗頭真編『日米関係史』、有斐閣 2009 年、143 頁。

④ 田中彰『小国主義—日本の近代を読みなおす—』、岩波新書 1999 年、132—137 頁。

华经济合作，指出“（日本）应尽快开发中国之富源，用于发展其经济。这样，日对华贸易便将增加，我国工商业亦将受其刺激而迎来兴隆”。[①]

从明治到二战期间的77年中，自由民权运动和大正民主运动是思想领域相对较为活跃的时期，而民间掀起“小日本主义”的探讨也基本与这两段时期相吻合。之后，随着日本军国主义对日本社会控制力的日益增强，其对思想领域的钳制顺之也达到了历史的巅峰，“小日本主义”的声音也遭到了严厉的打压，“大日本主义”完全主导了日本社会的方方面面。然而，恰是到了这一阶段，也意味着日本军国主义走上了不归路。最后需要强调的是，“小日本主义”虽然在战前遭到了严厉的打压，但并不意味着它已从人们的思想深处被彻底清除。因此，到了战后，他们又站在对战争反省的基础上，开始探求日本走和平发展道路的根本路径。从这一意义而言，他们对和平宪法的支持和维护也就不足为奇了。

二、战后日本理想主义和现实主义的两阶段论战

战后日本的政治思潮尽管长期受“小日本主义”主导，但近年来“大日本主义”已有所抬头。总体而言，前者主要体现为强调“非武装中立”的理想主义和主张“现实主义的和平论”，奉行“中等国家的国际协调主义”的政治型现实主义，后者主要代表是被称为“正常国家主义”的军事型现实主义和意图通过提高国家力量（甚至包括核武器在内的全面军事实力）来获得完全独立的日本式戴高乐主义。[②] 战后伊始，理想主义一度成为日本社会思潮的主导。但

① 増田弘「石橋湛山の満州放棄論—小日本主義に関する一考察—」、『国際政治』、Vol. 1982 No. 71、81 頁。

② 永井陽之助『現代と戦略』、文藝春秋 1985 年、18 頁。

到1960年代后期，理想主义与现实主义[①]就日本的国家独立与安全的路径问题经过两阶段的激烈论战后，现实主义作为主导思潮长期存在。1980年代以后，军事型现实主义逐渐开始抬头，而在第二次安倍内阁中，则呈现出军事型现实主义与日本式戴高乐主义同时对其的安全保障战略产生影响的现象。

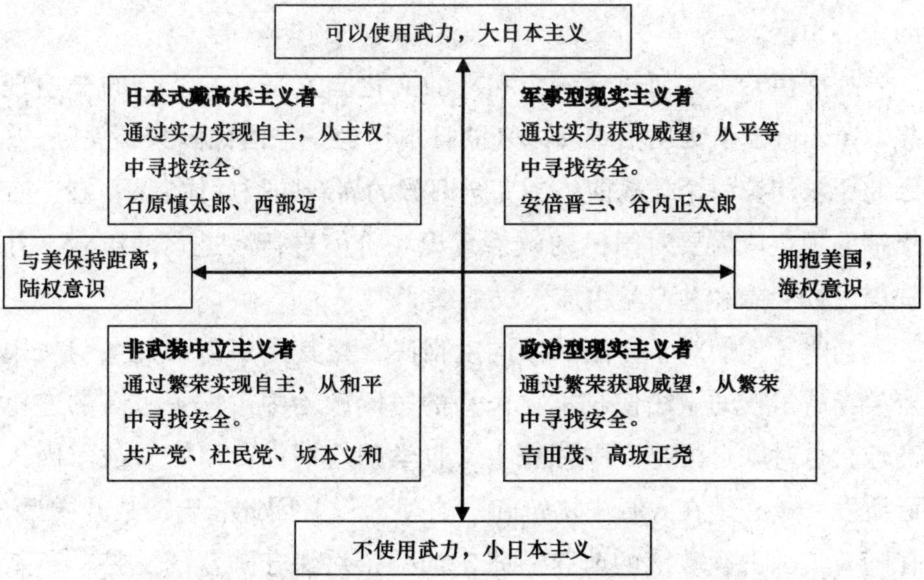

图2　战后影响日本政治的四种思潮

战后日本围绕着外交及安保政策应维持怎样的姿态，即要选择全面媾和还是片面媾和，是主张非武装中立还是承认日美安保体制等问题，理想主义与现实主义两派学者也展开了激烈的论战。

如前所述，和平宪法与日美安保体制是在完全迥异的国际环境下产生的，因此两者所倡导的内在理念是南辕北辙的，而日本政坛革新、保守两派势力基本各执一边。这使得他们主张的外交路线和

① 现实主义虽然可以分成政治型和军事型，但一般而言的现实主义特指政治型现实主义。

外交争论持续保持平行线状态，无法统一。[1] 日本的革新阵营包括主张革命的共产党、承认马克思主义的社会党左派和信奉社会民主主义的稳健改革派社会党右派三大力量，而保守阵营则以自由党、民主党（1955 年合并为自由民主党）为核心。[2] 众所周知，社会党的片山哲曾于 1947 年短暂组阁，1955 年社会党左右派合并后占据众参两院最大在野党的地位长达半个世纪，因而成为战后日本革新阵营的中心力量。

战后伊始，如何建立一个和平的文化国家是日本社会的普遍理想。革新阵营认为明治维新以来的日本作为一个国民国家是失败的，因此要求构筑一个与战前体制完全迥异的崭新的战后体制。[3] 甚至有极端的观点认为要对国民的政治意识和价值进行激进式的革新，并提倡由社会党和共产党组成人民战线。[4]

当时，他们对新宪法的认同度很高，尤其是认为第九条明文规定放弃战争权的做法使日本在未来的国际政治中占据了极高的道德高地，也对联合国宪章中理想主义哲学颇有期许，相信“战争因人心所发，遂必须在人心中构筑和平的理念”。[5] 因此，当冷战开始后，伴随着美国占领政策的改弦更张，加强了对保守阵营的支持，革新阵营也加强了反美、反保守体制的立场。朝鲜战争爆发后，随着日本媾和及重回国际社会步伐的加快，革新阵营和保守阵营围绕着日本外交、安全保障政策应维持怎样的姿态，展开了激烈的争论。其焦点集中于是全面媾和还是片面媾和，是主张非武装中立还是承认

---

① 高坂正堯『宰相　吉田茂』、中央公論新社 2006 年、7 頁。

② 五百旗頭真編『戦後日本外交史』（第 3 版）、有斐閣 2010 年、287 頁。

③ 中西寛「戦後日本外交とナショナリズム」、『国際政治』2012 年 10 月、第 170 号。

④ 高坂正堯『宰相　吉田茂』、中央公論新社 2006 年、34 頁。

⑤ 同上书、51、52 頁。

日美安保条约，及是否认可自卫队的存在。[①] 革新阵营对保守阵营内有人主张日本放弃宪法第九条重整军备，以及对美一边倒的做法表示了强烈反对，且不仅限于在国会上反对，还将抗议行动扩展到街头。当时，社会党提倡“非军事中立”的外交安保政策，反对日美安全条约和建立自卫队。他们期待日本在体制上实现“和平”和“民主主义”之后会出现“社会主义”的未来。[②]

战后初期，理想主义主要由在学界被称为“悔恨共同体”的知识分子群体组成。他们有感于战前未能阻止战争的爆发，出于这种自责心理，他们感到必须为建设战后的新日本有所贡献，代表人物为有田八郎（1884—1965 年）、丸山真男（1914—1996 年）等。[③] 需要指出的是，这批学者虽然被划归为革新阵营，但他们并非奉行社会主义，而是一直致力于在日本建立一个政治社会，试图找到把来自西方的自由主义理念转化为日本的政治治理模式的可能。与之相对的，现实主义则主要由一批被称为“无念共同体”的群体组成。“无念”有因遗憾而悔恨的意涵，该群体基本上认可明治以来日本国家发展的方向，但对日本发动太平洋战争，与错误的对手开战这一点是持否定立场的。基于此，他们心目中的新日本首先是要防止军国主义复兴，其次是奉行国家主义的发展路径，最后是坚持反共立场。[④] 因此，“无念共同体”又被称为“权力政治论学派”。[⑤] 其代表人物为日本著名法西斯主义理论家北一辉（1883—1937 年）的弟弟——北昤吉（1885—1961 年）。[⑥]

---

① 神谷万丈「日本的現実主義者のナショナリズム観」、『国際政治』2012 年 10 月、第 170 号。

② 五百旗頭真編『戦後日本外交史』（第 3 版）、有斐閣 2010 年、287、288 頁。

③ 竹内洋『革新幻想の戦後史』、中央公論新社 2011 年、41—43 頁。

④ 同上书、47 頁。

⑤ 村田晃嗣「リアリズム——その日本的特徴」、日本国際政治学会『日本の国際政治学　第 1 巻　学としての国際政治』、有斐閣 2009 年、45、46 頁。

⑥ 竹内洋『革新幻想の戦後史』、中央公論新社 2011 年、54 頁。

两派知识分子一如日本政界的革新阵营、保守阵营那样，就日本媾和问题发生了激烈的辩论。不久这个要全面媾和还是要片面媾和的对立，发展成为要非武装中立还是要日美安保体制的对立，并最终形成关于日本外交政策基本立场的对立。[①] 两派对立的根源在于对日本军国主义和对亚洲各国侵略的不同理解。

前者提倡的非武装中立建立在对军国主义和侵略战争的深刻反省基础上，视战后宪法（主要是第九条）为日本的圣经，认为是将军国主义封锁在魔瓶中的封条。而任何军事化行为不但违反和平宪法，更是有将军国主义“恶魔”从魔瓶中释放出来之虞，遂反对所有的军事化行为。基于此，他们主张日本应严格遵循宪法第九条的和平精神，成为一个和平中立之国，并应与包括苏联、新中国在内的所有国家实现全面媾和，因而他们反对日美安保体制和任何形式的再军备化；后者则认为日本战败的根本原因是由跟一个无法战胜的对手——美国开战所导致，而为从美军占领当局的控制下获得独立，唯有通过以美国马首是瞻，实现片面媾和，并与美国缔结安保条约的方式才能实现，这使得其立场与前者针锋相对。

此外，对于实现媾和的方式，理想主义认为应通过大规模持续的民众运动，一方面强调和平宪法在“世界历史上的意义”，另一方面对美国主张日本遵循和平宪法就是要坚持和平主义、中立主义的立场，实现全面媾和，并签署中立条约[②]；现实主义所主张的就是日后吉田茂所采取的外交交涉方式，实现片面媾和。同时，现实主义还批判理想主义的主张过于理想化，非但不容易实现，且是逞一时之能的英雄主义想法，更让人质疑能否为日本带来实际利益。[③]

概言之，理想主义主张非武装中立，认为日本应贯彻放弃战争的精神，通过永久中立实现安全保障，实现全面媾和，反对日美安

---

① 五百旗頭真編『戦後日本外交史』(第3版)、有斐閣2010年、74、75頁。

② 神谷万丈「日本的現実主義者のナショナリズム観」、『国際政治』2012年10月、第170号。

③ 永井陽之助『現代と戦略』、文藝春秋1985年、58頁。

保体制；现实主义则认为日本只能屈从现实走片面媾和的道路，且国家安全应透过日美安保体制来实现。[①]

事实上，战后日本政治的发展动向确实是沿着保守阵营构筑的路径一步步走下去的。因此，若从谁对日本现状更具解释力这一点而言，无疑应该是现实主义获胜，但有趣的是，学界的第一阶段论战中，现实主义却始终是少数派。[②] 这主要缘于战后初期日本的社会氛围由革新阵营主导。

日本战败以后，一方面民众因切身感受战争的惨烈，因而对战争有强烈排斥感，同时又对军国主义被取缔的做法十分高兴，并欢迎民主主义制度和思想在日本实施和传播。[③]

造成革新阵营蓬勃发展的另一个原因是美国对日占领政策的改变及对左翼势力的打压。冷战开始后，美国一改对日占领政策，将日本视为对东方阵营的防波堤，因而支持日本的保守势力，而对共产党、社会党有所打压。但当时日本国民的民主主义自觉已经觉醒，尤其是众多劳动者的权利意识高涨，使得工会运动高潮不断，而在日共因将运动矛头针对占领军当局而一度被取缔的情况下，反而使得自由主义者基于战前的历史记忆害怕占领军当局在对共产主义者进行打压后会对他们进行镇压。因此，自由主义者也加入到了保护共产主义者的队伍中了，这直接导致了民主主义和民族主义的帅旗被革新阵营掌握。

朝鲜战争爆发后，日本成为美军进攻朝鲜半岛的后方基地，因此冒着被占领军镇压的危险而发生的反对核武器的联署活动中有很多知识分子参与其中，这样象征和平运动的反核力量也被革新阵营主导。[④]

---

① 永井陽之助『現代と戦略』、文藝春秋 1985 年、69、70 頁。

② 村田晃嗣「リアリズム——その日本的特徴」、日本国際政治学会『日本の国際政治学　第 1 巻　学としての国際政治』、有斐閣 2009 年、45—47、57 頁。

③ 百瀬宏『国際関係学』、東京大学出版会 1993 年、251、252 頁。

④ 同上书、253 頁。

1946年初，岩波书店创始人岩波茂雄（1881—1946年）创办《世界》杂志，并自任主编。1948年，吉野组织和平问题研讨会（翌年改称“和平问题恳谈会”），成员包括清水几太郎（1907—1988年）、丸山真男、久野收（1910—1999年）、都留重人（1912—2006年）等为中心的主张全面媾和、日本中立论及反对美军驻日军事基地等观点的人。而《世界》杂志也顺理成章成为这些人的发声筒，并成为革新阵营在学界发声的根据地。以此为背景，当1951年9月，《世界》发行“日本媾和问题特集”之际，销售火爆，杂志社不得不数次重印，最终使得这一期的发行量达到15万册，其最盛期的发行量更超过28万册。其读者群主要是教师和学生，不满30岁的年轻人占49.5%。因此，大江健三郎曾指出，《世界》可以说已经成为理解政治问题和国际问题的“另一所大学”。①

需要说明的是，在第一阶段论战中，日本的国际政治学科仍处于草创阶段，论战双方均出身别科，因而双方缺乏运用国际政治学，进行学理性的辩论。双方的论战实质上始终停留在各执一词、自说自话的阶段。此外，由于当时“革新力量”主导着日本社会的氛围，因此论战双方的胜败与对现实政治的解释力出现背离现象也就不足为奇了。

进入1960年代后，随着日本经济的长足发展，日本的国际政治学也得到了相应的发展，一批在战后接受大学国际政治教育的年轻学者开始崭露头角，并逐渐成为论战舞台的主宰者。其中，理想主义的代表人物是东京大学教授坂本义和（1927年—），现实主义的代表人物有高坂正尧（1934—1996年）、永井阳之助（1924—2008年）、神谷不二（1927—2009年）及若泉敬（1930—1996年）等。

这一阶段的辩题与第一阶段的延续性十分显著，仍是围绕着日本的安全保障问题展开。两派学者的立场针锋相对，理想主义坚持废除日美安保条约，采取非武装中立的立场，现实主义则主张采取

① 竹内洋『革新幻想の戦後史』、中央公論新社2011年、59—62、114、438頁。

承认安保条约和自卫队的立场。具体而言，两派学者是从价值观、国家战略及外交政策三个层面展开论战的。

在价值观层面：理想主义认为日本应追求的价值就是宪法第九条所规定的绝对和平这一点，正是有了和平宪法才开启了战后日本的政治体制和立宪民主制。理想主义视和平宪法为一切，强调对宪法应该完全严格地按照字面意思进行解释，而自卫队的存在显然与宪法倡导的和平主义精神和第九条第二项提及的“不保持陆海空军及其他战争力量”等内容相背离。因此，理想主义按照这一逻辑很自然地得出自卫队违宪的结论，“宪法明文规定的条款，只能明文去修改。因此只要宪法没有修改，也应该废止现在的自卫队”。[①] 以此为基础，理想主义提出实现非武装中立的路径就是应遵循宪法第九条的理念。[②]

追求和平主义的价值观使理想主义占据了道义制高点，这一点现实主义也不能否认。高坂正尧就承认：“现实主义如果完全不去思考国家应追求的价值观问题，则就有堕落成现实投机主义，或犬儒主义之虞”[③]，并坦诚“在日本主张完全非武装非要说其优点就是基于价值观上的根据。换言之，如果日本采取完全非武装政策，将会对国际政治造成巨大冲击，它显示了国家新的发展方向，并成为战后日本重新出发的原点。事实上，宪法第九条所宣示的理想是极其重要的，就算认可日本维持最低限度的自卫力量的人在内，守护宪法第九条理念可以说依然是日本国民共同的愿望”。[④] 虽然如此，现实主义还是从日本面临的现实环境角度入手，批判理想主义提出非武装中立的路径缺乏现实性和具有矛盾性。

首先，现实主义认为理想主义以克服权力政治为目标，单纯从

① 「現実主義者の平和論」、『高坂正堯著作集1』、都市出版1998年、14頁。

② 久野收「第九条と非武装的防衛力の原理」、『世界』1964年6月号。

③ 「現実主義者の平和論」、『高坂正堯著作集1』、都市出版1998年、14頁。

④ 「日本の外交論議における理想主義と現実主義」、『高坂正堯著作集1』、都市出版1998年、532頁。

和平主义的精神理念角度去思考确保国家安全的问题，从根本上说是忽视或不愿正视国际政治中权力的重要性，并以此为基础无视势力均衡对国际和平的重要性。[①] 高坂就批判指出，理想主义者们过于强调道义在国际社会中发挥的作用。但对主导现阶段国际社会的权力政治的理解有所欠缺。没有实力支撑的理想说到底不过是一种幻象，永无实现的一天。如果我们不能对权力政治有充分理解的话，则我宣扬的理想不过是缺乏实质的空洞之物。[②]

高坂还认为日美安保体制的客观存在及由此而在远东地区已经确立的势力均衡，已意味着日本被卷入了权力政治的漩涡中。在这种情况下，理想主义倡导的和平路径却建立在否定权力政治的立场上，从而不得不面临一个两难困境：理想主义在追求和平的道路上到底是彻底否定现实中的权力政治，借以保持理论上纯粹性，还是不得不屈从现实的权力政治，与之实现一定程度的妥协。如果理想主义坚持前者必然面对空想色彩过于浓厚的困境。后者导致的情况更为严重，即一旦屈从现实的权力政治即意味着理想主义的理论纯粹性濒于崩溃，进一步势必导致理想主义内部发生分裂。1951 年 10 月，日本社会党左右两派围绕日本片面媾和及日美安保体制等问题意见尖锐对立，并走向分裂的根源正在于此。[③]

此外，理想主义倡导非武装中立的终极目标是实现日本的永久和平。他们多以瑞士为榜样，期许日本能成为亚洲的瑞士，并认为瑞士永久中立的地位仅是由外交的一纸协定来加以保障的，因此认定对日本的安全保障这一目的而言，外交的一纸协议已经足够。对此，深谙欧洲国际关系理论及历史的高坂指出，理想主义从根本上忽视了瑞士之所以能够保持中立地位实际上是在欧洲大陆长久以来

---

① 酒井哲哉「戦後論壇の位相と高坂正堯」、『外交フォーラム』2010 年 2 月号。

② 「現実主義者の平和論」、『高坂正堯著作集 1』、都市出版 1998 年、10 頁。

③ 「二十世紀の平和の条件」、『高坂正堯著作集 1』、都市出版 1998 年、51 頁。

的权力均势的背景下实现的，而非仅凭外交的一纸协定。[①] 他进一步指出，实现日本的永久和平固然是一个崇高的理想，但在现实中，应该在理想与现实之间激烈紧张的关系中，不断为永久和平设定一个个具体的阶段性目标，为了实现永久和平，找出逐步接近这一目标的过渡性的和平条件才是至关重要的。而理想主义的这种只要实现了中立就能带来和平的结论即使从逻辑上看也是不成立的，这种意图通过和平中立的“一国和平主义”来一步到位地实现永久和平的理想，说到底不过是一种梦想罢了。[②]

其次，现实主义指出理想主义反对自卫队是建立在因为反对日美安保体制而反对自卫队，而非反对自卫队本身。因此，面对朝鲜战争爆发以后的远东地区情势紧张的国际政治现实，除了口头上高叫绝对反对设立自卫队外，在既成事实面前也不得不不断后退。[③] 更为重要的是，倡导非武装中立的理想主义者实际上并非绝对的非武装主义者。

如坂本义和撰文阐释非武装中立论时，强调的是为保护日本的领土、领海和领空，应设置“纯防卫”的部队。他真正反对的只是这种部队的设置不应该是在日美安保体制框架下的，因为在美苏对峙的国际格局中，日本将自身安全交由美国的做法反而更易遭到苏联方面的军事威胁。而倘若日本只是强调一国的“非武装中立”，那么也极易遭到美苏的任何一方的武装侵略，反而更容易导致战争。有鉴于联合国于1956年设立了维和部队（PKO），坂本主张日本也应该将“纯防卫”的部队设置交由联合国来完成，这也是将日本的“和平宪法”的精神加以具体化的产物。[④]

---

① 「日本の外交論議における理想主義と現実主義」、『高坂正堯著作集1』、都市出版1998年、530頁。

② 「二十世紀の平和の条件」、『高坂正堯著作集1』、都市出版1998年、55頁。

③ 「現実主義者の平和論」、『高坂正堯著作集1』、都市出版1998年、14頁。

④ 坂本義和「中立日本の防衛構想—日米安保体制に代るもの—」、『世界』1959年8月号。

在国家战略层面：理想主义的基本立场是防卫否定论，认为在核武器已经出现的情况下，日美安保体制和自卫队并不足以保护日本的安全，因此它们没有存在的必要。作为世界上唯一遭受原子弹爆炸的国家，对核的敏感性和恐惧性背景与理想主义提出防卫否定论息息相关。

对此，高坂正尧一方面认可理想主义提出绝对和平在终极目标上的正确性。但对理想主义就日本的安全保障问题，提出奉行中立主义的对策，高坂一如既往地从权力政治的角度进行了批判，指出了其对策的空洞性，认为："理想主义最大的问题是没弄清目的与手段的相互关系问题。他们以宪法第九条所宣扬的绝对和平为目的，意图将之绝对化，自然而然会引申出日本对外政策的目的是实现绝对中立。进一步又推导出，为实现和平的绝对性目的，手段亦必须是和平的，手段与目的之间是不可分离的。但是既然绝对和平是绝对目的，那么为达成这一目的势必要设定一个个阶段性目标，就以他们提出的中立为例，为实现这一目的，究竟应有怎样的手段，两者之间的因果关系具体如何，理想主义根本一言不提，这难道不是他们最大的问题吗？"①

在外交政策层面：理想主义主张日本应奉行中立政策，认为日美安保体制和建立自卫队的做法无疑让苏、中等国认为是一种威胁，其结果是增加了远东的紧张局势，因此应该放弃这项愚蠢的政策，改奉中立政策。

然而，理想主义总是提出一个美好的愿景却缺乏切实可行的路径依赖，这一点是最为现实主义所诟病的。高坂就直言理想主义认为"日本的外交政策如果确定了方向的话，就只剩下一个高度技术性问题"的这种知难行易的想法是"理性不足，热情过头"，而恰恰是"高度技术性问题"才是重要的，即现阶段日本外交的目的是

① 「現実主義者の平和論」、『高坂正堯著作集1』、都市出版1998年、18頁。

如何缓和远东的紧张局势，这才是实现安全保障的第一要素。①

综上所述，理想主义与现实主义都认同战后日本的国家目标是实现安全与独立，但在路径依赖方面则大相径庭。理想主义奉行的价值观是和平主义，主张以防卫否定论为国防战略，强调用中立主义的原则推行外交政策，并依此提出核武器出现的背景下，任何军事同盟也保护不了日本的国家安全，反而招致更大威胁，日本欲实现和平，必须成为永久中立国，其前提就是应该废弃日美安保体制，解散自卫队，走非武装中立的道路。对此，现实主义虽承认理想主义存在道义上的终极关怀，但同时也批判地指出理想主义最大的弊端在于只是高举理想的大旗，却没有提出一条切实可行的实现路径，且罔顾战后日本所处的现实国际环境和国际政治中权力所发挥的作用，导致其所有的建议不但具有浓厚的空想色彩，对日本的国家安全还带有相当的危险性。

一言以蔽之，理想主义主张知难行易，认为一旦目标确立，实现过程只是个高度技术性问题，可以毕其功于一役地实现；而现实主义则强调知易行难，相比目标的实现，其过程才是关键，既漫长且艰巨，更需理性、综合的战略筹划。

如前所述，第二阶段的论战中，理想主义与现实主义的主要分歧实际上体现为日本实现国家安全与独立的不同路径选择，因而彼此之间承认有很多方面是基于相同思考基础之上的。也因为此，高坂等人一直强调要与坂本等人在论战之外，加强沟通与对话。② 然而，和第一阶段论战相同的是，双方尽管可以开展“生机勃勃”的学术争论，由于他们分别以既定的党派选择为前提，学术争论在事实上仍存在囿于固定化的框架内各自解释自身观点的倾向，并未就

① 「現実主義者の平和論」、『高坂正堯著作集 1』、都市出版 1998 年、18、21、22 頁。

② 村田晃嗣「リアリズム——その日本的特徴」、日本国際政治学会『日本の国際政治学　第 1 巻　学としての国際政治』、有斐閣 2009 年、47 頁。

相关交集开展正面对话。[①] 从日本政治的走向来看，依旧是沿着现实主义规划的路径走下去，但现实主义却在第二阶段论战中逐渐取代理想主义成为日本国际政治学界的主流，这主要由以下三个因素导致：

首先，1960 年代以后，随着日本经济走上持续增长的快车道，民众生活的日益富庶，日本社会逐渐进入了消费社会，产生了大规模的“政治冷漠症候群”。社会上更多人关心的是自己的生计，以及日常性的享乐。他们对于国家政治及世界和平，采取了隔岸观火的态度，对于发生在身边的事件中隐含的政治性，缺少必要的敏感度。显然，消费社会的群体最具有追认现实政治的保守性，这也正是自民党得以不断推行保守主义路线的社会基础。[②]

其次，受到东方阵营一系列事件的负面影响，导致理想主义不再受到日本民众的欢迎。从 1950 至 60 年代，东方阵营发生了一系列重大事件，先是赫鲁晓夫对斯大林的全面否定，后是波匈事件、中苏决裂，及布拉格之春等等，由此直接引发了日本共产党内出现严重的路线斗争，并进一步导致其支持率大跌。同样地，作为革新力量支柱的社会党的得票数也出现不断减少的趋势，甚至连带着和平问题恳谈会也发生严重的内斗现象，最终宣布解散，时人不无慨叹地指出，和平问题恳谈会自身及言论的影响力宛如“投入水中的石子，在刚落入水面时虽也泛起涟漪，但很快就消逝无踪了，连石子也沉入水中不见踪影”。[③]

最后，随着冷战结构的基本定型，日本经济大国化目标的逐步实现，日本社会对现实政治的接受度日益提高，但理想主义宣扬的立场中空想色彩依旧浓厚，导致与现实政治脱节愈发严重，受众面也日益狭窄。

---

① 酒井哲哉「戦後論壇の位相と高坂正堯」、『外交フォーラム』2010 年 2 月号。

② 孙歌：《我们为什么要谈东亚——状况中的政治与历史》，北京：生活·读书·新知三联书店，2011 年版，第 109 页。

③ 竹内洋『革新幻想の戦後史』、中公新書 2011 年、67—69 頁。

三、军事型现实主义和日本式戴高乐主义的兴起

冷战结束后，不但理想主义的影响力急速消退，连从1960年代中后期以来一直占据主导地位的现实主义也逐渐被另一股政治思潮抢占了风头。实际上，从1980年代的里根政府开始，由于美国旧有的在军事、经济方面的优势不再，要求日本在亚太区域内与美国一同分担防卫力量。以此为背景，日本的现实主义又衍生出比较关注军事在国家外交和安全保障方面发挥作用的一派力量，其代表有法眼晋作、冈崎久彦、加濑英明、中川八洋等人。他们强调日本应大力发展自身的军事力量，作为“西方一员”的身份密切配合美国的全球战略。由此可见，在冷战结束前后，现实主义已经分化为两种倾向：其一是继续以和平的国际协调的经济国家为中心的立场；其二是重视日美同盟，致力于修改宪法和行使集体自卫权，与美国共同维持秩序的立场。① 永井阳之助则将前者定性为“政治型现实主义”，称呼后者为军事型现实主义。②

进入1990年代中后期，“政治型现实主义”加快了淡出人们视野的步伐：一方面是随着其理论领军人物的相继故去或淡出学界，理论创新的中坚力量已不复存在，如高坂、若泉二人均于1996年辞世，永井虽然在2008年故去，但早在2000年时便宣布封笔；另一方面除了军事型现实主义者外，包括现实主义在内的日本国际政治理论界出现了唯美国理论马首是瞻的现象。随着大量学者接受美国教育，在大量翻译和引进美国最新理论的同时，他们未能将相关理论与日本面临的新安全保障领域的诸多问题进行有效结合和分析，提出有所建树的主张和建言，不自觉地充当了美国理论的“搬运

---

① 五百旗頭真編『戦後日本外交史』(第3版)、有斐閣2010年、312頁。

② 永井陽之助『現代と戦略』、文藝春秋1985年、18—21頁。

工”。[①]

总体而言，军事型现实主义的根本目标是要通过增加军事实力获取威望，并意图通过构筑平等的日美关系，并在日美同盟框架中继续保护日本的国家安全。而其所设想的路径是强化日本在日美同盟框架中的地位，深化与扩大在同盟框架内的合作力度和广度，力争实现日美同盟的全球化——日本对美国在世界范围内的主要军事行动的部署进行支援。日本应在这一过程中不但构筑平等的日美同盟关系，还凭借提升日本在同盟框架中作用的契机，在诸多领域呈现日美共同主导的形式。这样既有利于日本能够顺利实现“正常国家化”，还能抬升日本在世界上的影响力，维持日本的大国地位。从这一意义而言，军事型现实主义与“政治型现实主义”在日美同盟问题上意见是一致的，所分歧者在于日本应该花费多少来维持同盟——以及这些花费是否应该包括使日本变成“正常国家”。[②]

显而易见的是，为了实现上述目的，行使集体自卫权就成了必然之选，而要实现这一步骤，最为釜底抽薪的办法就是修改和平宪法。因此，军事型现实主义对于战后体制的改造主要体现为修改和平宪法。而构成吉田主义核心的日美同盟、重经济及轻军事三要素中唯一被修改掉的仅有最后一点。从这一意义而言，军事型现实主义所要实现的仅是对吉田主义的重塑，而非抛弃。[③]

实际上，这股思潮在政治上的映衬可以追溯到1955年自由党与民主党合并成自民党的那一刻。从鸠山一郎开始，岸信介、中曾根康弘、桥本龙太郎、小泉纯一郎等人无一不是为此目的孜孜以求，而其巅峰无疑就是安倍政权的诞生。除安倍外，内阁官房长官营义

---

① 村田晃嗣「リアリズム——その日本的特徴」、日本国際政治学会『日本の国際政治学　第1巻　学としての国際政治』、有斐閣2009年、55—57頁。

② ［美］理查德·J. 塞缪尔斯：《日本大战略与东亚的未来》，刘铁娃译，上海人民出版社，2009年版，第148页。

③ 添谷芳秀「日本の『ミドルパワー』外交——戦後日本の選択と構想」、ちくま新書2005年、179、207頁。

伟、副长官加藤胜信和世耕弘成、内阁官房参事谷内正太郎也是军事型现实主义的代表性人物。其打着“摆脱战后体制”的标语，将修宪视为最优先课题，其基本逻辑仍是基于内向性的冲动渴望日本实现“独立”。[①] 而在日本国内制约因素如和平宪法、武器出口三原则等仍然存在的情况下，为打破这些国内制约因素，“中国威胁论”常常被他们作为屡试不爽的手段的内在逻辑正在于此。

如前所述，美国占领日本初期，由其主导制定了和平宪法以约束日本，并大刀阔斧地展开清除日本国内军国主义势力和军国主义思潮的行动。但随着冷战的全面展开和朝鲜战争的爆发，美国的对日政策改弦易辙，将重点置换成视日本为远东反共的桥头堡，这使得日本国内的军国主义势力和军国主义思潮得以继续生存和滋长。以石原为代表极端民族主义者正是上述战后早期的新军国主义者的继承者，永井阳之助将之称为日本式戴高乐主义。[②] 其与安倍为首的军事型现实主义最大区别在于怀疑美国保护日本的承诺，认为日本对美国的从属地位与日本的国家威望是相悖的。他们要求对宪法作出修改，并且批评日本“盲目地追随”美国。他们的观点如今在日本的安全话语中即使不具有完全的合法地位，也呈现不断上升的态势。

永井指出，日本式戴高乐主义者口口声声说要通过增进国家实力来获得真正的自立，但实际上是要在自立中寻找国家安全。[③] 其所谓增进国家实力主要指军事实力，甚至包括核武器，且是独立于美国进行运作的，即建立可靠的、独立的核威慑。他们认为唯有如此才能使日本保持对竞争对手的军事优势。其逻辑在于，日本依靠美国核保护来获取国家安全，同时在道德观念上又避免拥有核武器，这样的国家安全战略是很虚伪的。除非日本准备成为美国的第 51 个

---

① 添谷芳秀「戦後日本外交史——自立をめぐる葛藤」、日本国際政治学会『日本の国際政治学　第 4 巻　歴史の中の国際政治』、有斐閣 2009 年、211 頁。

② 永井陽之助『現代と戦略』、文藝春秋 1985 年、18 頁。

③ 永井陽之助『平和の代償』、中公新書 2012 年、178 頁。

州，否则它就应该保持独立性并实现有核化。自卫队也应该被改造为合适的“国家军队”，不应该被美国掌握，并认为如果有人相信美国会在日本对抗崛起的中国的时候站在日本一方，那么“他们就是疯子”。[①]

日本式戴高乐主义在安倍内阁的代表有首相辅佐官、参议员卫藤晟一、自民党政调会长高市早苗、国家公安委员长古屋圭司、文部科学大臣下村博文、总务大臣新藤义孝、行政改革担当大臣稻田朋美及内阁官房参事饭岛勋等，其中心人物是卫藤。他们与菅义伟等人共同构成支持安倍内阁的基础。如果说菅是“摆脱战后体制”的实务推进派，他们被称为“摆脱战后体制”的意识形态派，相比菅提倡的“景气和经济优先、安倍色彩谨慎表现”，他们提出“修改宪法、参拜靖国神社、修改历史认识”。[②] 可见，尽管两派都以“摆脱战后体制”为目标，但前者追求的核心是修宪、扩权、大国化三个方面，核心是和平宪法。这是“摆脱战后体制”的顶层设计，以使日本在维持日美同盟框架内行使集体自卫权；扩权的重点就是强化首相职能，扩大其行政和决策权力，包括建立以首相为核心的“国家安全保障会议”（日本版 NSC），统筹制订外交、防卫、经济三大领域的综合性国家战略；大国化则是在经济大国的基础上向政治大国迈进。而后者则是意图对整体战后国际秩序构成冲击和挑战，主张要将东京审判、《旧金山和约》，乃至对战后秩序加以明文规定的德黑兰会议、雅尔塔会议及《波兹坦公告》等全部推倒重来，其提出首相参拜靖国神社、推翻“村山谈话”、“河野谈话”、修改历史教科书等要求就是思维的具体体现。[③]

① 西部邁など「親米保守 vs. 反米保守：イラク決戦」、『諸君』2004 年 1 月号；「アジアを舞台に21 世紀のゲームが始まっている」、『論座』2005 年 3 月号。

② 三波一輝「安倍政権に何が起こっているのか」、『文藝春秋』2013 年 10 月号。

③ 鈴木美勝「日米同盟派と対米『独立』派に深まる亀裂」、『中央公論』2013 年 8 月号。

第三节　日本崛起的指导性理论

一、战前日本崛起的指导性理论

法国年鉴学派主张从社会结构的视角开展对与之对应的社会政治、文化、经济等进行深度剖析，并擅长像切片一样将一个整体的历史，分短、中、长期层层切开，提出有些层面具有相当的长远性，有些层面则变动得快一点，其中地理因素可谓是最基层，最具长远性。而作为日本崛起行动性理论的指导理论或元理论（meta-theory），其影响因子与日本所处自然环境息息相关。对此，最为著名的学说莫过于美国著名军事家马汉于十九世纪末提出的“制海权论”与英国地缘政治家麦金德于二十世纪初提出的“大陆腹地说”的两类全球战略理念。在“大陆国家”与“海洋国家”的两种路径选择中，“海洋国家”指利用四面环海的天然屏障一方面作为安全保障上的优势，另一方面利用不竭的世界影响力和可以广为利用的海洋，积极发挥通往世界各地的海路交通及贸易上的优势。[①] 从根本上而言，“海洋国家”就是走通商国家的发展道路，即强调航行自由、贸易自由和市场自由的原则，并在与世界各国的经贸往来中实现国家的腾飞。[②] 但前提是一要控制制海权（或与控制制海权的国家保持良好关系），二要提供维持通商自由制度的公共产品（或参与这类公共产品的提供）。

从客观地理条件而言，海洋国家必须是濒海国家，即四面环海的岛屿国家与有海岸线的大陆国家。从主观战略意识角度考虑，如

① 五百旗頭真編『戦後日本外交史』（第3版）、有斐閣2010年、10頁。

② 猪口孝『国際関係論の系譜』、東京大学出版会2007年、144頁。

果岛屿国家只是单纯地将目光停留在四面环海这一事实上，并由此产生一种封闭性、保守性的生活方式——“岛国根性”，那么就始终停留于岛国层面。而只有将岛国的自然条件作为世界性的活动食粮才意味着国家成为海洋国家，即指以海洋作为国家生活与活动的基盘，将海洋赋予的一切加以活用的国家。因此，从某种意义而言，海洋国家是强调自由的、开放的、尊重多样性。重视信息能力、外交能力，提高体系的功能及效率等软性能动力的“功能国家”。[①] 相比较而言，岛屿国家比濒海的大陆国家，因自然环境和国家体量等客观环境的差异更易成为海洋国家。日本作为亚洲大陆东缘的群岛国家，有使之拥有通往世界各地的海路交通及贸易上的优势，以及不竭的世界影响力和可以广为利用的海洋。因此，日本这样的岛国走向“海洋国家”似乎顺理成章，但战前其却反其道而行之，恰恰走上了“大陆国家”的道路，其战略理念的核心是以中国大陆为陆地的核心，通过控制心脏地带来支配世界。

明治初期，岩仓使节团考察英国崛起经验的时候就已发觉，英国在失去了法国的领地，成为完全意义上的岛国之后，面对四面临海的局面，如果国家安全仅仅停留在岛屿防卫层面的话，是极其困难的。因此，英国转而将目光投向海洋，通过建设强大海军掌握制海权的方式建立了海上霸权，并在世界各地建立了广袤的殖民地。与此同时，英国认识到如果一味用强的话，势必会惹起欧洲各国的公愤和猜忌，因此英国选择的方法是借助制海权提供通商自由的公共产品，这样一方面在与其他国家自由地进行交易的同时将本国的基本利益与其他国家紧密相连，且不易引起别国反对，另一方面鉴于积极采取重商主义的政策，增强自身的产业实力，又可以将之投射至世界各地。[②]

① 五百旗頭真「海洋同盟としての日米同盟」、伊藤憲一監修『21 世紀日本の大戦略』、フォレスト出版株式会社 2000 年、196 頁。

② 川勝平太「海洋日本の進路」、伊藤憲一監修『21 世紀日本の大戦略』、フォレスト出版株式会社 2000 年、117 頁。

概言之，对英国这样的岛国而言，保卫国家的核心是不能让敌人登陆，重点是建立并维持制海权，以在掌握制海权的情况下保持顺畅的通商路径和向世界各地投送兵力的能力，目标是防止大陆上有某一国形成排他性的支配力量，避免均势的快速丧失，并以此为基础构筑以维持通商自由的基轴，以允许众多中小国家存在的多元化的柔软性的开放国际秩序，路径是以海军实力、信息能力、外交能力、产业能力、通商能力为资源进行综合利用。显然，英国的目的也是掌握霸权，但路径依赖则不像强调在大陆腹地进行领土扩张的大陆霸权国家那样露骨。①

对此，岩仓等人认为，英国首先是一个原创性大国，已经在现行国际秩序中占据先机，且英国实力雄厚，又有广袤的殖民地做支撑，有能力提供成本高昂的公共产品，因而对英国模式并不十分热衷。相比之下，同样是后发国家，普鲁士在短期内迅速崛起，成为德意志帝国的赤裸裸地依靠实力成为欧洲权力中心的“大陆国家”崛起之路更值得日本借鉴。② 从这一意义而言，明治时期日本的大国崛起走“大陆国家”道路便成为当然之选。

如前所述，战前日本官方层面奉行的是“大日本主义”，而民间学界却时不时地有人倡导“小日本主义”。两者的区别在于如何处理与亚洲周边国家（主要是中国）的关系。前者认为“脱亚入欧”的富国强兵之路使日本一跃成为文明国家，但与之相对的，亚洲其他国家抱残守缺，很难改弦易辙，只能视为“半文明”或未开化的野蛮国家。因此唯有日本才能代表亚洲成为抵御西方列强入侵的最后堡垒。在此基础上，“大日本主义”还强调“失之桑榆，收之东

---

① 五百旗頭真「海洋同盟としての日米同盟」、伊藤憲一監修『21 世紀日本の大戦略』、フォレスト出版株式会社 2000 年、140、141 頁；川勝平太「海洋日本の進路」、伊藤憲一監修『21 世紀日本の大戦略』、フォレスト出版株式会社 2000 年、118 頁。

② 田中彰『小国主義—日本の近代を読みなおす—』、岩波新書 1999 年、49—51 頁。

隅”，即西方列强迫使日本签订不平等条约对日本国家利益造成的伤害可以从亚洲邻国身上得到补偿，这就为日本侵略亚洲提供了理论依据。至于后者，则强调为应对西方列强应与亚洲各民族合作的“兼亚”观点，其志在解放亚洲，并倡导一种带有乌托邦性质的“大亚洲主义”。但十分遗憾的是，随着日本军国主义势力的不断高涨，“大亚洲主义”中带有乌托邦性质的“小日本主义”终因不断被打压而销声匿迹。

为寻求自身的国家安全，奉行“大日本主义”的明治政府一步步地走上了对亚洲侵略扩张的道路，其外交目标旨在实现“与列强协调的框架内实现向亚洲大陆发展”[①]，而这一轨迹实际上是沿着明治时期的元老山县有朋（1838—1922 年）所说的战略逻辑进行的。1889 年 12 月出任首相的山县有朋是日本陆军创始人和日本侵略亚洲的“大陆政策”的制定者。1890 年 3 月，山县在《外交政略论》中明确提出，国家的任务在于“防御主权线”（指日本列岛）和“保卫利益线”。所谓“利益线”，即“与邻国接壤而与我主权线之安危紧密相关的地区”。[②] 他曾这样解释他的安全战略：“要保证我国的独立和安全，首先就要保护主权，其次是保住优势……如果要在当今的世界列强中维护我国的独立，光保住主权还不够，还必须保住优势……并在我国资源许可的范围内逐渐赢得这样的地位。”[③] 由此可见，在山县的思想中确保“利益线”应是日本对外政策的中心。[④]

山县认为朝鲜半岛是“插向日本心脏的一把匕首”[⑤]，是日本

① 五百旗頭真「海洋同盟としての日米同盟」、伊藤憲一監修『21 世紀日本の大戦略』、フォレスト出版株式会社 2000 年、142 頁。

② 『山県有朋意見書』、原書房 1966 年、196、197 頁。

③ Roger F. Hackett, *Yamagata Aritomo in the Rise of Modern Japan*（1895 - 1922），Cambridge, Mass: Harvard University Press, 1971, p. 138.

④ 五百旗頭真編『戦後日本外交史』（第 3 版）、有斐閣 2010 年、11 頁。

⑤ Ramon H. Myers and Mark R. Peattie eds., *The Japanese Colonial Empire*（1895 - 1945），Princeton: Princeton University Press, 1984, p. 15.

“利益线的焦点”。他认为，为保证日本列岛的安全，不能让朝鲜落入其他大国的手中，而为了保住朝鲜的“独立”，日本就必须拿下旅顺港和辽东半岛。这也意味着中日之间必有一战。[①]甲午战争结束后，俄罗斯的势力又开始渗透至朝鲜半岛，日本又认为与俄罗斯终会有一场大战，因而又将其作为日本的主要假想敌。为了孤立俄罗斯，日本又于1902年与英国缔结盟约。这样经过1904—1905年的日俄战争，日本不但完全控制了朝鲜半岛，还进一步将中国东北的南部收入囊中。从这一意义而言，甲午战争和日俄战争均是日本保护主权线，拓展利益线而挑起的战争。

到了明治末期，日本虽然摆脱了不平等条约，加入了大国行列，占领了大片海外领土，却还没有摆脱不安全感。它的胃口越来越大，不但要进一步将东北全部控制，还要占领整个中国。受此思维影响，“日本吞并朝鲜后又把朝鲜作为主权线，而把‘南满’作为利益线、生命线；以武力建立‘满洲国’后又把‘满洲’作为主权线，而把华北地区作为利益线，结果不断向外扩大，最终导致日中战争的全面爆发。”[②]

二、战后日本崛起的指导性理论

战前的日本虽受“大陆国家”安全战略的意识主导，但“海洋国家”意识实际上早在明治维新之前已有萌芽。1867年6月9日，著名的幕末志士坂本龙马（1836—1867年）便在其提出的八条政治改革计划——“船中八策”中提出应让日本国民意识到依靠海洋生存才是日本的梦想，并主张为确保日本的制海权必须扩张海军实力。坂本的梦想是日本通过海运和贸易，活跃在世界这个舞台上，借此

① 岡義武『山形有朋——明治日本の象徴』、岩波書店1958年、50頁。

② 小原雅博『国益と外交—世界システムと日本の戦略』、日本経済新聞出版社2007年、320頁。

成为海洋国家，并以此作为新的日本国家形象。[①] 而战前著名的政治评论家清泽洌（1890—1945 年）则提倡自由贸易，还进一步主张日本要与最大的海洋国家美国保持友好关系，并应视对美友好为日本最重要的国家利益。[②]

坂本龙马的扩张海军实力建议在明治维新后被日本政府曲解为与美国在太平洋争权的工具，而清泽洌对政府的影响微乎其微。相比之下，只有海军中将佐藤铁太郎的海洋国家论一度在明治政府内部引发争论。[③] 他的安全战略构想以英国为范本，主张日本应该作为一个海洋国家发展比较合理，认为日本与其进入亚洲大陆不如重视海上权力，哪怕由此失去局部的大陆桥头堡，反而可以因此获得外交全局的主动性和灵活性，负担减轻，更易用间接手段操纵国际政局。基于此，他强调日本的国家战略应改“陆主海从”为“海主陆从”。[④] 总体而言，战前的“海洋国家”意识中“小日本主义”的色彩浓厚，而与奉行“大日本主义”的“大陆国家”意识的格格不入是显而易见的，因此在战前也一直不受重视。

随着日本军国主义的覆灭，昭示着由陆军主导的大陆国家路径是走不下去的，并意味着奉行“大日本主义”的“大陆国家”派也宣告瓦解。[⑤] 基于历史的惨痛教训与和平宪法的制定，奉行“小日本主义”的“海洋国家”派再度露头，不但最大在野党的社会党奉行这一理念，执政的自民党中的鸽派如鸠山一郎、石桥湛三等人也认同这一理念。其核心是日本作为地理上的亚洲国家，在传统文化上

---

① 五百旗頭真「海洋同盟としての日米同盟」、伊藤憲一監修『21 世紀日本の大戦略』、フォレスト出版株式会社 2000 年、148 頁；村山裕三『経済安全保障を考える：海洋国家日本の選択』、NHKブックス2003 年、9 頁。

② 山本義彦『清沢洌の政治経済思想—近代日本の自由主義と国際平和—』、御茶の水書房 1996 年参照。

③ 五百旗頭真編『戦後日本外交史』（第 3 版）、有斐閣 2010 年、12 頁。

④ 五百旗頭真編『日米関係史』、有斐閣 2009 年、143 頁。

⑤ 川勝平太「海洋日本の進路」、伊藤憲一監修『21 世紀日本の大戦略』、フォレスト出版株式会社 2000 年、67 頁。

较美欧国家对亚洲文化的理解更深，而在政治上又是亚洲唯一的西方国家，对西方社会制度的把握也在亚洲国家中首屈一指。[①] 因此日本要在坚持和平主义的同时发挥国际影响力就必须要积极发展同亚洲各国的关系，还要发挥好“东西方交流的桥梁”作用。[②]

然而，这派并不占据主导地位，战后日本主要受“海洋国家”意识支配。战后最早系统阐释海洋国家理念的高坂正尧在《海洋国家日本的构想》一文中开宗明义地指出，日本长久以来是个被四面环海的现状封闭在四个大岛之内的岛国，不但几无任何资源可言，且人口压力很大，加之几无可供开发的土地，唯有广阔的海洋是还没有挖掘的处女地。因此，日本应成为像英国那样的海洋国家，充分利用海洋，活跃在世界各地，并无限地发挥适应性和充满活力的冒险精神。[③]

一般而言，海洋国家的经济安全保障战略有三部分组成：(1) 以通商国家的身份，确立航行自由、贸易自由和市场自由的原则；(2) 为了确立制海权[④]和提供维持通商自由制度的公共产品，建设一支维持自由贸易与航行的海军力量；(3) 通过建立殖民地或军事同盟等方式，在世界范围内建立诸多战略支点。但上述安全战略是对于美英这样具有建章立制的行动力和统领世界的意志力而言的，日本则无论在客观的能力和主观的意愿方面均不具备筹划这一安全战略的实力，其海洋安全的要点是海上自卫队应确保从日本沿岸向外1000海里的制海权，即确保在这个范围内航行，以日本港口为出

① 五百旗頭真編『戦後日本外交史』(第3版)、有斐閣2010年、90頁。

② 永井陽之助『現代と戦略』、文藝春秋1985年、73頁。

③ 「海洋国家日本の構想」、『高坂正堯著作集1』、都市出版1998年、156、179頁。

④ 一般而言，制海权指确保本国及盟国舰船与船舶航行的安全，并在此基础上确立对远距离的大陆投送兵力能力——权力投送力，以确保本国及盟国舰船从基地出发挺进至目的地的大陆海域和重返基地的能力。参见左近允尚敏「海洋空間の戦略性」、伊藤憲一監修『21世紀日本の大戦略』、フォレスト出版株式会社2000年、95—97頁。

发点和终点的商船的安全。与此同时，日本在向海洋拓展权益的时候，必须做好说明此举将惠及周边各国利益的工作，以获得他们对日本走向海洋的认可。[①] 从这一意义而言，日本构筑海洋国家的经济安全保障战略主要包括：（1）以通商国家的身份，成为既定自由贸易秩序的拥护者；（2）与主导上述自由贸易秩序的海洋国家结成联盟；（3）积极配合主导性海洋国家的全球战略推进。显而易见，与美国结盟是作为海洋国家——日本最核心的经济安全保障战略。

表面来看，日本在战后与美国缔结盟约不是一种选择，而是不得不为之。但从海洋国家的战略视角出发，答案却是与其说这是为势所逼，莫如说是势在必行。对此，吉田茂在回忆中早有详细阐释："日本是一个海洋国家，显然必须通过海外贸易来养活9000万国民，这个道理是至为明显的。既然这样，那么日本在通商上的联系，当然不能不把重点放在与日本海外贸易联系最紧密，经济最富裕、技术最先进，且历史关系最深厚的英美两国身上了。这并不一定是主义或思想的问题，也不是所谓隶属关系，而是对增进日本国民的利益而言舍此其谁的问题。……关于保卫国家的问题，所谓中立主义是多么抽象而内容又多么空洞这一点，已毋庸赘述。在强大的武力面前，一个国家的独立是多么脆弱。如果拥有足以保卫中立的武力，而且处在可以自守的地理位置，又当别论，然而日本并不具备这种条件。日本除了以日美安全保障条约为基础的集体防御体制之外，可以说别无防守之策。……战后日本外交的根本基调是对美亲善，这是大原则，今后不会改变，也不应该改变。"[②] 一言以蔽之，日本认为战后日本走轻军备、非军事化、经济主义的路线并非是胜利者的强加而是日本自发性的选择。[③]

---

① 左近允尚敏「海洋空間の戦略性」、伊藤憲一監修『21世紀日本の大戦略』、フォレスト出版株式会社2000年、98、116—117頁。

② 吉田茂『回想十年』（第一巻）、新潮社1958年、10—11、25、30、34頁。

③ 五百旗頭真「海洋同盟としての日米同盟」、伊藤憲一監修『21世紀日本の大戦略』、フォレスト出版株式会社2000年、156頁。

日美同盟是日本作为海洋国家的战略核心，因此日美经济摩擦与苏联解体所带来的冲击都未能使日美同盟的生命力受到根本冲击，只是导致日美安保攻击假想敌国和敌对军事同盟的性质有所淡化。在经过短暂“漂流”后，1995 年，在时任美国助理国防部长约瑟夫·奈的主导下，推进了日美同盟的再定义，即日美同盟将作为亚太地区的公共财产，以保护亚太地区的秩序，避免不稳定因素造成混乱，形成以防卫、维护机能为基本性质。[①] 以此为背景，1996 年 4 月，桥本龙太郎首相与克林顿总统在东京重申了双边安全联盟的重要性。在两国发表的联合纲领协议中，为联盟合作设定了三个领域：（1）日本的防卫；（2）地区安全；（3）全球合作。9 月，日美安保磋商委员会（Security Consultative Committee，俗称“2 + 2”）举行首次会议。1997 年 9 月日本与美国采用了新的防卫合作指针，新的目标定位与交叉服务协议涵盖了双边培训以及后勤支援。凡此种种，表明了在更广阔的国际安全保障中有效运用日美同盟的方针。其后，日美之间就新指针达成一致，确认了日本更进一步参与安全保障问题的态度，在安全保障政策上开始迈出更为积极的步伐。

2000 年后，布什申明自己将以美日同盟为基轴的立场。其构想是知日派阿米蒂奇（Richard L. Armitage）提出的。之后他出任副国务卿。其对日战略是，在尊重日本自主性的同时，促进日本发挥更大国际作用，从而推进类似美英关系的美日关系，联盟的前景描绘为“更加平等，更加融合，更加正常”。日本的领导者也同意这样的说法，如“9·11”事件之后，小泉面对国际危机，一面构筑和美国的紧密合作关系，一面发挥其领导力，扩大了日本在国际安保上的责任，即日本对美国在世界范围内的主要战斗行动的部署进行支援。小泉外交的特征是赋予日美关系以特殊的重要性。在小泉看来，不存在与美国相匹敌的其他国家。[②] 在小泉“单打一”外交思维引导

① 五百旗頭真編『戦後日本外交史』（第 3 版）、有斐閣 2010 年、256 頁。

② 同上书、第 268、274 頁。

下，2002 年 12 月，日美两国开始就同盟在美国全球军队转型中所发挥的作用进行双边协商。两国的协商集中在五个方面：（1）对威胁的联合评估；（2）双方在应对这些威胁的时候需要发挥的作用以及完成使命的评估；（3）各自军事结构的评估；（4）基地结构充分性的考察；（5）军队存在问题的估量。

2005 年 10 月，日美举行“2 + 2”会议，加强从个体战术到战略磋商的各个层次的日美双边协调。两国将“保持密切的、持续的政策与行动协调……以消除军队建设的不稳定、威慑侵略行为，并对不同的安全挑战做出回应。”联合部队的现代化包括了诸多方面：增强的情报能力、协调的卫星系统、导弹拦截装置、雷达、不断增加的联合训练、空中与海上燃油补给的互相提供，甚至包括联盟第一个联合指挥中心的建立。这意味着两国军队首次实现整合。① 与此同时，日美再度修改防卫合作指针，不仅允许自卫队在常规训练期间帮助美国军队，而且还可以在武装攻击的情况下输送弹药。这项协议为以后所有的合作提供了框架，更突出了日美同盟的全球性意义。

然而，不可否认的是，日本作为海洋国家的战略面临两个方面的困境：首先是如何在依赖美国和国家自主之间找到平衡点？其次是如何定位与崛起的中国的关系？

尽管战后日本选择与美国结盟的战略使之获益颇丰，甚至可说是战后日本复兴和发展的基础，但不可否认的是日美同盟的基本前提就是，日本只能成为一个“半主权国家”，牺牲了日本人的自主性，如日本在与美国的予求安排问题上的代价分配不平均等。如果不能提升国家自主性的话，日本过去—并且将一直处于美国的控制范围内。② 但日本受国力所限无法像美国那样对国际秩序加以构筑或

① ［美］理查德 · J. 塞缪尔斯：《日本大战略与东亚的未来》，刘铁娃译，上海人民出版社，2009 年版，第 236 页。

② 白石隆『帝国とその限界』、NTT 出版 2004 年、111 頁；太田文雄「『情報』と国家戦略」、芙蓉書房出版 2005 年、159 頁；高坂正堯『宰相　吉田茂』、中公新書 2006 年、92 頁。

重构，或左右国际政治、安全等领域的国际体系，其强国战略只能以主导大国规定下国际体系为前提，且不可能与主导大国采取全面对立性的外交，在此之外的领域保持一定的主体性外交。因此，日本的国家自主道路是不会也不能脱离日美同盟框架的，而只能在既存的安全保障格局——以日美安保体系为支柱的基础上摆明外交立场，在中间领域构筑主体外交为大前提。①

因此，从自民党到民主党，历届内阁在对外战略方向上看似摇摆不定，但本质上只是实现目标的路径偏好有所不同——借重美国多一些或者借重亚洲多一些。日本要真正“独立”，首当其冲的牵制力量是美国，但现阶段日本无力向美国“叫板”，中国崛起更使日本无意这样做。于是，在日美同盟框架下最大限度地实现自我发展，成为当下日本的基本思路之一。②

在日本的对外关系问题上，最令其“头痛”的另一个问题就是中国的快速崛起。其核心在于东亚地区面临“安全美国，经济中国”的二元分离格局状况下，日本对华安全疑虑与日俱增的同时如何在中国经济深化改革的过程中更多地获取经济红利的问题，即如何平衡对华“安全上要防范，经济上要赚钱”的问题。

在安全领域，日本对崛起的中国的种种不安源于亚洲版的权力转移所造成的结构性深层次战略矛盾。而在经济领域，中日已互为主要的经济合作伙伴，且相互依存度已超越日美关系。中国是日本最大的贸易伙伴，两国贸易总额约占日本外贸总额的1/5，且两国已开始互持国债、双边贸易部分直接结算，意味着日本把自身前途命运与中国的发展更紧密地捆绑到了一起。随着中国经济的持续发展和深化改革的推进，中日在经贸领域的相互依存关系亦将越发紧密，日本国内出现了一种将对华与对美关系放在同样维度进行思考的战

---

① 添谷芳秀「日本の『ミドルパワー』外交——戦後日本の選択と構想」、ちくま新書2005年、208頁。

② 杨伯江：“日本民主党对外战略方向评析”，《现代国际关系》，2012年第2期，第36页。

略构想，但海洋派认为该选项并不符合海洋国家的安全战略选择。[①]高坂正尧曾指出，作为海洋国家的对策，首先是安全保障问题。日本的独特之处就是不能与中国趋同，强调与中国的差异性，以非东方亦非西方的立场生存下去，奉行安全保障政策上的磁力理论，采取远交近攻的做法才是上策。[②]

海洋派指出，日本外交最希望实现的目标是与美国深化合作的同时，强化与中国的关系，也就是说必须实现安全上的日美同盟+经济上的日中合作这双重格局。这首先也符合美国的国家利益，对美国而言，虽然强势推进亚太再平衡战略，但这恰恰证明美国在亚太地区的领导能力受到中国的严重挑战，加之美国因国力之不逮，实际上亟需以日本为首的亚洲盟国有力地支持美国的战略东移。因此，美国首先希望日本希望在强化日美同盟的基础上，强化自身防卫力量。但是，这一点有一定的危险性，即东京大规模的强化防卫的做法有可能会引起东亚地区的军备竞赛，使日本与周边国家关系的紧张，更有可能将美国卷入与自身利益牵涉不大的冲突当中。因此，对美国而言，既要推动日本强化自身国防建设，又要掌控局势，不使同盟国家觉得美国的安全保障有所削弱，而以日美同盟为基础推进对华关系的路径依赖既是日本国家安全与繁荣的上上之策，也为美国所乐见。[③]

此外，这还必须取决于未来中美关系的定位，倘若中国在崛起过程中决心选择与美国协调的路径，那么中日关系势必改善，上述目标也容易达成。反之，如果中国选择一条与美国对抗，决定构筑新的国际秩序的话，即意味着日本要在对美、对华外交中进行选边。

---

① 川勝平太「海洋日本の進路」、伊藤憲一監修『21世紀日本の大戦略』、フォレスト出版株式会社2000年、35頁。

② 高坂正堯『宰相　吉田茂』、中公新書2006年、157、171、173頁。

③ Gerald L. Curtis, "Japan's Cautious Hawks: Why Tokyo Is Unlikely to Pursue an Aggressive Foreign Policy," *Foreign Affairs*, March/April 2013, pp. 77 - 86; Michael Green, "Japan Is Back," *Foreign Affairs Report*, No. 3, 2013, pp. 15 - 21.

虽然一胜一负的选择并不符合日本的国家利益，但两害相权取其轻，日本即使承担中日关系破局的损失也只能继续留在日美同盟框架中。①

在路径方面，海洋派提出首先是采取“政经分离”的两手政策，即在推进对华经济关系的同时，在安全领域做好最坏情况下的准备，冷静观察，沉着应对。而在军事安全领域，单靠经济理论行不通，而应根据军事理论，在保持对话的同时采取必要的安全保障措施。

其次是强化日美合作关系，指出：21 世纪的亚太地区的关系，将会根据日美中关系的发展作出基本的设定。而日美两国在维持日本同盟的同时，应该积极应对正在崛起的中国，建立协商关系，如反恐战争，朝鲜核危机，中国的超大国化等等。21 世纪的日美关系，将会在吸收这些冲击的同时，创造强化合作关系的历史。②

最后是从地缘视角出发，强调东盟等周边国家、地区在其中的重要性：第一，从海洋国家的身份来看日本的发展轨迹，实现与西太平洋同经度的国家、地区的联合，中国台湾地区、菲律宾、印度尼西亚，进一步还有南边的澳大利亚、新西兰等，在资源、文化、民族性等均十分丰富的西太平洋上，建构起包含日本在内的半月弧形状③；第二，周边国家在历史上对中国的畏惧感很强。这些中小国家从自身国家利益考虑，厌恶整个大陆会出现一国独大的局面，希望构筑开放的多元国际体系。由此可见，日本希望加强与周边国家合作的构想与地区众多国家的想法是不谋而合的。要对付中国，日本仅凭一国之力势必不支，必须以与某国组成“联合制华”。日本与美国一起以日美关系为基础的情况下，同时联系区域内与日本想法

---

① 五百旗頭真編『戦後日本外交史』（第 3 版）、有斐閣 2010 年、316 頁；谷内正太郎「安倍戦略外交の核心—価値観・哲学を共有し『アジア』と合従する」、『外交』Vol. 18、2013 年 3 月 31 日。

② 五百旗頭真編『日米関係史』、有斐閣 2009 年、338 頁。

③ 川勝平太「海洋日本の進路」、伊藤憲一監修『21 世紀日本の大戦略』、フォレスト出版株式会社 2000 年、35 頁。

相仿的国家一道，强化合作。[①]

不可否认的是，自泡沫经济崩溃以来，日本经济持续低迷，与之相对的是中国经济高速增长，美国国力进一步上升，这促使日本国内的狭隘民族主义情绪滋生，对中美的敌视情绪日益高涨，眼光越来越集中于国内，内向性越来越强，这对海洋国家而言是最令人恐惧的征兆，这一点无论如何也应当避免。其实越是这样，日本越应该回到海洋国家的原点，即必须拓展对外关系，重新绘制对外关系的蓝图。[②] 这也是安倍内阁所描绘的对外战略中亟待解决的问题。

三、安倍的国家安全保障战略构想

2012 年底，安倍强势回归，相比 2006 年初登相位时打出“摆脱战后体制”的标语外，此次又增加了一条“重振日本”的口号。“摆脱战后体制”的目的是为了实现国家的自主，而“重振日本”则是向外界宣示日本的大国化目标。2013 年 2 月 23 日，他在美发表题为“日本回来了”的演讲时称：“日本不是，也永远不会是一个二流国家。……无论现在还是将来，我们都不能容忍日本领土受到任何挑战。任何国家都不应错估或低估我们的坚定决心。任何人都不应怀疑日美同盟关系的牢固。……所以今天我作出保证，要让日本重新强大起来，强大到足以作出更多的贡献来让世界变得更好。”[③] 如前所述，日本要真正“独立”，首当其冲的牵制力量是美国，但现阶段日本无力向美国“叫板”，中国崛起更使日本无意这样做。于是，在日美同盟框架下最大限度地实现自我发展，成为当下日本的

---

① 五百旗頭真「海洋同盟としての日米同盟」、「伊藤憲一監修『21 世紀日本の大戦略』、フォレスト出版株式会社 2000 年、162—163、169 頁。

② 村山裕三『経済安全保障を考える：海洋国家日本の選択』、NHKブックス 2003 年、223 頁。

③ 安倍晋三「日本は戻ってきました」、http：//www. kantei. go. jp/jp/96_ abe/statement/2013/0223speach. html。

基本思路之一。①

村山裕三指出："对海洋国家日本而言，强化日美同盟与日本国运生死攸关。那么如何解决这一矛盾呢？因此日本必须在强化同盟关系时，尽量在同盟框架体系内建立平等的日美关系，包括日本对同盟所承担的义务。"② 这主要指日本要拥有行使集体自卫权的权利，其定义为日本可以使用武力保卫遭受攻击的盟友，即意味着当美国等与日本关系密切的国家遭到攻击时，日本可以将其视为对本国的攻击而予以反击，从而在日美同盟框架内与美国一样也拥有了使用"矛"的权利。

然而，行使集体自卫权被认为超出了宪法第九条允许的"自卫所需最低限度"范围，一直被视为禁区。战后日本的国家自主问题原本与日美同盟息息相关，但是海洋国家的路径依赖却是在强化同盟关系的同时，尽可能地在同盟框架体系内建立平等的日美双边关系。这样，安倍成功实现了将"摆脱战后体制"的对象从日美同盟到和平宪法的置换，并视修宪为其最大的政治课题。③

但日本修宪门槛较高，需经过众参两院2/3以上议员投票通过后，再由全民公决后方能有效，鉴于执政联盟未能在参议院取得2/3以上议席，且执政联盟中的公明党一直对修宪态度谨慎，加之日本有半数以上选民并不支持修宪，这一过程显然无法一气呵成，而将采取"啄壳战术"④，分阶段地逐步实施。因此，安倍内阁普遍认为"比较务实、合理"的路径是首先推进易于得到广泛支持的宪法第

① 杨伯江："日本民主党对外战略方向评析"，《现代国际关系》2012年第2期，第36页。

② 村山裕三『経済安全保障を考える：海洋国家日本の選択』、NHKブックス 2003年、153頁。

③ 高橋哲哉「自壊する歴史認識——安倍政権で加速する日本の孤立化」、『世界』2013年8月号。

④ 胡令远："第23届参议院选举后日本的战略取向与中日关系"，《当代世界》，2013年第9期，第15页。

96 条的修改工作（即修改宪法解释）。

在安倍看来，修改宪法，行使集体自卫权的目标仅仅停留于强化日本在日美同盟框架中的地位，最终形成平等地位。进一步地，他意图借此强调行使集体自卫权的终极目标是为了维护世界和平与稳定，以突出日本对国际社会的贡献。更为重要的是，在提升日本在同盟框架中所发挥作用的同时，还将日美同盟定位为对地区和平与稳定有所贡献的国际公共产品，且这种公共产品的提供以日美共同主导的形式出现。这样，日本在推动“国家正常化”的同时，能继续发挥其在世界的影响力，维持日本的大国地位。概言之，日本已经开始了新一轮的战略思考。安倍内阁的经济、外交路线走的是小泉内阁的路子，但意识形态则是对岸信介内阁的一脉相承，其战略目标仍是充当亚洲领头雁的地位，但面对自身实力不足的客观事实，意图以积极配合美国亚太再平衡的东移战略，以强化日美同盟，实现日美共同主导为路径，实现“重振日本”的大国目标。①

然而，不可否认的是，为消除外部环境对日本实现“摆脱战后体制”和“重振日本”目标的疑虑，赢得国际社会的支持，安倍需要用一种话语方便外宣，“积极和平主义”就是在这一背景下提出的。

“积极和平主义”是安倍于 2013 年 9 月在联大发言中提出的，但实际上这一概念并非其首创。它最早出现于 2004 年，强调日本必须从被动和平主义为特征的战略转为积极的和平主义，日本必须从经济超级大国转型为政治超级大国以获得世界上其他国家的尊重，而且日本必须有自己的条件，并按照自己的节奏进行这样的转型，希望日本成为“负责任的国家”，而不仅仅是“正常的”国家。所谓的“负责任的国家”意指日本国家身份的转变，日本一直以来是一个“热爱和平”与“支持和平”的国家，但如果日本想要在世界

① Michael Green, “Japan Is Back,” *Foreign Affairs Report*, No. 3, 2013, pp. 15 - 21.

事务中找到自己的恰当位置，就必须升格转变为一个“缔造和平”的国家。

而为了更好地贯彻“积极和平主义”理念，安倍首先就是制定《国家安全保障战略》，并将之视为日本外交与安全保障政策的最高指针，随之而来的就是修改防卫计划大纲，将基本理念设定为与“积极和平主义”相匹配的“作为和平国家，基于积极和平主义立场，对于世界和平、稳定和繁荣作出贡献”。为了实现政策目标，安倍强调说：“为了确保日本的安全，需加强必要的威慑力量，防止直接入侵，并减少所受到的损失”等内容，并提出路径依赖是加强日美同盟，推进亚太地区安保合作，通过国际合作而非武力加强威慑能力。[①] 显而易见，为了实现这些规划，一系列强化日本威慑力量的举措就显得顺理成章了，如修改武器出口三原则等等。接着就是在修改宪法解释工作告一段落后，切实解禁行使集体自卫权，再次是修改自卫队法，以及增加预算以加强防卫力量等。待到修宪工作全部完成后，再水到渠成地建立符合国际标准的“国防军”。[②] 需要强调的是，为了更好地推进外交和安全政策重建，创设日本版 NSC，以强化首相官邸在国家外交、安全保障政策上的统御功能从逻辑上看也就成了顺势而发的事了。

然而，安倍十分清楚的是，上述目标的实现绝非一蹴而就，保持一个较长时间的连续执政是基本前提。如胡令远指出的那样，安倍梦寐以求的夙愿是修宪，并将这一设想调整为分两步走。第一步可称为“啄壳战术”，即首先通过修改宪法解释，行使集体自卫权，使和平宪法成为徒具理念形式的空壳；第二步伺机将其啄破、彻底打碎。而时间的节点则控制在六年的任期内，也即安倍要亲手完成修宪的历史使命，从而使日本彻彻底底地走出战后体制，其本人也

---

① 「海洋・サイバー防衛を強化　国家安保戦略の骨格まとまる」、『日本経済新聞』2013 年 10 月 16 日。

② 「安全保障と防衛力に関する懇談会」、平成 25 年 10 月 21 日、http: //www.kantei. go. jp/jp/96_ abe/actions/201310/21kondankai. html。

因此而能够“名标青史”。为了能保证充分的执政时间，重登相位的安倍以上一任期为镜鉴，遂把经济作为政权存续的首要课题。[①] 因此，安倍提出了大胆的金融缓和；积极的财政政策；振兴民间投资的经济增长战略为三支箭的“安倍经济学”。

安倍的所作所为主要是“制造了一种氛围，让人们的信心有所提升”，更重要的是改变人们对未来的预期，实现“重振日本”的大国化目标。[②] 实际上，安倍重新组阁以来的支持率一直居高不下的最根本因素恰在于此。如果“安倍经济学”真的成效不彰，日本国民不但会对这一经济战略本身的信心就会发生动摇，安倍也会失去国民和投资者对他的期待。[③] 此外值得注意的是，尽管参议院改选后安倍政权的长期化已成定局，但如果“安倍经济学”接下来的经济成效不彰，影响安倍支持率的话，恐将对安倍政权的长期化会产生冲击，从而进一步影响安倍的国家安全保障战略构想的推进。从这一意义而言，“安倍经济学”对安倍而言存在两重身份的建构：

第一重是经济目标性的身份建构。日本为了扩大对全球性问题的贡献，必须要增强国力，因此通过“安倍经济学”重振国家经济确实也是安倍政权的战略支柱之一，毕竟相比其他领域，经济问题搞好了，应对社会、安全保障问题，恢复日本的地区影响力，在亚洲的地缘政治当中发挥更积极的影响力都将变得可能[④]；第二重是政治手段性的身份建构，即“安倍经济学”推行顺利与否，与安倍能否长期执政息息相关，是其实践国家安全保障战略构想的前提条件。

---

① 胡令远：“第23届参议院选举后日本的战略取向与中日关系”，《当代世界》，2013年第9期。

② 本田悦朗「アベノミクスの核心—『レジームチェンジ』で始まった日本経済復活シナリオ」、『外交』Vol. 18、March 2013、34—43頁；Daniel Sneider，“Japan's Daunting Challenge,” *The NationalL Interest*，Mar/Apr 2013，pp. 37 – 46.

③ ヘンリー・トゥリックス「アベノミクスへの期待と不安—『いくら大胆でも大胆すぎることはない』」、『外交』Vol. 18、2013年3月31日。

④ ヘマント・クリシャン・シン「日本の存在に関わる試練に挑む安倍政権—真の『アジアの世紀』に貢献を」、『外交』Vol. 18、2013年3月31日。

事实上安倍能在2013年7月的参议院改选大获全胜，固然受惠于选民对民主党大失所望及对第三极势力的不信任，但很大程度上确实也依赖日本民众对“安倍经济学”的期待。[①] 日本民众乐于支持任何一个承诺改善经济并自始至终履行诺言的领导人。安倍的支持率不应被视为对经济计划以外其他任何东西的赞同，也不应被视为坚信他真的有能力贯彻始终。从这一意义而言，“安倍经济学”与安倍内阁国家安全保障战略推行顺利与否息息相关。

安倍的政治色彩是理念优先，诚如安倍内阁副首相麻生太郎所指出的那样，“许多人都知道，安倍首相真正感兴趣的不是经济。……一旦有了充分的权力和威信，安倍会更孜孜不倦地致力于他所钟爱的兴趣点，比如教育和修宪。”[②] 因此，当参议院改选胜利后，安倍明显加快了推进包括修宪在内的政治改革进程，而对“安倍经济学”是否行之有效，使日本经济能顺利步入稳步增长轨道似乎不再那么关注。换言之，在这一阶段，“安倍经济学”主要表现为政治手段的属性。如果下一阶段“安倍经济学”运行顺畅的话，政治手段仍将是其主要属性。反之，将出现两种可能性：一是安倍将施政重心重新转向经济方面，二是安倍凭借参议院胜选带来的3年执政的制度保证，反而有可能会进一步加快政治改革进程。但日本经济增长一旦出现问题，而安倍应对不力的话，势必会使得其支持率出现下滑，并进而导致执政联盟内部的矛盾再度显露。

最后需要说明的是，安倍认为崛起的中国是日本国家安全的最大外部威胁，还指名道姓地将日本周边的战略环境恶化归罪于中国

---

① 佐藤行雄「米国の拡大抑止の信頼性向上に向けて—新防衛計画大綱一つの課題」、『外交』Vol. 21、2013年9月30日。

② Tobias Harris, “Japan’s Own Worst Enemy?” *Foreign Policy*, May 23, 2013, http://www.foreignpolicy.com/articles/2013/05/23/japan_s_own_worst_enemy_shinzo_abe.

对日本的挑衅[1]，甚至言明将遏制与防范中国也是“积极和平主义”的重要内容。

众所周知，中日两国因为钓鱼岛争端的僵持不下，不但已对两国关系造成严重影响，也使得日本国内民族主义情绪日益高涨。以此为背景，安倍以使日本“摆脱战后体制”和“重振日本”为己任，以修宪强兵为目标，但在日本没有清算历史且修宪可能招致国内及周边国家质疑乃至反对的情况下，安倍必须为此创造条件。而钓鱼岛问题恰恰为其炮制“中国威胁论”，在国内煽动极端民族主义情绪，借以乘势为日本突破政治及军事上的种种禁区找到了一个冠冕堂皇的借口。[2] 或许恰因为此，安倍一直不愿正视钓鱼岛问题是两国关系陷入僵局的症结所在，反而多次强调“尖阁诸岛（我钓鱼岛及其附属岛屿）是日本固有领土，并不存在领土争议，日中之间不存在就搁置和维持现状达成共识的事实”的三段论。

但由于两国在经济等领域的交流与合作已经发展到了“打断骨头连着筋”的程度，而当前中日关系的现状显然与日本国家利益不符，因而安倍多次强调要改善中日关系，并非只是口头说说而已。然而，面对政治互信严重缺失和经济互赖与日俱增的现实，安倍的应对方针是“政经分离”。其特征体现为：一是对中日战略互惠关系的“政经分离”，即将综合性的战略互惠关系降格为策略性的经贸、人文等领域的交流[3]，一方面强调中日应就推进经济合作展开对话，另一方面又摆出一副钓鱼岛问题不容讨论的架势；二是面对东亚地区普遍存在的“安全美国”、“经济中国”的二元分离现象，日本也积极参与其中，并意图通过安全领域强化日美同盟的方式，在迫使中国遵守所谓“国际规范”的基础上，放弃在钓鱼岛问题上的原则

① 川上高司「集団的自衛権と日米同盟の壁—安保条約改定という不可欠な難題」、『外交』Vol. 21、2013 年 9 月 30 日。

② “Shinzo Abe's Appointment of A Scarily Right-wing Cabinet Bodes Ill for the Region,” *The Economist*, January 5, 2013.

③ 安倍晋三「新しい国へ」、『文藝春秋』2013 年新年特別号。

立场，只在经济领域深化双边合作与相互依存。

显然，这将严重损害中国的核心利益与重大关切，势将遭到中国的强烈反对，而安倍为了将“政经分离”方针落实下去，让中国放弃在钓鱼岛问题上的原则立场，只在经济领域深化双边合作与相互依存，又决定积极构筑多边的对华战略对冲，意图通过“以包围迫谈判”的方式，迫使中国就范，坐到符合日本战略部署的谈判桌前。

首先，安倍以强化日美同盟为对冲政策的战略支点，意图借钓鱼岛问题强化日美军事合作，并意图拉美国入局牵制中国。2013年2月22日，安倍与奥巴马会谈时强调：随着日本周边安全环境的日益严峻，增加防卫支出、修改《防卫计划大纲》，研究行使集体自卫权等措施有利于强化日美同盟，而为了提高日美安保体制的行动力，有必要进一步修改防卫指针。这主要指日美双方为体现强化应对钓鱼岛问题和朝核问题的对策并制定具体措施，拟着手建立自卫队与美国的全方位合作机制。

此外，自2010年9月钓鱼岛撞船事件爆发以来，日本一直要求美国充当其“后盾”，表态支持日本对华采取强硬立场。安倍不但在访美时强调，日本的基本战略是以强化日美同盟为基础共同应对中国。[①] 在2013年度的《外交蓝皮书》（概要）和《国防白皮书》中，日本更是直言不讳地指出，“由于中国船只不断进入东海尖阁诸岛周边的日本海域，日本的土地、海洋、领空和人民生命都面临种种威胁。……对此，日本决心巩固同美国的联盟，使之成为日本安全政策的基轴，加强必不可少的威慑”。[②] 值得注意的是，安倍在访问东南亚时还向各国转达了强化日美同盟，并以此为基础深化各方合作

① 「日米首脳会談（概要）」、http：//www. mofa. go. jp/mofaj/kinkyu/20/H302013022318425501A/。

② 「平成25年版外交青書（要旨）」、http：//www. mofa. go. jp/mofaj/gaiko/page3_000048. html；『平成25年版防衛白書』、http：//www. mod. go. jp/j/publication/wp/wp2013/wp2013epubDL. html。

的大政方针，以便将日美同盟与日本在亚太地区的双边外交连为一体。[①]

其次，安倍以积极拉拢周边国家为对冲政策的战略依托，意图重拾“价值观外交”的旗帜，形成东南两翼策应共同对华的姿态，加大对华的外交压力。安倍新内阁成立后，十分重视对中国周边国家推进柔性外交，其范围北起俄罗斯，南到东盟，西南至印度。安倍尤为重视东盟在构筑“日本 +1”对华包围格局中的作用[②]，在一年的时间内已五度访问东南亚，范围涵盖东盟十国，其频率与力度为战后日本与东盟关系中所仅见。以缅甸为例，先是副首相兼财务相麻生太郎，后是安倍本人对缅甸的历史性访问。不但免除了缅甸拖欠的2000亿日元债务，并承诺提供1000亿的对缅ODA，加大对缅投资，还要在缅开设经济特区，以支援缅甸经济改革和民主化进程。[③] 概言之，日本把加强与中国周边各国的合作作为外交支柱之一的战略意图已然清晰可见。

2006年，安倍内阁曾提出建立“自由与繁荣之弧”的构想，主张拥有相同价值观的国家联手开展合作。[④] 新内阁仍延续了这一构想，如安倍在访问印尼时宣布的“东盟外交五原则”中，即涵盖了“与东盟国家一道，致力于普及和扩大自由民主、基本人权等普世价值观”，“用法律而非武力手段确保海洋的自由、开放，全力使之成为公共财富”等内容。[⑤] 此外，他还提出囊括日本、印度、澳大利亚

---

① 鈴木美勝「安倍再チャレンジ外交の位相」、『外交』Vol. 18、March 2013、17頁。

② 前田宏子「日中関係の行き詰まりは打開できるか」、http: //www. kaeruchikara. jp/article/467/? Page =4。

③「日ミャンマー共同声明 ~ 新しい友情の礎 ~」、http: //www. mofa. go. jp/mofaj/files/000005233. pdf。

④ 麻生太郎『自由と繁栄の弧』、幻冬舎文庫2008年、20—63頁。

⑤「開かれた，海の恵み—日本外交の新たな5原則—」、http: //www. mofa. go. jp/mofaj/press/enzetsu/25/abe_ 0118j. html。

和夏威夷在内的“民主安全菱形”构想，以在牵制中国方面强化合作。[①]

最后，安倍以在国际上积极制造舆论为对冲政策的战略外延，软硬兼施，意图将两国关系恶化的肇因归咎中国，并将之诋毁为区域安全的威胁者。日本认为在钓鱼岛问题上赢得国际舆论的同情是至关重要的，甚至可以称得上是主战场。[②] 如安倍为制造舆论支持，不但向北约秘书长拉斯穆森呼吁与日本加强合作，共同应对因中国崛起导致东亚安全保障环境更为严峻的变化[③]，甚至倒果为因，刻意渲染所谓的“中国海军舰艇火控雷达瞄准日本舰机”事件。

进一步地，安倍还在内阁官房设立了“领土主权对策企划协调室”，旨在向国内外宣示日本对一系列领土问题主张的正当性，谋求国内外舆论的支持与理解。从 2013 年 7 月中旬开始，安倍还委托内阁一些高官向美参议院外交委员会主席等人传递亲笔信，这直接促成了 7 月 29 日美参议院通过了谴责中国在钓鱼岛等海域进行“恐吓行为”的决议。8 月 1 日，日本组建了加强对外宣传的跨省厅团队，以便更直接地向海外要人宣传日本在领土问题上的观点，而安倍早前的行为据称也是此类行动的一环。[④]

另一方面，安倍不但先后委托公明党代表山口那津男、内阁官房参事谷内正太郎及外务省事务次官斋木昭隆等人访华探路，还利用各种国际场合不断强调日本重视对华关系，两国对话的大门依然敞开的观点，以在国际社会上摆出一副日本积极谋求对话是一贯的，

① 「首相提唱『ダイヤモンド安保』　中国の海洋進出けん制　かえって刺激、逆効果?」、『東京新聞』2013 年 1 月 16 日。

② 枝村純郎「尖閣問題の主戦場は国際広報だ」、『中央公論』2013 年 5 月号、102—110 頁。

③ “安倍强硬举动挑动亚太和平”，《人民日报》，2013 年 1 月 14 日。

④ 「尖閣問題、首相が米議会に働きかけ　中国非難の決議採択巡り」、『日本経済新聞』2013 年 8 月 2 日。

其他的得看对方的姿态。[①] 如 2013 年 9 月 8 日，东京申奥成功后，安倍在布宜诺斯艾利斯举行记者招待会之际也不忘重申“希望从大局的角度与中方进行对话。我们对话的大门是敞开的。”[②]

此外需要提及的是，日本为防止两岸在钓鱼岛问题上合作，主动在“渔业协议”问题上对台释放“善意”，同意台湾渔民可在北纬 27 度以南的钓鱼岛海域，以及周边 12 至 24 海里范围的毗连区内作业，意图借此离间两岸。[③]

由于安倍坚持“政经分离”的方针，直接导致两国高层领导的互动已基本中断，邦交正常化 40 周年与和平友好条约签订 35 周年的相关纪念活动也无法开展。2013 年 12 月 26 日，在安倍不顾国内外多方呼吁悍然参拜靖国神社后，中国外交部发言人秦刚更在 30 日召开的例行记者会上明确表示：“安倍上台以来，在对华关系上玩弄两面派手法，接连采取损害中日关系大局、伤害中国人民感情的错误行动，此次又变本加厉，不顾中方坚决反对和严正交涉，执意参拜供奉有二战甲级战犯的靖国神社，公然背弃中日四个政治文件的原则和精神，严重破坏中日关系的政治基础，其所谓重视发展对华关系，希望与中国领导人对话的虚伪性暴露无遗。事实上，安倍自己关闭了同中国领导人对话的大门，中国人民不欢迎他，中国领导人也不会同他会面。”[④]

综上所述，面对中日关系处于“安全上情不自禁要遏制，经济上无可奈何要合作”的现状，安倍意图透过“政经分离”方针，单方面地将综合性的战略互惠关系降格为策略性的经贸、人文等领域

---

① 「立ち話　首相の試算」、『朝日新聞』2013 年 9 月 7 日。

② 「安倍首相のブエノスアイレスでの記者会見詳報」、『朝日新聞』2013 年 9 月 10 日。

③ 「日台漁業交渉が合意　尖閣周辺は共同管理、中国を牽制」、『朝日新聞』2013 年 4 月 11 日。

④ “2013 年 12 月 30 日外交部发言人秦刚主持例行记者会”，http://www.fmprc.gov.cn/mfa_chn/fyrbt_602243/t1113124.shtml

的交流，一方面不致力于两国在安全领域的深层次结构性战略矛盾的改善，另一方面一厢情愿地想在中国深化改革的过程中分享经济红利。为了实现上述方针，安倍又决定积极构筑多边的对华战略对冲，意图通过“以包围迫谈判”的方式，迫使中国就范，坐到符合日本战略部署的谈判桌前。但日本此举事实上已对战后国际秩序构成冲击和挑战，并将影响到东亚地区的和平与稳定，如果任凭发展下去的话，最终势将损伤日本的国家利益。

第四节 小结

日本因受国力所限，又是个现代世界的后来者，因此无法像英美及前苏联等国那样或能够对国际秩序进行建章立制，或可以左右国际秩序的走向。总体而言，日本的外交政策和国内政治经济体制都很容易受到国家体系变化的巨大影响，其特征是针对国际局势作机会主义式的调整，一次次地随外部环境的重大变化而见风使舵。概言之，日本是一个积极的被动国家。百余年来基本不变的是，日本竭力与国际体系中的最强者结盟，借以找寻那些损失最小收益最大的方案，并在不断的调整中进行灵活的决断。其行动性理论基本遵循了现实主义的处事逻辑。在战前，其表现形式为宣扬大日本主义，即意图通过从亚洲大陆如中国、朝鲜半岛等拓展领土来扩大统治，强化军国主义的推进，获取并巩固日本的世界大国地位。

战后的表现形式为“保守本流”和国家主义两种。所谓“保守本流”实质上是吉田主义的代名词，其特点是如何在“重经济，轻军事”的前提下，有效实现国家安全与经济繁荣两者并立的战后国家发展目标。为此，它强调以产业和贸易立国的经济国家思想，特别重视将重建后的战后日本打造成通商国家，特点是“重经济，轻军事”，并将国家的安全保障以日美安保条约的形式悉数托付于美国。而在国际政治环境中，日本把自己定位于西方阵营的亲美国家，在国内采取自由民主主义的政治社会体制，使战后日本成为重视经济发展的经济国家。国家主义从本质上而言是保守主义中较为激进的一派，强调战后日本作为主权国家应当拥有抗拒外敌的军事力量，主张“修宪、重整军备”，行使集体自卫权，即谋求日本成为“普通国家”。冷战结束后，这一派逐渐成为日本政坛的主导力量。

但在政府以外，日本国内一些在野力量和社会人士受西方自由主义、马克思主义等理念影响，相对战前的“大日本主义”，提出了与之相对的“小日本主义”。到战后，他们又提出“非武装中立论”，以与现实主义的“现实主义的和平论”相对应。具体而言，“小日本主义”反对日本从亚洲大陆拓展领土来强化大国地位，而主张日本应满足于本土的领土范围，通过国际贸易谋求合理的经济立国。而“非武装中立论”的主要观点认为日本应该切实遵循宪法第九条的和平主义精神，放弃日美安保体制，解散自卫队，让日本成为一个真正的不具备武装力量的国家。在对外方面，日本希望在联合国及美、前苏联及中国等大国共同签署保障条约的情况下，实现永久中立，变成“亚洲的瑞士”。

日本是个四面环海的岛国，自然环境所带来的种种限制和优势是其探求国家战略选择理论的前提条件，是其行动性理论提出的重要内源。与行动性理论一直存在“大日本主义”与“小日本主义”相对应的，源理论层面也一直存在着“大陆国家”与“海洋国家”的理论之争，途径依赖上所体现的则是“陆主海从”还是“海主陆从”的道路之争。

总体而言，战前的日本主要遵循了“大陆国家”的发展路径，其主要理念认为为了更好地防卫日本本土，将本土领域定位为“主权线”，而与“主权线”息息相关的战略要地被称为“利益线”。一旦失去战略要地的“利益线”，“主权线”势将受到威胁；相反，如果得到战略要地的“利益线”，“主权线”则将是安全的。因此，确保“利益线”成为当时日本对外政策的中心，其结果是使得日本只能接受坚定不移的军国主义侵略扩张的发展方向。更为重要的是，这种理念的外在表现形式是基于大日本主义的“亚细亚主义”，而随着日本军国主义思潮在国内成为主导，原本具有一定意义上宣扬道德力量的“王道”乌托邦思想的“亚细亚主义”最终滑落为“大东亚共荣圈”的悲剧，其影响所致不但使亚洲各国及日本民众成为战争的直接受害者，更导致直至今日把东亚论述为一个有机的整体颇为困难，很多国家从情感深处难以接受由东亚的某个大国主导下进行的区域整合。

“海洋国家”的理念则认为日本四面环海的“天然屏障”是其安全保障上的优势，且拥有通往世界各地的海路交通及贸易上的优势，以及用之不竭的世界影响力和可以广为利用的海洋，即所谓的“面朝大海，心向四方”。基于此，日本与其侵略朝鲜半岛和中国不如重视海上权力的构筑，由此可以获得外交全局的主动性和灵活性，更易用间接手段操纵国际局势。“海洋国家”是强调自由、开放、尊重多样性等能动力的“功能国家”。它重视信息能力和外交能力，注重软权力在提高体系的功能及效率上发挥的作用。更为重要的是，受日本的国力所限，支持对国际秩序拥有建构、解构及重构意愿与能力的国家是其外交的最大原则。因此，不能简单地认为日本将日美同盟作为外交的基轴是其战后无可奈何的选择，用“海洋国家”论者的话来说这是符合日本国家利益的必然战略选择。

第五章

印度崛起的理论准备

在当今世界上，中国的崛起已经成为一个越来越明显的事实。在中国政治家、理论家和战略家们在思考和谈论中国如何才能实现“和平发展”或者“和平崛起”的时候，大部分西方学者谈论的却不仅仅是中国的崛起，他们还关注着中国的邻居印度，在谈论中国崛起时一般都不会忘记印度，他们习惯的提法是“中印共同崛起”。

印度与中国一样，都创造过辉煌灿烂的古代文明，近代也同样遭受过西方殖民主义的欺凌和压迫。它们人口众多、幅员辽阔，经济社会发展水平相对西方发达国家都比较落后，但它们都在奋力追赶。这两个国家虽然采取了不同的政治制度和发展路径，但具有较多的相似性，同时在地缘上又紧密相邻，而且在历史上还有一些分歧和矛盾，因此常常成为西方学者拿来比较的对象。印度本国政治家和学者也是如此。自印度独立之始，中国便是印度大国崛起战略中的关键一环；而当 1962 年中印边界冲突之后，中国更是成为印度大国崛起战略的一个参照对象，与中国比较成为印度人热衷的话题。进入 21 世纪之后，中国崛起在一定程度上成为“印度崛起”的国际背景，“中印共同崛起”中的中印关系也成为西方政界和学者予以越来越多关注的一个研究领域，而中印矛盾成为西方国家媒体不断炒作的话题。

中印两国的崛起有其相似之处，在一定程度上，中印两国的崛起是两个文明古国的复兴。但与中国的崛起道路面临外部重重阻绊不同，印度的大国崛起之路在中国崛起的背景之下显得平坦了许多。与此相应，印度的大国崛起战略也显示出与中国截然不同的特点。本章将对印度大国崛起的外交理论进行研究，探讨印度大国意识的由来及其崛起的国际环境，分析印度大国崛起外交理论的特点，并评估印度为实现大国崛起而采取的外交战略对中国实现和平发展的影响。

第一节　大国之梦和崛起的国际环境

一、印度大国之梦的由来

自独立以来，印度历任领导人都希望使印度成为在世界舞台上发挥重要作用的大国。这既是印度领导阶层的梦想，也是印度人民的梦想。印度人相信印度必将成为世界大国，这是它的天命，同时也是它的责任。并且，印度形成了一种为发展中国家代言的传统，这是它寻求成为联合国安理会常任理事国的理由。成为世界大国已经成为印度的一种国家意志，许多印度人相信21世纪印度将成为一个可以发挥领导作用的世界大国。①

印度人的大国之梦并不是纯粹建立在虚幻的民族主义感情之上。任何一个能够或者有潜力成为大国的国家必须具备两方面条件，即物质基础和思想基础。物质基础即国土面积、人口数量、自然禀赋、政治、经济、军事实力等，思想基础主要是指历史、思想、文化传

① Ryan Clarke, "Sino-Indian Strategic Relations: Assessing the Risk of Great Power Rivalry in Asia," *EAI Working Paper*, No. 157, August 4, 2011; T. V. Paul and Mahesh Shankar, "Status Accommodation through Institutional Means: India's Rise and the Global Order," in T. V. Paul, Deborah Welch Larson and William C. Wohlforth eds., *Status in World Politics*, Cambridge: Cambridge University Press, 2014.

统及其影响力。印度与中国同为文明古国，但与中国相比，印度有一个明显的不同之处，那就是中国在历史上既是一个统一的政治实体概念，又是一个文明实体概念；而印度则主要是一个文明实体概念和地理概念，却很少是政治实体概念，因为历史上的印度大多数时期是处于分裂之中，境内种族和宗教众多，语言、种姓复杂，邦国林立。历史学家公认的印度历史上两个统一的王朝，一个是孔雀帝国，另一个是莫卧儿帝国，但这两个帝国也从来没有统一过整个印度次大陆。现在的印度之所以能作为一个政治实体而存在主要应归功于英国。英国殖民主义者曾说过，印度不是一个国家，而是各种种姓、教派、部族和语言集团的混合体。他们声称，正是英国的武器、英国的行政机构和英国的文化把它们联合成这一混合体。一旦这种联合力量撤出，印度将分裂为无数个种姓、教派、部族和语言集团，其中每一个都与其他集团相争斗。[①] 这里固然有掩饰、美化殖民主义侵略的卑劣意图，但这句话也反映了一个历史事实，即在英国人统治印度之前，印度基本上是一个地理和文化概念。在19世纪中叶，整个印度次大陆全部沦为英国殖民地。英国殖民者用英语和铁路将次大陆上大大小小的邦国统一成了一个政治实体。

在反抗英国殖民统治的斗争中，印度的知识分子、企业家和广大人民逐渐建立起以“印度母亲”为象征的民族国家概念。当年的英属印度包括今天的印度、孟加拉国、巴基斯坦和缅甸，面积远大于今天的印度共和国。英属印度是大英帝国皇冠上的明珠，是它东方殖民体系的中心。印度在英国殖民体系中之所以具有如此重要的地位，不仅仅是由于印度具有丰富的自然和人力资源及广阔的市场，而且还由于印度拥有独特的地缘政治地位。印度次大陆是一个相对封闭的地理单元，东接孟加拉湾，南面是浩瀚的印度洋，西临阿拉伯海。这种地理优势，为英帝国主义向中亚、远东侵略扩张提供了

---

① 孙士海：《印度的发展及其对外战略》，北京：中国社会科学出版社，2000年版，第74页。

地理之便，印度洋也因此而成为大英帝国的“内湖”。虽然英属印度独立之后印度共和国、巴基斯坦和缅甸分立，但印度面积占了整个南亚次大陆总面积的72%，是南亚次大陆和印度洋沿岸最大的国家，各小国分散于周围，无力对其地位形成挑战。这种独特的地缘构成，使印度成为南亚地区的强者，为印度实施地区战略，追求大国地位提供了有利条件。尼赫鲁特别强调印度的这一地理优势，他曾说过，“当我们谈到亚洲，就会想起印度。这不是因为它有任何野心，而是因为环境的力量，因为地理，印度不可避免地在亚洲起很重要的作用。这种特殊的地理环境构成了尼赫鲁追求大国地位的基础之一。[①] 独立后，以尼赫鲁为首的印度政府对英国殖民统治的遗产采取了全面继承的态度。优越的地理位置、广阔的领土、众多的人口、富饶的资源、工业体系基本健全的经济、英国殖民者建立的文官制度及治理架构成为其大国情怀的物质基础。

印度大国之梦产生的思想根源比较复杂。首先，印度政治精英的大国思想是在印度民族独立运动中形成的，是殖民主义造成的精神创伤与印度的文明古国身份相结合的产物。沦为英国的殖民地使印度人倍感屈辱。就外交政策而言，殖民主义的屈辱是形成印度国家身份的最重要因素。虽然已经过去了几十年，但这一点超越了其他因素，在印度的国际关系观念中仍有很强的影响力。许多外国人往往会忽视这个问题。[②] 在19世纪印度启蒙运动时期，印度民族主义者发现自己历史上曾经有过辉煌的文明，也曾有过几个帝国时期的统一、强大和光荣。于是，在英国殖民主义统治下由于饱受压迫而萌生的强烈民族意识超越屈辱感，嬗变为一种民族优越感。印度民族主义者建构起了关于印度复合身份（composite identity）的历史叙事。他们认为印度不仅是一个“正常民族国家”，而且是一种文

① 张忠祥：“试析尼赫鲁的追求大国地位的思想”，《历史教学问题》，2003年第5期，第7—8页。

② Quoted from my conversation with Prof. Deepa Ollapally of George Washington University.

明。在历史上，印度是一个深奥思想和价值观的发源地，具有重视精神和道义的价值观。它是一个包容、多元的社会，对外不侵略、不干涉，它的对外影响是基于文化、价值观，以及在一定程度上的贸易造成的，而不是军事或政治的压力。印度文化十分强大，它同化了绝大多数的外来征服者。即使在穆斯林的莫卧儿王朝统治下，印度的这种复合身份仍然存在。印度文化的对外影响不仅遍及南亚诸国，而且也传播到东亚和东南亚国家。① 一般温和的印度民族主义者基本都持有这种看法。而印度的强硬民族主义者，如现在的印度人民党（BJP）则更加强调印度文化的独特性，认为文化民族主义是“印度教特性”（Hindutva）的核心，是古印度民族婆罗多伐娑（Bharatvarsha）的与众不同之处。② 简而言之，印度民族主义者倾向于认为，印度是一个特殊的大国，印度的伟大之处就在于印度的独特性（India is great simply by being India.）。③ 通过对古代印度辉煌历史的建构与解读，印度的政治精英相信印度始终是一个伟大的国家，它不仅可以与其他有着悠久文明历史的大国相媲美，而且由于其文化的独特性，将来注定要成为世界上最强大的国家之一。广阔的国土、众多的人口、丰富的资源、灿烂的文化及其重要的战略位置决定了印度必将在全球发挥重要的作用。④

其次，印度政治精英的大国情怀是印度传统宗教文化和社会结构的外在反映。宗教在印度社会中发挥着巨大作用。印度教是印度的主体宗教，也是印度文化的基础和核心，其源头是产生于雅利安

---

① 参见孙士海：“尼赫鲁外交思想形成探析”，《南亚研究》，2006 年第 2 期，第 4—5 页。

② Sagarika Dutt, *India in a Globalized World*, Manchester: Manchester University Press, 2006, p. 72.

③ Quoted from my conversation with Prof. Deepa Ollapally of George Washington University.

④ 孙士海：“尼赫鲁外交思想形成探析”，《南亚研究》，2006 年第 2 期，第 6—7 页。

人侵入印度次大陆时形成的婆罗门教。千百年来，虽历经佛教、耆那教，以及后来的伊斯兰教的不断冲击，但印度教通过不断的改革而不断获得发展和新生。印度教社会中有一个独特的社会组织形式，即种姓制度，整个社会被划分为婆罗门、刹帝利、吠舍、首陀罗四大种姓。每一个印度教徒一出生便被归入其家庭所隶属的种姓，其社会地位终生难以改变。这种高度制度化的不平等实际上是统治者为了维持社会秩序稳定而人为规定的一种社会组织形式。在传统上，印度各个种姓间界限分明。印度社会固有的这种等级观念在一定程度上也影响了印度人对印度自身和对外部世界的看法。印度人不仅非常看重自己在国际社会中的地位，而且对国际社会对印度的看法和评价特别敏感。美国一位研究南亚的著名学者认为，"种姓制度是按照等级地位衡量他人的一种方式，也是被他人衡量的方式。这可能有助于说明为什么印度的领导人，仍然主要来自高级种姓，一旦觉得外国人对他们或他们的国家抱有哪怕是一点点的蔑视就会极为敏感。"印度人认为，在世界的等级体系中，印度应当理所当然地属于等级世界的最上层。①

第三，印度开国总理尼赫鲁复兴印度民族的使命感及其大国雄心强化了印度人的大国意志。印度独立之后，其外交政策的奠基人，第一任总理尼赫鲁就确立了印度对大国地位的追求。尼赫鲁出身于婆罗门贵族家庭，后来又在英国接受贵族教育。婆罗门贵族身份和西方贵族教育对尼赫鲁的思想影响很大，如他自己所言："……并且我还有若干代婆罗门的下意识的、民族的回忆背景，我不能摆脱过去的遗产和新近习得的东西，它们都是我的一部分"。② 从 1942 年尼赫鲁强烈反对其女儿英迪拉与费洛兹·甘地婚姻的事情上，可以看出印度教传统及家庭出身对尼赫鲁的影响。尼赫鲁将印度的复兴看

---

① 转引自孙士海："尼赫鲁外交思想形成探析"，《南亚研究》，2006 年第 2 期，第 4—5 页。

② ［印］贾·尼赫鲁：《尼赫鲁自传》，北京：世界知识出版社，1956 年版，第 681 页；转引自尚劝余："尼赫鲁思想的主要特征"，《南亚研究季刊》，1990 年第 3 期。

作自己义不容辞的责任。早在独立之前，他就设想未来的印度将成为从东南亚一直到中亚细亚的“经济和政治活动的中心”和类似美苏的“一个强有力而统一的国家”。[①] 这一国家将大大超过任何一个古代印度帝国，是一个世界大国。1944 年，尼赫鲁就指出“印度是拥有能够自立的丰富资源和能力的极少数国家之一。今天这样的国家只有美国和苏联，大英帝国如果将自身资源加上其帝国资源，才能算为其中之一。即使如此，一个非常分散而又内部不满的帝国终归是软弱的根源。中国和印度具有加入这一集团的潜在能力。两国都是坚实而纯一的国家，而且富有天然的财富、人力、技能和能力。……除了这四大国之外，其他国家，就个别来讲，没有一个具有这种实在的或潜在的地位。当然，大的联邦或国家集团也可能出现于欧洲或其他地方，并且形成若干庞大的多民族国家。……印度以它现在的地位，是不能在世界上扮演二等角色的。要么做一个有声有色的大国，要么销声匿迹，中间地位不能引动我，我也不相信中间地位是可能的。”[②] 很显然，在印度独立之前，尼赫鲁提出这样的目标，既是对当时正在争取民族独立的广大印度民众的鼓励，也是他复兴印度民族使命感的体现。这种使命感是尼赫鲁民族主义思想的反映。[③] 尼赫鲁的婆罗门贵族出身和他为印度民族独立而抛弃优裕的家庭生活，投身独立运动，九次被捕、十年囚禁的经历，使他在有几千年封建文化背景的印度社会里，被看作一个英雄，甚至是一个神。至今，许多印度人对尼赫鲁及其家族仍然保留着狂热的崇

① ［印］贾·尼赫鲁：《印度的发现》，北京：世界知识出版社，1956 年版，第 711—712 页；转引自张忠祥：“试析尼赫鲁的追求大国地位的思想”，《历史教学问题》，2003 年第 5 期，第 7—8 页。

② ［印］贾·尼赫鲁：《印度的发现》，北京：世界知识出版社 1956 年版，第 57、711 页；转引自孙士海：“尼赫鲁外交思想形成探析”，《南亚研究》，2006 年第 2 期，第 6—7 页。

③ 张忠祥：“试析尼赫鲁的追求大国地位的思想”，《历史教学问题》，2003 年第 5 期，第 7—8 页。

拜，而尼赫鲁所确立的大国梦想也成为印度人孜孜以求的目标。

最后，印度独立时的国际形势为印度政治精英的大国梦提供了温床。首先，印度独立时的国际格局对印度追求大国是有利的。印度获得独立时，美苏两国已经陷入冷战；而英法德意日等原来的列强由于二战的打击尚未恢复元气；在亚洲，中国正值解放战争时期，对国际事务无暇顾及，这使得印度在国际上的地位凸现出来。尼赫鲁对于印度在国际上的有利地位感到欣喜，增强了他追求大国地位的信心。其次，印度独立时，亚洲、非洲的广大地区仍处于殖民地、半殖民地状态，这种状况使通过非暴力不合作运动获得民族独立的印度拥有了一种心理优势，印度是“道德超级大国”，它先于其他第三世界国家获得独立，而且是唯一一个几乎通过和平方式获得独立的殖民地国家。它的精英阶层认为，印度可用同样的方式在全世界彰显其软实力。① 印度领导人认为这证明了其传统思想的价值，同时这种局面为印度发挥作用提供了舞台。因为亚洲许多国家的文化深受印度文化的影响，印度领导人认为印度应被视为亚洲社会文化基础的源头，因此它的领导地位自然也应当之无愧。② 而且，尼赫鲁也认为印度拥有这种能力，因为印度曾通过非暴力不合作运动推翻了英国的殖民统治。他在一次阐述印度对外政策的演讲中说道：“我可以理解欧洲和亚洲某些较小的国家为形势所迫屈从于某些大国。因为出于无奈而在实际上成为那些大国的卫星国。强加于它们的力量如此之大，以至于它们无法选择。但我们不是弱小或中庸国家的公民。……如果某个军事大国攻击我们，我们无疑会受到伤害，对此我不能自欺欺人。然而过去我们终究在民族运动中反对过最强大的

① ［印］高兴：“印度国际关系研究现状：理论发展与特点”，《世界经济与政治》，2009年第3期，第49页。

② 转引自孙士海：“印度的对外战略思想及核政策”，《当代亚太》，1999年第10期，第13—14页。

世界大国之一。"[①] 印度积极支持这些国家的独立和解放事业，希望广大亚非殖民地和半殖民地国家效仿印度的道路，并由此而确立其在"中间地带"的领袖地位和世界大国地位。

在独立后的年代里，随着综合国力的不断提高以及国内大批具有世界眼光的中产阶级的出现，印度跻身世界大国的愿望更加强烈也更加自信。在当今印度，实现大国地位已不仅仅是少数政治家们的理想，它已经上升为一种国家的意志。尽管印度政治家和战略精英们党派不同，意识形态各异，甚至对外政策主张存在很大差别，但都共同认为印度注定要成为世界上伟大的文明和国家之一。在独立后的岁月中，无论哪个政党上台执政，都把争取世界大国地位作为国家努力实现的对外政策目标。[②]

二、印度的大国崛起之路

纵观印度独立60多年的历史，实现大国地位一直是印度领导人和印度人民孜孜以求的目标。在这60多年中，印度的大国崛起之路大体可分为三个阶段：第一阶段是印度独立后尼赫鲁执政时期；第二阶段是尼赫鲁去世后至冷战结束前；第三阶段是冷战后及进入21世纪以来，各个阶段都有不同特点。其中尼赫鲁执政时期和冷战后——特别是进入21世纪以来，对印度来说是最有希望实现大国地位的两个关键时期。

（一）第一阶段

正如前文中所提到的，在印度刚刚独立后，当时的国际环境为

① 转引自孙士海："印度的对外战略思想及核政策"，《当代亚太》，1999年第10期，第13页。

② 孙士海：《印度的发展及其对外战略》，北京：中国社会科学出版社，2000年版，第2页。

尼赫鲁实现印度的世界大国梦想提供了温床。在全球层面，印度获得独立时美国与苏联已经开始冷战。在冷战初期，美苏两国都没有对印度表现出很大的兴趣。印度独立之后，美国很少关注印度，美国人对印度几乎一无所知，与这个新生的国家基本没有文化、战略或经济联系。同时苏联也不认为印度在战略上具有重要地位。美苏两国对印度的忽视实际上为印度追求大国地位的活动提供了相当大的空间，成为印度实现大国梦的有利条件。[①] 在地区层面上，印度刚独立时，由于中国尚处于解放战争时期，日本的经济还未恢复，印度无可置疑地成为亚洲政治经济影响最大的国家。但随着 1949 年中华人民共和国的建立和 1951 年中国人民解放军解放西藏，印度政治精英感到印度在亚洲的地缘优势和政治地位受到冲击。特别是尼赫鲁坚持全面继承英国殖民主义的遗产，在他的战略规划中将西藏作为中印之间的“缓冲区”的企图和行为最终引起了中印之间的冲突。

按照一般理解，大国崛起的战略应该是包含政治、经济、军事安全、外交等各领域在内的一个完整计划，并且各个领域之间应该能够相互协调和配合，以保证最终目标的实现。印度独立后，继承了英国人留下的议会民主制度和武装力量，而在经济上上则实行了一套公私并举的混合经济模式。尼赫鲁清醒地认识到印度经济和军事力量还相对虚弱，因此要争取大国地位需要扬长避短。在这一时期，尼赫鲁一边在国内发展经济以求积聚国力，一边参加国际事务，寻求大国地位。他把更多的精力放在对外事务上面，致力于通过外交手段提高印度在国际上的地位。[②] 在尼赫鲁看来，这是使印度在国际舞台上发挥重要作用的唯一途径。

尼赫鲁是印度现代外交政策的奠基人。尼赫鲁采取的以“不结盟”为特色的中立主义外交，不仅出于追求世界和平、反对战争的

① Sumit Ganguly & Manjeet S. Pardesi, “Explaining Sixty Years of India’s Foreign Policy,” *India Review*, Vol. 8, No. 1, 2009, pp. 4 – 19.

② 张忠祥：“试析尼赫鲁的追求大国地位的思想”，《历史教学问题》，2003 年第 5 期，第 8 页。

理想主义美好愿望，更是着眼于实现印度崛起的和平发展环境的现实国家利益；不仅在国内迎合了普遍存在的独立自主的民族主义情绪，而且在国际上避免了卷入两极对抗，在谋求经济和军事援助方面，可在美苏两大对立阵营之间左右逢源，并在广大第三世界国家获得崇高威望。独立后的印度在20世纪50—60年代享有空前有利的国际地位和影响。但在地区外交层面上，尼赫鲁受狭隘民族主义心理驱使的现实主义外交路线十分明显。确保印度在南亚次大陆的支配地位，成为南亚地区大国是实现其世界大国地位的第一步。由此，尼赫鲁承袭英国殖民统治的遗产，坚持维系对尼泊尔、不丹、锡金等三个北部山区内陆国的“特殊关系”；在印、巴分治后，为争夺克什米尔不惜与巴基斯坦兵戎相见，同时坚决反对地区外大国介入南亚事务。1962年，印度试图以武力解决与中国的边界纠纷，从而挑起边界武装冲突。[①]

虽然尼赫鲁时期印度在国际社会，尤其是第三世界国家享有较高威望，但印度离世界大国的地位还相差甚远。尼赫鲁时期之所以未能实现印度的大国之梦，其根本原因是当时印度综合国力太弱，特别是其经济发展水平较低，缺乏成为世界大国的资本。作为印度主要的领导人，尼赫鲁对印度成为世界大国问题的认识过于理想化，不是将主要精力放在经济社会发展和综合国力上，而是企图通过灵活的外交手腕凭空获得大国地位，“弱国无外交”，其结果必然是失败的。当然，有些印度学者认为，尼赫鲁时期印度追求大国地位失败与中国有关，印度在中印边界冲突中失败使其在广大第三世界国家中的领导者形象大打折扣。[②] 无论这一论点是否正确，不可否认的是，中印边界冲突之后，印度的对外战略发生了重大变化。在尼赫鲁最后的岁月里，印度政府对其国家安全政策进行了重新评估，印

① 余建华：“印度的大国化进程论析”，《社会科学》，2007年第5期，第105页。

② Ruchita Beri, “India's Africa Policy in the Post-Cold War Era: An Assessment,” *Strategic Analysis: A Monthly Journal of the IDSA*, Vol. XXVII, No. 2, April-June 2003, pp. 217–218.

度实际上走上了一条军事化道路。但即使在尼赫鲁去世后，口头上印度仍将“不结盟”作为其外交政策的主要内容。不过在实践中，印度外交政策越来越趋向现实主义。①

（二）第二阶段

在20世纪60—70年代，美苏冷战进入高潮，第三世界成为美苏两极争夺的对象，第三世界国家的国际空间受到严重挤压，印度成为世界大国的梦想受到限制，国际地位下降，在国际秩序中逐渐成为一个边缘角色，但其主宰南亚次大陆、充当印度洋盟主的雄心却有增无减。美国在1962年中印冲突之后曾与印度有过短暂的军事合作，但随着日渐卷入越南战争，美国失去了对印度的兴趣，对南亚继续采取一种相对超脱的政策；而苏联则出于与美国争霸、南下印度洋的考虑，日益看重印度的战略重要性。印度也出于抗衡中国和巴基斯坦的意图向苏联逐渐靠拢，并最终在1971年8月，与苏联签订了明显带有军事同盟性质的《印苏和平友好合作条约》。同时，在这一时期，印度也正式启动了其核计划。1974年，印度以和平核能爆破的名义在塔尔沙漠进行了代号为“微笑佛陀”的核试验。虽然迫于国际社会的压力，印度宣称这是一次和平性质的试验，并且此后在长达20多年的时间里没有继续进行核试验，但印度实际已经迈入了核门槛。

在英迪拉·甘地执政期间，印度除一方面继续支持非殖民化运动、反对种族主义，并积极充当第三世界弱小国家的代言人外，另一方面在军备方面投入的力度越来越大，并日益喜欢用武力解决国际政治问题。在印度看来，巴基斯坦的存在显然是印度实现南亚地区大国目标的最大障碍。1971年，在与苏联签署和平友好合作条约之后，印度借巴基斯坦内战之际侵入东巴，肢解了巴基斯坦，扶植

① Sumit Ganguly & Manjeet S. Pardesi, “Explaining Sixty Years of India's Foreign Policy,” *India Review*, Vol. 8, No. 1, 2009, pp. 4 – 19.

建立起孟加拉国。通过肢解巴基斯坦，印度确立了其作为南亚地区主导国家的地位，为实现世界大国之梦奠定了基础。

虽然印度在这一时期确立了南亚霸主的地位，但它基本上局限于南亚地区，难以成为在全球秩序中具有影响力的大国。其原因首先还是在经济上。自尼赫鲁时期起，印度就实行了公私并举的混合经济模式，并实行自力更生的进口替代政策，通过工业许可证的审核与颁发，政府掌握了控制和干预经济的最有力政策工具。交通、电信、商业银行等实现国有化后，政府对经济的控制能力越来越强，并逐渐建立起了一套政府主导的计划经济体制。在英迪拉·甘地时期，印度国有经济比重不降反升。印度政府所实行的混合经济模式，使印度自我隔离于全球经济体系之外，限制了外资和高新技术的流入，抑制了创新和企业的发展，使得印度经济长期保持一种所谓"印度教徒式的增长速度"。其次，印度在国际体系和国家层面的政策选择也对其全球地位的提高不利。在全球层面，在1973年石油危机之后，印度带头组织77国集团，寻求彻底改变全球经济秩序。具有讽刺意味的是，虽然印度是这个集团的领袖之一，但它并没有从全球石油价格飞涨中获益，作为一个资源匮乏的发展中国家，也没有从OPEC国家获得任何有意义的让步。虽然印度在1974年5月成功进行了核武器试验，但其虚弱的经济阻碍了核武器项目的发展。面对全球范围内的反对之声和沉重的经济和技术制裁，印度的政策制定者选择不再进行试验。①

客观地讲，在这一时期，印度与苏联的关系对其大国地位也产生了不利影响。从20世纪60年代，印度与苏联两国开始在国际重大问题上相互支持与配合，到1971年，两国签订和平友好合作条约，该条约意味着印度走上了与苏联结盟的道路。条约签订后，印度就发动了第三次印巴战争，并成功肢解了巴基斯坦。为了维持对

① Sumit Ganguly & Manjeet S. Pardesi, "Explaining Sixty Years of India's Foreign Policy," *India Review*, Vol. 8, No. 1, 2009, pp. 4 – 19.

巴基斯坦的军事优势，印度与苏联结成了非常紧密的军事合作关系。印苏关系给印度带来了相当大的外交成本。尤其是随着1979年苏联入侵阿富汗，印度也不得不默认苏联对阿富汗的占领。在整个20世纪80年代，南亚基本上处于美巴与苏印对抗的态势。而美国里根政府除了做出一些有限的努力，以减少印度对苏联的依赖外，也很少对印度感兴趣。印度对两个超级大国都没什么影响力。[①] 虽然一些战略家都认识到印度成为世界大国的潜力，如美国前国务卿基辛格就指出过，“21世纪的国际体系将至少包括六个强大的力量——美国、欧洲、中国、日本、俄罗斯，也许还有印度”，但在当时情况下对于印度将来能否成为世界大国并不确定。

（三）第三阶段

在20世纪90年代初，冷战结束和苏联解体使国际格局发生巨大变化。对于印度来说，苏联的迅速解体，使它在经济、军事、外交上顿时失去了一个重要盟友的支持，其对外政策不得不进行大幅度调整，执行一种“全方位”外交政策，推出“东向”“政策，提出”“古吉拉尔”主义，并与唯一的超级大国美国和欧洲国家建立新的合作关系。同时第一次海湾战争的爆发引起的石油价格高涨、印度海外劳工回流及海外侨汇大幅度减少引起了一场严重的国际支付危机，印度财政濒临破产，印度政府不得不实行经济自由化改革。

印度的“全方位”外交政策改善了印度与周边国家及西方国家的关系，而它所实行的经济改革使印度经济逐渐走上了一条比较快速的发展道路，尤其是印度在软件产业和信息技术领域的超常增长，在很大程度上改变了人们对于印度经济的认识。印度当代著名战略学者拉贾·莫汉认为印度的经济自由化改革和印度经济的全球化对

---

① Sumit Ganguly & Manjeet S. Pardesi, “Explaining Sixty Years of India's Foreign Policy,” *India Review*, Vol. 8, No. 1, 2009, pp. 4 – 19.

其外交政策的影响要远大于冷战结束的影响。[①] 美国商务部1993年发表的一份报告称印度是世界上“正在兴起的十大市场之一”，充分肯定了印度的经济发展潜力。[②] 冷战后，西方不少著名的国际战略家也十分重视印度的国际地位。亨廷顿认为，冷战后的世界是由七八个主要文明组成，印度是文明的核心国家之一，“在正在形成的全球政治中，主要文明的核心国家正在取代冷战期间的两个超级大国，成为吸引和排斥其他国家的几个基本的极”。而布热津斯基在分析当代欧亚战略大棋局时，也把印度与法国、德国、俄罗斯、中国并列为主要和积极的地缘战略棋手，这种活跃的地缘战略棋手是指“有能力、有民族意志在其国境之外运用力量或影响美国的利益的国家”。[③] 经济的快速发展和国际环境的改善使印度实现大国地位的信心增加。

印度领导人对冷战后的国际环境有一个比较客观的认识。在冷战刚刚结束时，世界确实迎来了美国的“单极时刻”，但这种局面很快就发生了变化。冷战结束后印度迎来了一个比较有利的国际环境。在世界政治中，新的断层线正在出现，全球平衡正在改变，权力和影响力在向东转移；美国在第二次世界大战后所建立的国际架构逐渐失去其适用性；亚洲正在崛起为世界主要的债权人和经济增长的火车头；世界虽未发展成多极，但也已不再是单极，印度很有希望成为多极之一。这其中一个重要原因就是印度的地缘战略地位，它位于很有可能成为全球新的竞争舞台——亚洲的中心，这使它不可避免地与具有全球关切的事务联系在一起。

亚洲有许多国家在竞争地区和全球的领导者地位。中国、印度和日本是地区内的主要大国，而美国是在本地区占据支配地位的地

---

① C. Raja Mohan, “India’s Foreign Policy Transformation,” *Book Review Roundtable: India Since* 1980, *Asia Policy*, No. 14, July 2012, pp. 107 – 132.

② Jeffrey E. Garten, *The Big Ten: The Big Emerging Markets And How They Will Change Our Lives*, New York: Basic Books, 1997.

③ 转引自余建华：“印度的大国化进程论析”，《社会科学》，2007年第5期，第102—103页。

区外大国，俄罗斯是另一个区域外的利益攸关者。其中尤其是美国和中国，影响着南亚的政治动向和战略稳定。中国正在成为亚太地区事务的积极参与者，所以美国有许多战略分析人士正在思考是否将印度变成该地区平衡中国的力量。虽然印度没有全球投放能力，但印度确实拥有一个关键的战略位置，其他国家从这一点出发认为印度要求在大国俱乐部中占据一席之地是合法的。①

当然，美国在世界政治、经济、军事和科技等领域的超强地位仍十分显著，它组织联盟和解决任何国际问题的能力是其他国家不可比拟的。这在一定程度上引起了俄罗斯、中国，甚至还有欧洲国家的担心。但对印度来说，美国的超强地位是可以利用的，如果与美国在利益一致的基础上寻求基础广泛的，跨政治、经济和技术交往，对印度的外部安全非常有利，对印度国内安全环境也会产生影响，虽然结果不是非常显著。相反，如果与美国成为敌人，那么则会在同样广阔领域的问题上和印度关心的问题上产生非常消极的影响。

但是对印度来说，要完成这一转变并不容易，经济实力的增长只是印度成为全球大国的必要条件之一。印度领导人认为核威慑是冷战后国家安全的重要保障，而核武器则是在国际上获得认可和尊重的一张王牌。因此，印度决定发展核武器，成为核大国，并以此作为加入安理会常任理事国的敲门砖。印度各届政府拒绝签订《核不扩散条约》和《全面禁止核试验条约》，其根本目的就在于为印度进行核试验留有余地。1998 年 5 月 11 日和 13 日，印度在西部拉贾斯坦邦的伯克兰地区接连进行了五次地下核试验，印度总理瓦杰帕伊宣布印度成为有核国家。印度核试验引起国际社会的一致谴责，并引发巴基斯坦的激烈反应，巴基斯坦针锋相对，接连进行了六次核试验作为回应。印巴核试验引起国际社会的强烈反对。瓦杰帕伊

① T. V. Paul and Mahesh Shankar, "Status Accommodation through Institutional Means: India's Rise and the Global Order," in T. V. Paul, Deborah Welch Larson and William C. Wohlforth eds., *Status in World Politics*, Cambridge: Cambridge University Press, 2014, pp. 166 – 167.

政府进行核试验的目的之一就是通过挤进核大国俱乐部，谋求获得与美、俄、英、法、中五个拥有核武器的国家平起平坐的地位，让国际社会承认其大国地位，成为联合国安理会常任理事国。

虽然印度的核试验一方面导致美印安全关系降至冰点，另一方面也消除了美国对印度的认识误区，使美国能够更客观地审视印度的战略地位。美国把注意力集中到印度作为美国两个主要的军事存在地区——东亚和波斯湾——之间最大军事强国的重要性，认为需要把印度作为一个大国对待，承认印度在南亚的主导地位。特别是1998 年俄罗斯总理普里马科夫访印时提出建立中美印战略三角的构想，使美国十分担心自己在地缘政治上受到孤立。从 1998 年 7 月开始，美印进行了 12 轮会谈。虽然会谈没有取得实质性进展，但实际上美国承认了印度的核国家地位，默认印度提出的“最低限度的核威慑”。印度人认为核试验从根本上改变了印度的安全环境。

“9·11”恐怖主义袭击事件的发生为印度提供了一个难得的战略机遇。“9·11”事件之后，印度迅速向美国提供了飞越其领土的权利和基地，显示了它在外交政策方面的新动向。这与冷战期间印度和美国之间僵硬的关系相比，是重要的一步。这表明印度在与美国交往时换了一种不同的方式。而美国在“9·11”之后将主要精力放到了反恐方面，其在亚太地区的力量相对空虚。美国认为与印度合作具有更重要的意义。新德里希望南亚地区稳定和安全，保护自己的领土不受来自阿富汗和巴基斯坦的威胁。同时印度政治精英担心中国实力的快速提升。这些因素成为美国和印度在 21 世纪初合作的理由。美国希望印度能够成为遏制中国的国家之一（与日本、韩国、菲律宾和越南一起）。[1] 因此，在“9·11”之后，美国取消了对印度的经济制裁。布什政府时期，美印两国达成了“美印核协

① 亚历山大·萨姆索诺夫：“俄媒载文称印度目前尚不是完全独立的全球力量中心”，《参考资料》，2012 年 9 月 25 日。原文题为“全球博弈中的印度”，载俄罗斯军事观察网，9 月 20 日。

议”，并逐步建立美印全球战略伙伴关系。

在与美国改善关系的同时，印度同中国的关系也得到了改善。印度在进行核试验前后，其国防部长费尔南德斯和总理瓦杰帕伊一唱一和，公开或暗指“中国对印度构成核威胁”，公然诬称“中国是对印度的头号潜在威胁”，“中国和巴基斯坦两个邻国的核威胁使印度安全环境，特别是核安全环境日益恶化，促使其进行核爆炸”。在核试验第二天，印度总理瓦杰帕伊致函美国总统克林顿等八国元首，为印度核试验辩解，说一个公开拥有核武器、1962 年曾对印度发动武装侵略的国家与印度接壤，两国边界问题尚未解决。这个国家还大力帮助印度的另一邻国成为秘密拥有核武器的国家。① 但 2003 年之后，印度主动与中国改善了关系，瓦杰帕伊对中国进行了正式访问，两国就边界问题达成了一系列协议，两国关系基本走上了平稳发展的轨道。

进入 21 世纪之后，新兴大国群体崛起的势头已经非常明显。印度经济也进入一个快速增长期，个别年份甚至达到 9% 以上。快速发展的经济、既成事实的核大国地位以及不断壮大的常规军事力量不仅改变了印度对自己的认知，而且改变了世界对印度的看法。印度领导人抓住机会，开始了又一轮对大国地位的追求。

第二节　大国崛起的国际关系理论建设

一、印度国际关系研究的发展及智库建设

国际关系学在印度不算是一门独立的学科，但其国际关系研究

① “Nuclear Anxiety: Indian's Letter to Clinton on the Nuclear Testing,” *New York Times*, May 13, 1998.

开始的比较早，印度国际关系的思想和研究从20世纪初已经开始了。印度国民大会党成立后，许多在国外接受教育的印度知识分子利用这一平台来表达他们自身以及印度在国际事务中的立场，两次世界大战期间，印度知识分子反对战争并且宣传非暴力的和平思想。1943年，印度第一个专门研究国际事务的机构“印度世界事务委员会”（the Indian Council of World Affairs，ICWA）成立，现在仍是印度外交部下属的一个半官方智库。印度独立后在20世纪50年代末期建立了一些机构以促进研究和理解国际事务，它们中的绝大多数都致力于政策决策，为印度中央政府的安全政策和战略事务提供建议。

印度的国际关系研究主要是围绕要解决的各种各样的新旧问题进行的，其中最重要的是克什米尔问题、恐怖主义、民族冲突以及与其他邻国的关系。仔细分析一下就可以看出，这些问题基本还是英国殖民主义的遗留问题。最近几年能源问题、全球气候变暖、大规模杀伤性武器扩散以及国际恐怖主义也成为印度国际关系研究的主要对象。

在当今以美国为首的西方国家仍占据国际关系研究主导地位的情况下，印度的国际关系研究不可避免受到西方国际关系理论的影响。二战后现实主义理论和摩根索的学说主导了印度大学里研究生项目的国际关系理论课堂教学。印度许多国际关系学者都有在国外特别是英国和美国留学、教书的经历。这些学生或者学者，他们中的一些人或者进入印度政府部门，或者进入大学和研究机构，对印度外交政策的制订不可避免会产生影响。

就研究方法而言，印度学者并不认为今天的国际关系研究是一门西方的或美国的社会科学，他们用的方法论大都不是美国的方法论。以第三世界的角度，也称非西方视角分析国际事务已成为印度的传统研究方法。在印度，国际关系理论和现实问题的研究经常脱节，因为有些西方的理论不一定适用于印度社会或某些特殊情况。一些印度学者也复制了许多西方的概念，但他们对这些概念的理解与西方学者不同，因此在批评性探索方面进展不大。到目前为止还谈不上有印度特色的国际关系理论研究。

但总体而言，印度政治理论影响了它的国际关系研究，从一开始国际关系研究就受限于传统模式，缺乏理论指导。有印度学者认为，印度的国际关系研究在评介传统的国际关系理论时恐怕完全依赖于西方的理论，本土的理论还没有得到西方世界的承认，比如，印度有不结盟理论、亚洲价值理论、共同安全理论。这些理论都被认为是过时的，不符合当今的世界秩序。① 但不可否认的是，印度在传统的理念上有它自身对国际关系理解的理论和研究方法。在印度国际关系研究中，甘地学派、尼赫鲁学派、民族主义学派、印度马克思主义和社会主义学派等不同流派的争论占据主导地位。② 并且，目前印度官方确实已经开始倡导印度国际关系学者创造具有印度文化背景的现代战略话语。比如，印度国家安全顾问梅农认为，“我们以为第一次遇到的一些国际关系和战略问题，实际上许多古代印度的伟大思想家都考虑过了。我们不能忽视他们，因为我们不如他们。我们可以从过去学习思考今天遇到的这些战略问题的方式，提高我们的心智。③

虽然印度很早建立了国际关系研究机构，并拥有众多的国际关系学者，但在印度外交政策的制订过程中个人色彩一直比较浓厚。④ 印度政府外交政策的制定者主要由三个群体组成：即总理办公室，由一位强有力的国家安全顾问领导的国家安全委员会，以及外交部。

---

① ［印］高兴：《印度国际关系研究现状：理论发展与特点》，《世界经济与政治》，2009 年第 3 期，第 47 页。

② 同上书，第 45 页。

③ Shivshankar Menon，National Security Advisor，“Speaking Notes at Workshop on Kautilya-Kautilya Today，” October 18，2012，http：//idsa. in/keyspeeches/ShivshankarMenon_ KautilyaToday.

④ Harsh V. Pant，“A Changing India's Search for Leadership，” *Book Review Roundtable*：*India Since* 1980，Asia Policy，No. 14，July 2012，p. 116.

总理办公室是制订外交政策的最终权威部门，其他外交政策制定者需要向它看齐。但是这三个部门的组成人员及其最高官员都是印度外交部出身的外交官。[①] 1980 年以来，印度总理的国家安全委员会下属的安全顾问委员会囊括了一些国际关系学者和专家。我们从印度政府或者一些有影响的智库发布的政策报告中甚至可以看出某些专家的影子。有学者认为印度对外政策制定过程是一个“双螺旋”模式，在这个过程中媒体、智库和反对党的作用越来越大，这一趋势确实存在。[②] 但实际上，智库学者虽然可以通过国家安全委员会的顾问委员会，以及通过媒体来直接或间接影响政策制定，但整体而言对政策影响还是比较小。

此外，印度只有为数不多的几家以政策为导向的研究机构是专门研究国际关系的。它们一般都是大公司资助的私人组织，主要研究国际贸易问题。即使有些智库雇用了有渠道接近高级政府官员的退休外交官和大使，政府也不会将它们作为有价值建议的来源地。至于那些印度最好的智库，包括囊括了一流专家的印度政策研究中心（CPR）、和平与冲突研究所（IPCS）及国防部下属的国防分析研究所（IDSA）等，也是如此。政策制定者有时会咨询智库中的个别专家，如已故著名战略家 K · 苏布拉马尼亚姆等人，[③] 但他们认为智库存在一些问题，主要是掌握的信息不够，或者没有接触政府信息的渠道。不过，一些外交部官员也认识到如果在政策制定过程中没有智库的参与，印度将不会成为一个超级大国。[④]

---

① Manjari Chatterjee Miller，“India's Feeble Foreign Policy：A Would-Be Great Power Resists Its Own Rise，” *Foreign Affairs*，May/June 2013，p. 15.

② 宋海啸：《印度对外政策决策模式研究》，《南亚研究》，2011 年第 2 期，第 1—25 页。

③ 同上。

④ Manjari Chatterjee Miller，“India's Feeble Foreign Policy：A Would-Be Great Power Resists Its Own Rise，” *Foreign Affairs*，May/June 2013，pp. 17 – 18.

二、印度大国崛起的基础理论

印度国际关系研究的发展状况以及印度外交政策制定过程中所具有的个人色彩是我们理解印度大国崛起外交理论的前提。印度大国崛起的外交理论一开始就染上了尼赫鲁的个人色彩，在尼赫鲁之后，随着其个人色彩的逐渐淡化，西方现实主义的色彩逐渐加深。而无论是尼赫鲁的外交理论，还是尼赫鲁之后的对外战略，印度传统思想一直贯穿其中。印度大国崛起的基础外交理论主要由以下几个部分交织而成：

（一）英国殖民主义遗留的地缘政治思想

印度之所以成为今天的印度，而不是仅作为一个地理名词出现主要是由于英国殖民主义统治的结果。英国统治印度次大陆300年，不仅留下了印度这个国家，而且给印度留下了全套的政治制度、官僚体系，乃至统治思想。印度独立后其外交思想的核心，尤其是印度作为一个地区大国的外交指导思想的核心仍是英国殖民主义遗留下的地缘政治思想。当然，对于这一点，印度国际关系学者，特别是民族主义情绪较浓厚的印度学者是不愿承认的，他们喜欢将这一思想归功于英国殖民主义之前的印度传统战略文化。

英属印度的地缘政治思想是在20世纪初乔治·寇松担任印度总督时最终形成的。英国曾经非常看好印度的地缘战略地位和潜在的国际地位。寇松曾经在《印度在大英帝国中的地位》一书中写道："很显然，印度在现代的条件下必然会成为亚洲大陆最强大的国家，因此也是世界上最强大的国家。印度的中心地位、丰富的资源、众多的人口、巨大的贸易港口、军事力量储备以及可以向亚洲和非洲任何地方迅速派遣军队的能力都是非常宝贵的资产。在西面，印度能够对波斯和阿富汗的命运产生支配性的影响；在北面，印度能够否决在西藏的角逐；在东北面和东面，印度能够对中国施加重大的压力。它是暹罗自主存在的保护者，在海上，它控制着到澳大利亚和中国海的航道。”尽管寇松只是在英帝国利益的基础上假定了印度的角色，但是他的思想反映了一种印度是南亚和印度洋中心的看法。①

寇松等人主张以印度为基地向外扩张，将周边国家和地区纳入英属印度的战略体系。他们为印度设计了一个由保护国和缓冲国组成的扩张主义体系，这也被称作“寇松主义”。② 寇松主义者为印度制定的地区安全战略主要有三项内容：一是把它在南亚次大陆的邻国看成是印度安全体系的组成部分，把南亚次大陆看作一个安全战略的整体。英国通过与不丹、锡金和尼泊尔签订条约使英属印度成为这些国家的保护国，在安全政策上接受英国的控制。二是把阿富汗和西藏作为防范俄国和中国势力南下的缓冲区。由于在19世纪末沙皇俄国的势力扩张到了中亚，而且有进一步南下的意图，英国把沙俄视为对印度西北方向安全的首要威胁。英国使用外交和军事手段尽可能在远离印度的地方建立缓冲区，把伊朗和阿富汗变成自己的势力范围，以防止沙俄南下。虽然当时软弱落后的中国不可能对印度构成任何威胁，但是英国也试图把西藏纳入自己的势力范围，使西藏成为中国与印度之间的“缓冲区”。1913年，英国在西姆拉召开中英藏会议，企图使西藏独立，并制造了非法的麦克马洪线。此外，英国还占领了缅甸以防止中国南下。三是为防止印度从海上遭到其他欧洲列强的攻击，必须确保印度洋的海上安全。为此，英国控制了苏伊士运河，在亚丁建立了海军基地，控制了欧洲直接通往印度洋的海上航线。此外，英国还获得了对马来亚的宗主权并在19世纪初建立了港口殖民点新加坡。这使其控制了从远东进入印度洋的最重要的通道——马六甲海峡。英国还在南非的好望角海域取

① 参见孙士海：《尼赫鲁外交思想形成探析》，《南亚研究》，2006年第2期，第3—8页。

② Quoted from my conversation with Prof. Deepa Ollapally of George Washington University.

得了支配地位。占领了这些战略咽喉之后，印度洋彻底变成了英国的“内湖”。[①]

独立后的印度政府在接收英国殖民统治者和平移交的国家权力的同时，也自然地继承了过去英国殖民主义政权留下的遗产，其中包括印度中心的思想，非法的麦克马洪线以及安全战略构想。印度的政治家们自信可以继承英国在南亚的地位和权力。早在1934年，尼赫鲁就在自传中雄心勃勃地写道：“我个人对未来远景的看法是这样的：我认为将来会建立一个联邦，其中包括中国、印度、缅甸、锡金、阿富汗和其他国家。”后来他又在《印度的发现》一书中作了修正，把他的“大印度联邦”定格在印度洋地区、东南亚和中亚西亚，而印度将成为该地区的政治经济中心。他还一厢情愿地设计出一个“理想边界”，将克什米尔、尼泊尔、锡金、不丹和阿萨姆作为印度的防务内线，把中国的西藏纳入印度的势力范围，将“麦克马洪线”作为印中理想的边界线。他的理想边界与英国殖民者的设计是一致的。他认为，独立为新生的印度创造了大好时机，印度要建立以自身为盟主的“大印度联邦”，并以此为基础跻身世界强国之列。在印度独立之初，尼赫鲁公开宣布：“由于历史的和其他的许多因素，印度不可避免地要在亚洲发挥非常重要的作用。……不仅如此，印度还是各种倾向和力量的交汇点，也不妨称其为东、西方之间的交汇点。”尼赫鲁还满怀信心的宣称：“我们是潜在的伟大民族和强大的国家。这不是我们的什么野心，这仅仅是个事实。”[②]

在印度洋上，印度继承了英殖民思想体系中将印度洋变为“内湖”的战略思想，继承了英国统治时期制订的海军发展计划并将其

---

① 参见孙士海：《尼赫鲁外交思想形成探析》，《南亚研究》，2006年第2期，第3—8页。

② 孙士海：《印度的发展及其对外战略》，北京：中国社会科学出版社，2000年版，第314—315页。

列入了自己的战略计划，[①] 而且结合印度的历史对这种战略思想有所发展，将印度洋视为“命运之洋”。尼赫鲁曾说过：“从这艘船上，我瞭望印度，思考这个国家和它的地理位置。它三面环海，第四面是高山。实际上，我们国家可以说恰好处于大海的波涛之中。在这种环境里，我沉思我们与大海的紧密联系……无论是谁控制了印度洋，首先将导致印度的海上贸易受人摆布，其次便是印度的独立不保。”[②] 按照印度著名外交家潘尼迦的理论，在历史上，当印度广泛利用海洋的时候，它就繁荣兴旺；否则它就停滞不前。这些理论即使在今天的海军学院的教学中仍广泛使用。[③] 早在1945年，潘尼迦就说过：“印度的前途不决定于陆地的边界，而决定于从二面围绕印度的广阔海洋。……印度洋，对于别的国家来说，不过是许多重要海区之一，但对印度来说，却是唯一重要的海区。印度的生命线集中在这里，它的未来有赖于保持这个海区的自由。……除非印度洋能自由通航，除非印度的海岸线得到了充分的保护，印度的工业发展、商业增长以及政治结构的稳定都是不可能的。因此，印度洋必须真正成为印度的洋。……印度的地理位置倒很理想，堪为海权国而无愧。孟加拉湾、阿拉伯海这两个要害区域都在印度掌握之中，而国土的半岛地形又使它的影响足以远播海外。……印度来日的伟大，在于海洋。”[④] 印度著名国际问题学者杜德说：“印度洋之命名为印度洋证明其对印度的重要性。……地理上，印度是通向东南亚

① 参见孙士海：《印度的发展及其对外战略》，北京：中国社会科学出版社，2000年版，第283页。

② 宋德星：《印度洋：“印度之洋”?》，《环球》，2014年第4期，2014年2月19日。

③ 参见孙士海：《印度的发展及其对外战略》，北京：中国社会科学出版社，2000年版，第284页。

④ K. M. Panikkar, *India and the Indian Ocean*, London: George Allen & Unwin, 1945, p. 84.

和中东的门户。印度对两侧地区的事态发展不能置若罔闻。”① 20 世纪 60 年代末，英国开始从苏伊士运河以东地区撤出时，印度领导人就曾大声疾呼，要由印度来填补这一“力量真空”，并由其对印度洋负“全责”。②

但正是这些遗产，后来成为印度与周边一些邻国不睦甚至冲突的根源。③ 基于这种安全战略，独立后的印度于 1949 年和 1950 年先后与不丹、尼泊尔和锡金这三个喜马拉雅王国重新签订了条约，建立起防范中国的喜马拉雅安全体系。但是印度建立西藏缓冲区的构想却因 1950 年中国人民解放军进入西藏而破灭。

（二）印度传统的现实主义战略思想和文化

印度民族主义者从来不愿承认印度对外战略与寇松主义及英国殖民主义之间的关联，而是将其与英国殖民主义之前印度的辉煌历史联系起来。作为一个古老的文明，印度传统文化中蕴藏着丰富的战略思想。因此可以说印度现实主义的对外战略不仅源于英国殖民主义的遗产，而且也来源于印度历史上所积淀的战略文化，在《摩诃婆罗多》等印度古代经典中就有与西方现实主义相似的思想，其中最著名、论述最系统的是考底利耶的《政事论》。

考底利耶是孔雀王朝的宰相，美国学者罗格·博斯柯认为他所写的《政事论》是一部真正的旷世经典，而考底利耶则是历史上“第一位伟大的政治现实主义者”，也有人将其称为“印度的马基雅维利”。考底利耶认为，权力乃是一个王国的生命，也是一个君主的终极使命，君主的首要职责是拥有“权力”与“幸福”。拥有权力

---

① 转引自孙士海：《印度的发展及其对外战略》，北京：中国社会科学出版社，2000 年版，第 362 页。

② 张晓林、屈玉涛：《从近海防御到远海延伸——印度海军战略的演进》，《领导文萃》，2008 年第 16 期。

③ 孙士海：《尼赫鲁外交思想形成探析》，《南亚研究》，2006 年第 2 期，第 8 页。

与幸福，在很大程度上就确立了一个君主对另一个君主的优势地位；与之相反，君主就要处于从属地位，或者顶多处于平等地位，国际社会将永久处于“战国状态”。因此，国家在无政府状态的国际体系里只能弱肉强食，否则只能被吞并或消灭。国家追逐霸权不仅是荣誉的需要，也是生存的需要。[①]

为了让君主永久立于不败之地，考底利耶在《政事论》里构建了一个“曼荼罗理论”，也有人将其称为“国王圈理论”。它从国家的地缘政治因素出发，认为国际政治的本质就是“中心国、盟国、敌国和中立国”这几种类型的不断分化与组合。“曼陀罗”是一个无限循环的国际体系模型。考虑到国家的具体实力情况，考底利耶认为，在这个国际体系中，主要存在四种行为体：征服者是体系中的“太阳”，它是野心勃勃的霸权国，要吞并列国，实现自己称霸和构建帝国的雄心；敌人，征服者的邻国，基于地缘政治的考虑，是“天然的敌人”；盟友，这一类国家居于征服者或敌国的附近，实力强大，可以与之结成联盟以干预敌国的行为；中立者，这一类国家实力强大，与征服者、敌国或盟友距离较远，但也有足够的力量牵制和影响以上三者。这是一个以征服者为核心的国际体系，其他国家要么是他的盟友，要么是他的敌人。征服者居于中心，与征服者直接相邻的是敌人，位于敌人周边的国家是盟友，但与盟友相邻的国家又是敌人的盟友，与敌人的盟友相邻的是盟友的盟友，依此类推，便可以将敌人与盟友清晰地区别开来。当然，必须指出的是，在这个国际体系里，“盟友”和“中立者”只是一种策略性的暂时定位，从长远的角度来看，他们也是潜在的强敌。[②]

“曼陀罗”并不是静态的，而是一个高度动态的模型。从理论上来说，每一个国家都可以成为这个体系中的“太阳”，因此每个国家

---

① 参见张金翠：《〈政事论〉与印度外交战略的古典根源》，《外交评论》，2013年第2期，第119—130页。

② 同上。

都可以构建自己的“曼荼罗”国际体系。考底利耶认为，当击败敌人或战争失利之时，国君当务之急是抓紧建立新的均势，直到下次自己或别人打破均势状态为止。由于“曼荼罗”是一个无限循环的均势模型，只要体系中还有别的国家，从理论上来说均势状态都可能达成。即使在出现霸权国的状况下，也不意味着“曼荼罗”理论的失效，因为还可以采用“离间之计”而使大国分裂。约瑟夫·J·斯宾格勒认为，考底利耶的“国王圆圈”（circle of kings）理论体现了“均势”思维。莫德尔斯基也认为，考底利耶构建了一个复杂的“国际体系”，而“均势”思维是他理论的根本出发点。①

为了夺取权力或者维持均势，考底利耶提供了 6 种方案：即和平、战争、中立、备战、联盟和离间。一是和平，当一国处于劣势时，应谋求与强大的一方协调和共处。二是战争，实力占优的一方应发动战争。三是中立，认为当敌人没有强大到要毁掉我的国家，而我的力量也没有强大到要压倒敌人之时，应该采取中立策略。四是备战，外交的目的就是备战，不光要削弱对手，还要构建自身的优势，但最终的着眼点还是征服。甚至可以与对手结成朋友，但暗中派出间谍进行不断的破坏，当拥有进攻所需手段时就应对敌人发动进攻。五是联盟，缺乏防护自己所需实力的国家，应寻求他国的保护。联盟的建立与维持要视自身利益、自己面临的困境和敌人力量的增长而定。道德法则或国际义务均无足轻重，但联盟至关重要。六是离间。假如遭到联盟反对，国君应该在联盟里施行“离间”之计，直到联盟体系走向衰弱，而这个时候国君就应该抛弃盟约的约束。聪明的征服者，应当趁邻国忙于相互交战之际，夺取其领土，孤立其国家。即使是与之谈判的国家，国君也不要忘记派出间谍离间其国内的各种政治势力，直到他们中间出现裂痕。考底利耶指出，

① 参见张金翠：《〈政事论〉与印度外交战略的古典根源》，《外交评论》，2013 年第 2 期，第 119—130 页。

通过单独或综合运用上述方案，就能建立足以确保生存的强大帝国。[①]

对于考底利耶的思想在印度对外战略中的影响，现在仍然存在很大争议。《政事论》大约成书于公元前四世纪，是用印度古典文字梵文写成，在12世纪之前的印度确实一直具有很大的影响力，但此后由于战乱等原因失传。直到1904年，英国著名梵语学者萨玛撒斯特里才重新发现了该书手稿，并于1909年将其出版，1915年出版了第一个英译本，此书开始在世界范围内广泛传播。其时正当印度民族独立运动如火如荼之时，印度民族主义者不可能不注意到此书并引以为豪。但当前许多印度主流学者并不承认印度对外战略中考底利耶思想影响的存在，笔者曾当面向许多印度学者讨教过这个问题，包括印度国防分析研究所的克里希纳帕（V. Krishnappa）等专门研究印度大战略的学者和尼赫鲁大学国际问题研究院东亚研究中心的谢钢（Srikanth Kondapalli）教授等人，他们都认为考底利耶思想对印度对外战略的影响微乎其微。这种回答好像并不是主要因为考底利耶已经成为"欺骗"的代名词这么简单，而是一种事实。这一点也可以从印度国防分析研究所（IDSA）2012年左右才开始举办关于考底利耶思想的介绍性的研讨会看出。[②]

但也有许多学者和官员认为印度的做法是连贯的，[③] 他们都认同考底利耶思想对印度对外战略的影响。他们的这种说法，我们从印度现行外交政策中可以看出一些痕迹，不过这也可能是由于英国殖

---

① 参见宋德星：《从战略文化视角看印度的大国地位追求》，《现代国际关系》，2008年第6期，第27—33页；张金翠：《〈政事论〉与印度外交战略的古典根源》，《外交评论》，2013年第2期，第119—130页。。

② "Workshop on Kautilya: Creating Strategic Vocabulary," April 9, 2013, http://idsa.in/event/WorkshoponKautilyaCreatingStrategicVocabulary.

③ Amb. Shivshankar Menon, National Security Advisor, "Speaking Notes at Workshop on Kautilya-Kautilya Today," October 18, 2012, http://idsa.in/keyspeeches/ShivshankarMenon_ KautilyaToday.

民主义者所提倡的寇松主义与考底利耶的学说基于相同或类似的自然和政治地理条件的缘故。印度学者艾哈默德认为，“除了甘地之外，印度所有著名领导人都为考底利耶所倾倒。”不仅如此，印度的一些政治人物还公开表示对考底利耶国际政治思想遗产的钦佩。印度前外长亚施旺特·辛哈就曾直截了当地用“曼荼罗”模式来阐释印度外交战略。他强调：“考底利耶谈论的‘曼荼罗圈’已日渐成为思考印度外交政策的一个有益的框架。”[①] 现任国家安全顾问希夫尚卡尔·梅农也曾强调印度应从古代思想如考底利耶的《政事论》和《摩诃婆罗多》中学习，并创造具有印度特色的国际关系话语。他认为我们以为第一次遇到的一些国际关系问题和战略课题，印度的许多伟大思想家都考虑过了。我们可以利用过去来学习考虑这些问题的方式，增加我们的智慧。虽然就技术和经验来说，我们生活在一个不同于考底利耶的世界里，但是人类对外界的反应仍是相似的，人类所创造并管理的国家的行为也是相似的。学习考底利耶的思想将有助于我们扩宽战略视野。[②] 由于数千年思想的潜移默化，更由于现在印度学者和外交官员的提倡，考底利耶的思想将来会在印度对外战略中发挥影响是毋庸置疑的。

（三）阿育王的理想主义战略传统

印度传统的战略思想有其二元性，不仅有现实主义，也有理想主义。同样是在孔雀王朝，阿育王的“法胜”思想也流传开来，并构成了印度传统战略思想中的理想主义流派。所谓“法胜”，就是认为只有依靠道义、仁政赢得的胜利才是真正的胜利。在阿育王统一

① 参见张金翠：《〈政事论〉与印度外交战略的古典根源》，《外交评论》，2013年第2期，第119—130页。

② Amb. Shivshankar Menon, National Security Advisor, “Speaking Notes at Workshop on Kautilya-Kautilya Today,” October 18, 2012, http://idsa.in/keyspeeches/Shivshankar-Menon_KautilyaToday.

印度的一系列征伐战争中，征伐羯陵伽之战最为惨烈和震撼人心，促成了阿育王战略思想的重大转变。此后，阿育王变成了一位虔诚的佛教徒，深为“法胜”思想所打动，并宣布佛教为国教，宣布不再以战争作为王国对外政策的工具。这种非战思想和政策表现在以下几个方面：（1）在阿育王发表的一系列敕令中，宣布他无意用武力去统一印度半岛的朱罗以及毗邻的岛国即现今的斯里兰卡；（2）宣布他的王国不会用武力去损伤其他独立王国的地位；（3）向五位希腊政权的统治者派去宣教团，宣扬“法胜”思想；（4）向其他王国和斯里兰卡的政权派出宣教团，宣扬“法胜”思想。通过内政外交两方面的努力，阿育王战略传统得以形成，并深刻地影响着此后印度的战略精英们。①

概括起来，阿育王的战略传统包括以下三个根本方面：第一，强调以“法胜”作为基本行为准则，这使得阿育王的外交政策具有和平的性质。不仅如此，“法胜”思想要求在战略缔造和实施中，不仅一国的战略目标应是正当的，而且实现战略目标的手段也应是正当的，正是这一方面使阿育王思想传统完全不同于考底利耶主义思想传统。第二，阿育王的政策很大程度上改变了其王国行政机器的运作方式，亦即赋予行政机关以人性。用阿育王的话说，就是官吏对待下属和民众要像护士对待小孩那样的温柔。正是这种亲民政策，保证了武装力量作为专政工具的效用不像以前那样频繁而血腥。第三，阿育王提升了南亚次大陆的人们对非人类生命形式的持久关怀，这种思想可以说是当今生态保护主义思想的一大渊源。当然，阿育王宣扬的理想主义博爱思想也有其难以逾越的障碍，那就是种姓制度的等级隔阂。此外，人们也有理由怀疑，其执政理念能在多大程度上为各级官吏认真贯彻执行。②

---

① 宋德星：《现实主义取向与道德尺度——论印度战略文化的二元特征》，《南亚研究》，2008 年第 1 期，第 111—124 页。

② 参见宋德星：《现实主义取向与道德尺度——论印度战略文化的二元特征》，《南亚研究》，2008 年第 1 期，第 111—124 页。

在阿育王思想被英国学者重新建构出之后，甘地主义吸取了其思想精华，对印度民族解放运动起到了很大的鼓舞作用。阿育王帝国时期印度的统一和强大，其宗教文化向海外的广泛传播，以及当时帝王倡导的宽容和道义精神对印度的民族主义者产生了深刻的影响，激发了印度人的民族自豪感和民族复兴的愿望。[①] 当代印度人把阿育王视为印度历史上最伟大贤明的君主，是强大和道义的化身。他的法轮（象征着道义之法）被置于印度国旗的中央，阿育王石柱的狮子柱头成为国徽图案，柱头上的四头雄狮象征着力量，下面是法轮，其下刻有“法胜”二字。

在印度独立之后，至少是在尼赫鲁政府时期，阿育王的思想传统对印度的外交政策产生了深远的影响。作为印度外交政策的奠基人，尼赫鲁充分认识到国家利益作为外交政策指导原则的重大意义，但他的国家利益思想被纳入世界合作和印度长远利益考虑之中。前者强调的是印度的国家利益与世界其他国家的利益的协同，后者则着眼于提升印度的大国地位和影响力。在对国家利益的追求上，“印度遵从甘地的原则，即用以实现目的的手段像目的本身一样重要，目的与手段二者都要遵从伦理的法则”，[②] 即“高尚的目的应该用高尚的手段去实现”。尼赫鲁反对将非暴力当作教条，不完全排斥暴力，但他坚信非暴力是一种合乎道德的、勇敢的、正确而有效的变革方法。在他看来，正当的手段就是民主的、和平的、非暴力的方法，是伦理和道德的方法。这个方法不仅适用于国内政治、经济和社会变革，也适用于国际事务。[③] 在这里，阿育王思想传统以另一个

① 孙士海：《尼赫鲁外交思想形成探析》，《南亚研究》，2006 年第 2 期，第 4 页。

② 宋德星：《现实主义取向与道德尺度——论印度战略文化的二元特征》，《南亚研究》，2008 年第 1 期，第 111—124 页。

③ 尚劝余：《尼赫鲁思想的主要特征》，《南亚研究季刊》，1990 年第 3 期，第 67—71 页。

名义再度重生。①

（四）当代印度民族主义思潮和西方现实主义国际关系思想

中印边境冲突成了印度国防政策和军事力量发展的分水岭。印度在中印边境战争中遭到“耻辱的失败”之后，圣雄甘地和尼赫鲁思想的权威和影响迅速低落。印度国内舆论把战争的失败归咎于尼赫鲁低估了武力在国际政治中的作用，谴责尼赫鲁对巴基斯坦和中国的政策过于软弱。印度由“搁置国防”转向了大规模的扩军备战，独立初期尼赫鲁制定的国防政策被完全放弃。之后，印度又与巴基斯坦发生了两次战争。频繁的战争和国内暴力事件的增多，使印度走上了发展军事力量的道路。美国著名的南亚学者斯蒂芬·科恩教授认为，印度在中印边境战争中所遭到的“耻辱的失败……教训了整整一代印度人，从那时起，印度在心理上已经成了军事化的国家”。印度的对外战争不仅成为印度军事力量迅速膨胀的催化剂，而且从根本上转变了印度统治者的对外战略思想。印度前外秘 J. N. 迪克西特在回顾尼赫鲁去世后的外交政策时说道：“无论是夏斯特里还是后来的英·甘地，都把印度的外交政策从尼赫鲁时期的某种浪漫主义的幻想和道义的理想主义，推向了政治上的现实主义。”尼赫鲁去世后的几届国大党政府总理“英·甘地、拉·甘地和纳拉辛哈·拉奥尽管讲的是理想主义的语言，但实行的都是现实主义主导的对外政策。”② 即使在今天的印度，政治精英们对尼赫鲁的对外政策，特别是国防政策的批评仍随处可见：有的批评尼赫鲁的对外政策和

① 宋德星：《现实主义取向与道德尺度——论印度战略文化的二元特征》，《南亚研究》，2008 年第 1 期，第 111—124 页。

② 参见孙士海：《印度的发展及其对外战略》，北京：中国社会科学出版社，2000 年版，第 276—277 页；Stephen Philip Cohen，“Indian Perspectives on War，Peace，and International Order，” Paper for the Summer Workshop on Defence，Technology and Cooperative Security in South Asia. 转引自孙士海：《印度的对外战略思想及核政策》，《当代亚太》，1999 年第 10 期，第 17 页。

国家安全政策过于理想主义化和不切实际；有的则谴责尼赫鲁以其个人的道义和伦理牺牲了国家利益的现实①。

20世纪80年代以来，在印度政坛上具有强烈民族主义和印度教原教旨主义色彩的右翼政治力量不断上升，这些政党的观点和主张对印度的国防思想产生了重要的影响。印度人民党及其盟党国民志愿团极力推行的观点是：印度是一个弱国，并且正在受到威胁，为此印度必须实行“实力尊重实力”的现实主义政策。他们认为圣雄甘地和尼赫鲁强调印度教的道义和精神方面偏离了印度教的正道。他们现在需要纠正这种过失，复归印度教的准则。印度人民党在其1991年的竞选宣言中主张，印度应当建造一支足能控制从新加坡到亚丁湾的整个印度洋的舰队，军队应当武装上“核牙齿”，不管经济上有多大的困难，印度都要继续建立强大的、现代化的军事力量。在当今印度，持这种实力政策主张的并非仅限于印度教的极端主义者，而是广泛地存在于印度新兴的中产阶级之中，“在印度的智囊机构、军界、学术界和新闻界都是一股新兴的力量”。印度国内的民众舆论在一定程度上也表明了“实力至上”思想在当今印度已经成了一种普遍性的主流思想。②

独立后，随着印度与西方国家联系的增多，尤其是学术交流的增多，印度国际关系学界和战略界不可避免受到西方国际关系思想的影响。印度战略界和国际关系学者引用了许多西方的国际关系词汇来描述印度的对外战略思想。印度学者认为，冷战后的世界更不稳定。在无政府状态的国际体系中，一国在处理与大国关系时，可选择“搭车”、均势、不结盟甚至“规避”战略。一些印度战略学者认为，在向多极世界过渡的单极世界里，均势加“搭车”成为印

---

① 参见 Jaswant Singh, *Defending India*, London: Macmilan Press LTD, 1999, p. 43. 转引自孙士海：《印度的对外战略思想及核政策》，《当代亚太》，1999年第10期，第16—17页。

② 参见孙士海：《印度的对外战略思想及核政策》，《当代亚太》，1999年第10期，第17页。

度的根本战略选择。尽管“搭车”无可厚非，但缔造均势则是根本之举。[①]

（五）民主、多元的价值观与“软实力”思想

在印度首任总理尼赫鲁的强国梦中，有一个容易被人忽视的方面，那就是靠“软实力”创造一个强大的印度。因为尼赫鲁早已深切认识到印度在物质方面的薄弱，所以他很重视非物质能力的作用。这与尼赫鲁希望单纯通过外交手段使印度成为一个世界大国的思想是一致的。这种非物质能力，其实就是美国著名政治学家约瑟夫·奈后来所说的“软实力”。“软实力”是一种无形的吸引力，“软实力”与你拥有什么关系不大，但与你代表什么密切相关。发展“软实力”并扩大“软实力”的效应成为印度实现世界强国之梦的一条重要途径。印度著名作家塔鲁尔曾经在一篇阐述印度“软实力”的文章中指出，印度的世界领袖地位不仅应该包括政治、经济、军事等诸多方面，还有一个重要方面，就是吸引别人的能力。这意味着印度必须要在当前的全球化浪潮中保护其传承多年的文化多元性。只有这样，印度才能有更多的独特的动听故事，才能无愧于世界“软实力”强国的称号。对于本国的“软实力”，印度前外长亚什万特·辛哈曾经有过一番阐述。他说，“在‘软实力’方面，印度不仅拥有强大的文化、宗教和哲学以及将一个多元化社会融合成一个国家的成功经验，它还有非常独立的司法机构和充满活力的媒体。此外，瑜伽、美食、音乐、电影、时装、舞蹈、文学等也都让印度走在全球化浪潮的前列，并为印度赢得远在天涯的新朋友。”[②]

如亚什万特·辛哈所言，将一个多元化社会融合成一个国家的

① 宋德星：《从战略文化视角看印度的大国地位追求》，《现代国际关系》，2008年第6期，第27—33页。

② 参见唐璐：《印度被誉为世界上第一个软实力超级大国》，《环球》2014年第4期，2014年2月19日。

成功经验，即民主、多元的价值观是印度“软实力”的重要组成部分。印度之所以强调民主、多元的价值观，一方面与其国内现实状况有关，另一方面与其一贯的阿育王“法胜”思想有关。尼赫鲁认为，“民主不仅仅是政治的，不仅仅是经济的，而且是某种精神的东西，如同一切东西最终都是某种精神的东西一样。它包括在政治和经济领域尽可能人人机会平等。它包括个人发展和充分利用他的能力和才干的自由。它包括对其他人，甚至与你分歧的见解的某种宽容。它包括某种沉思倾向和对真理—对正确事物的某种探索”。[①] 在1947年印巴分裂之后，包容性世俗民主成为印度国家认同的一个基础性原则。印度战略家中有很多人都认为印度的民主体制是专制和原教旨主义的对立面。在约瑟夫·奈看来，印度的政权形式相对于中国来说就是一种优势。民主可以成为印度在亚洲抗衡中国的一个方式，这既不会损害印度标准的价值认同，同时又能在亚洲及其他地区获得领导地位。所以，推广民主应该成为印度国内各集团都应支持的“软实力”外交工具。[②] 现在，印度政府也希望通过强调价值观念、历史文化传统、人文联系等方面的作用，显示印度外交的道义性，并向广大发展中国家输出印度的发展理念、模式和价值观。印度有一部分人也积极响应美国和日本部分官员和学者的提议，希望通过价值观念、人文传统等纽带建立价值观共同体或价值观联盟来提高印度的国际地位。

“民主和平论”为印度这个“世界最大的民主国家”凭空增加了许多资本。作为一种关于国际安全模式的假说，美国等西方国家推崇的现代“民主和平论”的主要观点有：（1）国际关系中的一条经验法则是民主国家之间从不、或很少发生冲突；（2）即使它们之间发生冲突，彼此也不大会使用武力或以武力相威胁，因为这有悖

① 转引自尚劝余：《尼赫鲁思想的主要特征》，《南亚研究季刊》，1990年第3期，第67—71页。

② Quoted from my conversation with Prof. Deepa Ollapally of George Washington University.

于民主的原则和理性；（3）专制国家之间或者民主国家与专制国家之间更容易发生冲突，而且更易于以武力解决争端。更有甚者认为，与民主国家相比非民主国家更加好战。[①] 有学者认为，面对与中国的发展速度基本上一样迅速的印度，世界却从来没有产生“印度威胁论”，这无疑是印度属于“民主国家”的功劳。[②] 还有的学者认为，印度的崛起之所以不会引起世界其他国家的担心，是因为所有强国都是崛起之后才变成民主国家的，而印度是在还很贫穷时就已经实现民主了。印度是作为一个民主国家崛起，并努力维持其民主国家身份的。[③] 不仅如此，拉贾·莫汉还进一步指出，印度正在作为经济强大、文化繁荣的多种族、多宗教的、地理上非西方的民主大国走上世界舞台。如果印度崛起，它有能力成为“政治上的西方阵营”的一个领导成员，并在今后数十年的大国政治斗争中发挥关键作用。而印度能否崛起并成为西方阵营中的一员，首先取决于西方列强是否乐意按照印度的主张与其交往。[④]

在印度的对外战略思想中，英国殖民主义遗留的地缘政治观念，印度传统的政治、战略和外交哲学，以及当代西方政治和国际关系思想相互影响、相互交织，有时让人难以分清哪些是英国人的遗产、哪些是印度人的古老传承、哪些是当代西方国际关系理论的产物，因为在好多方面，它们都是相通的，甚至是一致的。印度官员和学者坚决否认英国殖民主义的战略思想对印度对外战略的影响，国家安全事务助理梅农认为，“印度的战略传统是连贯的，它并不是从英

① 郑安光：《民主和平论及其对冷战后美国外交战略的影响》，《美国研究》，1999 年第 2 期，第 31—51 页。

② 宋海啸：《印度对外政策决策模式研究》，《南亚研究》，2011 年第 2 期，第 1—25 页。

③ Pia Malhotra, Siddharth Ramana, Yogesh Joshi & Bhavna Singh, “Long View from Delhi: Defining India’s Grand Strategy,” Working Paper, B - 7/3, Institute of Peace and Conflict Studies, p. 3.

④ C. Raja Mohan, “India and the Balance of Power,” *Foreign Affairs*, July/August 2006, pp. 17 - 32.

国殖民主义者的思想体系中继承来的。那些关于印度人忘掉了自己的历史，需要重新发现印度历史的西方人来教授印度人印度历史的说法是西方人建构出来的，是为了维护他们的殖民统治，并且在印度独立后继续让印度人怀疑自我，从而愿意追随西方。……在印度的战略传统中有丰富的关于多极化、力量分布不对称，以及关于权力的目的、武力的使用等与现代国际社会相似的经验。在许多方面，印度关于多中心的国家体系、多元化、全方位外交以及由此产生的相对论式的治国之术都是来自于其自身的历史经验，这些与我们今天看到的世界更加接近。”①

第三节　大国崛起的外交指导思想

自印度独立后，其争取大国崛起的过程主要集中在两个时期：一是尼赫鲁当政时期；二是冷战之后，尤其是进入 21 世纪以来。在此中间的一段时间，印度的国际地位实际上是下降的，其原因主要是由于美苏冷战造成的。但即使在这一段时期内，印度领导人也没有放弃对大国地位的追求，在英迪拉·甘地时期，印度成功肢解了巴基斯坦，从而确立了其南亚地区主导国家的地位。当前，面对国际社会多极化趋势，印度政府和学界都认为印度需要一个大战略。在印度有没有一个大战略的问题上，印度国内争论非常激烈。② 有学

① Amb. Shivshankar Menon, National Security Advisor, “Speaking Notes at Workshop on Kautilya-Kautilya Today,” October 18, 2012, http: //idsa. in/keyspeeches/Shivshankar-Menon_ KautilyaToday.

② “Grand Strategy of Plus 2,” http: //www. sunday-guardian. com/analysis/grand-strategy-of-plus - 2.

者认为，新德里不愿清晰表述其大战略并不意味着它没有大战略。[①] 通过对印度冷战之后外交政策和外交实践的考察，我们可以发现印度还是存在一个事实上的对外战略，中国学者宋德星将其概括为：首先基于“地区核心国家”的身份定位，在南亚极力反对印巴之间的均势政治；其次基于多中心国际体系构想，在亚洲次体系主要推行对华均势政策；在全球体系层面上则对作为世界领导者的美国采取制衡与搭车的战略，因而被视为是美国的一个“有限的挑战者”。正是这种在地区和全球层面上看似截然相反但却有机一致的战略追求，使得冷战后印度的战略行为迥然不同于过去，即完全以印度为中心，强调国家利益至上，以现实主义为根本出发点，并由此开启了新一轮印度特色的世界大国地位追求。[②] 比较不同时期印度大国崛起战略的相同点或不同点，可以清晰看出印度大国崛起战略的发展变化。

一、尼赫鲁的大国外交理论

在 1947 年 4 月之前，国大党及尼赫鲁曾表示印度独立之后将脱离英联邦。但时隔不久，尼赫鲁就改变了主意。印度不但 1947 年 8 月独立之后没有宣布脱离英联邦，而且在 1949 年建立共和国之后也继续留在英联邦之内。尼赫鲁对此的解释是“我们参加英联邦显然是因为这样对印度有好处”，“在这个日益缩小的世界里，没有任何国家能够孤立自守。此外，印度认为鼓励任何联合体的解体都对安全不利”，“我们留在英联邦之内较之不留在那里会更加便于我们发展同其他国家较为密切的关系”。当然，英国对让印度留在英联邦之内做过一些让步，比如英国女王不作为印度的国家元首。但最重要

① C. Raja Mohan, “India's Strategic Future,” http://www.foreignpolicy.com/articles/2010/11/04/indias_strategic_future.

② 宋德星：《从战略文化视角看印度的大国地位追求》，《现代国际关系》，2008 年第 6 期，第 27—33 页。

的原因在于世界东西方冷战的出现。据尼赫鲁最信赖和最得力的外交助手 V. K. 克里希纳·梅农私下对英国的著名传记作家迈克尔·布雷切尔透露，尼赫鲁决定印度继续留在英联邦之内的主要考虑是为了使印度既可避免当时世界上对立的军事集团，又能保障印度免遭外国的侵略和干涉，使刚刚独立的印度得以用最低的代价免于刚脱虎口又入龙潭的厄运。[①] 印度留在英联邦内的做法既是一种“搭车”的策略，同时也为印度开展外交提供了一个平台，迄今为止，印度许多卓有成效的国家政治、机构及活动都是在英联邦国家取得的。英联邦国家和“不结盟”运动国家一样成为印度外交的重要支柱。而积极创建国际组织或参与已有国际组织，以寻求国际舞台，也成为印度外交的一大特色。

“不结盟”是尼赫鲁在外交政策上的一大创举，它是尼赫鲁时期最重要的对外战略思想。“不结盟”的基本含义就是不与大国集团结盟，也就是在冷战期间，印度不与美苏两极中任何一极结盟。在冷战初期，美国曾拉拢印度加入西方国家的阵营，但是印度从自己的民族利益出发，没有接受美国的建议，而坚决地选择了不加入任何军事集团的不结盟政策。提出不结盟政策需要很大的勇气和非凡的胆识，因为当时美苏都相当轻蔑地看待奉行不结盟的印度，美国国务卿杜勒斯曾斥责尼赫鲁的不结盟政策为“不道德”。尼赫鲁采取不结盟政策实际上是一种非常现实主义的明智选择，他有多方面的考虑：第一，印度的目标是“做一个有声有色的世界大国”，而不愿“扮演二流角色”，更不想因为沦为大国的附庸而失去对外政策的独立自主权。此外，不结盟政策也包含着印度希望通过道义和政治的力量，在两大敌对阵营之外发展第三种力量，以此确立印度在第三世界国家中扮演领导角色的企图。1954 年，他同中国周恩来总理共同倡导了和平共处五项原则，坚持亚非团结与世界和平的立场，奉

① 孙士海：《印度的发展及其对外战略》，北京：中国社会科学出版社，2000 年版，第 317—318 页。

行反帝、反殖和支持亚非民族独立运动的政策。1961 年，他又同南斯拉夫铁托总统和埃及纳赛尔总统一道，共同发起了不结盟运动。第二，印度不完全倒向一方可以为自己的对外政策留有更大的活动空间，如果美苏两大军事集团势均力敌，那么印度就可以发挥“四两拨千斤”的作用。1947 年 12 月，尼赫鲁在印度制宪议会中讲到：“如果有一场大战，我们没有任何特殊的理由跳进去。尽管在当今的世界战争中保持中立有困难，但是只要我们能够做到，我们就决不加入战争。一旦必须做出选择时，我们将加入对我们有利的一方。”①印度著名的战略家 K·苏布拉马尼亚姆的解释是：“不结盟的实质是根据国家利益自由做出选择。”② 第三，为自己争取一个安全的战略环境。尼赫鲁认为美苏两大阵营的“相互角逐对印度免受一切攻击提供了最可靠的保证”。印度只要置身于两大集团的对抗之外，就能够在全球范围内为自己营造一个和平的外部环境。尼赫鲁在国际舞台上经常是以和事佬的形象出现，多交友，少树敌，尽量不去冒犯别国。1955 年 4 月 24 日，他在万隆会议上说，“我们想成为西方的朋友，也想成为东方的朋友，成为任何人的朋友，……我希望我的讲话不得罪任何人。”③ 第四，出于国内政治的考虑。当时在印度国内，包括国大党内部，在意识形态上存在着左派与右派的尖锐对立，选择不结盟的“中间道路”不仅更容易为不同的政治派别和广大的民众所接受，而且对国大党政府的执政地位更为有利。但是即使如此，尼赫鲁政府的不结盟政策当时还是遭到了来自左派和右派两方

① 参见 Jaswant Singh，*Defending India*，London：Macmilan Press LTD，1999，p. 47. 转引自孙士海：《印度的对外战略思想及核政策》，《当代亚太》，1999 年第 10 期，第 14 页。

② K. Subramanyam，Introduction to Jaswant Singh，Defending India，London：Macmilan Press LTD，1999. 转引自孙士海：《印度的对外战略思想及核政策》，《当代亚太》，1999 年第 10 期，第 14 页。

③ 张忠祥：《论尼赫鲁的不结盟外交》，《华东师范大学学报（哲学社会科学版）》，2001 年 7 月，第 64—65 页。

面的反对。左派谴责这种政策是讨好帝国主义，右派则认为它不现实和反西方。直到60年代中期以后，不结盟政策才在各种政治派别中达成普遍的共识。[①]

尼赫鲁希望印度利用不结盟政策所造成的声望成为大国。尼赫鲁相信，在此政策下，许多小国就会追随印度，从而形成以印度为核心的集团。他说，我们已经耕耘了很久，“我相信采取这一姿态，我们一定可以赢得我们国家在国际上的声望……很快地，绝大部分的小国可能将会追随印度的领导，而不是追随其他强权的领导。”事实也是这样，从万隆会议到1961年的贝尔格莱德会议印度成了不结盟运动的首领，它的国际地位空前提高。[②] 从中东的巴勒斯坦问题到非洲刚果的危机，印度都被邀请去当仲裁者和维和者，人们对它的声音洗耳恭听。作为不结盟概念的主要提出者和不结盟国家公认的发言人，尼赫鲁也曾经为缓和冷战而多方奔走。在两极尖锐对峙时期，不结盟外交显示出了它的价值：一方面，在这种格局下，印度可以居中调停，起到四两拨千斤的作用；另一方面，以印度为首的不结盟国家形成了“第三集团”。这种集团的力量当然超过印度一国的力量，因为印度是这一集团的首领，印度的国际地位自然随之上升。随着美苏两大军事集团对峙的白热化，它们对奉行不结盟的印度的态度发生了变化。美苏都感到有必要争取印度，重视印度的作用。1955年和1959年苏美最高领导人对印度的访问表明印度的不结盟外交得到美苏两个强国的认可。1959年底，尼赫鲁满怀喜悦地告诉印度人民院的议员，“不论是在联合国或是其他地方，我们在世界上到处都受到尊敬”。他说：“自从印度独立以来，特别在最近几年里，在世界性的会议上，印度的声音受到如此重视，这是一件了不起的事情。”尼赫鲁把这一成就主要归因于“印度外交的高明”，也

---

① 孙士海：《印度的对外战略思想及核政策》，《当代亚太》，1999年第10期，第14页。

② 张忠祥：《论尼赫鲁的不结盟外交》，《华东师范大学学报（哲学社会科学版）》，2001年第7期，第69页。

就是说是不结盟外交为印度赢得了荣誉。[①]

尼赫鲁不结盟外交的成就得到了印度国内的肯定。在印度获得独立的最初十年中，印度人普遍认为，“外交事务是印度干得极为出色的一项工作”。20世纪50年代被印度人称为他们外交的“黄金时期”。而到了20世纪60、70年代，当世界出现多极化的趋势以后，印度的国际地位开始下降。一方面，因为在尼赫鲁时代印度的国际地位主要是依靠外交手段取得的，缺乏经济实力和军事力量的支撑；另一方面，此时的国际环境变了，在多极化趋势之下，靠居中调停显示力量和获得好处的机会不多了，不结盟外交不可能像以前那样被人重视。也有印度学者认为，1962年中印冲突中的失败使印度作为一个领导者的形象大打折扣。印度的国际地位不升反降。当然，在后尼赫鲁时代，虽然印度口头上仍然宣称不结盟，但却并非固守不结盟政策，1971年8月《印苏和平友好条约》的签订标志着印度与苏联建立了事实上的联盟。[②]

由于1962年中印边境冲突的失败和几次印巴战争，印度在尼赫鲁之后走上了军事化道路，整军经武，准备与中国再决胜负。并且在英迪拉·甘地时期改变了尼赫鲁不发展核武器的承诺，在1974年进行了核试验，为印度成为事实上的核大国奠定了基础。

二、全方位外交和升级版的“不结盟”政策

冷战结束后，在进行经济自由化改革的同时，印度对外战略发生了重大变化，开始推行全方位外交。在双边关系方面，印度与世界各大力量都建立了战略合作伙伴关系，其成为地区大国和全球大国的意图日益明显。

---

① 张忠祥：《论尼赫鲁的不结盟外交》，《华东师范大学学报（哲学社会科学版）》，2001年第7期，第66—67页。

② 同上。

在南亚地区，20 世纪 90 年代中期，印度推出“古吉拉尔主义”，并大力推动南亚区域合作联盟的发展，以改善与南亚邻国的关系，展示“大哥”形象。2001 年后，借助美国的反恐战争，印度将巴基斯坦和阿富汗作为重点战略关注对象，在阿富汗全面增强印度的政治、经济、军事、文化影响力，以对巴基斯坦形成战略包围。现在，阿富汗成为接受印度对外援助最多的国家，阿富汗总统卡尔扎伊与印度总理辛格签署了“战略合作伙伴关系”协定，巴基斯坦认为自己被“两个敌人”夹在了中间。[①] 印度在南亚巩固了其主导国家的地位。

在印度洋和大周边地区，印度除大力发展海军，在印度洋及周边海域频繁进行军事部署、以保护航道安全和加强战略威慑外，还通过印度洋海军论坛等国际组织巩固其在印度洋的战略地位。美国、日本、中国等区域外大国都不是印度洋海军论坛的成员国，中国甚至连观察员都不是。虽然美国在印度洋的主导地位仍无可争议，但印度在印度洋的军事行为及举办印度洋海军论坛的活动表明，它要成为印度洋地区“不引人注目的支点”和扮演“权力平衡者”角色。[②]

随着世界政治和经济重心逐渐向亚太地区转移，印度在东南亚和东亚地区的活动大大增加。印度通过“东向”政策，并通过强调其“世界上最大的民主国家”的身份与美日等国构建战略合作伙伴关系，从而介入东南亚和东亚地区事务，成为东盟全面对话伙伴国和东亚峰会成员。与 20 世纪 90 年代的“东向”政策有所不同的是，新世纪印度的“东向政策”迅速向政治和安全领域扩展，与日本、韩国、马来西亚、越南、缅甸等国加强了战略和安全合作，并高调

① Shamshad A. Khan, “The India-Afghanistan Strategic Partnership Through the Eyes of the Pakistani Urdu Media,” http://www.idsa.in/idsacomments/TheIndiaAfghanistanStrategicPartnershipThroughtheEyesofthePakistaniUrduMedia_sakhan_171011.

② P. K. Ghosh, “Indian Ocean dynamics: An Indian perspective,” http://www.eastasiaforum.org/2011/04/05/indian-ocean-dynamics-an-indian-perspective/.

介入南海争端。同时，印度与美国、日本、澳大利亚等国之间的战略互动增强，联合军事演习增多。2011年12月，印度加入由美国主持召开的美日印三边对话，其主要议题之一便是中国在全球日益增长的军事政治地位。

作为一个新兴大国，印度在参与全球治理的过程中对现有全球治理机制的改革具有浓厚兴趣。印度人认为现有的国际组织在应对不断增加的挑战方面非常不健全，抱怨全球治理面临“领导力危机”。印度认识到，要更好维护其国家利益，它必须面对一些重要转变：首先要从规则接受者变为规则制定者；其次，不仅要在特定全球治理规则上表达印度的利益，而且要在管理制度和机构的设计中表达印度的利益；再次，印度必须适应全球治理谈判从特定议题领域中的单数机制向复合机制转变；最后，印度必须面对全球治理中心不再限于正式机制，而且也在向很多非正式网络扩散的现实。

在地区层面，印度积极参与或组建南亚区域合作联盟、东亚峰会、上海合作组织、中俄印三边合作、海合会等亚洲地区合作机制；并在跨地区层面与非洲联盟、南部非洲发展共同体（SADC）、西非经济共同体（ECOWAS）和非洲发展国际会议（TICAD）等都建立了联系，还与巴西、南非共同组建了印度—巴西—南非三边对话论坛，促进三国乃至三个地区间的经贸联系和技术交流，并协调共同“入常”事宜。在全球层面，印度除继续引导“不结盟”运动、十五国集团（G15）等南南合作组织外，还积极参与联合国、世界贸易组织、世界银行、国际货币基金组织等，推动联合国改革和布雷顿森林体系改革。印度与中国、巴西、墨西哥、南非等国受邀参加了德国发起的海利根达姆对话进程（HDP，G8+5）。在2008年国际金融危机之后，印度与其他新兴大国一道积极推动国际金融体系的改革，并成为二十国集团（G20）峰会和金砖国家（BRICS）的重要成员。

成为G20峰会成员对于印度来说是在参与全球治理方面取得的重大进展。但印度人认为，虽然G20已经成为全球经济治理的主要平台，但它并不是一个正式的国际机制，在合法性方面存在问题。在众多的全球治理机制中，印度认为联合国仍是全球治理的核心。虽然印度已经成为G20峰会的成员，但印度仍然没有坐到全球贵宾席上，或者说没有成为任何核心的全球“管理委员会”成员。不过，成为G20成员极大地鼓舞了印度，印度实现大国之梦的下一个目标就是成为联合国安理会常任理事国。

在印度对外战略中，美国和中国是最为重要的两个国家。美国是国际体系中的主导国家，是当今世界唯一的超级大国。印度要想成为全球大国，美国具有最为重要的影响力，无论是其经济和军事装备的发展，还是其国际地位的提高，理论上美国都可以发挥直接促进作用。并且两国都实行民主制度，出于各自的利益考虑，美国和印度的领导人都经常强调双方政治价值观的完全趋同，双方的高级官员经常渲染“世界上最强的民主国家”和“世界上最大的民主国家”之间的“天然盟友关系”。自20世纪90年代中期以来，与美国打交道已经成为印度最重要的外交事务。在印度大战略所要实现的所有目标领域，与美国进行战略合作都至关重要。[①]

而中国则是印度最强大的邻国，也是当今世界发展最快的大国，两国存在领土争端，并且曾因边界问题而发生过武装冲突。印度一直对中国在战略上存有疑虑，许多印度战略精英甚至认为中国是印度最大的威胁，认为中国的亚洲战略就是要成为地区主导国家，并要通过与南亚国家和印度洋国家发展关系来包围印度，压制印度的地区影响力。因此，虽然中国与南盟国家的经济联系日益紧密，中国在印度洋上的利益越来越多，印度仍极力排挤中国，阻挠中国成为南盟和印度洋海军论坛成员。但同时，印度又不断强化其“东向”政策，为防范中国力量过于强大而在东亚和东南亚地区投棋布子。拉贾·莫汉认为，制衡中国在西太平洋和印度洋影响力的增长对于

① C. Raja Mohan, “India’s Strategic Future,” http://www.foreignpolicy.com/articles/2010/11/04/indias_strategic_future.

印度来说特别紧迫。过去，印度是通过与苏联事实上的联盟来制衡中国。今天，印度需要与美国建立战略合作伙伴关系来确保中国继续和平崛起。印度应重点发展与中国邻国的关系：印度继续保持着与莫斯科的伙伴关系，正在提升与日本、韩国、蒙古的经济和安全合作，并加强在东南亚和澳大利亚的经济和战略影响。①

近几年，美国高调推出“亚太再平衡”战略，为配合该战略的实施，美国积极鼓动印度变“东向”（Look East）政策为“东在”(Be East)② 政策，并提出了一个“印太亚洲”的概念，把印度列为一个在崛起的超级大国。认为印太地区的安全与稳定取决于华盛顿与北京，华盛顿与新德里以及新德里与北京的关系。③ 美国希望通过建立一个包括日本、澳大利亚与印度在内的大联盟来更有效地制衡中国的崛起。

对于美国在“重返亚太”或“亚太再平衡”问题上对于印度的青睐，印度人有两种不同的看法。一种以已故著名国际问题专家苏布拉姆尼亚姆和拉贾·莫汉为代表，主张印度应改变“战略自主”定位，同美国进行战略合作。哈西·潘特甚至认为，只有当“美国在亚太地区占据主导地位”时，才能实现印度的战略利益。而另外一种观点以当前主管印度外交决策的一些首脑人物为代表，认为印度应该保持一种“战略自主”地位。其实在2006年左右，拉贾·莫汉也基本持此立场，当时他提出印度应成为国际体系中的“摇摆国”(swing state)，与印度外交政策决策圈内核心人物的看法是一致的。

2012年初，印度出台了一份全面、深入的外交和战略政策报

---

① C. Raja Mohan, “India's Strategic Future,” http: //www. foreignpolicy. com/articles/2010/11/04/indias_ strategic_ future.

② Robert O. Blake, Jr. , State's Blake on U. S. – India Strategic Partnership, 13 May 2011, http: //iipdigital. usembassy. gov/st/english/texttrans/2011/05/20110513154202su0.6654888. html#axzz24uljn4U3.

③ 《澳防长谈美中澳三国关系，首提“印太”概念》，环球网，2012年8月10日。

告，标题为《不结盟 2.0：印度 21 世纪外交和战略政策》。这份报告虽然不是政府文件，但有强大的官方背景。在其发布仪式上，印度现任和前任三位国家安全顾问全部出席并同台发表讲话，可谓盛况空前。

防范中国是报告的主轴。报告认为“在可预见的未来，中国仍将是印度外交政策和安全的巨大挑战。作为一个主要大国，中国直接冲撞印度的地缘政治空间。随着中国经济和军事能力的增强，中印实力差距将会扩大。”报告承认中印边界问题不可能在短期内解决，而在边境军事部署和态势上中方占据优势，因此，印度战略应对的总方针是：在北面，陆地边境一线要“坚守不动”；在南方，要扩展在印度洋的海军优势。在外交上，一方面要积极与主要大国发展关系，“以迫使中国在对印事务方面采取克制”；另一方面，印度的大国关系又不能走过头，以免引发中国对印公开敌对。总之，“印度的对华战略必须谨慎平衡，即合作与竞争的平衡，经济利益与政治利益的平衡，双边与地区的平衡。鉴于印中两国目前和将来实力及影响力的不对称性，印度必须把握好这一平衡。这或许是未来印度战略最为重要的挑战。”①

对于印度主流舆论推崇的“联美制华”，报告认为，世界上没有什么“天然的”政治的、经济的、或地缘政治的国家集团完全适合于印度。在全球层面，美国的国际结盟体系开始明显走下坡路。美国之所以青睐印度，主要因为它是仅次于中国的最大新兴国家，与北京关系又很复杂。对于美国政府来说，印度所拥有的衍生价值超出其自身价值。但印度要利用这种衍生价值则是有风险的，一旦中美关系略有好转，印美关系就会成为牺牲品。而且，现在还不完全清楚，如果中国侵犯印度利益，美国到底将做何反应。但历史证明，

---

① Sunil Khilnani, Rajiv Kumar, Pratap Bhanu Mehta, et. al., *Nonalighment* 2.0: *A Foreign and Strategic Polich for India in the Twenty First Century*, India: Research and Information System for Developing Countries, 2012, http: //ris. org. in/images/RIS_ images/pdf/NonAlignment. pdf.

凡与美国正式结盟的国家往往都发现自己的战略自主权受到损害。印度和美国作为朋友而不是盟国，将更符合两国的各自利益。由于中国一直用怀疑的目光看待印度与其他国家发展伙伴关系，尤其以零和视角看待印美、印日改善关系，因此，从长远看，需非常谨慎处理好印、中、美三国关系。① 对印度来说，在美中之间两面下注是最符合其国家利益的。

印度推出的“不结盟2.0”引起许多美国学者的强烈批判。② 但美国并没有放弃将印度拉入其制衡中国的同盟中的努力。2012年8月，美国借澳大利亚国防部长史密斯之口，提出了一个“印太亚洲”的概念，把印度列为一个在崛起的超级大国。认为印太地区的安全与稳定取决于华盛顿与北京，华盛顿与新德里以及新德里与北京的关系。③

“印太”概念的出笼有着主客观两方面的原因。客观因素方面主要是地缘方面的。支持这个概念的人认为，印度洋与太平洋通过马六甲海峡相连，印度洋已成为亚洲新兴经济体能源需求的大通道，亚洲经济的融合也需要依赖印度洋能源通道，因此，印度洋地区与西太平洋地区在战略上已经紧密联系在一起。主观因素方面，则是美国在实现其“重返亚洲”的战略中，希望能够拉拢印度。此前常用的“亚太”概念，很难将印度包括进去，如果有一个概念能够把印度纳入美国的整个亚太战略，那么对于美国来说在政治上和宣传上都会比较方便。随着其战略重心的东移，美国希望通过建立一个

---

① Sunil Khilnani, Rajiv Kumar, Pratap Bhanu Mehta, et. al., *Nonalighment* 2.0: *A Foreign and Strategic Polich for India in the Twenty First Century*, India: Research and Information System for Developing Countries, 2012, http://ris.org.in/images/RIS_images/pdf/NonAlignment.pdf.

② Ashley Tellis, *Nonalignment Redux: The Perils of Old Wine in New Skins*, Washington, D.C.: Carnegie Endowment for International Peace, 2012.

③《澳防长谈美中澳三国关系，首提“印太”概念》，环球网，2012年8月10日。

包括日本、澳大利亚与印度在内的大联盟来更有效地制衡中国的崛起。在“印太”新概念中，位于太平洋东岸的美国、地处印度洋的印度与印度洋和太平洋之间的澳大利亚三国起着重要的战略作用。美国大力推广“印太”新概念，正是要加强三国间在地区事务上的联系，甚至也希望印澳两国能在南海问题上插一脚。

对于“印太”这个美国学者生造出的词，印度一些人非常欢迎。因为这个词不仅凸显了印度的重要地位，也符合印度一些想通过与美国结盟来遏制中国的人的胃口。但同时，印度国内也有相当多的人认为，应该谨慎对待这个新概念。印度素有不结盟外交的传统，它希望能更多地在诸如东亚峰会这样的开放的多边框架下跟多个国家保持合作，保持自己的外交独立，并不希望被强行绑在美国的战车之上。因此，印度的政府文件中尽管出现了“印太”这个词，但也同时淡化了其中结盟美国、排斥中国的政治意涵。美国抬高印度的战略地位，拉拢印度，是看到了印度崛起的前景，意图利用一个大国制衡另一个大国。然而，印度的崛起还存在很多的不确定性：它的民主与法治体系是从英国殖民者那里沿袭下来的，而非发自本国的内在需求；由于没有经过真正的社会革命，印度社会仍然存在着严重阻碍其现代化的封建遗存；印度参与更大范围的地区或国际政治博弈需要现代化军事力量的支撑，但印度整个国家现代化的根基仍然不够牢靠。印度政府非常清楚本国国情的现实。因此，在区域合作的问题上，印度更希望通过与周边大国之间的合作，发挥其连接资源丰富的中东、非洲与经济快速发展的东亚的纽带作用，更多地促进本国的经济发展。①

不可否认，自2000年前后，印度“东向”政策的范围和领域都发生了重大变化。从范围上讲，从主要面向东南亚向整个东亚和东北亚地区扩展；从领域方面说，从主要着眼于经济合作向战略、安

① 金灿荣：《“印太”概念背后的美国动机》，《环球》2013年第2期，2013年1月16日。

全等领域延伸。印度“东向”政策发生转变的具体体现就是与日本、韩国、越南等国家加强了经济、战略和安全方面的合作。随着近几年美国“重返亚洲”战略的实施，印度“东向”政策的力度有趋强之势，这其中就包括印度高调介入南海问题。印度一些专家学者不否认其“东向”政策中有针对中国的内容，甚至还有一些印度学者宣称要以“钻石链”来拴住中国。而印度一方面借美国“重返亚太”之机积极介入东亚地区合作机制，另一方面也积极发展与东亚及东南亚各国的政治、经济和战略军事联系，为防范中国力量过于强大而投棋布子，并且与美国等相互呼应企图以所谓国际规则约束中国的行为。因此，从近期印度在中印边界问题上及其在中国周边的举动来看，印度对华战略确实在发生一些微妙的变化。但并没有证据表明，中印关系将发生急剧逆转，甚至爆发冲突。

印度是一个民族主义色彩浓厚并追求世界大国地位的国家，在外交上具有很强的独立自主性。印度完全清楚自己的战略价值，但是这种战略价值将被自己利用，而不是被他国利用。印度需要的是这样一种战略环境：既要受到大国的重视，又不要被大国强制。在大国的竞争中使自己拥有更大的外交活动空间和回旋余地，从而能够最大限度地利用有利于自身发展和崛起的机遇。[①] 印度外交决策者对于印度作为国际体系中“摇摆国”所能获得的利益心知肚明，其对外战略的核心仍是在各大国之间保持相对平衡，而中国因素是其获得西方国家经济技术援助，甚至战略支持的绝佳借口。

三、实现大国崛起的战略途径

印度人认识到，要成为一个全球大国需要不断增强国家的物质

① 孙士海：《印度的发展及其对外战略》，北京：中国社会科学出版社，2000年版，第17页。

实力和“软实力”，同时避免超出国力所能承受的范围四处出击。[①]经济发展、增强军事和发展民主价值观等“软实力”是印度实现21世纪大国崛起的主要手段。

（一）经济发展

在尼赫鲁、英迪拉·甘地和拉吉夫·甘地时代，经济力量孱弱一直是印度大国崛起的薄弱环节。在冷战期间，印度经济长期保持3%左右的增长速度，被人讥笑为“印度教徒式”的增长。尼赫鲁及其后继者也认识到印度在经济上的落后，但却一直坚持自1947年独立后就确立的公私并举的、政府起绝对主导作用的经济模式，这严重阻碍了印度经济的发展。自1991年实行经济自由化以来，印度经济取得比较快速的发展。尤其是进入21世纪以后，资本充裕的国际经济环境为印度经济的增长提供了动力，2004年到2011年间，印度年经济增长率平均超过到8%，有的年份甚至超过两位数，成为世界上经济增长速度仅次于中国的大国。“印度崛起”一时成为国际社会热议的话题。无论是印度人民党的全国民主联盟政府，还是国大党的团结进步联盟政府，都将经济发展作为执政和实现印度大国崛起的第一要务。一些印度战略学者甚至抱怨印度政府将经济发展当成印度的大战略。

印度过去二十年来在经济上确实取得了巨大的成就。但迄今为止，印度的经济发展还远不能与中国相比，如果以中国的经济发展成就作为崛起标准的话，印度还相差很远。无论是从经济总量、发展速度和发展质量，还是从对世界经济的影响来说，中国都远远超过印度。2012年印度GDP总额为18248.3（中国：82270）万亿美元，占世界的比重为2.54%（中国：11.47%），人均GDP只有

① Pia Malhotra, Siddharth Ramana, Yogesh Joshi & Bhavna Singh, “Long View from Delhi: Defining India's Grand Strategy,” Working Paper, B－7/3, Institute of Peace and Conflict Studies, p. 9.

1491.89（中国：6075.92）美元，印度对外贸易约占世界贸易总额的2%（中国：10%）。很多人喜欢以PPP（购买力平价）作为衡量经济总量的指标，但即使以PPP计算，印度GDP也只有世界的5.77%（中国：14.92%）。[①] 从这一点来看，印度经济上的崛起还远远没有成功，至少与中国相比还无法相提并论。并且，印度经济过于倚重服务外包业，制造能力不足，从长远来看不利于印度整体经济地位的提升，并将影响其综合国力的发展。这方面最显著的一个例子是印度自身军工生产能力比较落后，大批先进武器需要进口。

但快速的经济增长使得印度决策者对印度经济发展趋势的认知产生了偏差，认为经济快速发展对于印度来说是一件自然而然的事情，因此未能抓住经济快速发展的时机改善基础设施，调整经济结构，尤其是增加制造业在印度经济中的比重，增强印度商品在世界市场上的竞争力，以改善经常项目账户收支状况。2008年金融危机发生后，印度经济中存在的问题逐渐暴露出来，经济发展速度从2011年以来一路下滑。美国推出货币宽松的措施更使印度经济雪上加霜，导致卢比贬值，资本外流，金融形势动荡。而印度执政党为赢得选票，巩固执政地位，不注重资本积累，不是先将蛋糕做大，而是不断将刚刚取得的经济发展成果用于公共补贴以拉取选票，使财政赤字不断扩大。当他们真正意识到需要进行改革时，其改革措施又遇到众多反对党的坚决抵制。

印度政府所推出的改革措施遭遇反对党以及普通民众反对的状况实际上反映了印度社会封闭和现代化不足的事实。印度民众普遍对外来投资抱有抵触心理，印度各政治团体不仅在很多问题上缺乏政治共识，而且还利用民众害怕改革伤及自身利益的心理抵制改革，从而导致改革措施无法推行，无法形成有利于经济快速发展的环境。不过，现在印度精英阶层已经认识到经济改革的必要性，已经形成

---

① 数据来自 Econ Stats：The Economic Statistics and Indicators Database，http：//www.economywatch.com/economic-statistics/。

了一定共识，他们希望新选出的政府能够推行强力改革，带领印度走上高速经济发展之路。印度经过二十多年的改革和经济发展，已经具有了一定基础，印度经济仍会继续发展，其速度则取决于改革力度的大小。

（二）军事崛起

自1962年中印边境冲突之后，印度便走上了一条军事化的道路。注重军事和国防成为印度崛起之路的一大鲜明特色。1974年，印度进行了第一次核试验。到20世纪80年代以后，印度国内舆论对是否发展核武器的问题虽然仍有争论，但主张发展核武器的呼声显然已经占了上风。印度的安全专家们以中国为例，认为印度只有发展核武器才能像中国一样受到西方大国的重视和尊重。印度著名的安全战略专家、一直鼓吹印度应当发展核武器的K. 苏布拉马尼亚姆曾直截了当地向政府建议，“如果印度打算扮演一个全球的角色和避免战争，那么它就应当发展最低的威慑力量，拥有适当数量的核弹头和2500—3000公里射程的导弹。”苏布拉马尼亚姆认为，21世纪，全球将出现以美国、中国、日本、欧盟和印度形成的多极力量中心。印度只要“保持最低的核威慑，防止核威胁，就必定成为全球性的角色，必定成为多极中心的一极。然后印度才能将其全部注意力集中到国家的经济、技术、社会和政治发展上。最低的核威慑为这样做提供了保护，邓小平的中国即是如此。”①1998年，印度当政府接连进行了三次核试验，引起世界舆论一片谴责。

虽然1998年印度核试验引起美国的强烈反对，但同时也使得美国注意到印度在遏制或平衡中国方面的战略价值。印度总理瓦杰帕伊在写给克林顿的信中，就以所谓的“中国威胁”作为印度进行核

---

① 孙士海：《印度的对外战略思想及核政策》，《当代亚太》，1999年第10期，第18—19页。

试验的借口。“核试验给了印度力量和自信”。随着印度经济的迅速发展，印度的军备建设也突飞猛进。现在印度正在急剧扩张海空军投送能力，大力发展航母、核潜艇和洲际弹道导弹。印度将其研制的射程超过5000公里的阿格尼－5型导弹称为“中国杀手”，足以拨动一些美国人的心弦。根据斯德哥尔摩国际和平研究所的报告，印度现在是世界上第7大军费支出国，国防开支为489亿美元，到2020年将成为第4大军费支出国。在过去五年中，印度成为世界上最大的武器进口国。[①] 而且与大家普遍认为的不同，这些扩张性计划对印度来说并非不堪重负，根据世界银行最近的调查，印度的军费开支不到其GDP的3%。即使接下来的几年印度的经济增长可能放缓，印度也应有能力大力发展军备。[②] 印度已经成为一个军事大国，当然这不仅是其本身努力的结果，同时也是出于美、俄以及其他西方国家的支持与援助。在当前美国对印度的政策中，军事合作成为双边关系中的最重要内容。

在印度的军事崛起战略中，海洋战略成为其优先发展方向，特别是随着美国“亚太再平衡”战略及“印太”概念的提出，印度越来越重视对印度洋的经营。据一些学者研究，1998年之后，在印度三军的军费中，陆军军费所占比重下降很大，而空军和海军军费迅速上升，这说明印度核武器试验后，印度的国防安全重心及相应的国防资源加速向印度洋倾斜。印度历届领导人都将印度洋看作“印度之洋”，认为印度的安全边界是从马六甲海峡到霍尔木兹海峡，从非洲海岸到澳大利亚西海岸，无论印度洋沿岸地区发生什么都会影响到印度的国家安全和利益。尤其是从波斯湾到马六甲海峡的弧形区域，作为世界上最繁忙的能源和贸易运输通道，对印度而言是“具有合法利益的地区”。随着国力的增长和对外贸易的增加，印度

---

① Hussain H Zaidi, “The rise of India,” April 8, 2013, http://www.thenews.com.pk/Todays-News-9-170046-The-rise-of-India.

② Sumit Ganguly, “Think Again: India’s Rise,” July 5, 2012, http://www.foreignpolicy.com/articles/2012/07/05/think_again_india_s_rise.

洋航道安全及印度洋周围各大洲丰富的自然资源对印度的重要性日益增长。2000 年，印度发表了《海洋新战略构想》，明确指出要通过建立强大的远洋海军，阻止其他海洋强国进入印度洋，以确保其在该地区的优势地位。

而随着进入 21 世纪后经济发展的加速和全球大国野心的再度膨胀，印度认为在陆上扩展其影响力的确面临较大难度，因为在其陆上周边的每个方向都存在难以克服的障碍：西面有敌对的巴基斯坦和动荡的阿富汗，北面有竞争的中国和地理上的屏障喜马拉雅山，东面是不合作的孟加拉国和与世隔绝的缅甸。印度要想扮演全球角色，只能寻求经由海上扩大影响力。[①] 2004 年印度颁布的《印度海洋学说》明确区分了印度的海上核心利益区和次要利益区，并为印度的“蓝水海军”战略勾勒出了三个发展层次，即海面、水下和空中力量建设，对新时期印度海军角色和任务进行了明确的规定。在 2007 年出台的《自由使用海洋：印度海上军事战略》中，印度提出了要以强大、平衡的海军为基础，通过积极的政治、外交、军事手段，主动塑造印度洋地区事态。[②] 为此，印度谋划了“一点两环”的海洋战略：“一点”是在安达曼—尼科巴群岛建立了强大的军事基地，作为战略支点以控制印度洋北部；“两环”是通过地区合作的方式将其影响力扩大到印度洋沿岸国家，同时向东延伸到太平洋。[③] 印度计划在 21 世纪的第二个十年里建立三个航母战斗群，拥有 140—145 艘舰艇和国产核潜艇。现在印度正在自建航母“维克兰特”号，并从俄罗斯购买了“超日王”号，打算在未来几年内拥有三支航母

---

① 马嫚：《试析印度的海洋战略》，《太平洋学报》，2010 年第 6 期，第 74—80 页。

② 宋德星，白俊：《论印度的海洋战略传统与现代海洋安全思想》，《世界经济与政治论坛》，2013 年第 1 期，http：//www.haijiangzx.com/2013/guojizhanlue_0524/96715.html。

③ 马嫚：《试析印度的海洋战略》，《太平洋学报》，2010 年第 6 期，第 74—80 页。

舰队，使海军有远洋作战能力，确保从南海至波斯湾的任何一点上都有两艘航母存在。印度还以多边手段加强其对印度洋的控制，积极地与印度洋沿岸国家和区域外大国构筑伙伴关系网，以增强印度的影响力和拓展海洋战略空间。印度于2004年签署了亚洲打击海盗和海上抢劫的地区性协议；2008年主动发起了印度洋海军论坛，近30个印度洋沿岸国家的海军首脑参会，美日等国只能作为观察员参加，而在印度洋上贸易活动日益增多的中国被排除在外；同年，印度筹组了南亚地区港口安全合作组织。此外，鉴于美国在印度洋的优势难以撼动，印度采取“联美”手段，积极呼应美国等西方学者提出的所谓中国“珍珠链”战略，并刻意在一些战略文件中突出印度海洋战略中遏制中国的意图，[①] 试图利用当前美国推出“亚太再平衡”的机会，为自己在印度洋建立一个有利的战略环境。甚至有的印度战略家，如拉贾·莫汉等更是公开宣扬中印两国将会在印度洋发生冲突，中印关系是天使与魔鬼间的争斗，而美国则应充当上帝般的仲裁者。[②]

（三）民主价值观

冷战后，印度开始有意识地向国际社会展示其作为多元化民主大国的新形象，在国际舞台上标榜自己是多元的民主社会。在西方和印度媒体热炒所谓“龙象之争”的背景下，印度的这一做法显得尤其诡异。印度在其外交中凸显民主价值观的作用，可能不仅是出于现实利益竞争的需要，更有可能是着眼于长远战略考虑。首先，印度将推广民主视为深化与美国和日本关系的外交资源。印度总理

---

① Sunil Khilnani, Rajiv Kumar, Pratap Bhanu Mehta, et. al., *Nonalighment* 2.0: *A Foreign and Strategic Polich for India in the Twenty First Century*, India: Research and Information System for Developing Countries, 2012, http: //ris. org. in/images/RIS_ images/pdf/NonAlignment. pdf.

② C. Raja Mohan, *Samudra Manthan*: *Sino-Indian Rivalry in the Indo-Pacific*, Washington, D. C.: Carnegie Endowment for International Peace, 2012.

辛格与美国总统布什于2005年建立了印美“全球伙伴关系”，并就“全球民主倡议”取得一致，两国每年拿出1000万美元在全球范围内推动第三世界国家的民主化建设。同年，印度加入联合国民主基金（UN Democracy Fund），这是一个促进建设民主框架和保护人权的机构。到目前，印度已经向这个基金支付了2500万美元，是仅次于美国的第二大捐助国。其次，印度所采取的推广民主的措施，不仅是要向发达国家展示它对推广民主的兴趣，而且还要向发展中国家输出其多元民主治理模式，印度通过一些经济、教育和对外援助手段向一些国家灌输民主和人权观念。最近几年，它在印度经济技术合作项目（ITEC）等援助项目中嵌入了民主推广项目，向非洲等地区的发展中国家提供诸如组织选举、独立司法、出版自由，以及人权保护等方面的帮助，以扩大其发展模式的影响力。但与其安全关切、经济与贸易问题，以及能源供给安全在外交政策中所占的位置相比，目前推广民主还处于相当低的位置。在决定是否支持发展中国家的民主运动问题上，印度总是以其战略和安全利益为准绳，而不是根据民主情感决定。再次，基于民主和平论的角度，印度大力宣扬其民主价值观，突出其作为民主国家崛起的性质，在一定程度上是向美国等西方国家暗示印度崛起的和平性，及在未来可能发生的大国崛起所引发的国际冲突中印度有可能采取的立场。无论从哪个方面讲，印度或明或暗地将民主价值观作为一种削弱中国的战略工具已经非常明显，印度人深信，“印度成为世界大国的根本源泉在于其榜样的力量”。[①]

① Sunil Khilnani, Rajiv Kumar, Pratap Bhanu Mehta, et. al., *Nonalighment* 2.0: *A Foreign and Strategic Polich for India in the Twenty First Century*, India: Research and Information System for Developing Countries, 2012, http: //ris. org. in/images/RIS_ images/pdf/NonAlignment. pdf.

第四节 小结

在印度独立以来的历史中，成为世界大国一直是印度历代领导人孜孜以求的梦想。在60多年的岁月中，印度曾有两次接近这一目标，一次是刚刚独立之后的尼赫鲁当政时期，一次是进入21世纪后的今天。由于其经济、军事等硬实力的欠缺，印度的世界大国梦在尼赫鲁时期遭遇了挫折。进入21世纪之后，印度追求世界大国地位的努力仍然面临同样的问题。由于其政治、经济，以及社会体制所存在的弊端，印度的硬实力可能无法获得迅速提高，这对其世界大国梦无疑是最严重的阻碍。要实现经济和军事的迅速现代化，印度不仅需要改革其政治和经济体制，而且需要改革其传统的社会和宗教，实现印度国民思想的现代化。

印度的大国崛起理论既来源于其本身的古老思想传统，也有英国殖民主义所遗留的地缘战略思维——这是印度人所不愿承认的，还有当代西方政治和国际关系思想，这些不同思想相互影响、相互交织，有时让人难以分清哪些是英国人的遗产、哪些是印度人的古老传承、哪些是当代西方国际关系理论的产物，但在好多方面，它们都是相通的，甚至是一致的。虽然印度政府迄今为止没有一个可以清晰表述的大战略，但这并不意味着它没有大战略。通过对印度冷战后外交政策和外交实践的考察，可以发现印度已经形成一个完整的对外战略：首先是主导南亚；其次在亚洲次体系内力图形成对华均势；而在全球层面上则追求多极化，努力维持其在美国、中国、俄罗斯等大国间的“战略自主”地位，以广泛获取各种利益。

自1962年之后，中国就成为印度实现大国崛起的一面镜子，成为印度在大国崛起方面的追赶对象，印度许多战略举措都有意无意地以中国为目标。虽然印度无论在经济发展方面，还是在军事发展方面都没有超过中国，但印度确实已经取得了不小的成就：在经济上印度成为世界瞩目的新兴经济体，在军事上成为事实上的核大国。此外，印度还经常大力宣扬其作为“多元民主国家”所拥有的“软实力”。对于奉行和平发展战略的中国而言，我们从未将印度作为对手看待，但印度却有可能成为中国和平发展的干扰因素。如果中国的迅速发展使得印度感觉其核心利益受到威胁，印度未必不会像在20世纪70年代那样放弃“不结盟”政策，转而与某些国家结成事实上的军事同盟。作为亚洲的两大文明古国，中国与印度在重新崛起的过程中如何适当照顾对方的利益，实现共同崛起和亚洲文明的复兴是一个值得探讨的话题。

结　语

大国崛起理论准备的思考

世界历史上大国崛起的历程告诉我们，大国正逐渐越来越有意识地对自己的崛起之路进行规划和设计，既是为了防止自己的崛起态势受到压制和阻碍，也是为了尽量让自己的崛起成果更为巩固。作为新兴大国的代表，中国在促进实现人类命运共同体的过程中实现和平崛起就是要完成从大国到强国、从地区大国到全球大国、从国际规范被动接受者到国际秩序积极塑造者，最终实现进入世界体系核心位置的多重艰巨任务。中国和其他新兴大国如何在崛起过程中与传统大国协商协调立场与利益，在促进自身利益的同时实现与传统大国的和平共处与共同利益，维护安全稳定的国际秩序，促进共同发展与繁荣，成为当前中国外交理论建设迫在眉睫的课题。因此，借鉴历史上大国崛起的理论准备的经验与教训，进而发展出中国崛起的新型理论，并推动崛起大国与完成大国的新型大国关系建构，可以说是中国真正实现和平的和成功的崛起所面临的最为重大的挑战之一。

第一节　大国崛起理论准备的启示

中国崛起已经成为21世纪国际关系发展和相应研究的最为重要

的事态。但需要指出的是，迄今为止的中国崛起面临两个重要挑战：一是当前的崛起很大程度上只是经济性崛起，距离全面崛起仍有很长的路要走；[①] 二是中国崛起引起了广泛的国际警觉，[②] 距离和平崛起仍有很长的路要走。中国已经相当明确地向世界宣告，中国将坚定走和平发展道路，中国的崛起将是世界的机遇而不是灾难。换句话说，中国所追求的不是传统的大国崛起模式，而是追求一种“体系内全面崛起”的新型崛起。这一崛起的实质是在实现“中国梦”的同时，也为整个国际社会提供公共产品，促进“世界梦”和各国梦想的实现。[③] 基于前文所讨论的世界历史上主要大国崛起的回顾，本节探讨其成败经验对中国崛起的可能启示。笔者认为，中国实现体系内全面崛起的战略目标应包括四个维度，即经济性崛起、道义性崛起、军事性崛起和制度性崛起。历史上大国崛起的成败经验表明，尽管这四个维度的组合没有定式，但很大程度上仍有先后排序，即：经济性崛起是基础，道义性崛起是支撑，军事性和制度性崛起更多是保障。大国在实现经济性崛起后的战略优先应当是寻求道义性崛起，而不应急于求成地追求军事性或制度性崛起，这是实现体系内崛起的重要保证。

---

① 王逸舟：《创造性介入——中国之全球角色的生成》，北京：北京大学出版社，2013 年版，第 146—148 页。

② 有关国际社会对中国崛起的疑虑和警觉的讨论相当多，理论上的分析当属进攻性现实主义所预言的“大国政治的悲剧”，而更多的预言则是由“权势转移论”而来的中美霸权争夺的悲观预期。可参见［美］约翰·米尔斯海默：《大国政治的悲剧》，王义桅译，上海：上海世纪出版集团，2008 年版；张春：《管理中美权势转移：历史经验与创新思路》，《世界经济与政治》，2013 年第 7 期，第 74—90 页。

③ 习近平：《顺应时代前进潮流促进世界和平发展——在莫斯科国际关系学院的演讲》，莫斯科，2013 年 3 月 23 日，外交部网站，2013 年 3 月 24 日，http：//www.fmprc. gov. cn/mfa_ chn/zyxw_ 602251/t1024371. shtml

一、大国崛起的物质基础

对所有国家而言，实现崛起的基本基础是国家实力、特别是经济实力的重大提升。因此，无论是美国和英国的总体成功的崛起，德国、日本和俄罗斯的相对不那么成功的崛起，还是印度、巴西等目前尚不能断言其未来成败的崛起，第一步都是解决崛起的基础性环节，即如何实现物质上的或更为明确地经济上的崛起。尽管存在一定差异，但各国的经济性崛起有一个重要的共同之处，即设法利用或借重现存体系实现体系内的物质性崛起，至少在实力尚不具备时不会尝试挑战现存体系。具体而言，这种追求体系内经济性崛起的方法大致有三种。

第一种可称为融入式崛起，是当今国际社会中大国崛起的相对更为常见的方法。根据这一方法，大国在追求物质性或经济性崛起时，都是努力通过加入到现存的主导性国际体系之中，利用现有霸权国家或更为广泛的现存体系所提供的公共产品，通过搭便车或至少是尽可能压低自身所承担的国际义务而实现经济性崛起。这种融入式崛起的典型是当前的新兴大国群体性崛起。

21 世纪最为重大的国际关系事态便是新兴大国的群体性崛起。与中国的崛起相似，新兴大国迄今为止的崛起都更多是物质性的而非政治或安全或思想方面的崛起。① 同时这种崛起所使用的理念事实上都是西方的，如“华盛顿共识”或新自由主义框架下的各种概念。由此而来的，新兴大国的群体性崛起根本上是和平性的，在对国际体系内的主导性国际组织、国际规范和规则的基本态度仍是不挑战

① 杨洁勉：《新兴大国群体在国际体系转型中的战略选择》，《世界经济与政治》，2008 年第 6 期，第 10—12 页。

现有国际体系的根本结构。[①] 当然，这并不意味着新兴大国全然接受现有国际体系结构；恰好相反，新兴大国的战略选择是通过参与而从对国际组织、规范和规则进行内部改良。这种改良最为重要的两个方面是联合国安理会和布雷顿森林体系。尽管目前这一改良进程某种程度上陷于停滞，但就其本身所体现出的竞争方式而言，有一个相当重要的特征，同时它也是限制新兴大国的崛起能走得更远的一个重要原因，即：非西方反对西方的武器事实上都是西方先前用于扩张的武器。[②] 当然，这本身便充分证明了新兴大国走的是融入式崛起的道路。

第二种方法可称为孤立式崛起。所谓孤立式崛起，是指一国将自身的发展孤立于国际社会的整体发展之外，寻求一种独特的区别于主导性国际体系的崛起。孤立式崛起的典型是美国的崛起。

美国独立之后，深感于欧洲旧大陆政治的“肮脏”和国内政治斗争的复杂，华盛顿在《告别演说》中规定了美国的孤立主义外交政策：即美国不与任何国家（主要为欧洲列强）结盟，不卷入列强纷争，完全独立地处理自身的国际事务。孤立主义的精髓是：“我们是为我们自己行动，不是为别人而行动的。”[③] 需要指出的是，外交政策上的孤立主义绝不意味着经济政策上的孤立主义。在华盛顿《告别词》之后施行的政策、杰斐逊为了维持欧洲均势以避免殃及美国而施行的政策以及在美洲大陆扩张为核心的“门罗主义”政策都

① Andrew Cooper, Richard Higgott and Kim Nossal, *Relocating Middle Powers: Australia and Canada in a Changing World Order*, Vancouver, BC: University of British Columbia Press 1993, pp. 20 – 21.

② ［英］杰弗里·巴勒克拉夫：《当代史导论》，张广勇、张宇宏译，上海：上海社会科学院出版社，1996 年版，第 5 章。

③ 有关华盛顿告别演说背后的政治斗争的论述，可参见［美］罗伯特·卡根：《危险的国家：美国从起源到 20 世纪初的世界地位》，袁胜育、郭学堂、葛腾飞译，北京：社会科学文献出版社，2011 年版，第 143—146 页；［法］夏尔—菲利普·戴维、路易·巴尔塔扎、于斯丹·瓦伊斯：《美国对外政策：基础、主体与形成》，钟震宇译，北京：社会科学文献出版社，2011 年版，第 54—56 页。

汇集在一点：孤立主义。但是，这只是一种相对的孤立主义，即只是地理上的孤立，绝非经济上的孤立主义。[①] 就经济性崛起而言，美国孤立主义政策的要旨在于，充分利用当时国际体系中各方的相互竞争甚至冲突所提供的重要机遇，实现自身经济利益的全面扩张。例如，就在美国独立后不久，法国大革命和拿破仑战争爆发并持续了20余年。这一场战争将欧洲大陆主要国家都牵扯其中，并耗尽了英法两国的精力。而美国则通过中立大获战争好处：1792 年，美国运输商挣了约740 万美元；到1796 年，货运收入上升了几乎 3 倍，达2100 万美元；货运收入最终在 1807 年达到顶峰，为 4210 万美元。[②] 尽管有所曲折，但美国总体上避免了介入欧洲政治而专心致志于实现自身的经济性崛起。这样，在独立后的短短不足百年时间，美国的国力便超过英国，到第一次世界大战前更是实现了经济的全面崛起。此后，美国还有效利用了第一次和第二次世界大战所创造的机遇，最终实现了自身的全面崛起。

第三种方法是相对复杂的进取式崛起。所谓进取式崛起是指一国实现经济性崛起的环境并不理想，无论是融入式崛起还是孤立式崛起都难以奏效，只能通过隐忍、纵横捭阖等策略努力营造一种有利于自身崛起的国际环境。进取式崛起的典型案例是 1871 年独立后在俾斯麦大战略指导下的德国。

1871 年德国实现统一，立即引起了欧洲大陆各国和英国的警惕。一个统一并可能是强大的德国出现在欧洲心脏地带，对整个欧洲地缘政治的影响再明显不过。俾斯麦很清楚地知道，德国并未真正崛起。要实现德国的全面崛起，根本上需要防止一个反德联盟的

① ［法］夏尔—菲利普·戴维、路易·巴尔塔扎、于斯丹·瓦伊斯：《美国对外政策：基础、主体与形成》，钟震宇译，北京：社会科学文献出版社，2011 年版，第56 页。

② ［美］杰里米·阿塔克、彼得·帕塞尔：《新美国经济史：从殖民地时期到1940 年》，第 2 版，罗涛等译校，北京：中国社会科学出版社，2000 年版，第 120—121 页。

形成和出现，其核心是避免英国与俄罗斯的联盟。基于上述考虑，俾斯麦提出了一项再保证大战略，旨在缓解欧洲对持续的德国野心的担忧。首先，他希望通过将英国对埃及的控制权和俄罗斯对黑海的控制权进行交换，以缓解英俄紧张，这将有助于阻止一场未来更大的欧洲战争。但俾斯麦并不希望英俄达成全面和解，那同样于德国崛起不利。其次，俾斯麦试图吸引所有欧洲大国与德国发展更密切的关系。俾斯麦知道，对德国的长期渴望来说，使其不招致其他欧洲国家的立即反对非常重要，而在德国连续获胜并实现统一之后这很困难。简而言之，俾斯麦期望他能操纵政治局势，允许德国保持在欧洲外交中心而不受反对：“（我头脑中的图画）并非获得领土，而是整个政治局势，在其中除法国外的所有强国都需要我们，进而通过其相互关系尽可能地阻止反对我们的联盟。”① 最终，通过在欧洲各国间扮演“诚实的掮客”，俾斯麦通过各种复杂的安排使德国成为欧洲政治的核心。尽管这一战略因过于复杂而使后人难以操作，但它的确为德国带来了至少 20 年甚至更长的实现体系内经济性崛起的战略机遇期。的确，在 1871 年统一时，德国的国力只有英国的 60% 多，而俾斯麦下台时这一数字已经上升为 80%，而到 1913 年第一次世界大战开始前更是达到近 110%。②

从上述分析可以看出，大国的物质性或经济性崛起几乎都是在不对抗既存主导性国际体系的情况下实现的，历史上几乎没有相反的案例出现。但上述三种体系内崛起的方法事实上都有一个共同的战略缺陷，即对外部环境相当敏感，或根本上取决于霸权国家对崛起国的基本态度。③ 这很大程度上导致了大国和平崛起的罕见。对今

---

① W. N. Coveney and Dorothy K. Medlicott, *Bismarck and Europe*, London: St. Martin's Press, 1972, p. 103.

② Angus Maddison, *Statistics on World Population, GDP and Per Capita GDP, 1 – 2008 AD*, http://www.ggdc.net/MADDISON/oriindex.htm.

③ 张春：“权势和平转移与中国对美战略选择”，《教学与研究》，2007 年第 3 期，第 67—68 页。

天的中国而言，情况或许更为复杂：一方面是由于意识形态在当今的国际政治中已如此重要，另一方面则是信息技术的发展使得任何国家的任何重大发展都难以被忽视。因此，对很大程度上仍处于准备期的中美权势转移而言，[①] 如何结合上述三种战略选择便是一个相当现实的考验。

二、大国崛起的道义支撑

大国的经济性崛起并不是、也不能保证其全面崛起。事实上，经济性崛起要成功转换为战略性乃至思想性影响，必须要有坚实的道义支撑；换句话说，在实现经济性崛起之后和军事性与制度性崛起之前，大国需要确保道义性崛起。也可以认为，道义支撑是经济实力转化为战略性和思想性影响力的保证。所谓“得道多助、失道寡助”，大国唯有占领了道义高地，才能使自身的物质能力使用、特别是军事能力使用“师出有名”且为人接受。相反，如果没有拥有或至少与现有霸权国家分享道义权威，在实现道义性崛起之前追求军事性崛起，很大程度上会使崛起大国成为既有国际体系的挑战者，进而遭到既有体系的阻击甚至导致既有经济性崛起成果因此消失，最终导致崛起失败。实现道义性崛起的核心，就是要准确地判断世界潮流并提出能触及人类心灵深处最敏感神经的口号以指引外交政策。

回顾历史上大国崛起的历程，几乎所有成功的大国崛起都把握甚至引领了当时的潮流：英国的自由贸易和殖民主义，前者把握了人类追求财富或更好生活的基本信仰，而后者则符合了当时拥有更强大物质能力特别是军事能力的国家有关人类发展等级制和线性途

① 张春：“管理中美权势转移：历史经验与创新思路”，《世界经济与政治》，2013年第7期，第79页。

径的信仰;[①] 美国的威尔逊主义和富兰克林·罗斯福的"四大自由"论，都深刻地把握了有关人类发展特别是人类自由的主题。相比之下，失败的大国崛起，基本上都源于没有准确把握世界历史的潮流。特别是，德国和日本都明显体现为错误地将正走向下坡路的殖民主义和领土扩张当做正在崛起或至少仍将持续相当长时期的世界潮流，进而错误地发动战争以追求"阳光下的地带"，因此其失败也就在所难免。从大历史的角度看，即便历史可以重写，如果其对世界历史潮流的基本判断是错误的，那么其结局也是注定的，差异只是时间早晚而已。

从世界历史发展的角度看，中国的道义性崛起需要关注至少三个重要发展趋势，并及时总结和提炼为中国外交的指导原则。

第一，就国家实力的运用而言，存在一个从单一的军事武力使用到军事武力与道义权威相结合的趋势。回顾伯罗奔尼撒战争，当时对力量的使用的概念相当明确：大国或拥有军事武力的国家都认为"实力就是权力"（might is right），大国对于小国仅有的选择即道义呼吁往往不屑一顾。其最明显的体现便是雅典人与弥罗斯人的辩论。当弥罗斯人借助道义理由拒绝雅典人的吞并时，雅典人回应道，大家"都知道正义的标准是以同等的强迫力量为基础的；同时也知道，强者能够做他们有权力做的一切，弱者只能接受他们必须接受的一切"。[②] 但随着人类国际生活的发展，有关权力的使用被添加了

① 有关殖民主义思潮的诞生的论述，可参见 Antony Anghie, *Imperialism, Sovereignty and the Making of International Law*, Cambridge: Cambridge University Press, 2004; M. F. Lindley, *The Acquisition and Government of Backward Territory in International Law: Being A Treatise on the Law and Practice Relating to Colonial Expansion*, London: Longmans, Green and Co. Ltd., 1926。有关"进步"思潮及其作为一种意识形态而存在的讨论，可参见潘亚玲:《西方国际关系理论的"进步"意识形态》,《国际论坛》, 2005 年第 4 期，第 43—49 页；潘亚玲:《"文明标准"的回归与西方道德霸权》,《世界经济与政治》, 2006 年第 3 期，第 39—45 页。

② ［古希腊］修昔底德:《伯罗奔尼撒战争史》, 谢德风译，北京：商务印书馆，1960 年版，第 413—417 页。

越来越多的道义限制。这可以非常明显地从战争的演变中看出。从一开始近乎无所节制的战争—包括目的和手段使用两方面，到宗教神学对“正义战争”的强调，再到以意识形态为战争贴上合法性标签，直到今天战争或军事手段必须在符合一系列的条件下才能使用；[①] 这可简单地总结为“战争的道义化”发展。与此同时，战争背后的逻辑演变还有另一主线，即从寻求生存必需品到维护特定的生存质量的发展。[②] 可以认为，国家力量的单一使用已经非常罕见——如果不说已然消失的话。无论是大国还是小国，都会将硬实力与软实力，特别是抢占道义高地当做重中之重。也正是由于这种国家权力使用的道义性限制的增多，才使得诸如软实力、巧实力等打开权力“黑箱”的努力得以被接受并普及。因此，中国崛起的物质性力量如何转化成为战略性、安全性等影响，就需要与力量的合乎道义的使用实现有机结合。

第二，就国际体系的发展而言，存在一个从早期的封闭性、独占性国际体系向当前的开放性、包容性和共享性国际体系的发展趋势。如果说早期的国际体系因为技术发展的落后而被天然地分割为不同的相互独立的区域，那么早期的大国崛起努力也相应地更多集中于建立相对孤立、封闭和独占的“俱乐部”。但这些努力最终大多以失败告终，最为明显的案例便是欧洲大陆上的多次帝国尝试与中国封建时代的相对开放和包容的朝贡体系的对比。欧洲大陆真正走向开放体系的建设，是在第二次世界大战之后。在此之前，从早期的古希腊、斯巴达和雅典帝国、古罗马帝国、神圣罗马帝国、拿破仑帝国直到威廉一世和希特勒德国，都是建立封闭帝国的尝试，其失败也是明显的，尽管有的帝国在创建之初也颇具开放性进而延续

① 有关正义战争的理论及其发展，可参见 Michael Walzer，*Just and Unjust Wars：A Moral Argument with Historical Illustrations*，New York：Basic Books，1977.

② 有关战争性质的演变，可参见潘亚玲、张春：《战争的演变：从寻求生存必需到维护生存质量》，《国际论坛》，2002 年第 4 期，第 14—21 页。

的时间相对较长。[①] 相比之下，尽管封建时代的中华帝国也更多是帝国性质的，但其开放性和包容性却远非欧洲大陆的历次帝国努力所能比拟的，因此其延续时间相对长得多；其朝代更替也远不如欧洲帝国的征战残酷与壮烈。可以认为，中华帝国在强调武力的同时对于道义力量的使用也远比欧洲大陆的历次帝国尝试高明得多。[②] 当然，从西方体系的发展过程中也可以看到类似发展：英国人创建的体系远比荷兰人的更为开放；而美国之所以能从英国人手中接过霸权，原因不仅在于其实力超过英国，更在于其体系比英国的更为开放和包容。正是由于其体系的开放、包容和共享性，使美国“例外论”增添了新的特权要求，即美国可声称拥有在国际上合法使用暴力的垄断性权力，其目的恰好是保证其体系的开放、包容和共享性。中国的崛起，也必须建立类似的逻辑，即通过特定道义名义使中国拥有对未来体系中的合法使用暴力的垄断性权力。

第三，就国际政治的基本行为体而言，存在一个从大写的、抽象的人转变为小写的、具体的人的发展趋势。回顾政治哲学发展史，可以发现其关注对象的长时段变化：从一开始的神到半神半人，再到集体的人，当前的关注核心已逐渐转向具体的个人。由此导致了对大国崛起的两项新挑战。一是国家合法性问题：国家合法性正逐渐从先前的国际承认或外部合法性，转向当前的国内公众承认和接

---

① 这方面的典型是雅典帝国和古罗马帝国，可分别参见［古希腊］修昔底德：《伯罗奔尼撒战争史》，谢德风译，北京：商务印书馆1960年版；［美］爱德华·勒特韦克：《罗马帝国的大战略：从公元一世纪到三世纪》，时殷弘、惠黎文译，北京：商务印书馆2008年版。

② 正如周恩来总理所指出的，“凡文事者必有武备”。因此，尽管中华帝国对道德性力量的使用远较西方早并在维持其朝贡体系中有过重要作用，但缺乏强力支持的中华帝国最终仍只能在殖民主义列强的坚船利炮面前屈服。这与本书的结论是一致的，即经济性崛起是前提，道德性崛起是支撑。

受或内部合法性。[①] 由此而来的，对于大国崛起的合法性而言，如果崛起成果没有更多或更为合理地为国内公民所分享，则可能导致国内公众情绪的失衡，甚至动摇崛起的根本基础。同样，以往的大国崛起所需的外部合法性也只是外部国家的承认，而今天这种内部合法性使得一国崛起对他国国内公民的影响被置于更为明显的地位，进而一国崛起的外部合法性也不再只是其他国家的承认，而更多是一国在崛起的同时使其他国家的国内民众更大程度地接受。二是国际事务中个人道德规范与国家道德规范的交织甚至混淆。传统意义上，国家无须应用与个人相同的道德体系；或者说，国家的道德是中立于个人道德的。但随着对具体个人的关注增多，诸如人权、人道主义干涉、保护的责任、人类安全等概念的发展，使得国家行为必须将个人置于更为重要的地位，进而适用于个人的诸多道德原则正日益渗透到国家间关系或全球事务中，并导致了一种“权利即权力”（right is might）[②] 的逻辑逐渐主导国际事务。这样，对全球事务中的议题关注也逐渐从传统的生存议题转向尊严议题。[③] 这两个方面的结合，对中国崛起提出了更为复杂的要求，即中国的物质性崛起成果不仅要更大程度上为国内公众所分享，同时也要更大程度地为国际社会所共享；同时，中国还需要承担更多与人类尊严议题相关的国际公共产品的提供责任。由此产生了中国崛起的一个两难：一方面，不可否认的是，这两个方面都可能使得中国的进一步崛起、

① 张春：《秩序抑或正义？——自决原则对主权合法性》，载上海社会科学院世界经济与政治研究院编：《国际环境与中国的和平发展》（《国际关系研究》第三辑），北京：时事出版社，2006 年版，第 218—222 页。

② 有关“权利即权力”的逻辑源于这样的推理，即由于个人拥有特定的权利但往往缺乏相应的保证权利得以兑现的手段，因此个人有权要求拥有相应的权力，其结果便是因有权利而有权力。较早提出这一逻辑的西方思想家是雨果·格老秀斯（Hugo Grotius）。参见 *The Politics Book*，London：Dorling Kindersley Limited，2013，pp. 94 – 95。

③ ZHANG Chun，“Managing China-U. S. Power Transition in a Power Diffusion Era，”，Conference Proceedings，The International Symposium on The Change of International System and China，September 27 – 28，2013，Fudan University，Shanghai，pp. 171 – 172.

特别是经济性崛起的步伐放缓；但另一方面，如果不这样做，中国便将长期仅有物质性崛起，而无法找到合理的道义性支撑，进而难以实现全面崛起。

三、大国崛起的军事和制度保障

大国崛起要全面和可持续地实现，就必须有能力确保其经济性崛起和道义性崛起所获得的成果。换句话说，大国崛起的全面性和可持续性需要有力的保障，一方面是强力性的军事保障，另一方面则是柔性的和网络性的制度保障。军事性崛起一方面是大国全面崛起的标志，另一方面也和制度性崛起一道成为大国崛起可持续性的保障。尽管这两者很大程度上不应在实现道义性崛起之前便大力甚至全力追求，但由于其根本的保障性质，这两者很大程度上并不存在绝对的先后次序，不仅可以同步展开，甚至也无须拒绝制度性崛起先于军事性崛起启动，也无须全然拒绝军事和制度性崛起先于道义性崛起——尽管在此情况下必须加速道义性崛起的步伐以避免缺乏道义支撑而导致的严重后果。

如同雅典人所指出的，任何道德呼吁或声称都必须有相应的强力保障。中国的物质性崛起以及可能的重拾道义权威，都需要相应的强制性保障能力，其最终产物便是中国的再度军事崛起。必须指出的是，军事性崛起与道义性崛起很大程度上需要有一个合理的先后次序，寻求军事性崛起的道义前提或道义支撑，要比单纯的军事性崛起更为重要，因此也更为优先。事实上，无论是英国还是美国，在实现军事性崛起之前都不仅具备了相应的经济性崛起基础，更占据了强大的道义高地。美国在参加第一次和第二次世界大战对参战逻辑的说明便是明证。当然，德国和日本的战前道义宣示也是强有力的，但如前所述，它们抓住的只是已渐消逝的历史潮流的尾巴，因此只能追随那一潮流的消逝而失败。因此，寻找到下一个世界历史周期的世纪性潮流，并使用相对简单明了的话语表达出来，使其既成为中国的专属话语同时又能触及全球人民的灵魂，是中国在实现全面的军事性崛起之前必须完成的任务。否则，中国的军事性崛起极可能被视作对既有体系的“威胁”，而非引领人类迈向更加美好的明天的“保障”。

依据前述世界潮流的三个发展趋势，中国军事能力发展的道义支撑已经部分具备，特别是积极参与联合国维和行动。总体而言，中国的军事发展应当强调两个方面：一是其国内功能，即防御性地保卫中国的国家利益。需要指出的是，考虑到战争性质和目的的演变，尽管维护国家主权和领土完整仍是军队的核心功能，但这更多演变为一个基础性功能，而且在中国快速崛起的背景下不宜被过度强调。为了与发现和夯实中国崛起的道义基础的努力相一致，中国发展军事能力的国内功能更需要强调其服务于民生的要素，如救灾、国内反恐、保护和促进经济发展等。需要指出的是，在中国海外利益日益增长同时海外合法权益所面临的安全风险日益上升的背景下，中国发展军事能力也应具备保护中国海外合法权益的要素。[①] 中国应当以人权、私有财产等国际通行的理念为基础，宣传中国军事发展的这一功能，而无须作无用也无益的掩饰。

二是其国际功能，即为国际社会提供公共产品的功能。尽管中国目前已经参与了诸多为国际社会提供安全类公共产品的活动，特别是如联合国维持和平行动、打击恐怖主义、参与国际反海盗努力以及2012年由中国所发起的“中非和平与安全合作伙伴倡议”为非洲的和平与安全能力提升提供帮助等，但很大程度上中国为国际社会提供安全类公共产品的能力和空间都相当有限。最为明显的是，在亚太地区，随着中国崛起而向地区各国乃至全球提供经济性公共产品的同时，中国也试图将这种公共产品提供的范围从经济或物质

① 党的十八大报告也正确地指出，中国将“维护我国海外合法权益”。胡锦涛：《坚定不移沿着中国特色社会主义道路前进　为全面建成小康社会而奋斗——在中国共产党第十八次全国代表大会上的报告（2012年11月8日）》，北京：人民出版社，2012年版，第45页。

领域拓展到战略、安全等领域。但这一努力面临着来自美国及亚太地区的怀疑乃至抵制，美国一方面试图以其亚太战略再平衡、亚太地区盟友体系重构等措施巩固其在战略和安全领域的公共产品提供权力，另一方面又试图以跨太平洋伙伴关系（TPP）谈判为核心阵地“反扑”以重新获得在经济领域的公共产品提供权力。这样，在亚太地区，一方面形成了中美围绕经济类和战略与安全类公共产品提供的竞争，另一方面也形成了亚太地区各国在中美所提供的不同类型的公共产品之间的选择自由，进而形成了亚太地区的经济—安全二元架构。①

导致上述尴尬的最为根本的原因，在于中国尚未提出既具有中国特色同时又的确能触及人类灵魂的世界潮流的高度总结性话语；也就是说，中国尚未为自身的物质性崛起寻找到坚实的道义性支撑，尚未实现道义上的崛起。唯有找到这一道义支撑，中国的军事能力发展或者说军事性崛起才能建构其“中国例外论”，即中国有权垄断或参与垄断为守护特定人类核心价值的国际性合法暴力使用权。

与经济性崛起、道义性崛起和军事性崛起相比，制度性崛起并非大国崛起阶段的必然要求。很大程度上，制度性崛起是大国崛起之后用以维持这一崛起，或者说实现崛起的可持续性的必需。更为直接地，制度性崛起事实上是大国崛起后为固定、维护甚至延长其霸权地位的必须。当然，经济、道义和军事性崛起的延续在大国崛起的可持续性中依然重要。

回顾大国崛起的历史，大凡建立了一套相对完善的机制以保证自身可持续性崛起的大国，都在较长时间内维持了其霸权；反之，则往往是昙花一现。例如，英国在崛起之后建立起了一系列有关自由贸易的规则体系，尽管尚未形成非常正式的制度，但仍为英国霸

① ZHANG Chun, “Managing China-U. S. Power Transition in a Power Diffusion Era,”, Conference Proceedings, The International Symposium on The Change of International System and China, September 27 – 28, 2013, Fudan University, Shanghai, pp. 176 – 177.

权的延续贡献了重大力量。而美国在这一方面的努力则更为明显：美国不仅在全球层次上建立了以联合国和布雷顿森林体系为核心的国际机制网络，还在跨国层次上建立起分别以欧洲和东亚为核心的同盟体系，更在国内建立起以公共智库、情报机构和政策顾问制度，使得其崛起有了相当完整的制度保障。[①] 换句话说，美国霸权的制度性保障不仅体现在国际层次上的制度霸权和联盟中心地位，还体现在其国内的霸权延续保障机制上。还应指出的是，美国的制度网络还处于不断地更新之中，这一方面包括因应国际体系的演变而来的对各种机制体制的改革和调整，另一方面也包括对机制体制的创新性发展，如通过国内公民社会团体和非政府组织引领甚或主导全球性的公民社会团体和非政府组织联盟，通过大型跨国公司建立美国霸权的经济、技术乃至信息（情报）的保障机制，还通过掌握因特网而建立完善的全球信息和情报收集制度。相比之下，没有建立任何正式或非正式制度的拿破仑法国、希特勒德国和二战前的日本等事实上都追求通过以战养战的方式延续帝国霸权，[②] 或者试图用过时的殖民主义制度来维持霸权，其失败也因此是注定的。

中国追求的是以和平发展为指向的体系内全面崛起，因此目前建立各种维持中国崛起可持续性的制度极易引发或强化国际社会的怀疑乃至抵制，但这并不意味着中国将因此而不作为。恰好相反，中国所需要的制度建设努力应当与寻找和界定中国崛起的道义支撑密切结合。其中最为核心的便是如何发展出一整套的将中国与整个发展中国家或全球南方捆绑在一起的命运共享制度。党的十八大报告明确指出，中国“要倡导人类命运共同体意识，在追求本国利益时兼顾他国合理关切，在谋求本国发展中促进各国共同发展，建立

① 赵可金：《理论驱动与大国崛起——美国的经验》，《国际展望》，2013 年第 6 期，第 59—64 页。

② 有关拿破仑法国创建以战养战方式延续帝国霸权的努力，可参见时殷弘：《战争的革新及其国际政治意义——从法国大革命到第一次世界大战前夜》，《南京大学学报（哲学·人文科学·社会科学版）》，2000 年第 1 期，第 53—60 页。

更加平等均衡的新型全球发展伙伴关系，同舟共济，权责共担，增进人类共同利益”。[①] 尽管中国仍将在较长时间内保持发展中国家的身份，但中国的国家身份仍更应以“国际体系中的南方大国”来加以界定，这一身份定位包括三重内涵：首先，无论中国未来的发展方向是什么，中国都将始终是国际社会的积极一员、普通一员，是国际体系的平等参与者、有力维护者和积极建设者；其次，尽管将来中国可能依据经济结构性指标判断脱离了发展中国家阵营，中国仍以其在类似于其余南方国家的历史经历、价值判断、政治取向等而与广大发展中国家站在一起；最后，中国将通过参与、创建一系列的南方国家多边外交网络，形成以金砖国家为核心，二十国集团居间，七十七国集团和不结盟运动等为外围的南方国家合作网络，与广大发展中国家、特别是同非洲一道共同推动国际秩序和国际体系朝着公正合理的方向发展。围绕这一身份定位而来的国际机制建构努力，可最大限度地拓展中国崛起的道义支撑，同时尽可能缓解西方或现有霸权国家对中国的怀疑和打压。

第二节 中国理论建设的战略思考

中国正逐步从世界大国走向世界强国，但所面临的环境已显然区别于历史上崛起的各大国，相应的物质准备和理论准备要求都已有重大差异。物质准备方面，随着世界一体化进程的深化，独立发展和独享发展已日益难以实现，共同发展和共享发展已成为世界潮流。相应地，理论准备方面也提出对与共同发展、共享发展相匹配

① 胡锦涛：《坚定不移沿着中国特色社会主义道路前进 为全面建成小康社会而奋斗——在中国共产党第十八次全国代表大会上的报告（2012 年 11 月 8 日）》，北京：人民出版社，2012 年版，第 42—43 页。

的中国外交理论需求。更为具体地，中国迈向世界强国的外交理论准备既需要明确不同阶段的使命，也需要确立在各阶段理论建构的重点。从阶段性使命上看，这一外交理论准备由低至高包括和平共处、和平共生与和谐共生三个重要阶段。[①] 自 1949 年以来的中国外交理论准备已圆满完成第一阶段任务，逐步形成并发展了和平共处理论。[②] 在中国从世界大国向世界强国持续迈进的当前阶段，中国外交理论正在通过内生成长、外生互动和共生建设等途径建构和平共生理论。与此同时，中国还应着眼下一阶段的使命，和其他世界强国及所有国家共同推进和谐共生理论，使全球关系在物质和精神上更上一层楼。从理论建构重点上看，中国外交理论在各个阶段都既需要夯实基础理论或指导性理论，也需要强化操作理论或行动性理论，从而保障中国迈向世界强国的外交理论的知行合一。

一、内生和外生理论的互动互补

中国已然完成迈向世界强国的外交理论准备的第一阶段使命，目前正致力于实现理论建构的第二阶段使命，即实现中国迈向世界强国外交理论的和平共生。这一方面要求中国继续建设有中国特色的外交理论，或者说是中国外交的内生理论。另一方面，也要求中国广泛汲取世界一切优秀文明成果，通过内生理论与外生理论的良性互动，达到升华和优化理论的目的，实现中国外交理论的和平共

① 根据《辞海》(730—731 页)，“共生”亦称为“互利共生”。种间关系之一。泛指两种或两种以上生物生活在一起的相互关系。通常表现为一种生物生活于另一种生物的体内或体外相互有利的关系。近年来，“共生”被引入国际关系语汇，出现在中国政府文件（如《中国的和平发展》）和一些学者的论文中。本书从“内生”（产生于一国之内）、“外生”（产生于一国之外）和“共生”（国际社会共同建构的相互依存）等方面分析世界强国理论。

② 有关中国外交和平共处理论的探讨很多，但总体上并未将其当作中国迈向世界强国的外交理论准备的阶段性使命之一来加以分析。

生，为下一阶段的和谐共生奠定坚实基础。

一方面，中国需要加强内生理论的建构。中国虽然具有5000多年的文明史，但还没有真正成为过世界性强国。中国在进入近现代社会后，经济和政治长期停滞、甚至倒退，并在鸦片战争后被迫对外开放时深受西方列强的欺侮和压迫。即使时至今日，西方主导的国际关系和外交理论不仅对中国仍然充满着傲慢与偏见，而且还不时予以排斥和打击。[①] 因此，中国在走向世界强国的历史进程中，亟需基于中国的内政外交、特别是和平发展的主要实践和理论，建构中国世界强国外交的内生理论。

目前，中国世界强国外交的内生理论已具备基本条件。中国人口世界第一，经济总量第二，国土面积第三，也是体育强国和文化大国。中国的改革开放与和平发展道路两大基本国策取得举世公认的成就。中国的综合国力持续高速增长，在当前国际事务中发挥着日益重要的作用，已经成为国际体系改革的倡导者和推动者。与此同时，中国特色社会主义理论日趋成熟，在外交方面已经具有毛泽东外交思想、邓小平外交思想、江泽民外交思想和胡锦涛外交思想等思想理论宝库。中国的特色理论、发展道路和成功经验不仅使中国日益充满道路、理论和制度自信，而且还成为许多国家发展的非西方选择和借鉴。

中华民族优秀思想理论传统是中国世界强国的外交理论的重要源泉。中华民族在探索和分析历史发展轨迹时，很早就形成了文史哲三者互通的优秀文化传统。在传统中国文化中，强国不仅是指经

① 如同多项研究所说的，当前的国际关系和外交理论仍是“美国的科学”，例如可参见 Ole Waever，“The Sociology of A Not So International Discipline：American and European Development in International Relations，” *International Organization*，Vol. 52，No. 4，1998，pp. 687－727；Robert M. A. Crawford and Darryl S. L. Jarvis eds.，*International Relations-Still An American Social Science?*：*Toward Diversity in International Thought*，Albany：SUNY Press，2001；Stanley Hoffma，“An American Social Science-International Relations，” *Daedalus*，Vol. 106，No. 3，1977，pp. 68－82；等。

济和军事实力，而且还指文化和道义力量。中国的先秦诸子是从整个中华民族发展的周期来看待国家兴亡的，提出过许多至今仍有启示意义的强国之道，他们普遍认为国家间秩序取决于国家间领导权的性质，即王道还是霸道。

孔子、孟子和荀子认为天下是一种道义权威，因此将道德修养和推行仁政视为王道，是王天下的基础，即“内圣外王”。荀子认为内圣是“尽伦者”，外王是“尽制者”。[①] 老子认为王道是一种天下归心的威望，其基础是为民受难的道德精神，并以百川汇集入海为例，指出“江海所以能为百谷王者，以其善下之，故能为百谷王”。[②] 韩非子则认为王道是靠军事力量和法制制度维持的，即“夫王者，能攻人者也”，“故法者，王之本也”。[③] 对霸道着墨较多，且与王道有详细比较的是孟子和荀子。孟子认为王道靠道德力量维持，霸道依赖的是物质力量，即“以力假仁者霸，霸必有大国；以德行仁者王，王不待大”。[④] 荀子认为王道和霸道都需要实力及道义这两种力量来维持，只是道义对于维持王道的重要性超过实力，所谓“王者之人，饰动以礼义，明断以类”。[⑤]

中国世界强国的外交理论建设因顺应历史潮流而具成功可能。中国世界强国外交理论不是谋求世界霸权，而是通过和平方式追求中华民族的伟大复兴，十八大全面阐述的小康目标再次印证了这点。中国在实践中长期坚持不称霸和不当头的原则。2008 年全球金融危机爆发后，中国在同世界多国同舟共济时还明确反对“两国集团”(即“中美共治”)。以习近平为总书记的中央新领导集体接班后，已经多次重申中国不追求世界领导地位。由此可见，中国一贯坚持的理论和实践不会引导中国全面挑战现存的国际秩序，更不会与美

① 《荀子·解蔽》。

② 《老子·六十六章》。

③ 《韩非子·五蠹/心度》。

④ 《孟子·公孙丑上》。

⑤ 《荀子·王制》。

国摊牌争霸。

中国世界强国的外交理论兼具原则性和务实性。当理论与现实不符时，中国不是指责现实，而是调整理论。“摸着石头过河”显示出中国在理论方面的探索性和务实性。中国理论建设的这一特点将长期延续下去。在今后30年及更长时期内，中国将从如何成为全球强国向如何当全球强国过渡，因而需要作相应的理论调整如扩大理论的利益观和价值观的基础，拓展理论适用的地域和领域，完善理论的系统和体系，增加理论的有效性等。

另一方面，中国在崛起的初级阶段也要努力实现内生、外生理论的和平共处。当今时代对内生和外生理论的互动提出了要求。在全球化时代，世界进入了相互依存的共生时代，中国和平发展需要在国际社会共生的大环境下才能得以实现。十八大提出国际关系要弘扬“平等互信、包容互鉴、合作共赢”的精神体现了和平发展的时代需要。改革开放以来，中国一直如饥似渴地学习世界各国的实践和理论，而且中国向国外学习的过程也是中国化的过程，国际关系本来就超出一国的范围，在全球化时代更需要集世界之智慧建全球性理论。因此，中国不仅需要建构和发展世界强国外交的内生理论，还应该认真吸取外生理论中的合理部分，实现内生理论和外生理论的和平共处，在合作与竞争中实现共同发展。

中国世界强国的外交理论需要在互动中了解外生理论。地理大发现和资本主义走向世界的500年以来，资本主义、殖民主义和帝国主义国家的政界和学界频繁互动，在诸如世界总体的大理论和经济、政治、外交等关系的分理论方面形成了一整套的理论体系。

英国在伊丽莎白时期和克伦威尔时期的“均势理论”为其在维持同欧洲大陆关系时得以发展其庞大的海外殖民帝国。法国的拿破仑一世（1769—1821）和拿破仑三世（1808—1973）鼓吹和推行扩张主义。普鲁士首相俾斯麦（1815—1898）的权力均衡思想比德皇威廉二世（1850—1941）独霸世界和征服世界理论更为高明，因为前者最大限度地为实力尚未完全强大的国家争取到最为有利的国际环境。俄国彼得大帝（1672—1725 年）扩张主义的两位继承人叶卡捷林娜二世（1729—1796 年）和亚历山大一世（1777—1825 年）都非常重视以“体系”和“秩序”推进俄国在欧洲及世界的地位。在上世纪初，美国政治家威尔逊总统（1856—1924）和罗斯福总统（1882—1945）都有其时代性的世界观、体系观和价值观。与此同时，在美国政界、商界和学界的共同努力下，国际关系逐步成为独立的学科，其对全球精英阶层的影响一直延续至今。二战后欧洲联合自强完成也是国际关系理论的重要来源。

中国与广大发展中国家的相似历史遭遇和共同历史任务为两者的理论互动提供了特殊的政治、经济和社会基础。广大发展中国家在殖民地和半殖民地时期寻求救亡图存、民族独立和国家建设的进程中，力图在内生理论和外生理论的结合中建立更加有效和更富时代性的理论。在第二次世界大战结束前后的亚非拉民族独立和民族解放的高潮中，苏加诺（1901—1970 年）提出“潘查希拉”，即印尼独立的五项原则（民族主义、国际主义、民主、社会繁荣和信奉真主）；夸恩·克鲁玛（1909—1972）推行泛非主义；庇隆（1895—1974）把他的理论概括为“政治主权，经济独立和社会正义”三大纲领性口号，即庇隆主义。长达百余年的中国民族解放斗争孕育了孙中山的“三民主义”和毛泽东思想，为中国和广大发展中国家提供了新的思想理论武器。

与此同时，中国世界强国的外交理论与需要在互动中扬弃和升华。中国在近 200 年的理论探索中，提出过“中学为体，西学为用”等口号。从李鸿章到孙中山，主要试图从西方列强的理论中获取启迪和摹本。中国共产党在革命战争时期和执政的前 30 年里，在理论和实践方面既有成绩也有弯路。在 1978 年底的改革开放后，中国的国理论和实践才走向更加成熟和有效。

理论的互动是中外各种思想、理念和观念的比较和碰撞，是超越有形物质互动的无形精神互动，因而是更加深刻和全面的互动。中国内生理论只有在与外生理论密切的互动中才能做到取长补短，共同进步。各种强国理论都有它的客观性和科学性，但又不可避免地存在局限性。在今后的理论互补性问题上，中国负有双重责任。一方面，中国需要继续汲取外部世界的一切优秀和进步理论。另一方面，中国还需要介绍自己理论对外部世界的作用和启示。正如中国以自身实力在过去30多年的商品互补中赢得了世界市场的一席之地，中国的理论走出去也需要更具主动性和进取性。只有获得国际社会更多的理解和认可，中国的和平发展与“国强不霸”的理论才能贡献于外部世界。

二、共生理论的创新

中国世界强国外交理论的第三阶段任务是实现从和平共生向和谐共生的提升。国际共生并非始于今日，但当前的全球化却使国际共生更加迫切和可能，“任何国家的‘自我实现’所能达到的程度，所能上升的高度，除了自身内部条件和努力，不仅离不开其他国家‘自我实现’的成果，而且只能在其他国家‘自我实现’的过程中才能实现。”[①] 中国在和其他新兴大国群体性崛起的进程中，既需要团结起来共同努力、也需要与其余国家一道，共同推动共生理论的创新。

首先，应坚持理论基石和夯实共生基础。迄今为止的世界强国理论都是源于一国的和排他的，欧洲列强和英美霸权理论更是具有以大欺小和以强凌弱的特点。但是在全球化和多极化时代，物质方面的共同发展和共享发展的需求，使世界上第一次有可能建构强国共生的现实和理论。中国的和谐世界、和平发展与新型大国关系等理念就是中国的实践努力和理论探索。推进政治多极化、经济全球

① 金应忠：《共生性国际社会与中国的和平发展》，《国际观察》，2012年第4期，第44页；金应忠：《为什么要研究“国际社会共生性”——兼议和平发展时代国际关系理论》，《国际展望》，2011年第5期，第1—17页。

化、文化多样化和信息社会化，就是增加国际社会共生共赢的基础。我们所处的世界首先是物质的，因此加强国际经济、贸易、金融、安全和社会的合作是第一位的工作。但是，国际社会还需要从超越物质的角度来深化认识世界的物质关系，用共同制度来规范相互间的利益和权益，用共同理想来争取更多和更大的共生共赢。此外，我们在重视物质财富的同时，还需要建设精神财富，加大对理论建设的投入力度。争取国家利益和人类共同利益的双赢是中国世界强国理论的基石，加强中国和国际社会人类共同体的建设则是国际共生社会的努力方向。只有在此战略高度和长远角度之下，国际社会的共生基础才能得以建立和夯实。

其次，应与国际社会共同建构共生理论体系。尽管世界强国共生理论的建设时间紧、任务重，但国际社会的相关理论建设既不能是碎片化的，更不能是权宜性的。理论体系的建设需要全面规划和缜密思考。一是要深刻理解时代背景和要求。当前世界正处于从国际关系向全球关系过渡的十字路口，[①] 如果人类社会能够把握历史机遇，或许就能在人类文明史上第一次实现通过和平方式实现世界强国共生共赢的伟大理想。反之，人类社会就会丧失机遇，仍将长期摸索。二是要准确界定主要内涵和条件。世界强国共生理论涉及的地域和领域难以计数，但其主要内涵则应聚焦于“平等互信、包容互鉴、合作共赢”等核心理念。在条件方面，不仅要反应性地描述，更要创造性地塑造，根据变化而不断创造更多的有利条件。三是要探索基本规律和逻辑。在以欧美为主导的过去500年世界近、现代史中，力量的剧变往往会引起政治经济板块的挤压和变形，新兴大

① 有关全球体系的形成和发展的讨论，参见张春：《当前全球安全需求的增生与变异》，《国际论坛》，2011年第6期，第17—18页。

国和守成大国在军事摊牌中决一雌雄。[①] 这些规律和逻辑是否会在新时期内重复，在很大程度上取决于国际社会对时代和形势的判断和反应。最后是反复实践检验和引证。实践是检验真理的唯一标准。中国世界强国的外交理论正确与否，必须在实践中检验，为此，首先应将中国的理念转化为实践，并在日益积累的实践中上升为理论。中国还要努力推动其他行为体共同践行世界强国共生理论，并在实践中修正和调整，使其更趋成熟和完善。

第三，应有效应对各种理论和实践挑战。尽管我们正在努力为共生共赢的理想而奋斗，但世界毕竟还充满着种种竞争、博弈和冲突，需要我们客观认识和有效应对。当前，我们面临着日益严峻的全球性问题和相关全球性治理机制失缺的实践和理论挑战。在现实挑战方面，中国应当和国际社会共同应对日益严重的环境保护、气候变化、人口问题、能源和战略资源安全、粮食安全、水安全等问题，向世界提供有关的物质和理论公共产品。在未来挑战方面，中国还要和国际社会共同增加国际社会对中国世界强国理论的逻辑和推理的共识，规划世界的未来走向，在诸如国际体系建设、新兴大国和守成大国关系、社会管理、文化多样性等方面作出贡献。而把应对现实挑战和未来挑战统筹结合，更是对世界强国共生理论和实践的更高层次的挑战，这需要中国从现在起就应更加有效地应对。

第四，应增加共生理论的中国元素。中国的崛起史无前例，势必会极大地影响到国际力量对比、国际体系和国际趋势等。中国不仅拥有巨大物质力量，还拥有巨大的思想和文化影响力。首先，世界强国共生理论需要在全球范围内的物质和精神基础上发展，缺少中国就是缺少一大块。其次，在近、现代史中西方的理论和话语霸权是种历史的不公，现在到了予以纠正之时了。中国是东方的重要

① 有关大国霸权竞争乃至战争的讨论，可参见[美]保罗·肯尼迪：《大国的兴衰——1500—2000年的经济变迁与军事冲突》，王保存等译，北京：求实出版社，1988年版；秦亚青：《霸权体系与国际冲突》，上海：上海人民出版社，1999年版；周丕启：《霸权稳定论：批判与修正》，《太平洋学报》，2005年第1期；等。

组成部分，而且是与时俱进的部分。正如新兴市场国家为世界经济增添活力一样，中国等新兴大国正在为世界理论注入新的内涵。最后，中国是个迄今最为成功的发展中大国，其理论日益拥有世界意义，国际社会也在期待着更多的“北京共识”、“中国道路”和“中国模式”问世。[①]

三、指导性和行动性理论的建构

中国世界强国外交理论的三个阶段性使命的共同之处在于，它们都必须同时关注指导性理论和行动性理论两方面的理论要素，不能偏废任何一方。不然，理论脱离实际的局面必将出现：或者是理论超前但不具可操作性，或者是理论落后于实践而陷入“理论的贫困”。

就世界强国理论准备而言，指导性理论系走向世界强国的基本理论，如从普鲁士时代到冷战后的德国均势理论、英国在维护欧洲均势下的海外殖民扩张、美国建国的百余年的“孤立主义”理论等。中国自改革开放后，则坚持走和平发展道路，坚持中国特色社会主义理论。

一般而言，世界强国指导性理论的普遍意义包括三个方面。一是总体目标。近、现代以来，大多国家在追求成为世界强国时的目标是称霸世界，因此他们只能是以邻为壑，踩在别人身上前进。荷兰、英国、法国、西班牙、葡萄牙、美国、德国、日本等都是这样。但是，二战结束以来，也有新的变化，国际社会中希望以扩大总体利益增加个体利益的思想和战略日益增多，进而希望以共同规制达到和平共生的目的。2008 年全球金融危机后，国际社会的共同磋商

① 中国不仅需要为世界提供物质性公共产品，更需要提供战略性、安全性和思想性公共产品。张春：《试论中国特色外交理论建构的三大使命》，《国际展望》，2012 年第 2 期，第 10—11 页。

和相互协调明显增加，从而避免了上世纪30年代大萧条的重演。二是基本内涵。目标不同导致基本内涵的不同。欧美国家追求世界强国的理论万变不离其宗，不外乎优等民族（上帝选民）、生存空间和意识形态（政治制度）等。[①] 但是，中国的理论则是和平发展理论，强调合作共赢。三是理论推广。虽然目标和内涵相异，但各国推广理论的方式和手段则大致相似。欧美国家在追求世界强国的进程都很重视理论宣传，在公共舆论、学校教育、会议交流、民间来往等平台上使其理论成为本国主导理论和国际指导理论。

对中国崛起的理论准备而言，指导性理论也有着其特殊意义。根据中华人民共和国宪法和中国共产党章程，马克思列宁主义、毛泽东思想、邓小平理论、“三个代表”重要思想和科学发展观是中国一切工作的指导性理论，中国的世界强国的外交理论自不例外。但是，中国走向世界强国是个实践和理论的新命题，因此中国化的马克思主义——中国特色社会主义理论是其最重要和最直接的指导性理论。十八大提出要“高举和平发展合作共赢的旗帜”，把原有在经济上互利共赢提升到在全球传统和非传统事务的全面合作共赢，进一步凸现了全球性和地球村的特点。中国的这一高目标也是对中国自身的挑战，中国的世界强国理论需要超越自身利益，进而以更广阔的胸怀和更长远的视野来看待自己和看待世界，并且要在理论上解决如何实现这一目标的途径和方法，从而达到各方共赢的目的。

在指导性理论之外，中国崛起还需要建构合理有效的行动性理论。顾名思义，行动性理论的意义在于它的应用性或操作性，根据时间长度可分为远期（10年以上）、中期（5—10年）、近期（5年以内）三种理论。

远期行动目标理论兼有指导性和行动性的特点，但重点在于战略布局和贯彻落实之上。近、现代国际关系史中不乏这样的例子。日本的“雁行理论”可以追溯到二战之前。在第二次世界大战结束

① 赵稀方：《后殖民理论》，北京：北京大学出版社，2009年版，第14—15页。

之时，法国政治家和经济家舒曼与莫内就提出欧洲一体化的“三级火箭”理论。中国实现中华民族复兴的“三步走”战略和20年战略机遇期等也属此例。当代世界事务和各国的内政外交需要远期理论和战略的指导，但由于当今世界各国政府大都以两任为期，只有少数具有战略眼光的理论家和政治家才会努力建构指导10年以上政纲的行动理论，这不能不说是当今国际政治和国际关系理论的一大缺憾。

如上所述，当代大多数国家的政府受任期的限制，一般只能作出5—10年的行动部署。因此，如此的“中期”，很难有周密的理论，即使有理论，其重点也在于及早收获之上。当然，也有例外。如在上世纪70—80年代，联邦德国对民主德国的“通过接触改变”理论；在上世纪80年代，美国总统里根和英国首相撒切尔夫人以保守主义理念执政；在上世纪90年代到本世纪00年代，美国总统克林顿和英国首相布莱尔提出“第三条道路”的执政理念。

世界大国在追求世界强国地位时的近期行动实施理论重点在于其谋略性和应对性，如克林顿政府对华的“接触”理论、印度政府的“东向”政策等。尽管近期行动实施理论的重点在于应对，但它比“有政策无理论”要更有计划性和系统性，因为政策被赋予理论后得以更具稳定性和可复制性。

四、当前的阶段性任务

“千里之行，始于足下”。理论建设任重道远，中国需要在总体和长期理论发展方向的指引下，制订出切实可行的当前的阶段性(2013—2022年）目标：

首先，要提高举国的理论认同度。世界强国的外交理论是中国特色外交理论的重要组成部分，需要得到举国一致的理解和认同。首先要有正确和适用的理论，这是中国政界和学界的重要历史使命，努力使理论系统化和科学化。其次，理论建设不应局限于理论学术界，当前要抓好两方面的教育。一方面，需要提高党政军各级领导的理论和认识水平。毋庸讳言，中国在以经济建设为中心的30多年时间里，各级领导对国际关系和外交的理解具有单一和实用的倾向。在很多情况下，领导和群众的理论和信息处于同一水平，因而难以发挥领导和引导作用。现在亟需补课，加强干部的国际关系和外交理论教育。另一方面，当前国际关系的一大特点是广大民众的参与，但因缺少理论指导和引导，狭义的民族主义和民粹主义日益抬头。因此，需要加强广大人民群众的国际关系和外交理论的教育普及工作。

其次，应重新定位理论中的价值观和意识形态因素。在革命与战争理论向和平与发展理论转换的历史进程中，中国需要重新认识和界定价值观、意识形态和文化在理论建设中的地位和作用。中国在改革开放的一段时间里，对于诸如市场经济等问题采取理论上不争论但实践上加强探索的态度，这是在中国特殊国情下的特殊办法，但不应长期固定化。中国在从世界大国走向世界强国的征途上，无法长期绕开理论争论和竞争问题。因此，我们从现在起就应做足和做好功课，使国际社会从理论上接受中国成为世界强国。应当说，这一工作已经有了良好的开端。中国在理论建设中，往往会根据形势的发展而提出相应的原则、精神和理念，如和平共处五项原则、亚洲精神、和谐世界理念等。中国所倡导的原则、精神和理念其实就是其价值观和意识形态的反映，问题在于要梳理好它们之间的逻辑关系，使之逐步成为理论体系中的有机组成部分。

最后，应充分发挥日益强大的综合实力和制度优势。当前，就中国世界强国理论准备而言存在“三个失衡”，即中国在实际部门和理论部门综合统筹方面存在制度失衡，在自然科学和社会科学重要性的认识存在失衡，在社会科学内部存在“国内理论”和“国际理论”、应用理论和基础理论等的失衡。而且，在世界强国理论研究的有限经费中还存在分配和使用不当的问题。由此可见，发挥五大优势的落实问题可谓任重道远，还有很长的路要走。

第三节 塑造新型大国关系的愿景

大国崛起理论准备的核心要素之一是处理与现存体系霸权国家的关系。就中国目前的崛起而言，首先需要从理论上解决与美国的关系问题。中国在国际体系转型和大国互动变化的关键时刻，提出了建构新型大国关系的主张。尽管这一理念的提出只有一年多时间，但已经体现出中国新一代领导人的外交战略思维，即高举“和平、发展、合作、共赢”的旗帜，重视国际关系理论和实践方面的塑造意识和能力建设，促进中国特色外交理论指导性和操作性的双重发展。这一理念的提出，正在对国际社会和世界事务产生越来越大的影响。

一、新型大国关系的概念界定

2012 年 2 月 15 日，时任国家副主席习近平在访美时首次代表中国提出了中美共建新型大国关系的愿景。[①] 此后，胡锦涛主席在第四轮中美战略与经济对话开幕式上的致辞以及二十国集团峰会期间与奥巴马总统会晤中又对新型大国关系作了进一步的阐述。[②] 奥巴马政府对新型大国关系的倡议做出了较为积极的呼应。2012 年 3 月 7 日和 4 月 10 日，希拉里·克林顿国务卿在美国和平研究所、美国海军

---

① 新华社华盛顿 2012 年 2 月 15 日电。

② 新华社北京 2012 年 5 月 3 日电；新华社墨西哥洛斯卡沃斯 2012 年 6 月 19 日电。

学院的两次讲话中对新型大国关系表示认可。[①] 随后奥巴马总统在二十国集团峰会期间和胡锦涛主席会晤时再次表示了认同。在中美两国实现政府更替后，美国总统安全事务助理多尼隆于2013年3月11日的政策性宣示讲话[②]、奥巴马总统和习近平主席3月14日的通话交流[③]和克里国务卿在4月13日访华中，[④] 都明确表达了美中共建新型大国关系的意愿。2013年6月6日—8日，中国国家主席习近平同美国总统奥巴马在美国加利福尼亚州安纳伯格庄园举行了会晤，围绕建构中美新型大国关系达成重要共识。双方认为，面对经济全球化迅速发展和各国同舟共济的客观需求，中美应该也可以走出一条不同于历史上大国冲突对抗的新路。双方同意，共同努力构建新型大国关系，相互尊重，合作共赢，造福两国人民和世界人民。[⑤]

新型大国关系作为一个新生的概念，正处在逐步发展的进程之中，既包括国际社会、特别是相关大国的现实考虑和期待，也包括从政治词汇向学术语言转换的理论建构。其共同点是，国际社会和理论界都在努力探讨避免国际力量对比发生根本改变所导致的战争和其他严重冲突的途径，并已意识到在全球化时代，如果处置恰当就有可能实现新兴大国和守成大国之间的共处乃至和平换位。正如有的中国学者指出："中美双方已存在基本共识，即21世纪的中美

① Hillary Rodham Clinton, "Remarks at the U. S. Institute of Peace China Conference," U. S. Institute of Peace, Washington, DC, March 7, 2012, http://www.state.gov/secretary/rm/2012/03/185402.htm; Hillary Rodham Clinton, "Forrestal Lecture at the Naval Academy," Annapolis, MD, April 10, 2012, http://www.state.gov/secretary/rm/2012/04/187693.htm.

② National Security Advisor to President Obama Thomas Donilon delivers remarks at Asia Society, New York, March 11, 2013.

③ 新华社北京2013年3月14日电。

④ 新华社北京2013年4月13日电。

⑤ 新华社2013年6月9日电。

关系必须避免大国对抗和零和博弈的历史覆辙，切实走出一条新路。”[①] 还有中国学者进一步指出：“中美两国领导人都有突破大国兴衰历史宿命、构建和平共赢新型大国关系的政治意愿和历史使命感。两国战略思想界也不乏其人循此方向发表真知灼见。”[②]

相关大国的态度一般可以分为消极防范和积极经营两大类。所谓消极防范的新型大国关系，是在维持现状的基础上避免大国间发生大规模的冲突和战争。而积极经营的新型大国关系重点是以合作共赢为核心。例如，习近平主席在会见来访的美国国务卿克里时指出：“希望双方坚持从战略高度和长远角度把握两国关系，以积极态度和发展眼光推进对话合作，以相互尊重、求同存异精神妥善处理分歧矛盾，不断充实合作伙伴关系的战略内涵，走出一条平等互信、包容互鉴、合作共赢的新型大国关系之路。”[③]

中国的新型大国关系理念的内涵比较宽泛，且兼具道义规范和解决问题的双重意义。中国认为，新型大国关系始于但并不限于中美两国，它包括美、欧、日等传统大国以及以金砖国家为代表的新兴大国。中国突出新型大国关系的目标和原则诉求，强调国际关系的公正性、公平性和合理性。此外，中国还陆续提出了新型大国关系的典范是中俄关系、重点是中美关系、增长点是中国和金砖国家的关系、着力点是中欧关系、难点是中日关系等一系列命题。自然，中国在处置上述五类国家关系时需要解决的重点、亮点和难点也不尽相同。

美国把新型大国关系限定在新兴大国（中国）和守成大国（美

① 王鸿刚：《构建新型大国关系　中美要有新思考》，中评社北京2012年7月26日电。

② 袁鹏：《关于构建中美新型大国关系的战略思考》，《现代国际关系》，2012年第5期，第1页。

③ 《习近平会见美国国务卿克里时强调中美要探索构建平等互信、包容互鉴、合作共赢的新型大国关系》，外交部，2013年4月13日，http：//www. fmprc. gov. cn/mfa_chn/zyxw_ 602251/t1030847. shtml。

国）之间，并且以问题导向为主。例如，多尼隆把中美新型大国关系聚焦于两军关系、经济关系和网络安全三大问题。美国常务副国务卿伯恩斯也把中美新型大国关系落到解决具体问题上，他在访华时表示："美方致力于同中方建立新型大国关系，希望双方将这一新型关系转化为具体合作，造福两国和世界人民"。[①] 俄罗斯则把新型大国关系归入新型国际关系及其原则的范畴，强调"俄中两国共同努力，推动建立更加公正的世界新秩序，维护和平与安全、捍卫国际法基本准则，这是两国对世界稳定发展作出的共同贡献"。[②] 欧盟和欧洲大国对新型大国关系一说尚存疑虑，担心其是"和平共处"的变种，所以在第十五次中欧领导人会晤的联合新闻公报中没有提及此事。[③]

二、新型大国关系的历史记忆和时代潮流

国际关系学科脱胎于历史，历史记忆对国际关系理论具有深刻的影响。不少西方历史学家和理论家认为新兴大国和守成大国必然发生冲突乃至战争，他们往往从公元前431—404年提洛同盟与伯罗奔尼撒联盟之间的伯罗奔尼撒战争说起，以此说明新兴和守成力量的冲突导致了古希腊城邦体系的瓦解。至于近现代的国际关系，经常被提到的不外乎有：16世纪的葡萄牙与西班牙、西班牙与荷兰；17世纪的荷兰与英国、荷兰与法国；18—19世纪的英国与法国；20世纪的法英与德国，以及1941年的美国与日本等。

但是，这种历史记忆只是部分西方人士的选择性记忆。在与伯罗奔尼撒战争同期的中国，以孔子学说为核心的儒学已经独树一帜，近悦远来、敦邦睦邻、协和万邦、厚往薄来和宣德于外等成为中国

① 新华网北京2013年4月25日电。

② 《普京强调俄中关系具有全球意义》，《人民日报》，2013年3月23日。

③ 2012年12月5日作者与欧盟驻华资深外交官的谈话。

处理与周边国家的指导思想。在早于世界地理大发现的明朝时期，郑和七下西洋开展的就是和平外交。但是，这些历史并没有成为西方国际关系理论界的主流记忆，因而也失去了其本来应该有的历史经验和教训。

即使在西方，新兴大国和守成大国也有和平互换位置的例子，例如英国和美国位置的转换。而且，第二次世界大战结束以来的近70年间，新兴大国和守成大国关系的调整并没有伴随着大规模的战争：最初是在局部范围内开始的，如德国和法国从煤钢联营做起直至欧共体（欧盟）的建立和发展；此后是在整个西方阵营，如德国和日本在经济上的崛起并没有导致它们和美国之间的战争；再后是苏联和美国的竞争也始终限于双方不诉诸战争、特别是核战争的“冷战”；最后是20世纪90年代初冷战以和平方式结束。

如果说，核武器的毁灭性后果制约了美苏在冷战时期采取直接战争手段消灭对方；那么，各大国在全球化时代空前的相互联系、交流和依存程度，则具有积极的营造和塑造意义。事实也正如此，自尼克松访华以来的40多年里，中美两个大国在社会经济制度、意识形态、发展模式等领域存在巨大差异，但经济相互依存和政治互动日益密切，已经具备了新型大国关系的一些基本元素。现在中国正式提出建立新型大国关系，具有创造科学发展、自主发展、开放发展、和平发展、合作发展、共同发展的新历史意义。

新型大国关系既是时代发展的产物，也是时代继续发展的需要。只要中国和其他大国共同努力，国际社会就有可能在多极化和全球化时代走出一条以合作共赢为核心的共同发展之路，形成新型大国关系的时代潮流，奏响和平发展的时代新乐章。

三、新型大国关系的理论建构

新型大国关系的理论建构目前尚处于初始阶段，需要在其时代背景、理论体系、主要内涵、不同类别、基本议题和指导、操作意义等方面继续发展和完善。现就以下四个方面进行初步的研究和探讨。

第一，新型大国关系的国际体系意义。大国是国际关系的主要行为体，大国关系在相当程度上决定着国际体系的走向。中国正在总结和提炼二战结束以来国际体系和平过渡与转型的内在逻辑关系。二战以后的美苏冷战而不是热战对国际体系的转换具有重要的启示和借鉴意义。冷战时期，美苏之间存在最低限度的共同利益和共同准则。共同利益就是避免战争，共同准则是在冷战对抗、特别是在危机中将此置于最优先地位。[①] 冷战的结束及以后的国际体系转型基本上都是以和平方式进行的，其间发生的两次“海湾战争”、阿富汗战争等都不是新兴大国和守成大国为争夺国际体系主导权而进行的战争。在世界各国高度相互依存的今天和明天，人们有理由相信大国间的和平竞合关系不仅有可能得以延续，而且还可以创造和平新模式、走出和平共生的新道路。

第二，新型大国关系的价值观意义。价值观涉及对国际关系的根本认识和判断，是国际关系理论不可或缺的组成部分。但是，国际关系的价值观又因不同背景、环境和利益而具有多元性和多样性。以美国为代表的西方国际关系理论重在为现有制度合法性辩护和扩张，很少有人愿意去讨论发展中国家的公正合理的要求。在千折百回的国际关系民主化潮流中，广大发展中国家关于国际体系改革的要求形成了新一轮的时代冲击波。中国政府倡导的新型大国关系理念重点在于塑造未来朝着更加公正合理方向发展的国际体系和国际制度，中国学界也在突破禁区，开始讨论国际关系理论中的价值观问题。持悲观态度的学者认为：“中国在文化与价值观上跟西方主导的普世价值体系的差异，已经成为中国与国际体系互动中的焦点。作为新转型的现代化大国，中国的价值观与国际体系的冲突难以避

① 牛军：《冷战时期的美苏关系》，北京：北京大学出版社，2006 年版，第 14 页。

免，目前中国在国际体系中遇到的问题，均与深层次价值体系之间的差异和冲突相关联。我们可以从中美两大国的价值观比较的角度，来观察这种关联。”[①] 但是，乐观的学者认为：“中美双方价值观在许多重要方面是相通的，如共奉市场哲学，共用国际基本游戏规则，共享全球化成果，共同面临各种全球问题的挑战……随着双方经济、社会发展水平差距的逐步缩小，两国在价值观和政治哲学相通的一面会进一步显现，共识会进一步增加，在一些问题上的差异会进一步缩小，通过平等对话增进相互理解与沟通会更加顺畅。”[②] 作者认同乐观意见，认为通过“存量共处与增量共塑”是可以做到中西方在价值观上“和而不同”的，当然这需要长期艰苦的努力。[③]

第三，新型大国关系的非西方维度。中国提倡新型大国关系是非西方国家对西方主导权的又一次冲击，正在累积成为新的话语体系。信奉新型大国关系者摒弃冲突不可避免的宿命论，认为在和平思想指导下，中美关系可以实现和平着陆，成为“前无来者，但启后者”的典范。在中国的国际政治字典中，大国的内涵已经从传统意义上的大国扩大到霸权大国、传统大国和以金砖国家为代表的发展中大国（新兴大国），这是与中国提倡的全球多极化和国际关系民主化相一致的。2013 年 3 月 27 日，印度总理辛格在会见习近平主席时表示，印方希望同中方继续保持高层交往和对话沟通，彼此尊重核心利益和重大关切，深化战略互信，加强在国际事务中的协调和配合，维护世界和地区和平稳定。印方愿同中方共同努力，向世界

---

① 刘康：《中国与世界价值观体系的思考》，在“世界中国学论坛”（上海）第一圆桌会议上的发言，2013 年 3 月 22 日，http：//www. chinastudies. org. cn/c/593. htm。

② 徐坚：《构建中美新型大国关系的历史条件与主要问题》，《国际问题研究》，2013 年第 2 期，第 13 页。

③ 作者认为：“存量共处与增量共塑”是建构人类新的价值观的重要途径之一。当前人类面临的最大的共同挑战是全球性问题，需要超越文明、意识形态、国土疆域、民族宗教等各种畛域而以全球性合作予以应对和解决。当人类在全球性问题上存在共同利益和共同任务之时，也是人类共同价值观形成之际。参见杨洁勉：《中国外交理论创新的三重历史使命》，《国际展望》，2013 年第 1 期，第 10 页。

证明，印中是合作伙伴，不是竞争对手。[①] 同日发表的《金砖国家领导人第五次会晤德班宣言》指出："我们致力于建设一个持久和平和共同繁荣的和谐世界，并重申21世纪应该是和平、安全、发展和合作的世纪。金砖国家本着和平、安全、发展和合作的崇高目标和共同愿望走到了一起。"[②] 从中可以看出，中国的语言正在成为金砖国家的共同语言，因而也具有了更大的普遍意义和影响。

第四，新型大国关系和国际和平共生。国际共生并非始于今日，但当前的全球化却使国际共生更加迫切和可能，"任何国家的'自我实现'所能达到的程度、所能上升的高度，除了自身内部条件和努力，不仅离不开其他国家'自我实现'的成果，而且只能在其他国家'自我实现'的过程中才能实现。"[③]

迄今为止的世界强国理论都是源于一国的排他性，欧洲列强和英美霸权理论更是具有殖民地和势力范围及以大欺小与以强凌弱的特点。但在全球化和多极化时代，世界上第一次有可能建构大国共生的现实和理论。中国的和谐世界、和平发展与新型大国关系等理念就是中国的实践努力和理论探索。推进政治多极化、经济全球化、文化多样化和社会信息化，就是增强国际社会共生共赢的基础。我们所处的世界首先是物质的，因此加强国际经济、贸易、金融、安全和社会的合作是第一位的工作。但是，国际社会还需要从超越物质的角度来深化认识世界的物质关系，用共同制度来规范相互间的利益和权益，用共同理想来争取更多和更大的共生共赢。此外，国际社会在重视物质财富的同时，还需要建设精神财富，加大对理论建设的投入力度。总之，加强中国和国际社会人类命运共同体的建

① 《习近平会见印度总理辛格时指出世界需要中印共同发展》，外交部，2013年3月28号，http://www.fmprc.gov.cn/mfa_chn/zyxw_602251/t1026236.shtml。

② 《金砖国家领导人第五次会晤德班宣言》，外交部，2013年3月28号，http://www.fmprc.gov.cn/mfa_chn/zyxw_602251/t1026097.shtml。

③ 金应忠：《共生性国际社会与中国的和平发展》，《国际观察》，2012年第4期，第44页。

设是国际共生社会的努力方向。只有在此战略高度和长远视角之下，国际社会的共生基础才能得以建立和夯实。

四、新型大国关系的战略思考

在国际关系中，从理念（理论）变为现实需要相应的战略设计和运筹。中国提倡新型大国关系，始于对中美关系的全面和长期考虑，但也着眼于中国和其他大国关系的战略考虑。随着时间的推移，新型大国关系将对中国和欧洲及金砖国家等的关系进行战略规划和运筹提供更多的借鉴和启迪。

第一，新型中美关系和战略信任/猜疑。中美建立新型大国关系的战略思考涉及许多方面，其中最为重要的是增加战略互信。但是，中美之间目前却存在严重的战略信任赤字。

首先，中美应在新兴大国和守成大国关系上增加正能量。中国是以“王道”的战略文化思考和设计新型大国关系，美国是以维护其对世界的领导和主导地位为目的同中国在具体问题上进行合作，明显蕴含着“术”的战略文化。但是，两国如果在全球重要问题上互相支持、在地区问题上互相包容、在双边问题上互相尊重等方面开展更多的合作，双方的战略互信就会相应增加。

其次，用好战略对话机制。中美在不同层次上的对话机制已有数十种，其中由胡锦涛主席和奥巴马总统共同倡导的“战略与经济对话”最为重要和有效。随着中美两国新政府的接触越来越多，双方应当加强战略对话的长远性、全面性和计划性，同时还要争取实实在在的成果，双方应当在全球经济治理体系、亚太地区安全合作框架、双边分歧和危机管控机制等方面进行更加有效的合作。

第三，加大战略思维互动。在1969—1989年的20年里，中美的共同战略思维是基于应对苏联扩张的地缘战略考虑。1990年以来的共同战略思维，如经济利益和合作反恐等，还不足以成为唯一和压倒一切的战略思维。中美要加强政府间、学界和民间在战略思维方面的互动，探讨未来10年的共同战略目标、途径、措施和价值观等，深化和拓展双方的战略性合作。

第二，中国与其他金砖国家共建新型大国关系的战略思维和规划。巴西、俄罗斯、印度、中国和南非共同构成的金砖国家是新时期的新兴大国代表，中国和其他金砖国家正在从战略高度建构新型大国关系。金砖国家作为非西方发达国家的群体，正在超越传统地缘战略思维，以跨地区的全球视野进行战略整合。2009年6月16日金砖国家举行首次首脑会议，标志着金砖国家的战略整合取得阶段性成功。会议发表《“金砖四国”领导人俄罗斯叶卡捷琳堡会晤联合声明》，指出：“我们强调并支持，在国际法治、平等合作、互相尊重、由各国协调行动和集体决策的基础上，建立一个更加民主和公正的多极世界。”[①]《声明》中已经含有后来被称为新型大国关系的基本元素。在2013年3月发表的《德班宣言》中，金砖国家的机制性合作和理念性整合已经有了长足的进步。

金砖国家在其发展过程中逐步形成了极具特色的新型大国关系的共同战略。金砖国家强调内部的沟通合作以及对外的合作共赢。金砖国家的概念始于西方，金砖国家的趋同也始于它们同西方发达国家的互动（即“8＋5”对话）。在2008年开始的全球金融危机中，金砖国家在加强相互协商的同时，对西方发达国家也采取了合作的态度，最终使全球在“同舟共济”精神下渡过了难关。

金砖国家从战略高度规划议题性和机制性合作。在西亚北非问题的联合国投票中相互配合，在共同应对气候变化中以德班会议为平台相互支持，在发展过程中以新建开发银行为重要抓手。金砖国家机制性合作尚处于起步阶段，但从发展趋势来看，它有能力缩小相互间的差异（如强调意识形态的“印度、巴西、南非俱乐部”已经逐步消退），也有能力形成更多的共同点。

第三，中国和欧洲、日本等传统大国合作的战略考虑。中欧在

---

① 新华网俄罗斯叶卡捷琳堡2009年6月16日电。

新型大国关系问题上的初步互动并不尽如人意，但中国还是设法以新型大国关系的精神深化中欧关系。中国政府认为：“随着时代的发展，中欧关系应在更高层次上取得更大发展。我们要以创造性思维，为中欧关系确立更高的目标，进一步挖掘和释放合作潜力，更好造福于中欧双方和世界。”“作为世界上最重要的新兴经济体和发达国家集团，中国和欧洲应当也可以建立起一种互尊互鉴、全面合作、共同繁荣的新型伙伴关系。”① 中国和日本分别是世界第二和第三大经济体，又互为重要的邻国，虽然目前两国关系处于历史低谷，但从长远发展的眼光来看，还是需要以新型大国关系中的原则加以指导和引导，以便早日实现两国的战略互惠关系。

五、新型大国关系的实现途径

实现新型大国关系既需要理论和战略，也需要脚踏实地，在政策制定和实施上加强相互间的磨合，在加强合作和解决问题中进行新型大国关系的积累性建设。

第一，确定大国关系的议题和议程。在复杂纷繁的大国关系中，找对主要议题和准确定位议程极为重要。一方面，大国关系的基础在双边，充分实现互利共赢和管控分歧的重点也在双边。因此，中国把中俄关系列为优先考虑并将其视作战略依托，把中美关系定为最重要的双边关系之一，把中欧关系定为战略借助力量。另一方面，大国关系的增长点往往又在多边、地区和全球性问题领域。进入21世纪以来，各大国在共同应对恐怖主义、大规模杀伤性武器扩散、金融危机、严重自然灾害、气候变化、能源资源安全、粮食安全、公共卫生安全等全球性问题上的合作取得了相当的进展。

---

① 《构建互尊互鉴、全面合作、共同繁荣的中欧新型伙伴关系——外交部副部长宋涛在中国社会科学院“大使论坛”上的讲话》，外交部，2013年4月3日，http：//www.fmprc.gov.cn/mfa_chn/wjbxw_602253/t1027929.shtml。

诚然，大国在多边、地区和全球互动因事、因时、因国而异。以金砖国家为代表的发展中大国和西方大国互动的重点是国际体系的改革和权益的重新分配。中国、印度及其他大国互动的重点是维护和争取自身崛起的良好国际环境。中俄互动的重点是发展全面战略协作伙伴关系。中欧互动的重点是国际规则和规范的制定。

但是，中美因其特有的国际地位和影响而使双方互动举世瞩目。中美自2010年以来在亚太地区的议题、议程设置和排序上产生分歧。美国提出以军事安全为重心的“亚太再平衡”战略，实际上含有针对乃至遏制中国的战略意图。中国认为，亚太地区的重点议题是经济发展、社会进步和政治稳定，所有相关国家都应把关注重点放在地区合作机制上。习近平指出：“对亚洲来说，发展仍是头等大事，发展仍是解决面临的突出矛盾和问题的关键，迫切需要转变经济发展方式、调整经济结构，提高经济发展质量和效益，在此基础上不断提高人民生活水平。”① 鉴于亚太地区是中美互动的主要地区，因而双方的良性互动也就成为新型中美关系的重点之一。

第二，新型大国关系需要通过具体政策予以实现。作为世界大国，既要有登高望远的战略，也要有脚踏实地的政策。由于每隔4—5年的选举驱动政治，一些大国政府把政策置于战略之上，他们迫切需要能够迅速奏效的政策以争取民众的支持和自身的连任。因此，建立和推进新型大国关系首先需要给各国老百姓带来实实在在的利益，当前大国的政策汇合点和分歧点都集中在经济增长、转型创新和就业保障；其次是有效应对日益严峻的全球性问题和世界热点问题，如金融安全、粮食和食品安全、伊朗核问题、朝鲜核问题等；最后，当前世界各大国之间现有的各种战略对话机制，大都也需要落实为具体成果上，中国和美国以及欧盟的战略对话机制、金砖国家的峰会宣言和行动计划、跨大西洋联盟的战略合作等，都需要落

① 习近平：《共同创造亚洲和世界的美好未来——在博鳌亚洲论坛2013年年会上的主旨演讲》，《人民日报》，2013年4月8日，第1版。

到实处。

第三，协调双边和多边的政策互动。当前大国外交和国防部门的多边政策磋商仅限于盟国之间，如北约、美日韩的“2+2”等。在增进中美战略互信的具体做法上，澳大利亚前总理陆克文建议两国定期举行首脑会晤、指定外交代表、确定主攻的全球性议题、加强亚太地区经济安全机制和稳定两军对话等。[①] 这些都是值得借鉴和思考的。为此，中国要在建立和推进新型大国关系时加强与相关方的政策磋商和协调，作为起步可以先进行大国间政策规划司局级对话，增加相互信任和熟悉度，以此为基础逐步上升到外交、经济和国防等内阁多部门的对话。

① Kevin Rudd, “Beyond the Pivot: A New Strategic Roadmap for US-China Relations,” *Foreign Affairs*, March/April 2013, pp. 14 – 15.

参考文献

一、中文著述

[德] 弗里德里希·李斯特：《政治经济学的国民体系》，邱伟立译，北京：华夏出版社，2009 年版。

[德] 路德维希·艾哈德：《来自竞争的繁荣》，祝世康译，北京：商务印书馆，1983 年版。

[德] 扬—维尔纳·米勒：《另一个国度——德国知识分子、两德统一及民族认同》，马俊、谢青译，北京：新星出版社，2008 年版。

[俄] 安纳托利·多勃雷宁：《信赖》，北京：世界知识出版社，1997 年版。

[俄] 列昂尼德·姆列钦：《克里姆林宫的主人》，北京：百花洲文艺出版社，2004 年版。

[俄] 叶夫根尼·普里马科夫：《大政治年代》，北京：东方出版社，2001 年版。

[法] 夏尔—菲利普·戴维、路易·巴尔塔扎、于斯丹·瓦伊斯：《美国对外政策：基础、主体与形成》，钟震宇译，北京：社会科学文献出版社，2011 年版。

[古希腊] 修昔底德：《伯罗奔尼撒战争史》，谢德风译，北京：商务印书馆，1960 年版。

[美] 爱德华·勒特韦克：《罗马帝国的大战略：从公元一世纪

到三世纪》，时殷弘、惠黎文译，北京：商务印书馆2008年版。

［美］保罗·肯尼迪：《大国的兴衰：1500—2000年的经济变迁与军事冲突》，陈景彪译，北京：国际文化出版公司，2006年版。

［美］保罗·肯尼迪：《战争与和平的大战略》，北京：世界知识出版社，2005年版。

［美］布热津斯基：《大棋局》，上海：上海人民出版社，1998年版。

［美］查尔斯·库普乾：《美国时代的终结：美国外交政策与21世纪的地缘政治》，上海：上海人民出版社，2004年版。

［美］法里德·扎卡里亚：《后美国世界：大国崛起的经济新秩序时代》，赵广成、林民旺译，北京：中信出版社，2009年版。

［美］弗雷德里·L. 艾伦：《美国的崛起：沸腾50年》，高国伟译，北京：京华出版社，2011年版。

［美］韩德：《美利坚独步天下：美国是如何获得和动用它的世界优势的》，马荣久等译，牛军校，上海：上海人民出版社，2011年版。

［美］汉斯·摩根索：《国际纵横策论——争强权，求和平》，卢明华、时殷弘译，上海：上海译文出版社，1995年版。

［美］亨利·基辛格：《大外交》，顾淑馨、林添贵译，海口：海南出版社，1998年版。

［美］杰里米·阿塔克、彼得·帕塞尔：《新美国经济史：从殖民地时期到1940年》，第2版，罗涛等译校，北京：中国社会科学出版社，2000年版。

［美］卡尔·贝克尔：《论〈独立宣言〉——政治思想史研究》，彭刚译，南京：江苏教育出版社，2005年版。

［美］卡尔顿·海斯：《现代民族主义演进史》，帕米尔等译，上海：华东师范大学出版社，2005年版。

［美］肯尼思·W. 汤普森：《国际关系中的思想流派》，梅仁、王羽译，北京：北京大学出版社，2003年版。

[美] 肯尼思·W. 汤普森:《国际思想大师: 20 世纪主要理论家与世界危机》, 耿协峰译, 北京: 北京大学出版社, 2003 年版。

[美] 理查德·J. 塞缪尔斯:《日本大战略与东亚的未来》, 刘铁娃译, 上海人民出版社, 2009 年版。

[美] 理查德·J. 塞缪尔斯:《日本大战略与东亚的未来》, 刘铁娃译, 上海人民出版社, 2009 年版。

[美] 路易斯·哈茨:《美国的自由主义传统》, 张敏谦译、金灿荣校, 北京: 中国社会科学出版社, 2003 年版。

[美] 罗伯特·A. 帕斯特编:《世纪之旅——世界七大国百年外交风云》, 胡利平、杨韵琴译, 上海: 上海世纪出版集团, 2001 年版。

[美] 罗伯特·卡根:《危险的国家: 美国从起源到 20 世纪初的世界地位》, 袁胜育、郭学堂、葛腾飞译, 北京: 社会科学文献出版社, 2011 年版。

[美] 罗纳德·斯蒂尔:《李普曼传》, 于滨、陈小平、谈锋译, 北京: 中信出版社, 2008 年版。

[美] 尼娜·哈奇格恩、莫娜·萨特芬:《美国的下个世纪: 美国如何在其他大国崛起的时代里保持繁荣》, 张燕、单波译, 北京: 社会科学文献出版社, 2011 年版。

[美] 乔治·凯南:《美国外交》, 葵阳等译, 北京: 世界知识出版社, 1989 年版。

[美] 萨缪尔·亨廷顿:《失衡的承诺》, 周端译, 北京: 东方出版社, 2005 年版。

[美] 威廉·W. 凯勒、托马斯·G. 罗斯基:《中国的崛起与亚洲的势力均衡》, 刘江译, 上海: 上海人民出版社, 2010 年版。

[美] 夏尔—菲利普·戴维、路易·巴尔塔扎、于斯丹·瓦伊斯:《美国对外政策: 基础、主体与形成》, 钟震宇译, 北京: 社会科学文献出版社, 2011 年版。

[美] 亚历山大·温特:《国际政治的社会理论》, 秦亚青译,

上海：上海人民出版社2000年版。

［美］约翰·米尔斯海默：《大国政治的悲剧》，王义桅译，上海：上海世纪出版集团，2008年版。

［美］詹姆斯·多尔蒂、小罗伯特·普法尔茨格拉夫：《争论中的国际关系理论》（第五版），阎学通、陈寒溪等译，北京：世界知识出版社，2003年版。

［苏］B. C. 列利丘克：《苏联工业化：历史、经验、问题》，北京：商务印书馆，2004年。

李工真：《德意志道路——现代化进程研究》，武汉：武汉大学出版社，2005年版。

［日］「二十世紀の平和の条件」、『高坂正堯著作集1』、都市出版1998年。

［日］PHP「日本のグランド・ストラテジー」研究会編『日本の大戦略：歴史的パワーシフトをどう乗り切るか』、株式会社PHP研究所。

［日］安倍晋三『新しい国へ美しい国へ完全版』、文藝春秋2013年。

［日］白石隆『帝国とその限界』、NTT出版2004年。［日］村山裕三『経済安全保障を考える：海洋国家日本の選択』、NHKブックス2003年。

［日］百瀬宏『国際関係学』、東京大学出版会1993年。

［日］川勝平太「海洋日本の進路」、伊藤憲一監修『21世紀日本の大戦略』、フォレスト出版株式会社2000年。

［日］村田晃嗣「リアリズム——その日本的特徴」、日本国際政治学会『日本の国際政治学　第1巻　学としての国際政治』、有斐閣2009年。

［日］大国日本の世渡り学——国際摩擦を考える」、『高坂正堯著作集3』、都市出版1999年。

［日］岡義武『山形有朋——明治日本の象徴』、岩波書店

1958 年。

［日］高坂正尭『現代の国際政治』、講談社 1989 年。

［日］高坂正尭『宰相　吉田茂』、中央公論新社 2006 年。

［日］吉田茂『回想十年』（第一巻）、新潮社 1958 年。

［日］吉田茂『日本を決定した百年』、中央公論新社 1999 年。

［日］麻生太郎『自由と繁栄の弧』、幻冬舎文庫 2008 年。

［日］日本の外交論議における理想主義と現実主義」、『高坂正尭著作集 1』、都市出版 1998 年。

［日］山本義彦『清沢洌の政治経済思想—近代日本の自由主義と国際平和—』、御茶の水書房 1996 年。

［日］山県有朋意見書』、原書房 1966 年。

［日］粟尾憲太郎『昭和歴史 6・昭和政党』、小学館 1983 年。

［日］太田文雄「『情報』と国家戦略」、芙蓉書房出版 2005 年

［日］添谷芳秀「日本の『ミドルパワー』外交——戦後日本の選択と構想」、ちくま新書 2005 年。

［日］添谷芳秀「戦後日本外交史——自立をめぐる葛藤」、日本国際政治学会『日本の国際政治学　第 4 巻　歴史の中の国際政治』、有斐閣 2009 年。

［日］田中浩『戦後日本政治史』、講談社 1996 年。

［日］田中彰『小国主義—日本の近代を読みなおす—』、岩波新書 1999 年。

［日］五百旗頭真「海洋同盟としての日米同盟」、伊藤憲一監修『21 世紀日本の大戦略』、フォレスト出版株式会社 2000 年。

［日］五百旗頭真編『日米関係史』、有斐閣 2009 年。

［日］五百旗頭真編『戦後日本外交史』（第 3 版）、有斐閣 2010 年。

［日］西川吉光『日本の外交戦略—歴史に学べ　海洋国家日本の進路と指針—』、晃洋書房 2012 年。

［日］現実主義者の平和論」、『高坂正尭著作集 1』、都市出版

1998 年。

[日] 小原雅博『国益と外交—世界システムと日本の戦略』、日本経済新聞出版社 2007 年。

[日] 伊藤憲一監修『21 世紀日本の大戦略』、フォレスト出版株式会社 2000 年。

[日] 永井陽之助『平和の代償』、中央公論新社 2012 年。

[日] 永井陽之助『現代と戦略』、文藝春秋 1985 年。

[日] 正村公宏『戦後史』(上)、ちくま新書 1990 年。

[日] 猪口孝『国際関係論の系譜』、東京大学出版会 2007 年。

[日] 竹内洋『革新幻想の戦後史』、中央公論新社 2011 年。

[日] 自立への欲求と孤立化の危険———九七〇年代の日本の課題」、『高坂正堯著作集 1』、都市出版 1998 年。

[苏] 罗伊·亚历山大罗维奇·麦德维杰夫：《让历史来审判：斯大林主义的起源及其后果》，赵洵、林英译，北京：人民出版社出版，1981 年版。

[印] 贾·尼赫鲁：《尼赫鲁自传》，北京：世界知识出版社，1956 年版。

[英] 阿诺德·汤因比：《历史研究》，刘北成、郭小凌译，上海：世纪出版集团、上海人民出版社，2005 年版。

[英] 安格斯·麦迪森：《世界经济千年统计》，伍晓鹰、施发启译，北京：北京大学出版社，2009 年版。

[英] 杰弗里·巴勒克拉夫：《当代史导论》，张广勇、张宇宏译，上海：上海社会科学院出版社，1996 年版。

[英] 马丁·雅克：《当中国统治世界：中国的崛起和西方世界的衰落》，张莉、刘曲译，北京：中信出版社，2010 年版。

丁松泉：《中国崛起与中美关系》，中国社会科学出版社，2005 年版。

冯玉军：《俄罗斯外交决策机制》，北京：时事出版社，2002 年版。

傅安洲等著：《德国政治教育研究》，北京：人民出版社，2010年版。

关中：《意识形态与美国外交政策》，台北：台湾商务印书馆，2005年版。

胡鞍钢：《中国崛起之路》，北京：北京大学出版社，2007年版。

孔华润主编：《剑桥美国对外关系史》，北京：新华出版社，2004年版。

李景治、罗天虹等著：《国际战略学》，北京：中国人民大学出版社，2003年版。

李越然：《中苏外交亲历记——李越然回忆录》，北京：世界知识出版社，2001年版。

梁小民：《弗莱堡学派》，武汉：武汉出版社，1996年版。

林尚立：《政党政治与现代化——日本的历史与现实》，上海：上海人民出版社，1998年版。

牛军：《冷战时期的美苏关系》，北京：北京大学出版社，2006年版。

秦亚青：《霸权体系与国际冲突》，上海：上海人民出版社，1999年版。

沈志华：《毛泽东、斯大林与朝鲜战争》，广州：广东人民出版社。

时殷弘：《敌对与冲突的由来——美国对新中国的政策和中美关系（1949—1950）》，南京大学出版社，1995年版。

时殷弘：《新趋势·新格局·新规范》，法律出版社2000年版。

孙歌：《我们为什么要谈东亚——状况中的政治与历史》，北京：生活·读书·新知三联书店，2011年版。

孙士海：《印度的发展及其对外战略》，北京：中国社会科学出版社，2000年版。

王玮、戴超武：《美国外交思想史：1775—2005年》，北京：人民出版社，2007 年版。

王逸舟：《创造性介入——中国之全球角色的生成》，北京：北京大学出版社，2013 年版。

王振锁：《战后日本政党政治》，北京：人民出版社，2004 年版。

武正弯：《德国外交战略（1989—2009）》，北京：中国青年出版社，2010 年版。

熊炜：《统一以后的德国外交政策（1990—2004）》，北京：世界知识出版社，2008 年版。

熊志勇等：《美国的崛起和问鼎之路：美国应对挑战的分析》，北京：时事出版社，2013 年版。

徐弃郁：《脆弱的崛起——大战略与德意志帝国的命运》，北京：新华出版社，2011 年版。

张才圣：《德国与欧洲一体化》，北京：人民出版社，2011 年版。

郑羽主编：《新普京时代》，北京：经济管理出版社，2012 年版。

张春：《美国思想库与一个中国政策》，上海：上海人民出版社，2007 年版。

赵稀方：《后殖民理论》，北京：北京大学出版社，2009 年版。

赵永清：《德国民主社会主义模式研究》，北京：北京大学出版社，2005 年版。

郑永年：《中国崛起：和谐世界与大国竞争》，新加坡：八方文化创作室，2007 年版。

二、外文著述

A. F. K. Organski and Jacek Kugler, The War Ledger, Chicago: University of Chicago Press, 1980.

A. F. K. Organski, World Politics, New York: Alfred A. Knopf, 1958.

Alden J. Nichols, *Germany after Bismarck: The Caprivi Era*, 1890 – 1894, Cambridge, Mass.: Harvard University Press.

Andrew Cooper, Richard Higgott and Kim Nossal, *Relocating Middle Powers: Australia and Canada in a Changing World Order*, Vancouver, BC: University of British Columbia Press 1993, pp. 20 – 21.

Antony Anghie, *Imperialism, Sovereignty and the Making of International Law*, Cambridge: Cambridge University Press, 2004.

Ashley Tellis, *Nonalignment Redux: The Perils of Old Wine in New Skins*, Washington, D. C.: Carnegie Endowment for International Peace, 2012.

B. H. Liddell Hart, *Strategy*, London: Faber and Faber Ltd., 1967.

C. Raja Mohan, *Samudra Manthan: Sino-Indian Rivalry in the Indo-Pacific*, Washington, D. C.: Carnegie Endowment for International Peace, 2012.

David Armstrong, *Revolution and World Order: The Revolutionary State in International Society*, Oxford: Oxford University Press, 1993.

Donald E. Abelson, *Do Think Tanks Matter? Assessing the Impact of Public Policy Institutes*, Ithaca, N. Y.: McGill-Queen's University Press, 2002.

Eric Patterson ed., *Reinhold Niebuhr and His Critics: Reassessing the Contributions of Niebuhr and His Contemporaries*, Lanham, MD: University Press of America, 2003.

Fareed Zakaria, *From Wealth to Power*, Princeton: Princeton University Press, 1998.

Geoffrey Barraclough, *An Introduction to Contemporary History*, London: Penguin, 1967.

George F. Kennan, *Realities of American Foreign Policy*, Princeton, N. J: Princeton University Press, 1954.

Hedley Bull and Adam Watson eds. , *The Expansion of International Society*, Oxford: Oxford University Press, 1984.

Herbert Butterfield, *History and Human Relations*, London: Collins, 1951.

Hertbert Butterfield, *Christianity and History*, London: G. Bell, 1949.

J. C. G. Rohl, *Germany without Bismarck: The Crisis of Government in the Second Reich*, 1890 – 1900, Berkeley, Ca. : University of California Press, 1967.

James A. Smith, *The Idea Brokers: Think-Tanks and the Rise of the New Policy Elite*, New York: The Free Press, 1991.

James E. Dougherty and Robert L. Pfaltzgraff, Jr. , *Contending Theories of International Relations*, *A Comprehensive Survey*, New York: Harper & Row Publisher, 1981.

Jeffrey E. Garten, *The Big Ten: The Big Emerging Markets And How They Will Change Our Lives*, New York: Basic Books, 1997.

John Courtney Murray, *We Hold These Truths*, New York: Sheed & Ward, 1960.

John H. Herz, *The Nation-State and the Crisis of World Politics*, New York: David Mokay Company, Inc. , 1976.

John Lewis Gaddis, *George F. Kennan: An American Life*, New York: Penguin, 2011, p. 495.

John Lewis Gaddis, *Strategies of Containment: A Critical Appraisal of American National Security Policy during the Cold War*, Oxford: Oxford University Press, 1982.

John M. Collins, *Grand Strategy: Principles and Practices*, Annapolis, Md. : U. S. Naval Institute Press, 1973.

Joseph S. Nye, Jr. , *Soft Power: The Means to Success in World Politics*, *New York: Public Affairs*, 2004.

M. F. Lindley, *The Acquisition and Government of Backward Territory in International Law: Being A Treatise on the Law and Practice Relating to Colonial Expansion*, London: Longmans, Green and Co. Ltd. , 1926.

Melvynp L. Leffler and Odd Arne Westad eds. , *The Cambridge of the Cold war Volume I Origins*, Cambridge: Cambridge University Press, 2009.

Michael H. Hunt, *Ideology and U. S. Foreign Policy*, New Haven: Yale University Press, 1987.

Michael Howard, *The Causes of Wars and Other Essays*, Harvard: Harvard University Press, 1962.

Michael Walzer, *Just and Unjust Wars: A Moral Argument with Historical Illustrations*, New York: Basic Books, 1977.

Nick Bisley, *Building Asia's Security*, London: International Institute for Strategic Studies, 2009.

Otto Pflanze, *Bismarck and the Development of Germany*, *vol.* 3: *The Period of Fortification*, 1880 – 1898, Princeton: Princeton University Press, 1990.

Phil Williams et al. eds. , *Classical Readings of International Relations*, Belmont, California: Wadsworth Publishing Co. , 1994.

Ramon H. Myers and Mark R. Peattie eds. , The Japanese Colonial Empire (1895 – 1945), Princeton: Princeton University Press, 1984.

Reinhold Niebuhr, *Moral Man and Immoral Society*, New York: Charles Scribner's Sons, 1932.

Reinhold Niebuhr, *The Nature and Destiny of Man*, Volume 1, New York: Charles Scribner's Sons, 1964.

Richard Rosecrance and Arthur A. Stein, *The Domestic Bases of Grand Strategy*, New York: Cornell University Press, 1993.

Robin W. Lovin, *Reinhold Niebuhr and Christian Realism*, New York: Cambridge University Press, 1995.

Roger F. Hackett, *Yamagata Aritomo in the Rise of Modern Japan* (1895 - 1922), Cambridge, Mass: Harvard University Press, 1971.

Sagarika Dutt, *India in a Globalized World*, Manchester: Manchester University Press, 2006, p. 72.

Seymour Martin Lipset, *American Exceptionalism: A Double-Edged Sword*, New York: W. W. Norton, 1996.

T. V. Paul, Deborah Welch Larson and William C. Wohlforth eds., *Status in World Politics*, Cambridge: Cambridge University Press, 2014.

ThomasC. Schelling, *The Strategy of Conflict*, Cambridge, Massachusetts: Harvard University Press, 1960.

Walter Lippmann, *U. S. War Aims*, Boston: Little Brown, 1945.

William Curti Wohlforth, *The Elusive Balance: Power and Perceptions during the Cold War*, Ithaca: Cornell University Press, 1993.

William L. Langer, *The Diplomacy of Imperialism*, 1890 - 1902, New York: Alfred Knopf, 1956.

Winston. S. Churchill, *The Second World War: Triumph and Tragedy*, Houghton Mifflin, 1953.

三、中文报刊

《当代社会主义》	《当代世界》
《当代世界与社会主义》	《当代亚太》
《德国研究》	《东北亚论坛》
《东方日报》	《东欧中亚研究》
《俄罗斯中亚东欧研究》	《国际观察》
《国际经济评论》	《国际论坛》
《国际论坛》	《国际问题研究》
《国际展望》	《国际政治科学》

续表

《海外文摘》	《华东师范大学学报（哲学社会科学版）》
《环球时报》	《江汉论坛》
《江南大学学报（人文社会科学版）》	《教学与研究》
《理论导刊》	《历史研究》
《马克思主义毛泽东思想邓小平理论研究》	《美国研究》
《南开学报（哲学社会科学版）》	《南亚研究》
《南亚研究季刊》	《南亚研究季刊》
《人民日报》	《人民日报》
《山东社会科学》	《社会科学》
《社会科学战线》	《世界经济与政治》
《世界经济与政治论坛》	《太平洋学报》
《外交评论》	《西伯利亚研究》
《现代国际关系》	《学术交流》
《学习时报》	《中共天津市委党校学报》
《中国经营报》	《中亚信息》

四、外文报刊

Annals of the American Academy of Political and Social Sciences

Daedalus

Foreign Affairs

Foreign Affairs Report

Foreign Policy

India Review

International Secueiry

Journal of European Economic History

Political Science Quarterly

Strategic Analysis：A Monthly Journal of the IDSA

The Economist

The NationalL Interest

『外交』
『外交フォーラム』
『国際政治』
『諸君』
『世界』
『中央公論』
『朝日新聞』
『東京新聞』
『日本経済新聞』
『文藝春秋』
『論座』

后　记

进入21世纪以来，以中国为代表的新兴大国群体性崛起，推动了自冷战结束便已启动的国际体系转型朝纵深方向发展，其成败不仅事关中华民族的伟大复兴，更决定着人类文明的走向。尽管并不存在特定规律，但历史上大国崛起的成功经验和失败教训的确能为中国提供诸多有益参考。同时，大国崛起的历史也表明，大国在崛起过程中正日益有意识地进行全方位的理论准备。这样，探讨历史上一些比较典型的大国，如美国、德国、苏联/俄罗斯、日本和印度等，在崛起过程中都有何理论准备、发挥了何种作用、对当前中国崛起有何启示，具有迫切和重要的意义。

上海国际问题研究院多年来一直对大国崛起的议题进行系统性地研究，为此举办了一系列国际和国内研讨会，发表了一批学术论文和媒体评论，积累了相当深厚的研究基础，并培养了一批中坚的研究力量。本书是以上述中坚力量为核心而组建的课题组的努力成果，作者们尝试以大国崛起的理论准备为突破口，探索并发现历史上一些大国崛起背后的思想性、战略性和机制性因素，并希望对当前的中国提供有效的政策启示，为中国崛起中的内政外交奠定更为扎实的理论基础。在上海国际问题研究院领导的关怀和指导下，各位同仁的积极支持和帮助下，课题组又取得了一个重要的阶段性成果。

本书的完成凝聚了课题组成员的集体智慧和努力。在过去的3年里，课题组成员精心酝酿，反复调整结构和更新思想内容，尽可能地呈现出一幅全面而深入的大国崛起路线图。本人作为课题组的负责人，策划和设计了课题框架和研究重点，主持了主要的研讨会和研究协调会，并撰写了绪论、结语和后记，并与课题组成员多次一道探讨和修改初稿，完成了全书的统稿工作。本书其余各个章节的撰稿人如下：第一章由我院西亚非洲研究中心副主任张春副研究员负责，第二章由我院欧洲研究中心主任张迎红副研究员完成，第三章由原在上海国际问题研究院工作、现为华东师范大学政治学系的陆钢教授执笔，第四章由我院世界经济研究所蔡亮副研究员承担，第五章由我院世界经济研究所刘宗义博士撰写。此外，本院外交政策研究所的周士新博士也为本书的撰写和出版作出了不可替代的贡献。在写作过程中，课题组成员体现出高度的团队合作精神，相互审阅，充分保证了本书的整体质量。

在过去3年的集体研究中，我们得到了多方面的支持。首先要感谢的是作者们的所在单位——上海国际问题研究院，我们在从课题的酝酿期开始到胜利完成的整个过程中始终得到了院领导集体的全力鼓励和支持。我们还要感谢在写作过程中参与我们研讨会的国内和国际朋友，他们为我们贡献了诸多宝贵思想和观念。限于篇幅，这里就不一一列举。我们还要诚挚地感谢时事出版社的领导特别是苏绣芳老师及本书的责任编辑李荣，他们对学术著作的支持，并为此而付出的辛勤劳动，值得我们由衷地钦佩。

作为国际问题研究工作者，我们在写作过程中，深刻体会到大国崛起进行理论准备的不易，为中国崛起充满自信的同时，也希望崛起之路更加稳健和坦荡，由此而产生强烈的责任，敦促我们更加深入地进行中国特色外交理论的研究，为实现中华民族伟大复兴的“中国梦”贡献自己的一份微薄之力。当然，由于时间仓促加上作者水平有限，本书一定还存在不少疏漏，甚至错误，敬请各位同行和读者批评指正。

杨洁勉

2014年8月1日

图书在版编目（CIP）数据

大国崛起的理论准备/杨洁勉等著．—北京：时事出版社，2014.9
ISBN 978-7-80232-763-4

Ⅰ．①大…　Ⅱ．①杨…　Ⅲ．①世界史—研究②发展战略—研究—中国　Ⅳ．①K107②D60

中国版本图书馆 CIP 数据核字（2014）第 204188 号

出版发行：时事出版社
地　　址：北京市海淀区巨山村 375 号
邮　　编：100093
发行热线：（010）82546061　82546062
读者服务部：（010）61157595
传　　真：（010）82546050
电子邮箱：shishichubanshe@sina.com
网　　址：www.shishishe.com
印　　刷：北京百善印刷厂

开本：787×1092　1/16　印张：23.75　字数：320 千字
2014 年 9 月第 1 版　2014 年 9 月第 1 次印刷
定价：72.00 元
（如有印装质量问题，请与本社发行部联系调换）